CONSULTOR de ouro
Quarta edição

O autor

Alan Weiss é fundador e presidente do Summit Consulting Group, Inc., consultoria internacional especializada em desenvolvimento gerencial e corporativo. Conhecido como "o rei da consultoria", ele já tem mais de 30 livros publicados, traduzidos para nove idiomas, e é o único não jornalista premiado com o Lifetime Achievement Award nos 60 anos do American Press Institute. Alan é membro do Professional Speaking Hall of Fame, e vive em East Greenwich, RI, com a esposa, Maria.

W429c   Weiss, Alan.
            Consultor de ouro : guia profissional para a construção
       de uma carreira / Alan Weiss ; tradução: Roberto Cataldo
       Costa ; revisão técnica: Cassio Sclovsky Grinberg. – 4. ed. –
       Porto Alegre : Bookman, 2012.
            xii, 425 p. : il. ; 23 cm.

            ISBN 978-85-407-0114-4

            1. Administração. 2. Desenvolvimento de carreira –
       Consultoria. 3. Consultoria empresarial. I. Título.

                                                CDU 658:659.23(036)

Catalogação na publicação: Ana Paula M. Magnus – CRB 10/2052

CONSULTOR de ouro

Quarta edição

Guia profissional para a construção de uma carreira

ALAN WEISS

Tradução:
Roberto Cataldo Costa

Consultoria, supervisão e revisão técnica desta edição:
Cassio Sclovsky Grinberg
Mestre em Marketing pelo Programa de Pós-Graduação em Administração da UFRGS
Professor da Faculdade de Comunicação Social da PUC-RS
Coordenador do Curso de Pós-Graduação em Branding de Conexão da PUC-RS

2012

Obra originalmente publicada sob o título
Million Dollar Consulting, 4th Edition
ISBN 0071622101 / 9780071622103

Copyright © 2009, The McGraw-Hill Companies, Inc., New York, New York 10020.
Todos os direitos reservados.

Capa:
Rogério Grilho

Leitura final:
Susana de Azeredo Gonçalves

Gerente editorial – CESA:
Arysinha Jacques Affonso

Editora responsável por esta obra:
Viviane Borba Barbosa

Composição e arte final:
VS Digital

Reservados todos os direitos de publicação, em língua portuguesa, à
BOOKMAN COMPANHIA EDITORA LTDA., uma empresa do GRUPO A EDUCAÇÃO S.A.
Av. Jerônimo de Ornelas, 670 - Santana
90040-340 Porto Alegre RS
Fone (51) 3027-7000 Fax (51) 3027-7070

É proibida a duplicação ou reprodução deste volume, no todo ou em parte,
sob quaisquer formas ou por quaisquer meios (eletrônico, mecânico, gravação,
fotocópia, distribuição na Web e outros), sem permissão expressa da Editora.

SÃO PAULO
Av. Embaixador Macedo Soares, 10.735 - Pavilhão 5 - Cond. Espace Center
Vila Anastácio 05095-035 São Paulo SP
Fone (11) 3665-1100 Fax (11) 3667-1333

SAC 0800 703-3444

IMPRESSO NO BRASIL
PRINTED IN BRAZIL

Agradecimentos

Da quarta edição

É com prazer que expresso publicamente minha gratidão à editora Betsy Brown, que recebeu pela primeira vez o original de O consultor de ouro em 1991, à editora Mary Glenn, que supervisionou a segunda e a terceira edições, e a Knox Huston, responsável por esta mais recente edição. Foi um prazer trabalhar com todos eles. Obrigado a meu agente, Jeff Herman, por sua representação ao longo dos anos. Ele é meu primeiro e único agente e é excepcional.

Quero agradecer ao gênio técnico Chad Barr, da CB Software, que me guia pelo ciberespaço.

Obrigado a Koufax e Buddy, que dão continuidade à tradição de L. T. Weiss de forma maravilhosa.

Da terceira edição

Tenho prazer de expressar publicamente minha gratidão a Jarvis Coffin, diretor-executivo da Burst! Multimedia, a Keith Darcy, vice-presidente executivo da IBJ Whitehall, à Marilyn Martiny, diretora de venda de soluções da Hewlett-Packard, assim como à Lindsey Matheson, diretora de operações, e Joe Zammit-Lucia, diretor-executivo, ambos da Cambridge-Pharma Consulting. Obrigado a meu agente, Jeff Herman, por sua representação ao longo dos anos, e a Mary Glenn, editora sênior da McGraw-Hill, por apoiar esta terceira edição. Este é meu primeiro livro sem meu amigo e colega de longa data, L. T. Weiss, e quero lhe enviar meu afeto que, com certeza, ele consegue ouvir.

Da segunda edição

Mais uma vez, meus sinceros agradecimentos aos clientes da Summit Consulting Group, Inc. Particularmente, sou grato a Lowell Anderson, diretor-executivo da Allianz Life, à Barbara Schisani, vice-presidente sênior da Merck Medco Managed Care, a Connie Bentley e Matt Galik, diretor-executivo e vice-presidente, respectivamente, da Times Mirror Training Group, e a Paul Cottone, diretor-executivo da Mallinckrodt Veterinary.

Meus agradecimentos à melhor editora que eu já conheci ao longo de sete livros e quatro casas editoriais, Betsy Brown, editora sênior da McGraw-Hill. Agradeço as contribuições tecnológicas de Rebecca Morgan, Darek Miliewski, Terry Brock e Marlene Brown, todos "bilíngues" no sentido de que conseguem trabalhar com as mais recentes maravilhas da tecnologia ao mesmo tempo em que falam inglês. E o livro simplesmente não teria sido finalizado em meio a uma agenda muito intensa de consultoria, palestras e escrita sem meu time de craques em pesquisa: Claire McCarthy, Laurie Marble e Paul Dunion. E obrigado a Phoebe Weiss pela leitura de provas e por um trabalho de escritório inestimável.

Meu amor a minha esposa, Maria, que nos mantém jovens. Por fim, minha mais profunda gratidão e respeito a L. T. Weiss, meu colaborador e melhor amigo por 10 anos, por uma assistência editorial infalível ao longo de sete livros.

Da primeira edição

Sou grato a muitos clientes da Summit Consulting Group, Inc., que, nos últimos nove anos, permitiram que eu praticasse, desenvolvesse e aprimorasse minha atividade. A confiança deles me impressionou inicialmente e agora me alegra. Particularmente, quero agradecer a Fred Kerst, da Calgon, Rick Haugen, da Allergan Optical, e Mike Magsig, da Cologne Reinsurance, três dos melhores diretores-executivos com quem já tive o prazer de trabalhar e aprender. Também agradeço muito pela duradoura relação de trabalho de que desfrutei com Del Macpherson, Jim Jones e George Rizk, da Merck, que sabem trabalhar muito e rir mais ainda. Todos são pessoas admiráveis que trabalham nas "empresas mais admiradas da América."

Devo muito a Ben Tregoe, por me proporcionar 11 anos de trabalhos bons (e nem tão bons) por todo o mundo. Ben foi cofundador da Kepner-Tregoe, que começou em uma garagem, e fez com que ela se transformasse em uma empresa de referência. Até hoje, ele continua sendo a melhor cabeça que conheci neste negócio.

Meus agradecimentos a Bill Howe, diretor da Kenny, Kindler, Hunt, and Howe, por 10 anos de almoços nos melhores restaurantes de Nova York e por 10 anos de "dicas" de senso comum, que impediram que meu ego se transformasse em um desfile de carros alegóricos.

Por fim, o bom senso *é* hereditário, e eu herdei 100% do meu de minha esposa, Maria, e de Danielle e Jason, que dizem ser meus filhos. É uma honra para mim que, embora tenham visto minha atuação muitas vezes, eles continuem a tolerá-la e que me ajudem a aprimorá-la. E pelo segundo livro consecutivo, minha gratidão a L. T. Weiss, por sua infalível assistência e seu discernimento editorial.

Prefácio

Já escrevi 32 livros, mas *Consultor de ouro* continua sendo meu maior *best-seller*. Quem poderia imaginar que um livro sobre negócios se manteria nas prateleiras por quase 20 anos?

Quando meu agente ofereceu este livro pela primeira vez, na época com o título de *Confissões de um consultor*, nada menos do que 15 editoras o rejeitaram. A McGraw-Hill tampouco ficou fascinada pelo conceito, mas pediu uma abordagem diferente, que levou a *Consultor de ouro*.

Uma lição que eu tenho aprendido constantemente, daquela época até agora, é que é melhor começar a produzir quando a pessoa está 80% pronta e produzir os outros 20% durante a sua trajetória do que esperar até estar 100% preparado. A protelação para esperar pelos 20% finais é equivocada e acrescenta pouco valor do ponto de vista de quem vai receber no final (ou do comprador). Você vai encontrar esse estribilho nas páginas que seguem.

Mark Twain disse que, mesmo que você esteja no caminho certo, se ficar sentado, alguém vai ultrapassá-lo. Este livro é sobre movimentos e avanços, e as mudanças em relação à edição anterior (cerca de 40%) dizem respeito às mudanças em nossa sociedade, economia tecnologia e profissão.

Alguns resenhistas, embora tivessem uma opinião geral positiva, questionaram-me sobre por que não escrever sobre a construção de grandes negócios, com muitos funcionários, que representam um ativo importante para a aposentadoria de uma pessoa. De fato, ficaram insatisfeitos por eu não escrever um livro que eu nunca pretendi escrever!

Este livro é dirigido ao empreendedor que quer construir um negócio individual com muito êxito. Simples assim. Depois de ter êxito com esse negócio, você terá mais opções.

A verdadeira riqueza é o tempo livre, é poder fazer o que desejar quando desejar, seja assistir aos jogos de futebol e apresentações de dança de seus filhos, seja criar uma nova proposta para um cliente. Sempre se pode produzir mais dinheiro, mas não se pode produzir mais tempo.

Minha opção tem sido a de ganhar constantemente sete dígitos por ano, proporcionar um enorme valor aos meus clientes, levar uma boa vida, trabalhar com inteligência e não com esforço, e gerar o dinheiro necessário para aposentadoria e para viver bem no presente.

A filosofia por trás de *Consultor de ouro* não mudou. Contudo, desde sua publicação original em 1992, conheci vários outros consultores que valem um milhão e que leram meu trabalho. Muitos trabalharam comigo em *Million Dollar Consulting® Colleges*, no *Million Dollar Club* e no *Private Roster Mentor Program*. É um prazer convidá-lo para se juntar à nossa companhia.

Alan Weiss,
East Greenwich, Rhode Island

Sumário

Parte I	Preparando-se para ser um consultor de ouro	1
Capítulo 1	O que é um consultor?	3
Capítulo 2	Propulsão e volição: barcos sem leme só são bons para ficar à deriva	27
Capítulo 3	Em fuga: atingindo velocidade de escape	51
Capítulo 4	Rompendo paradigmas: por que o instrutor de esqui sempre deve ficar à sua frente?	73
Capítulo 5	Corrida de obstáculos: não derrape, mas não desista	91
Parte II	Tática: implementando a consultoria de ouro	113
Capítulo 6	Se você não tocar seu instrumento, não haverá música: o *marketing* da lula	115
Capítulo 7	Recursos em expansão: crescer para lucrar, e não apenas por crescer	145
Capítulo 8	Ganhando dinheiro quando eles "não têm": como ganhar dinheiro onde a maioria das pessoas não consegue	169
Capítulo 9	Deixe de achar que tempo é dinheiro: se estiver cobrando por dia, ainda está apenas treinando	185
Interlúdio	Para os de meia-idade, os que buscam uma segunda carreira e os aposentados: como turbinar seu começo	211

Capítulo 10 Propostas à prova de bala: não diminua o ritmo quando estiver a ponto de cruzar a linha de chegada 221

Capítulo 11 Onipresença: a ausência não faz as pessoas quererem mais; ela faz as pessoas esquecerem 235

Capítulo 12 Como ganhar muito dinheiro em épocas de baixa: saber quando manter e quando deixar........................... 259

Capítulo 13 A tecnologia é um instrumento, não um sacramento: como usar a tecnologia e ainda ter uma vida própria..... 279

Parte III A autorrealização do consultor de ouro........................ 299

Capítulo 14 Os sócios de ouro: tome emprestado mil dólares e eles serão donos de você, mas tome um milhão e....... 301

Capítulo 15 Crescimento ordeiro: crescimento nem sempre é igual à expansão.. 325

Capítulo 16 As relações baseadas em gravidade de mercado: quando os potenciais clientes lhe telefonam procurando ser seus clientes e os atuais não querem deixar de sê-lo 349

Capítulo 17 Acelerando a repetição de trabalhos e a indicação: pensando primeiro na quarta venda 371

Capítulo 18 Para além do sucesso: o dinheiro é só um meio para um fim.. 383

Notas 403

Índice 417

Parte I

Preparando-se para ser um consultor de ouro

O ESTADO DA ARTE

A maior parte da arte está nos olhos de quem observa.

Não procure seguir os passos de homens de idade; procure o que eles procuravam.
Matsuo Bashô (1644-1694)

Capítulo 1

O que é um consultor?

❖ Arte e ciência

Um advogado é uma pessoa que se formou em uma faculdade de direito oficialmente reconhecida, que passou em um exame de ordem e que lida com questões que demandam pareceres jurídicos e ações. Um médico é alguém que se formou em uma faculdade de medicina oficialmente reconhecida, que passou em provas do estado em campos de especialização relevantes e que tem licença para praticar a medicina em conformidade com determinadas leis e práticas éticas. Um contabilista certificado é uma pessoa que... Você já entendeu.

A maioria das profissões tem uma definição clara, com necessidade de certificações formais e limitações específicas e aplicáveis por lei. Para ser professor é necessário ter formação em educação e um diploma universitário, para ser motorista de ônibus tem que ter carteira de motorista e para ser manicure tem que ter certificado para trabalhar em um salão. Mas essas limitações não se aplicam ao consultor.

Qualquer um, a qualquer momento e praticamente em qualquer lugar pode ser consultor. Só uma outra vocação que eu conheço tem tanta influência sobre o público e requer tão poucas qualificações formais: a astrologia. Para falar a verdade, descobri que é preciso ter mais licenças para ler mãos no calçadão de Atlantic City do que para se tornar consultor.

No Hotel Ritz-Carlton de Naples, Flórida, onde eu estava dando um curso de pós-graduação sobre *Million Dollar Consulting®*, eu disse que tinha 12 consultores de nível mundial na sala para trabalhar em alguns dos desafios enfrentados pelo hotel. Não nos pediram experiência em hotelaria, nem referências, nem listas de clientes. A reação foi simplesmente: "Puxa, que sorte que temos vocês." Mais tarde, uma mulher da turma me disse: "Quando você afirmou que havia uma dúzia de consultores de nível mundial presentes, eu olhei à minha volta para ver quem eram!"

A péssima notícia sobre consultoria é que não existem barreiras para entrar. A ótima notícia sobre consultoria é que não existem barreiras para entrar.

O *Institute of Management Consultants* (IMC), de cuja direção fui membro, há algumas décadas faz tudo o que pode para tentar estabelecer um processo de certificação reconhecido para a profissão de concultor, mas é improvável que esses esforços consigam obter as regras que o estado dá a outras profissões. O número de membros dessa organização está estagnado e caindo, e ela representa menos de 1% dos profissionais autônomos que realmente trabalham e menos de 0,5% dos que se dizem consultores.[1]

Mesmo assim, a consultoria é uma profissão que pode render a quem a pratica mais riqueza do que campos em que há rígidos critérios de habilitação. E essa riqueza não se limita apenas ao sucesso financeiro, mas inclui também uma intensa curva de aprendizagem, experiências de natureza ampla e diversificada e o potencial para oferecer valor aos clientes que podem ter impacto sobre dezenas de milhares de pessoas em qualquer momento.

A solução de 1%: ferramentas para a mudança® – Melhore 1% ao dia e, em 70 dias, você estará duas vezes melhor. A riqueza não é o dinheiro, mas sim o tempo livre. Você precisa ganhar o dinheiro necessário para ter máxima liberdade de escolher como gastar seu tempo – a antítese da opressão corporativa.

Em vista dessa situação peculiar, eu gostaria de começar estabelecendo uma definição de consultor. Esta não é uma definição eterna, nem seria aceitável a todos, mas é suficiente para ser uma definição de trabalho para os capítulos seguintes e serve para estabelecer o que o consultor *é* e o que *não é*.

Um consultor é alguém que proporciona valor por meio de conhecimento, conteúdo, comportamento, habilidades ou outros recursos especializados, para ajudar o cliente a melhorar sua situação em troca de uma remuneração definida de comum acordo. *O consultor melhora a condição do cliente.*

Os consultores podem ser internos – trabalhando para a organização em tempo integral – ou externos. O segundo grupo é contratado para situações específicas, que podem durar um dia ou um ano, mas a maioria é (e deveria ser) de duração bastante breve. Nos próximos capítulos, falaremos mais sobre o tempo.

A parte mais importante da minha definição para aqueles que buscam construir atividades de consultoria é a noção de proporcionar algo de valor que justifique o pagamento além do investimento normal do cliente no negócio. Muitos consultores não vendem bem seus serviços porque não conseguem identificar sua proposição de valor: em que aspecto o cliente melhorou depois que o consultor se foi? *Essa nunca é uma questão de metodologia ou do que se aporta, mas sim de resultados e de consequências para a empresa.*

Consultoria não é sinônimo de implementar, entregar, instruir ou executar, embora possa incluir qualquer dessas atividades. Muitas, talvez a maioria, das pessoas que trabalham para as grandes empresas de consultoria (Deloitte ou Boston Consulting Group, por exemplo) com milhares de funcionários nada têm de consultores. Na verdade, são implementadores, especialistas em intermediação de trabalho para outras pessoas ou tecnologia, que são os equivalentes dos encanadores ou eletricistas no campo da gestão. Isso é verdade: a maioria dos consultores não o é na realidade.

Um cliente que contrata um instrutor externo para conduzir programas que desenvolveu ou comprou em outro lugar terá contratado um consultor em treinamento tanto quanto alguém que contratou um funcionário de escritório em tempo parcial teria contratado um consultor em digitação. Grande parte da confusão que existe entre o mercado e entre nós próprios, os consultores, é causada por um uso demasiado amplo dos termos.

Alguns profissionais de treinamento *também* são consultores, e alguns palestrantes profissionais *também* fazem consultoria, assim como alguns desenvolvedores de *sites também* dão consultoria sobre otimização de mecanismos de pesquisa. Mas o simples fato de alguém ser desenvolvedor de *sites*, orador ou treinador não faz dessa pessoa um consultor de fato – não mais do que ser consultor a torna treinador, palestrante ou programador.

Somente a consultoria pode conseguir estabelecer a ponte final para a competência inconsciente e a aplicação de novas habilidades ao trabalho.

Há muitas empresas grandes de treinamento que não conseguiram passar à consultoria e muitas empresas de consultoria que não conseguiram desenvolver uma função de treinamento. Embora compatíveis, são duas disciplinas separadas que requerem habilidades separadas. Sendo assim, ainda que possam tentar, com propaganda, promoção e tentativas de administrar a percepção pública, as grandes empresas de treinamento, como Wilson Learning, Forum, Kepner-Tregoe e dúzias de outras, têm tido pouco sucesso como empresas de consultoria (não importa o que escrevam em seus cartões de visita), e as grandes empresas de consultoria geralmente subcontratam tarefas de treinamento.

O fato é que os consultores devem proporcionar valor agregado ao cliente. Se o consultor não trouxer ao empreendimento alguma coisa que o cliente ainda não possui, por que fazer o investimento?

O valor agregado que o consultor proporciona geralmente se enquadra em uma de seis categorias básicas:

1. *Conteúdo*. Esse é o valor de consultoria mais comum, em grande parte porque a maioria das pessoas que entram na consultoria vem de um campo que já conhece bem. (Elas não estudaram para ser consultoras nem começaram as carreiras dessa forma.) O conforto, a experiência e as relações delas geralmente estão dentro desse campo. Consequentemente, elas são consultores de vitrine de loja de departamento, consultores têxteis, consultores de embalagens a vácuo (cujo trabalho, sem dúvida alguma, é garantir que ninguém abra uma embalagem de pilhas ou clipes de papel sem deslocar um dedo) e muitos outros especialistas semelhantes em conteúdos específicos. Seja qual for a indústria ou atividade, seu trabalho, ou *conteúdo*, fornece a base para que alguém faça consultoria sobre ele. Embora a consultoria em conteúdo muitas vezes seja o terreno daqueles que abandonam a vida em organizações para trabalhar por conta própria, também é o domínio de empresas especializadas. Qualquer testemunha especializada em uma ação judicial é um consultor de conteúdo exercendo essa função.

2. *Expertise*. Muitos consultores têm um conhecimento específico que transcende e se aplica a uma ampla variedade de ambientes. Por exemplo, a Bain & Co. tende a se especializar no planejamento estratégico. Seus clientes são diversificados, tendo apenas uma coisa necessariamente em comum: o valor agregado que estão buscando é a ajuda com o planejamento estratégico. A Bain pode adaptar suas abordagens a várias áreas de conteúdo. O tipo de empresa não importa. A empresa consegue aplicar sua *expertise* e suas fórmulas igualmente a qualquer tipo de negócio, seja qual for sua natureza exata. Muitos consultores que decidem operar por conta própria depois de trabalharem para uma consultoria maior incluem a *expertise* como seu valor agregado, por terem tido um contato tão próximo com essas áreas de conhecimento durante o transcorrer de seu trabalho. (Não, não é ilegal, antiético nem desconfortável. As ideias não podem ser patenteadas e, na verdade, nada há de novo sob o sol. As habilidades

básicas de solução analítica de problemas que usamos hoje em dia foram postuladas pela primeira vez pelos gregos há dois milênios).

A solução de 1%: essas duas categorias são a diferença entre conteúdo e processo. Preste atenção. Essa distinção será fundamental quando discutirmos seu sucesso na consultoria. Para o profissional autônomo, a *expertise* de processo é muito mais valiosa do que a *expertise* de conteúdo.

3. *Conhecimento*. Em minha definição, o conhecimento está muito relacionado com vivência. As pessoas que o detêm são as que "já passaram por essa situação antes." O conselho de um banco do qual participei optou por contratar um ex-regulador como consultor porque ele tinha um amplo conhecimento de regras e procedimentos que os reguladores estariam aplicando em um ambiente bancário mais rígido.[2] Os consultores de engenharia muitas vezes são contratados a partir da mesma necessidade. Em geral, o conhecimento é uma categoria mais ampla do que a *expertise*, da mesma forma que a engenharia é uma categoria mais ampla do que a execução específica de cálculos de valor projetado aos acionistas. Indo mais além, o conhecimento inclui um entendimento de *processo*, em vez de *conteúdo*. Ou seja, o consultor entende o processo de gestão do tempo independentemente do conteúdo, ou o processo de decisão independentemente do ambiente. Isso muitas vezes é chamado de *consulta em processo (process consultation)*, e envolve forma, assim como substância.[3]

4. *Comportamento*. O valor agregado nesse caso é interpessoal. Esses consultores podem facilitar aos grupos a solução de conflitos ou ensinar a outros como fazer apresentações e interagir com um público. Eles praticamente nunca estão nos bastidores, como outros podem estar, mas são contratados especificamente para estar em cena. Eles possuem um conjunto de competências interpessoais que lhes possibilita solucionar conflitos, melhorar os processos de *brainstorming* e criatividade, concentrar-se em questões fundamentais, prestar atenção às opiniões de clientes e funcionários e assim por diante. Sua utilidade está na função explícita que cumprem, a qual, por várias razões, a administração não pode assumir. Às vezes, é necessário que haja uma terceira parte envolvida, que seja objetiva, e outras vezes devem-se aplicar comportamentos específicos. Muitas pessoas que se especializam nessas áreas

se viram naturalmente atraídas a elas em função de êxitos anteriores no trato com essas questões. Os mediadores e os árbitros vêm à mente como consultores nesse campo.

5. *Habilidades especiais.* Algumas pessoas têm habilidades altamente desenvolvidas e definidas que podem estar sob elevada demanda e, muitas vezes, são talentos ou capacidades inatas. Por exemplo, os consultores de imagem, que sabem melhorar o guarda-roupa e a apresentação de uma pessoa, empregam um sentido instintivo de estilo e impacto. (Compare isso com especialistas em valor aos acionistas, cuja abordagem pode ser reduzida a fórmulas, matrizes e cálculos.) Um consultor de imagem pode não saber coisa alguma do conteúdo do trabalho que o cliente faz e pode não ter a *expertise* nem o conhecimento precisos (por exemplo, sobre como conseguir comprar a melhor oferta ou como organizar um guarda-roupa), mas mesmo assim tem talento para criar uma determinada aparência. Os consultores nessa área têm um dom, ou um talento especializado, que o cliente geralmente não consegue adquirir de forma independente ou cujo custo considera proibitivo. "Estamos traduzindo este programa para o francês do Canadá. Encontre alguém que conheça as expressões ou normas culturais específicas e possa colocá-lo em linguagem fluida, que não pareça ser uma tradução insensível do inglês."

6. *Contatos.* Basicamente, os consultores que são chamados para ajudar em função de seus contatos são lobistas de um tipo ou de outro. Se eles são verdadeiros consultores é uma questão que eu não proponho debater aqui. Incluí a categoria basicamente porque muitas pessoas que estão entrando na área de consultoria o fazem por serem capazes de apresentar clientes a contatos importantes na vida pública ou privada. Embora sejam pagos honorários de consultoria por esse trabalho, é a função menos capaz de atender à definição que apresentei antes. Recomenda-se aos que entrarem no campo como "apresentadores" que ampliem seu alcance a outras áreas com bastante rapidez se quiserem realmente se tornar grandes consultores. Os ex-presidentes sempre me pareceram um bom exemplo de alguém nessa função, que nunca optaram, ou não podiam, por abandoná-la. Eles são contratados apenas pelo valor do seu nome, e seu comparecimento a eventos ou sua participação em conselhos diretores nunca foram ditados por qualquer *expertise* ou capacidade intrínseca que não a de ter sido presidente. Chamá-los de consultores é uma questão de cortesia, e não de precisão.

Digressão: E o *coaching*?

Ultimamente, o *coaching* se tornou uma entidade com *status* próprio, o que me leva a perguntar: "Não havia *coaching* antes do advento dos '*coaches* para a vida' (*life coaches*) e 'universidades de *coaching*'?" (Também tenho curiosidade sobre essas universidades. Quem certifica os certificadores?) Os consultores sempre tiveram que fazer *coaching* com seus clientes e continuam a fazê-lo. Minha opinião é que o *coaching* é um subconjunto da consultoria. Na verdade, como você já comprou este livro e, provavelmente, não pode devolvê-lo, permita-me provocá-lo ainda mais: um verdadeiro consultor que entende as dinâmicas organizacionais e a gestão de mudanças sempre será melhor *coach* do que alguém que simplesmente trate de mudar o comportamento de um cliente isoladamente. Não se deixe seduzir pelo que se tornou a "indústria" do *coaching*, a qual tentou criar qualificações para entrada que são, em minha opinião, completamente arbitrárias.

Os consultores empregam uma ou mais (e, em mais casos do que você imagina, *todas*) dessas competências para ajudar o cliente a avançar da situação em que se encontra para uma posição melhor. Se eu estivesse mudando uma operação para a África do Sul pela primeira vez, poderia precisar de *conteúdo* para entender a natureza da concorrência para meus bens e serviços no novo local, de *expertise* para proporcionar as necessárias habilidades linguísticas aos meus gerentes que estivessem sendo transferidos, de *conhecimento* para obter as devidas licenças e autorizações fiscais, de *comportamento* para ajudar no trabalho antecipado de preparação para nossa chegada e para lidar com a imprensa local, de *habilidade* para ajudar no processo de aculturação (o que devemos fazer para termos a assimilação mais rápida possível) e de *contatos* para construir relações com líderes governamentais e empresariais locais.

Sugeri, anteriormente, que existem várias centenas de milhares de consultores independentes nos Estados Unidos. Além disso, há milhares de empresas de consultoria, desde escritórios minúsculos até as Deloittes e McKinseys da vida. É tolice tentar entender esse conjunto de coisas de qualquer maneira convencional, porque organizações enormes como a International Business Machines (IBM) e a General Electric (GE) muitas vezes preferem usar um autônomo para uma tarefa e a Deloitte para outra. (Nos últimos anos, a IBM e a Hewlett-Packard também estabeleceram suas operações de consultoria com bastante êxito; a atividade passou a dar uma contribuição muito importante aos lucros da primeira.) Consequentemente, é provável que seja mais útil ver o mercado em termos dos valores que a consultoria traz ao cliente do que como uma categoria ou tamanho arbitrários.

Há mais um aspecto a ressaltar da perspectiva do consultor, que eu descobri com o passar dos anos (e com mais de mil participantes em meu programa privado de *mentoring*), que se aplica a todos os empreendedores. Três caminhos devem convergir para que você tenha sucesso:

> *Necessidade de mercado.* Você deve ter uma necessidade existente ou ser capaz de criá-la. Akio Morita criou uma para o Walkman. Agora, o iPod e o iPhone, dois dos produtos mais bem-sucedidos jamais lançados, têm explorado essa necessidade criada anteriormente. Mas as necessidades, como capacidade de vendas e formulação de estratégias, sempre vão existir.
>
> *Competência.* Você deve ter as habilidades para atender a essa necessidade ou ser capaz de desenvolvê-las, e o comprador deve perceber que você as possui. Felizmente, todos podemos aprender a vida toda, embora eu não vá aprender mecânica quântica, não importa a necessidade de mercado que possa se desenvolver.
>
> *Paixão.* Você tem que amar o que faz e ser visivelmente entusiasmado.

Observe que duas das três não são suficientes. A maior competência e a paixão mais intensa fracassarão, se não houver necessidade de mercado, e a necessidade mais pungente e a mais elevada paixão sucumbirão a habilidades fracas. Você deve se desenvolver em todas essas áreas, mas estar ciente de que não tem como aprender paixão – você deve senti-la.

A solução de 1%: onde esses três caminhos convergirem, você terá oportunidades de atrair as pessoas a si e de fazer os valores de seus honorários serem aceitáveis ao comprador, em função de seu valor percebido.

❖ Como as organizações escolhem consultores – como ser "descoberto"

Há mais lógica no código da Receita Federal dos Estados Unidos, nas muitas informações de cobrança que você recebe de sua companhia telefônica ou em qualquer invenção de Rube Goldberg para caçar um camundongo do que no processo de seleção de consultorias.[4] (Minha estimativa é que cerca de metade dos consultores não sabe realmente o que está fazendo, mas 90% dos compradores potenciais só descobre isso quando já é tarde demais.) Consequentemente, é difícil, e até mesmo temerário, tentar fazer *marketing* contra um hábito de compra continuado, a menos que esteja em uma área altamente especializada, como o governo, na qual as solicitações de propostas são uniformes e são a única forma com que o cliente vai fazer negócios.[5] As principais formas pelas quais as organizações garantem os serviços de consultores externos são:

1. *Boca a boca*. Este é, provavelmente, o método mais confortável para muitos compradores, principalmente entre níveis intermediários a superiores. Se um colega em quem confia pode indicar alguém que já trabalhou para ele, o cliente economiza muito tempo e minimiza o risco. Se o colega estiver no mesmo setor da economia – mesmo um concorrente – é ainda melhor. (Recebi centenas de telefonemas de compradores potenciais que foram indicados por clientes satisfeitos.) Essa técnica é o que eu chamo de *marketing passivo*, porque está fora do seu controle. Entretanto, se você reunir deliberadamente os nomes dos colegas de um cliente e obtiver permissão para usar a esse como referência, isso pode lhe ajudar a responder com muito mais eficácia a alguns dos outros métodos de seleção usados por compradores potenciais. Meu conceito de *gravidade de marketing* se baseia em muito na criação de uma marca e de um rumor que trará as pessoas até você. [Ver *How to Establish a Brand in the Consulting Profession* (San Francisco: Jossey-Bass/Pfeiffer, 2001) e *How to Market, Establish a Brand, and Sell Professional Services* (Fitzwilliam, N.H.: Kennedy Information, 2000).]
Depois de trabalhos bem-sucedidos, os consultores de ouro sempre fazem duas perguntas aos clientes: 1) Que outras pessoas você conhece que poderiam usar os mesmos serviços e abordagens? 2) Posso usar seu nome pessoalmente como referência? *O maior catalisador*: Recomendação entre iguais, de um comprador a outro. Esse é o padrão platina do *marketing*.
2. *Reputação*. Este método é extremamente diferente do primeiro, no sentido de que o comprador potencial pode não ter realmente falado com ninguém que conheça seu trabalho, mas pode ter ouvido falar de você através de um terceiro, de publicidade ou de uma conversa casual. Frequentemente – e felizmente – esse método é preferido entre altos executivos, que se sentem seguros adquirindo os serviços de um indivíduo ou de uma empresa com "nome" para justificar o investimento (e não ter que pensar de forma demasiado analítica sobre a intervenção propriamente

dita). A reputação no negócio de consultoria é como a reputação no negócio de entretenimento: às vezes, as maiores estrelas são decepções que vivem de sua reputação e nada mais, e os desconhecidos podem ser fortes surpresas que vivem de talento e nada mais. *O maior catalisador*: Um livro publicado comercialmente. Esse é o padrão ouro.

3. *Um corpo de trabalho excelente e visível.* Um histórico de sucesso, propriedade intelectual, visibilidade em áreas de interesse dos clientes – essa é a arte de tocar seu próprio instrumento. *E se você não tocar seu próprio instrumento, não haverá música.* A internet acelerou, de forma maravilhosa, a capacidade dos consultores em fazer que seu trabalho seja conhecido. A combinação de boletins, *blogs* (e algumas das outras – mas não todas – "mídias sociais"), páginas, publicações impressas, discursos, entrevistas, vendas de produto e assim por diante, cria rotas para a divulgação de seu valor e de seus êxitos. Em um mundo em que as pessoas estão em busca de 15 minutos de fama, dando duro em *reality shows* em ilhas desertas, você certamente pode construir uma carreira percorrendo triunfalmente o centro da cidade. O sucesso gera sucesso, *se* for visível. Este é o padrão prata.

Digressão

Gafes máximas, ou o "padrão chumbo":
- Ninguém atender ao telefone do consultor.
- Uma secretária-eletrônica com uma mensagem pouco inteligente.
- Um endereço eletrônico que não seja domínio privado, como AOL ou Yahoo[6].
- Falta de papel, envelopes timbrados ou de cartões de visita.
- Ausência de folheto, material descritivo da empresa e/ou *kit* de imprensa.
- Não ter página na internet, ou ter uma que está sempre "em construção."
- Propostas com erros de digitação, gramática ruim ou palavras mal usadas.
- Chegar atrasado ou despreparado para reuniões iniciais.
- Falar em vez de ouvir.
- Vestir-se mal, carregar uma pasta surrada, usar uma caneta barata, etc.

Nos próximos capítulos, discutiremos o que um consultor deve ter para apresentar uma imagem profissional e a confiança de uma empresa sólida e bem-sucedida aos clientes. Por agora, contudo, tenha em mente que é extremamente difícil adquirir clientes, que é extremamente lucrativo manter relações com clientes de longa data e que é extremamente difícil perder um cliente satisfeito. Como a maioria dos leitores provavelmente não é formada por diretores-executivos das maiores empresas de consultoria, é interessante lembrar que a aquisição de clientes é o alicerce do sucesso e que essa aquisição provavelmente se originará nas áreas listadas anteriormente em 90% das vezes.

Entretanto, dê as cartas a seu favor e esteja preparado para lidar com qualquer possibilidade de trabalho (eu já recebi pedaços de papel escritos às pressas) de maneira afirmativa, ágil e profissional.

A seguir, alguns exemplos típicos de como eu já consegui contratos:

- Um cliente farmacêutico com quem eu trabalhava há sete anos solicitou a ampliação de um projeto e o início de outro. Originalmente, esse cliente tinha chegado a mim quando um comprador interno, tendo se lembrado de mim como contato em uma empresa de treinamento em que eu havia trabalhado, começou a me procurar depois de eu ter saído do estado. A antiga empresa lhe passou meu endereço e me perguntou se eu estaria interessado no que acabou se tornando um projeto de US$ 14 mil, para o qual o cliente acreditava que eu era adequado. Trabalhei com esse cliente por 12 anos consecutivos (ainda é meu recorde pessoal de longevidade) e obtive receitas diretas de US$ 2 milhões e receitas indiretas (indicações, repute) de pelo menos três vezes esse valor.

Toda a interação com um potencial cliente deve ser considerada como uma hora da verdade pessoal, e o consultor sempre deve estar pensando na quarta venda, e não na imediata.

- Um comprador em uma organização transferiu-se para outras três e me contratou em cada uma delas. Este é um negócio de relações. Mantenha contato frequente com todos.
- Um cliente do setor bancário saiu para ser diretor-executivo de outra organização e prontamente solicitou meus serviços. O cliente original, para quem eu tinha realizado três projetos nos últimos vários anos, foi consequência de uma correspondência de 56 centavos a uma pessoa recomendada por alguém conhecido de ambos profissionalmente. A correspondência foi descendo dois níveis e acabou na mesa de alguém com

uma determinada necessidade (coceira), à qual o meu material atendia (coçava).
- Um executivo de um cliente do setor de seguros que usava meus serviços em um contrato muito pequeno saiu para se tornar diretor-executivo de outra empresa. Atualizei minha lista e enviei a ele uma série de itens. Cerca de um ano mais tarde, ele me procurou para um grande projeto de estratégia e pediu que eu participasse de seu comitê informal de consultores. O cliente original tinha vindo como recomendação do presidente de outra empresa de consultoria que optou por não fazer um projeto pequeno demais em sua organização. (Este cliente aparecerá de novo em um barco de pesca no Capítulo 18.)
- Uma gerente de nível intermediário de um cliente do setor aéreo para quem eu fizera uma quantidade pequena de trabalho foi demitida. Eu continuei me comunicando com ela e lhe forneci o máximo de contatos e conselhos profissionais que pude. Ela conseguiu um cargo de gerência em uma grande empresa de saúde e me recomendou para um projeto de planejamento de sucessão, que levou a um projeto concomitante para o presidente. Desde então, ela já foi promovida. Minha relação com ela vem de um trabalho com uma empresa de treinamento para a qual eu elaborei e ajudei a implementar oficinas. Ela não conseguiu implementar as oficinas, mas gostou de minha abordagem e da minha participação.
- Uma diretora-executiva leu um de meus livros e perguntou se eu poderia fazer uma oficina com o conteúdo. Quando eu fiz, ela perguntou se eu podia prestar consultoria e *coaching* a seus executivos. A diretora-executiva acabou comprando mais de cem exemplares do livro que lera.
- Eu tinha feito alguns trabalhos para uma grande empresa de telecomunicações alguns anos atrás, mas a mudança de emprego de quem me havia recomendado causou minha demissão abrupta – o novo chefe queria seus próprios consultores no trabalho. Eu continuei em contato com o chefe dele por meio de correspondências periódicas e me foi pedido, duas vezes, que passasse por lá simplesmente para discutir o que eu estava fazendo no campo. Cerca de seis meses depois da segunda reunião desse tipo, outra pessoa encarregada de recomendações me escolheu para vários trabalhos.

Já houve momentos em que esses contatos, que pareciam muito sólidos e bem-intencionados, deram absolutamente em nada, apesar de minhas visitas aos potenciais clientes e das garantias de que eu era adequado. Houve muito mais vezes em que um telefonema repentino resultou em um envolvimento longo e intenso. Contudo, mesmo essas ocasiões não foram tão aleatórias quanto se pode pensar, sendo resultado de eu ter jogado as sementes de meu trabalho nas três áreas mencionadas anteriormente e de eu ter conseguido não dar tiros nos pés. Durante a sequência de compra, entretanto, começamos com valores compartilhados, não no sentido espiritual, mas no campo da filosofia de negócios. Por exemplo, eu não acredito em enxugamento (*downsizing*) como remédio para pecados corporativos, de forma que não assumo esse tipo de tarefa.

Se seus valores forem congruentes, pode-se estabelecer uma relação, o que significa que eu confio em você e você confia em mim. Somos honestos um com o outro, na troca de informações e em nossa franqueza. Só assim se pode estabelecer acordo conceitual (objetivos, medidas de avaliação e valor ao cliente). Os compradores provavelmente não fornecerão essas informações sem uma relação que seja confortável. O acordo conceitual é suficiente para uma proposta (a maior parte dos consultores gasta tempo demais coletando informações desnecessárias antes de apresentar uma proposta, quando só o que é necessário é o acordo conceitual com o comprador). Uma proposta aceita leva à implementação e, no fim das contas, a resultados, o que reforça a relação porque você obteve aquilo que tinha sido acertado.

Esse é um modelo de aquisição de negócios simples, mas poderoso. Sempre saiba onde está no modelo, pois cada passo parte do anterior. Isso também demonstra que a sequência de vendas é realmente uma série de pequenos "sins", e não um grandioso ataque feito contra as defesas do comprador. Do contato inicial à aceitação final, a sequência pode parecer uma série de pequenos sins.

Não se pode obter um sim sobre um acordo conceitual sem uma relação, nem a aceitação de um projeto sem uma proposta. *É muito mais fácil buscar e obter uma série de pequenos sins do que conseguir um contrato com uma única investida.* Isso também lhe possibilita entender qual é o seu próximo objetivo e orientar sua conversa e seus materiais de apoio de acordo com ele.

❖ Enfatizando resultados, e não tarefas – porque um produto a ser entregue não deve ser entregue

Já diferenciamos alguém que é contratado por empreitada de um consultor. O primeiro é contratado para implementar trabalhos específicos e realizar tarefas indicadas. O segundo é contratado para fornecer capacidades e talentos singulares que melhorarão a condição do cliente e constitui um componente de valor agregado que o cliente ainda não tem. Entretanto, o consultor médio tende a classificar seu envolvimento a partir da descrição das tarefas que realizou.

Os consultores de ouro, ao contrário, tendem a descrever resultados. A diferença é entre contribuição e produção, tarefa e resultado, atividade e consequência. Ao avaliar o valor agregado (que vamos discutir em termos de honorários no Capítulo 9), quais dos seguintes itens o cliente provavelmente considerará mais valioso e singular em sua contribuição e mais digno de honorários elevados?

Tarefa	Resultado
Pesquisa com todos os funcionários	Fornecer recomendações para melhorar o moral
Visitar unidades de serviços em campo	Identificar e resolver lacunas específicas nos serviços
Desenhar programa de treinamento	Melhorar as habilidades de delegação
Observar reuniões	Melhorar a produtividade das reuniões e o uso do tempo
Reorganizar a divisão	Otimizar o uso das habilidades e talentos dos funcionários

As intervenções devem se basear em resultados e consequências, e não em atividades e tarefas. Quanto mais o consultor enfatizar as atividades e tarefas, mais se tornará um *fazedor* cujos avanços e valor são avaliados em termos de quanto é *feito*. Mais do que isso, o tempo usado pelo consultor se torna objeto de atenção (Quanto tempo levará para realizar a pesquisa? Quantas reuniões você tem que observar?) e as alternativas passam a estar sujeitas a debate (Por que não fazemos um programa de treinamento de dois dias em vez da proposta de três dias? Deixe que nós determinamos quais locais em campo você deve visitar). Quanto mais os resultados forem enfatizados, mais o consultor fica livre para identificar e escolher alternativas e ser flexível para abandonar certas abordagens e dar início a outras mais produtivas.

Qualquer intervenção deve ser baseada em objetivos, de forma que consultor e cliente estejam de acordo com os resultados finais de seu envolvimento, e o primeiro fique livre para empregar uma variedade de técnicas e aproveitar melhor o tempo. Quanto mais o trabalho se basear em alternativas, mais o consultor se torna apenas outro contratado.

Minha postura para iniciar qualquer projeto novo é obter "acordo conceitual," que é acordo sobre os objetivos a serem alcançados, as medidas para avaliar os avanços e o valor de fazê-lo para a organização-cliente.

Há várias formas de enxergar as intervenções, ou *contratos*, como costumam ser chamados (isto é, o contrato com o cliente com relação a responsabilidades, e não o contrato legal que se assina). Porém, praticamente todos eles assumem uma visão bastante limitada. Por exemplo, o consultor pode ser um conselheiro de bastidores que nunca aparece à organização como um todo, mas que se concentra em ajudar um único indivíduo que interage com outros. Ou pode ser um *coach* que é visto regularmente sem estar no centro das atividades e que envia sugestões aos envolvidos. Ou pode ser a pessoa de linha de frente, que realmente assume o papel principal na coordenação da reunião ou do projeto.

No entanto, esses tipos de categorias podem ser autolimitadoras e, muitas vezes, são mais ditadas por aquilo com que o consultor se sente à vontade do que pelas necessidades do cliente. Em outras palavras, os consultores excelentes ajustam seus papéis – e os variam – segundo as necessidades precisas do cliente que resultaram na presença do consultor. O simples ato de ajudar o cliente a determinar a faixa adequada de intervenções pragmáticas é a contribuição inicial da consultoria. Essa determinação deve ser colaborativa, explícita, confortável e estar de acordo com os resultados finais que se almejam.

Em um extremo da gama de intervenções potenciais mostradas na Figura 1-1, estão aquelas que resolvem as necessidades de um cliente e/ou melhoram sua posição. Em outras palavras, o cliente está com fome e o consultor terá que pescar um peixe para o jantar para que o cliente não passe fome. No outro extremo da faixa, estão as intervenções que educam o cliente para que essas necessidades possam ser atendidas de forma autossuficiente no futuro. Em outras palavras, o cliente aprende a pescar sem ajuda.

Em alguns casos extremos e válidos, o cliente não tem necessidade de dominar as habilidades e abordagens do consultor, simplesmente demandando *expertise* situacional para uma ocasião específica. É a ocasião para o "consultor como especialista", na qual ele traz a vara de pescar, escolhe o melhor lugar no rio, pega o peixe, faz a comida, desmonta a barraca e vai embora.

O cliente é responsável apenas pelo consumo e pela limpeza. A avaliação do consultor baseia-se na quantidade e na qualidade do peixe pescado e em se a fome do cliente foi saciada no momento. Um consultor que auxilie em uma compra pode muito bem cumprir esse papel. Eu já coordenei serviços de assistência telefônica aos funcionários para organizações nessa função.

No outro extremo, o cliente precisa que as habilidades sejam transferidas ao resultado final em si. Não há uma questão maior que requeira solução, ou, se houver, também serve como forma de ajudar a transferir as habilidades. Quem implementa a intervenção mostra ao cliente como segurar a vara de pescar, onde jogar a linha, onde ficar e assim por diante, e demanda melhorias na prática e no desempenho antes que qualquer peixe seja pescado. A seguir, o cliente fica

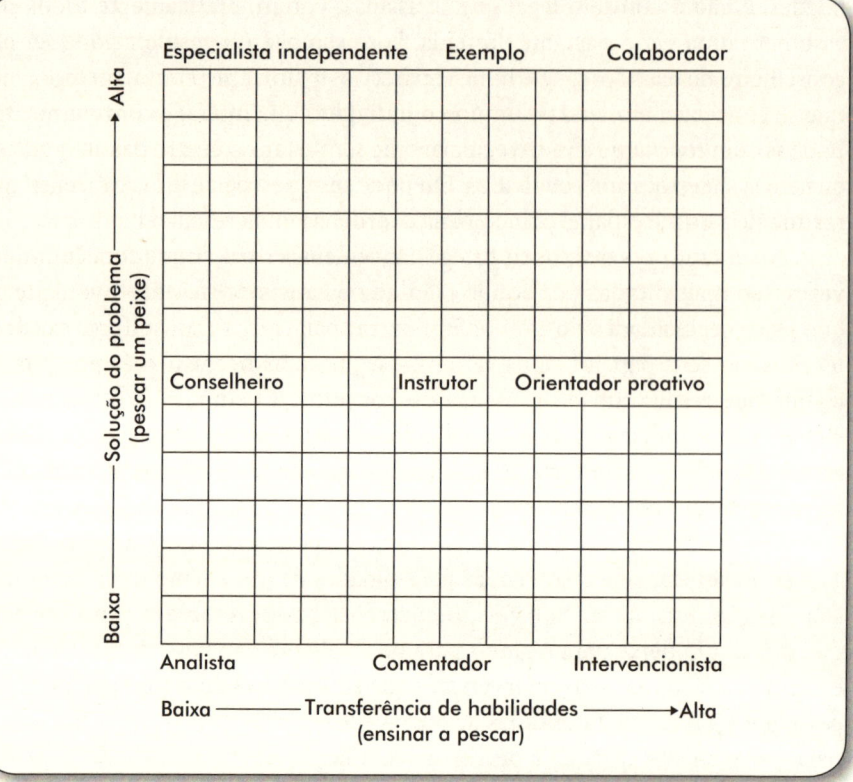

Figura 1-1 O leque de potenciais intervenções do consultor, definidas pelo cliente.

responsável por usar as habilidades de forma permanente, embora o consultor possa ser chamado para mais comentários, opinião e análise de avanços.

A avaliação do trabalho do consultor baseia-se na redução das necessidades do cliente de ajuda externa para saciar sua fome em algum momento. Um consultor que ajude a formular e treinar gestores na solução criativa de problemas pode cumprir essa função. Exercendo-a, já trabalhei com gestores em processos para empoderar subordinados.

Nada é sagrado nos termos apresentados na Figura 1-1. A importância desse tipo de desmembramento é que ele se baseia nas necessidades que o cliente tem de ajuda de consultores e deve ser usado como modelo para decidir conjuntamente sobre qual será o papel do consultor.

Infelizmente, muitos consultores se consideram especialistas, instrutores ou facilitadores e nunca se desviam desse papel. Entretanto, como observou Abraham Maslow, "quando a única ferramenta que se tem é um martelo, tende-se a considerar todos os problemas como pregos." Essa categorização limita em muito o valor de um consultor para potenciais (e atuais) clientes.

Tenho um amigo que é considerado instrutor em telemarketing. Ele é excelente no que faz, mas tem muitas dificuldades de ampliar os envolvimentos com os clientes para além do telemarketing. Mesmo assim, quando trabalha comigo como parceiro, envolve-se em uma ampla variedade de papéis e tarefas. Infelizmente, restringiu seus consideráveis talentos, não apenas por se concentrar em uma área de conteúdo – telemarketing –, mas por se concentrar em um tipo de intervenção – a realização de programas de treinamento. Apontei que seu trabalho de preparação para o treinamento envolvia uma observação prolongada dos locais onde o cliente funcionava e a avaliação de seus pontos fortes e fracos, que constituem o núcleo de uma excelente análise de necessidades. Isso, em si, eu considero um papel de analista, o qual ele deve considerar como um valor separado para o cliente, independentemente de ele jamais vir a realizar um programa de treinamento.

A solução de 1%: desmembre o que você faz, em vez de juntar. Seu encanador não oferece reprojetar seu banheiro de graça quando o problema é um vazamento na pia. Não tente justificar seus honorários acrescentando mais e mais serviços. Isso é um sinal de autoestima baixa.

Em outras palavras, meu amigo já está usando outras intervenções e é bom nelas, mas as subordina a seu papel preconcebido de instrutor. Quando eu o apresento a meus clientes como parceiro, seu papel é determinado pela necessidade do cliente, e não por seu próprio padrão, ampliando o valor que ele traz à situação. Desde então, ele deu início a um plano para criar uma dinâmica idêntica dentro de sua própria base de clientes. (Isso é muito difícil uma vez que o cliente tenha enquadrado a você. O segredo é evitar um papel predefinido com potenciais clientes, para que os novos nunca o identifiquem com um único tipo de intervenção.)

Também há o que eu chamo de *leque pragmático de intervenções*, já que elas são baseadas na necessidade do cliente e na combinação de fazer pelo cliente e de ajudá-lo a se tornar autossuficiente – ambos objetivos legítimos. O restante deste livro partirá do pressuposto de que o consultor está disposto a assumir uma série de intervenções práticas.

Essa disposição é o primeiro passo importante rumo a um crescimento exponencial nos negócios.

❖ Tendências e probabilidade para a próxima década – o que há dobrando a esquina

Consultoria é uma profissão em crescimento, tanto por razões boas quanto pelas ruins. As boas são as seguintes:

- Um menor número de funcionários resulta na necessidade de ajuda externa especializada.
- A crescente complexidade tecnológica também resulta na necessidade de ajuda externa especializada.
- A crescente diversidade na força de trabalho demanda novas abordagens.
- A globalização, incluindo oportunidades e preocupações com a segurança, também resulta na necessidade de ajuda externa especializada.
- Os gestores que nunca testemunharam tempos difíceis, mas que agora vivenciam economias ruins, também precisam de ajuda externa especializada.
- Uma maior fiscalização por parte de um público instruído e da mídia também resulta na necessidade de ajuda externa especializada.
- Outras economias nacionais precisam de modernização dinâmica da gestão.
- Uma maior ênfase na qualidade de vida e nas obrigações familiares também resulta na necessidade de ajuda externa especializada.
- As mudanças demográficas mudam radicalmente os mercados.
- As ameaças de terrorismo e a maior vulnerabilidade demandam mais segurança.
- A redução da confiança do público nas "grandes empresas" e no governo requer qualidade e percepção de qualidade.
- As comunicações instantâneas criaram diálogos de cliente para cliente.

As razões ruins incluem as seguintes:

- Continuam não havendo requisitos de licenciamento ou certificação.
- A consultoria é vista como um refúgio para pessoas que foram submetidas a enxugamento ou que estão insatisfeitas com as inseguranças corporativas.
- As habilidades de consultoria podem ser obtidas nos livros, cursos e em vídeos, muitos dos quais são deficientes.
- As modas (como "reuniões abertas" e atividade ao ar livre – *outdooring*), intrigam os responsáveis por treinamento nas empresas.
- A administração prefere usar gente de fora a realizar tarefas desagradáveis.

- Há uma permanente ênfase exagerada no exame de perfis de personalidade e nas previsões de comportamento, em vez de tratar do verdadeiro desenvolvimento.

Infelizmente, a consultoria continuará sendo uma profissão que cresce constantemente em quantidade, mas não tanto em qualidade. A boa notícia, claro, é que aqueles que prestam serviços profissionais e de alta qualidade continuarão a enriquecer. Entretanto, assim como o advogado médio ganha muito menos do que os membros das celebradas equipes de defesa que aparecem nas manchetes (na verdade, ouvi de um conhecido da *American Bar Association* – a ordem dos advogados dos Estados Unidos – que o advogado generalista médio ganha menos de US$ 90 mil por ano), o consultor médio não vai conseguir ganhar muito nem estabelecer um negócio sólido o suficiente para sobreviver a tempos difíceis.[7] Muitos consultores são aposentados que buscam usar sua *expertise* específica ou seus contatos para continuar na ativa, e muitas outras pessoas mantêm empregos em tempo integral enquanto fazem consultorias por fora para ganhar um dinheiro extra. (Com muita frequência, esse trabalho por fora acontece à custa da *expertise*, tempo e/ou materiais do empregador regular. Chamo isso de *fazer bico de colarinho branco*, e é um problema de todas as organizações que não absorvem integralmente os talentos e interesses profissionais de seus gestores. Ironicamente, o fabulosamente rico criador do cartum *Dilbert* começou a desenhá-lo no horário de trabalho de seu antigo emprego.)

A solução de 1%: as condições econômicas exigirão que as pessoas trabalhem mais tempo e, talvez, que nunca se aposentem de maneira tradicional. A consultoria será uma alternativa importante para possibilitar essa nova dimensão do trabalho.

Em termos gerais, o trabalho de consultoria tem tendido a ser reativo em lugar de proativo, respondendo às tendências, modas e caprichos do mercado. Às vezes, as pessoas que apenas respondem mais rapidamente são consideradas inovadoras, mas, na realidade, são muito poucas as que apresentam novas abordagens de forma proativa. Por exemplo, quando o livro *Na senda da excelência*[8] se tornou um sucesso, mais de meio século atrás, seguiu-se uma série de consultores, instrutores e pregadores que defendiam "gerenciar perambulando pela empresa" (*management by wandering around*) e "ater-se ao ponto" (*sticking to the knitting*) como se fossem mantras cuja simples evocação melhorasse a operação.

Hoje, um novo livro de qualquer "guru" do momento gera uma multidão de consultores que se parecem com ratos. Já não aguento mais clientes nem consultores que entoam cânticos, como monges em suas orações, "quero passar de bom para grandioso". Nas ocasiões em que lhes perguntei o que isso significa, eles disseram que não sabem e que simplesmente continuaram a entoá-lo.

Na realidade, a maior parte dos gestores que eu observei perambulando pela empresa sob esse tipo de orientação só conseguiu atrapalhar e, em geral, não tinha a menor ideia sobre o que fazer enquanto perambulava. E, às vezes, não importa se o queijo está lá ou não. "Grandioso" nem sempre é bom. (Você realmente precisa de contadores "grandiosos"?) Naquilo que pode ser a apoteose da consultoria como atividade bizarra, há aqueles, hoje em dia, que assessoram organizações sobre como se candidatar e tentar vencer prêmios de qualidade como o Baldrige, Deming ou o Nikkei. Engraçado, eu pensei que essas premiações reconheciam qualidade de produtos, serviços e relações com clientes... Entretanto, às vezes, a busca desse reconhecimento se dá à custa do cuidado com os negócios.[9] Felizmente, essas atividades foram desaparecendo diante de exigências empresariais muito mais pragmáticas do que premiáveis.

Os consultores excelentes explorarão com os clientes os resultados que realmente constituem melhorias em desempenho, serviços e qualidade e até onde os objetivos do negócio estão sendo cumpridos. Ou seja, ajudarão a estabelecer os objetivos a serem atingidos, e não meramente as *alternativas* para medir os avanços.

No futuro próximo, teremos que lidar com um consumidor cada vez mais sofisticado em uma economia cada vez mais complexa e volátil. (Isso não se aplica apenas a grandes organizações. Distribuidores locais de bijuterias em Rhode Island, por exemplo, compram mercadorias nas Filipinas e na Coreia e depois usam mão de obra de imigrantes de Portugal para montar e enviar as mercadorias, que serão vendidas em Nova York a turistas japoneses.) A necessidade de consultoria, na verdade, aumentará porque o mercado a exigirá.

As boas razões para o crescimento listadas anteriormente são, em grande parte, *motivadas pelo mercado*, ao passo que as ruins são muito *motivadas pelos consultores*.

Minha crença é que os consultores que conseguem lidar com elevados níveis de ambiguidade e que podem oferecer uma série de papéis de intervenção (muitas vezes, papéis que mudam dentro do contexto de um mesmo trabalho de consultoria) serão mais capazes de fornecer os talentos singulares, que significam valor agregado e que atendem às necessidades do cliente.

É necessário ter tolerância com a ambiguidade, porque poucas dessas necessidades serão claras e simples de assumir.

Um dos meus clientes me pediu para trabalhar com um presidente de divisão recém-nomeado, para melhorar sua capacidade de delegar. O presidente do grupo-controlador da empresa tinha identificado essa carência como um problema potencialmente grave porque a pessoa agora iria liderar seus ex-colegas. Teria sido mais fácil ter listado as várias alternativas para melhorar as habilidades de delegação e dar ao cliente opções para implementá-las. Contudo, faz muito que eu aprendi que poucas coisas nos negócios são como parecem à primeira vista e que há três coisas que sempre influenciam conjuntamente o comportamento: predisposições individuais, o ambiente e as interações com outras pessoas. (Daí minha aversão anterior à consultoria por perfis e testes de personalidade.)

Quando me reuni com o presidente para ver se trabalharíamos juntos, não utilizei a conversa para me ajudar a entender um problema de delegação. Em vez disso, passei a manhã conhecendo as predisposições do presidente, seu ambiente e suas interações com os outros. Comecei a entender que a capacidade do presidente de delegar não era apenas uma função de suas habilidades pessoais, mas também estava relacionada à disposição de sua equipe de aceitar a delegação; que havia aspectos ambientais – conflitos burocráticos, procedimentos ultrapassados e confusão em relação à missão – que tinham que ser harmonizados; e que havia dúvidas sobre se todos os atores atuais eram adequados para os cargos que ocupavam. Passamos a manhã definindo em que nível deveria estar o desempenho se estivesse em sua situação ideal e qual deveria ser o papel cumprido pelo presidente nesse desempenho.

O que parecia, superficialmente, ser um papel de assessor, na verdade exigia habilidades que iam de analista a colaborador. Esse trabalho se tornou uma das minhas intervenções com clientes mais bem-sucedidos. O cliente me manteve por cinco anos a US$ 100 mil por ano, com outros trabalhos levando o total a mais de US$ 600 mil. Estou convencido de que o segredo da minha capacidade de ajudar aquele cliente estava em não me deixar cair em um único papel preconcebido com base no que me haviam dito. Em vez disso, escutei, confirmei e me uni ao cliente para estabelecer resultados que deveriam ser atingidos por várias atividades.

Movimentando-me entre uma série de papéis, eu consegui:

- Proporcionar sessões de facilitação à administração superior, para melhorar a execução.
- Trabalhar individualmente com gestores sênior sobre *aceitação* de delegação.

- Visitar clientes para conhecer suas percepções sobre os serviços que lhes eram prestados.
- Analisar a empresa e contribuir para declarações de missão estratégica.
- Desenvolver as habilidades pessoais e as capacidades interpessoais do diretor-executivo.
- Desenvolver, suprir com pessoal e administrar "atendimentos telefônicos".
- Ganhar mais de meio milhão de dólares.

As melhores, mais duradouras e mais recompensadoras relações com clientes são as que se baseiam no acordo conceitual sobre o que deve ser realizado. O "como" se subordina ao "o que", ou seja, o resultado final. A consultoria durante o primeiro quarto deste século será mais lucrativa quando se basear em ajudar o cliente a estabelecer necessidades e em fornecer a flexibilidade nos papéis de intervenção para atender a uma ampla variedade de necessidades. Ela deve ser o mais proativa possível e evitar as armadilhas de tentar ser uma vidente de questões no horizonte e de refletir impensadamente todas as modas que cheguem mandando "caminhar sobre brasas enquanto se sobrevive nas selvas".

Essa foi uma visão geral da disposição das coisas. Podemos avançar para as ideias?

❖ Perguntas e respostas

P. *O pessoal de recursos humanos e os responsáveis por treinamento têm me pedido continuamente que mencione custos, dias e produtos a serem entregues. Isso vai contra o que você afirma que é desejado. O que eu estou fazendo de errado?*

R. Você está lidando com as pessoas erradas. Praticamente, nunca há verdadeiros compradores econômicos nos departamentos de recursos humanos, treinamento ou desenvolvimento organizacional. Encontre os verdadeiros compradores que têm responsabilidades por lucros e perdas, que chefiam departamentos e assim por diante. Nunca trate com guardiões que são pagos para preservar orçamentos pré-existentes.

P. *Ouvi dizer que listagens na internet, uso de agentes e a otimização de meu lugar nos mecanismos de busca me renderá mais capacidade de ação. Esses são bons investimentos?*

R. Não. Os compradores não ficam surfando na internet em busca de consultores. Concentre-se em indicação de comprador a comprador, livros e outros materiais publicados comercialmente, e desempenho destacado que torne você conhecido publicamente.

P. *Não precisaremos de economias de escala em tempos difíceis, estando em melhor situação se nos juntarmos a grandes organizações? O consultor autônomo não será extinto?*

R. *Ao contrário*, meu amigo. O consultor independente que for esperto conseguirá trabalho proporcionando valor de forma mais rápida e ágil do que esses monstros enormes (que um dia foram as Oito Grandes e agora são apenas umas três). Mas você não pode ter medo, e tem que ter fé – em você mesmo.

Reflexão final: a boa notícia é que qualquer um pode virar consultor. A má notícia é que é melhor você estabelecer uma necessidade de mercado, desenvolver a competência para atendê-la e ter paixão por fazer isso. Só dois desses três não bastam.

Capítulo 2

Propulsão e volição

Barcos sem leme só são bons para ficar à deriva

❖ Como os empregos atrapalham as carreiras

Em meio a uma consultoria no Marine Midland Bank, de Buffalo (agora parte do HSBC), a cliente estava tentando explicar por que minha ajuda era necessária para tentar alinhar as estratégias de recursos humanos às estratégias empresariais da organização.

"Em todo o banco", ela relatou, "há pessoas talentosas que estão dando tudo de si com muita frequência, que se esforçam para realizar as coisas que fazem sentido no momento, mas que não são genuínos colaboradores dos objetivos do banco. Nós não somos diferentes nos recursos humanos e temos que servir de exemplo aos outros em nosso trabalho de consultoria e em nossa oferta de cursos".

"Bom", respondi (essa sempre é uma resposta segura vinda de um consultor), "se as pessoas estão concentradas *demais* nos detalhes de um trabalho, para aonde gostaríamos que elas redirecionassem sua atenção? É fácil falar em "objetivos estratégicos", mas isso é sabidamente difícil de fazer quando se é o gerente intermediário cujo telefone toca a cada três minutos".

"Todos nós deveríamos nos dar conta de que o emprego atual é apenas um aspecto de toda uma carreira dentro da organização. Temos que ter uma visão de mais longo prazo acerca de nosso trabalho. Na verdade", ela concluiu, "criticamos a administração quando ela se concentra apenas em questões de curto prazo, permitindo que os resultados trimestrais interfiram nas necessidades de desenvolvimento de mais longo prazo. Devemos ser igualmente rígidos com nós mesmos quando permitimos que nossos empregos atrapalhem nossa carreira".

E assim nasceu um novo conceito – pelo menos até onde eu sabia – e se estabeleceu um objetivo fundamental para nosso projeto. *As pessoas tinham que parar de deixar que seus empregos interferissem em suas carreiras.* Era sugestivo, sucinto e ficava cada vez mais claro, à medida que demonstrávamos a diferença entre trabalhar com esforço e trabalhar com inteligência, entre visar ao respeito temporário e de curto prazo e partir para as realizações duradouras e de longo prazo.

Nunca esqueci dessa lição e de como se aplica bem ao trabalho de consultoria. É muito simples para um consultor permitir que as árduas tarefas cotidianas se transformem em toda a razão de ser da sua prática e, uma vez que isso aconteça – consciente ou inconscientemente –, que o tempo se torne escasso por causa da necessidade de estabelecer agendas de trabalho, organizar voos, produzir relatórios, participar de reuniões, gerar publicidade e assim por diante. O senso comum nos faz crer que o principal impedimento para superar uma determinada cifra de vendas como consultor (geralmente expressa como uma média de US$ 300 mil) é a impossibilidade de estar em dois lugares ao mesmo tempo: se você for do *marketing*, não poderá estar implementando; se estiver no cliente A, não poderá estar no cliente B; se for considerado assessor, não pode ser considerado colaborador.

Mas esse paradigma específico se desfaz facilmente assim que você passa a ver seu trabalho como uma carreira que é formada pela geração de uma série de resultados de clientes, e não como uma sucessão de trabalhos ou tarefas que usurpam tempo até serem completados.

A solução de 1%: é fundamental que você continue a reduzir a intensidade de trabalho, se quiser criar um negócio de sete dígitos. Faça as contas: você não tem tempo de fazer quatro ou cinco vezes o que está fazendo hoje. Tem que fazer as coisas de outra maneira.

Apresento um exemplo específico dessas noções tão amplas. Bob Janson é um bom amigo meu que já foi presidente da Roy Walters & Associates, em New Jersey. Sua empresa concentrava-se em equipes de trabalho autodirigidas e em empoderar trabalhadores por meio da organização (sendo assim, seu valor agregado era a *expertise*, usando os parâmetros do Capítulo 1). Bob costumava indicar trabalho para a minha empresa, e trabalhamos juntos em vários projetos com o passar dos anos. Durante um desses trabalhos, perguntei-lhe inocentemente de quem seria a responsabilidade pelo relatório final. Obviamente, eu achava que seria da empresa dele ou da minha e tinha todas as esperanças de que fosse da dele porque fazer relatórios leva *tempo*.

Sua resposta me derrubou.

"É responsabilidade do cliente, claro. Não me diga que você costuma fazer os relatórios!"

Ai, ai. Coisas de que eu não tinha me dado conta...

"Preste atenção", continuou ele, "esse cliente não *pediu* relatório escrito. Ele quer um sistema para melhorar as comunicações, ele precisa de ajuda para implementá-lo e quer que o mantenhamos totalmente informado de nossos avanços e nossos planos. Mas ele nunca pediu relatório. Se ele quiser, aí vamos repassar as informações básicas para quem quer que ele indique, e o relatório pode ser elaborado pelo seu pessoal mesmo, no estilo e formato que ele preferir".

Esse foi um momento muito existencial, que eu classifico como *hora da ruptura conceitual* (HRC). Eu sempre tinha feito relatórios porque os considerava como algo que deveria ser feito para demonstrar a realização tangível de determinados aspectos do trabalho. Se o cliente não solicitasse, eu mesmo o oferecia. Bob, por sua, vez, *nunca* fazia relatórios porque tinha o foco nos resultados finais acertados com o cliente, e um relatório, com raras exceções, jamais é um resultado final em si. Se o cliente quisesse relatórios, Bob não fazia objeção, desde que ficasse claro que sua elaboração era de responsabilidade do próprio cliente. O trabalho de Bob não é elaborar relatórios – seu negócio é melhorar os resultados do cliente.

Foi aí que comecei a examinar minhas interações com os clientes para determinar até onde meu trabalho poderia estar interferindo em minha carreira. Todos nós podemos usar um pouco mais de tempo, e isso é compreensível. O que não se entende é o desperdício de um tempo já escasso em trabalhos que nós mesmos inventamos, sem que tenham impacto real e duradouro nos resultados que estão sendo buscados para o cliente. Minha lista de trabalhos que podem atrapalhar a carreira está na Figura 2-1. É impressionante quanto tempo pode ser ditado pelo senso comum![1]

Um dos meus colegas de consultoria me disse certa vez que estava cansado de fazer 12 voos por mês só para participar de reuniões com uma única organização-cliente. "As reuniões não tem importância verdadeira em termos de qualidade de projeto", ele admitiu, "mas o cliente já espera que eles aconteçam". Ah, mas quem criou essas expectativas?

> - Reuniões regulares para "manter contato".
> - Relatórios escritos e atualizações periódicas.
> - Comparecer pessoalmente no cliente quando telefonemas são suficientes.
> - Análises de necessidades quando o problema está absolutamente claro.
> - Apresentações de resultados provisórios a vários grupos.
> - Pesquisas amplas quando a questão é situacional e única.
> - Refeições e entretenimento – o hábito de consultoria mais mal-usado no mundo.
> - Aplicativos de informática sofisticados que não agregam valor ao projeto.
> - Busca de massagens no ego.
> - Respostas a questões irrelevantes e interesses periféricos.
> - Telefonemas para "manter contato", sem qualquer outra questão a ser tratada.
> - Papelada e registros escritos que em nada contribuem para o desempenho.
> - Exagero de investigações sem decisão: "paralisia da análise".

Figura 2-1 Treze maneiras de deixar que o trabalho atrapalhe a carreira.

Educando o cliente

Uma das atividades mais importantes a dominar é a de educar o cliente. As expectativas dele serão formadas a partir da primeira reunião com você e estarão solidificadas quando a proposta for assinada. Suas conversas, materiais, condutas, resistência e outras dinâmicas educarão de forma subliminar o cliente sobre a relação de vocês.

Por exemplo, potenciais clientes muitas vezes perguntam já no início: "Quanto tempo vai levar?" ou "Quantos dias da semana você vai estar aqui?" Eu rapidamente acabo com suas ilusões sobre essas perguntas. Minha resposta padronizada é: "Você pode me ver vários dias em algumas ocasiões e nem me ver por longos períodos, dependendo das necessidades do projeto, mas falará comigo semanalmente sobre os avanços e ajustes, isso é certo".

Eu não quero que o cliente (ou potencial cliente) fique contando os dias e os dividindo por meus honorários para saber se minha presença física equivale ao meu valor. Nós controlamos esses "fatores de aprendizagem" e devemos administrá-los desde o princípio.

A consultoria é uma das poucas profissões que eu conheço na qual o profissional aprende praticamente com cada trabalho, e essa aprendizagem é levada ao trabalho seguinte e ao cliente seguinte, para aumentar ainda mais o valor agregado. Em outras palavras, cada cliente está lhe pagando para aprender, e embora o cheque do cliente seja um recurso não renovável que você pode descontar e gastar, a aprendizagem é infinitamente renovável e aplicável. Imagine – uma profissão na qual cada interação com um cliente lhe torna mais valioso para potenciais clientes! Não acredito que um cirurgião necessariamente aprenda com cada apendicectomia, nem que um professor aprenda muito mais ao explicar pela quadragésima vez as causas da Revolução Francesa, nem que um goleiro aprenda novas técnicas depois de vários anos na profissão. Mas não me entenda mal. Todas essas pessoas podem aprender muito por meio de estudos, prática, conversas com colegas e assim por diante, e o fazem.

Porém, *muito poucas pessoas têm a oportunidade de aprender continuamente no trabalho em função de seu emprego*. Na verdade, com muita frequência ouvimos falar de profissionais experientes em vários campos, cuja fama baseia-se em "já terem visto tudo" ou aos quais "nada surpreende". Mas esses não são indícios de atingir o topo. *Geralmente, indicam a profundidade do buraco em que essas pessoas estão*.

A aprendizagem de que falo não é simplesmente a *aprendizagem de conteúdo*. É, principalmente, a *aprendizagem de processo*, em termos de qual, por que e como são as necessidades de meu ofício e de meus clientes. É por isso que eu prometi no capítulo anterior que você ouviria mais sobre processo *versus* conteúdo. (É verdade que, a esta altura, sou capaz de descrever com precisão o funcionamento de uma máquina de papel, de discutir com credibilidade o papel de bloqueadores de enzimas na pesquisa farmacêutica e de pontificar sobre o mercado para propaganda na internet em *streaming banners* ou impressões *click-through*. Entretanto, não considero que essas habilidades tenham grande valor em termos do que posso levar ao próximo cliente.)

No início de minha carreira, eu estava sentado em frente à escrivaninha do vice-presidente internacional de pessoal da Merck & Co., Steve Darien. Parecia que eu ia conseguir um projeto importante quando Steve perguntou como eu faria para coletar alguns dos dados necessários. Pensando ter a resposta perfeita, eu disse friamente: "Bom, há três opções para fazer isso". E continuei descrevendo-as. A seguir, perguntei: "Qual você prefere?" (Mais tarde, você lerá sobre o quanto as opções são importantes para a realização de vendas e implementação.)

Para minha surpresa, e como contribuição fundamental para a curva de aprendizagem da minha vida, Steve disse: "É isso que você deve nos dizer. É por isso que está aqui". Steve não precisava de colaboração com relação à técnica, ele queria um especialista que pudesse recomendar ações precisas e esclarecer exatamente o que aconteceria. Até hoje, quando um cliente pergunta como algo será feito, eu sempre dou opções, junto com as vantagens e desvantagens de cada uma, *e* minha recomendação sobre qual delas é melhor do meu ponto de vista. Aprendi isso em uma interação de 30 segundos com Steve em 1986, e já a usei centenas de vezes desde então, com excelentes resultados.

A solução de 1%: pode não haver nada de novo sob o sol, mas há muita coisa por aí que você ainda não descobriu.

Nenhum consultor de sucesso jamais terá o mesmo ano de experiências duas vezes. Na verdade, nenhum consultor de sucesso terá a mesma experiência duas vezes.

Alternativas de sim

Dar ao cliente alternativas para escolher – desde a primeira reunião até a implementação do projeto – aumenta 10 vezes a capacidade de você avançar. Sutilmente, você faz que o processo de reflexão avance de "Devemos usar o trabalho da Jane?" para "Como devemos usar o trabalho da Jane?" e de "Devemos seguir adiante?" para "Como devemos seguir adiante?" Sempre forneça opções – formas alternativas de dizer sim.

A via mais segura para maximizar a aprendizagem e melhorar seu potencial de valor agregado é concentrar-se nos resultados que o cliente quer e impedir que trabalhos e tarefas recebam atenção e tempo indevidos. Cada projeto requer um certo grau de atenção detalhada: seguimento, coordenação, verificações de precisão, validação e mais. Entretanto, essas são tarefas secundárias.

Da mesma forma, sua carreira como consultor não deve girar em torno do número de trabalhos (às vezes, a quantidade pode ser a pior medida a ser aplicada), números de potenciais clientes contatados ou – pior, e falaremos mais disso nos próximos capítulos – número de dias cobráveis. Essas são atividades e tarefas. Você deve se concentrar na natureza ampla do trabalho com o cliente que você é capaz de assumir, na reputação que está construindo, nos resultados de longo prazo que está ajudando os clientes a atingir e na aplicação também ampla de sua *expertise* e sua experiência. Esses são resultados que constroem sua carreira, que o estimulam como profissional e que fazem seu negócio crescer significativamente no processo. Mais trabalhos não necessariamente aumentam um negócio, embora possam torná-lo mais complexo, complicado e frustrante.

Contudo, uma carreira melhorada é sinônimo de um negócio melhorado. É a isso que minha amiga no Marine Midland visava quando queria impedir que os empregos interferissem nas carreiras. E isso também é o que vai explicar o crescimento financeiro.

❖ O crescimento vai reduzir seu tamanho? Demitindo clientes

A ampla maioria dos consultores não consegue fazer seu negócio crescer porque se recusa a abandonar negócios. Uma empresa de consultoria não é como um fabricante de automóveis, que tenta vender o maior número de carros possível e ajustar sua produção para atender à demanda. Se o negócio de automóveis continua a crescer, são contratados mais trabalhadores de linha de montagem, são abertas novas fábricas, mais revendedores e mais gerentes intermediários são promovidos para administrar as operações. Por outro lado, em tempos de baixa, as administrações fecham fábricas, licenciam operários, demitem executivos e armazenam carros não vendidos como estoque.

Os consultores são muito diferentes. O crescimento depende de abandonar algumas linhas e tipos de negócios na busca e aquisição de outras linhas de negócios mais produtivas. (Lembre-se, o crescimento não é apenas financeiro. Ele inclui ampliação de experiências, contatos de alto nível, trabalhos mais sofisticados e uma reputação melhorada. A verdadeira riqueza é o tempo livre.) Para o consultor cuja sobrevivência foi sustentada originalmente por contratos isolados de US$ 7.500 e palestras de US$ 3.500, a atitude geralmente é: "*Todos os negócios são bons, e nunca recusarei um trabalho remunerado*".

Só há alguns problemas com essa atitude, e são todos fatais:

1. *Complicar a si mesmo*. A reputação funciona em todas as direções. Se você ficar conhecido como uma "alternativa barata", "um palestrante bastante razoável" ou "desesperado para aceitar qualquer trabalho", é assim que os potenciais clientes vão lhe abordar. Se o boca a boca estipular que seus honorários são de mil dólares por dia, um potencial cliente estimará que seus serviços são necessários por uma semana e estará seguro de que custam menos de US$ 6 mil. O fato de que o projeto vale US$ 175 mil em melhorias de produtividade para o cliente não será importante, nem

o fato de que custaria ao cliente US$ 25 mil para fazer o trabalho com recursos internos, mesmo se isso fosse possível.
2. *A qualidade, e não a quantidade, é a única medida do sucesso.* Um amigo meu, Mike Robert, construiu uma empresa de treinamento mundial a partir do nada. Na verdade, partiu de menos que nada – ele pediu demissão de um emprego, tomou seu rumo e nunca olhou para trás. Em 1988, trabalhamos juntos em um livro[2], e, durante sua elaboração, ele comentou que as abordagens de mala direta estavam equivocadas. "As pessoas estão considerando uma resposta de 1,5% a 2% como sendo sucesso", ele disse, "o que é apenas um número arbitrário. Se você envia 10 mil correspondências, tudo o que precisa é de uma resposta de *qualidade muito alta*". Mike baseou seu negócio nessa premissa – encontrar um cliente e trabalhar muito com ele em vez de encontrar 10 clientes e trabalhar um pouquinho com cada um deles. Como consultor, você está muito melhor servido ganhando US$ 50 mil em trabalhos com um único cliente do que ganhando US$ 5 mil com 10 clientes. Aceitar todos os negócios como qualitativamente iguais, não importando sua qualidade, dilui esforços e confunde percepções. (E US$ 50 mil de um cliente são muito mais lucrativos do que US$ 10 mil de cada um de cinco clientes. Não se trata do que você ganha neste negócio, mas sim do que mantém.)
3. *Os esforços se aplicam às tarefas, ao passo que o pagamento se aplica aos resultados.* Ao administrar uma força nacional de trabalho de campo para uma empresa de treinamento, descobri que é necessário o mesmo tempo para vender um projeto de US$ 10 mil e um de US$ 100 mil. O número de telefonemas, a natureza das propostas, os tipos de ameaças competitivas e o tempo geral necessário são surpreendentemente semelhantes. Dessa forma, se o meu pessoal de vendas tivesse x horas por dia e se cada venda demandasse a mesma quantidade de tempo a ser investido, que tipo de venda eu gostaria que eles buscassem? Pura ciência exata, não? A única diferença está na conduta dos vendedores, e o consultor tem que ter uma conduta semelhante. Os esforços necessários para atrair, administrar e implementar trabalhos pequenos são praticamente os mesmos dos trabalhos grandes, de forma que você não está compensando em volume o que perde em tamanho. Ao aceitar qualquer trabalho que se apresente, o consultor está fadado a investir mal seu tempo e cada vez terá mais dificuldades de sair dessa situação.

Todas as vezes que você aumentar seus honorários e/ou se recusar a fazer concessões para ganhar trabalhos, perderá os 15% menos rentáveis de seu mercado. Os consultores de ouro abandonam regularmente os 15% menos rentáveis como estratégia de crescimento porque isso os libera para expandir os limites superiores de seus mercados.

A cada dois anos, você deve ser capaz de olhar para trás e identificar trabalhos aos quais não se candidataria nem aceitaria hoje. Se você estiver aceitando hoje os mesmos tipos de trabalhos, pelos mesmos preços que estava há dois anos, é porque não abandonou os 15% menos rentáveis de seu mercado e, portanto, provavelmente não ampliou os 5% mais rentáveis (que são muito, mas muito, mais lucrativos). Não se pode manter todos os tipos de trabalhos e esperar crescer. Continuar aceitando tudo significa que seu crescimento em *expertise* e reputação não está avançando.

Digressão

O ano de 2009 foi recorde para mim. Viajei menos de 15% do tempo e trabalhei talvez 20 horas por semana. E 75% de minha renda vieram de serviços e clientes que não existiam para mim cinco anos antes. Essa é a reinvenção contínua que é possível se você escolher não desperdiçar tempo e energia atendo-se a maus negócios.

Andei falando de forma um pouco dura sobre abandonar trabalhos. Mas é porque você não pode cometer erros nessa questão. Deve parar de aceitá-los. Contudo, há alternativas a simplesmente largar o cliente, e sempre há maneiras de atender aos clientes que, embora possam não representar seu futuro, certamente ajudaram a pagar o aluguel no passado.

- Estabeleça alianças com consultores que estejam onde você estava há dois anos. Sempre há uma fartura desse tipo de profissionais, ávidos para se alinhar com os mais estabelecidos para aprender, obter trabalhos e estabelecer redes. Indique os seus trabalhos menos rentáveis a protegidos talentosos que farão um trabalho excelente, receba o crédito pela referência e proporcione continuidade e apoio a um cliente valioso.[3] (Em geral, não é uma boa ideia ter essas pessoas em sua equipe para fazer esse trabalho, pois sua empresa estará associada a ele, o que seria o mesmo que você estar associado com ele. Os empresários de atores que lidam com o teatro regional não são chamados por grandes estrelas.)

- Explique pessoalmente ao cliente que você não pode mais dar conta dos trabalhos de forma rentável, que não está usando esse fato para elevar seus preços e que vai indicar pessoas para que o cliente avalie e possa substituí-lo. Nesse caso, o cliente sabe que você o está ajudando a fazer a transição sem custos e que você pode não conhecer bem as pessoas que está indicando. Portanto, está claro que a responsabilidade de escolher alguém adequado e compatível é do cliente.
- Se for uma série de trabalhos, aparições ou oficinas regularmente agendadas, diga ao cliente que o próximo trabalho, o do mês que vem ou o do ano que vem, será o último que você fará. Dê ao cliente esse tipo de margem de manobra e aviso prévio e continue a demonstrar que está fazendo o mesmo tipo de trabalho de alta qualidade que sempre fez.
- Ofereça-se para transferir as habilidades ao cliente, se for o caso. Sugira algumas alternativas internas e trabalhe com o cliente para substituir sua *expertise*. Demonstre o valor da abordagem baseada em aprender a pescar, do Capítulo 1. É justo e razoável cobrar um preço por essa transição e, geralmente, é fácil justificar essa cobrança em termos da economia de custos ao se ter as habilidades presentes internamente, sempre que for necessário. Ofereça-se para apoiar o responsável na empresa, por telefone ou correio, sempre que ele precisar de ajuda.
- Se o cliente for a filial local de uma grande organização, explique que é hora de subir para a matriz. Você chegou até onde podia com o excelente apoio da administração local, mas avaliou que está na hora de tentar influenciar mudanças de política em nível corporativo. Você não está abandonando seu cliente local, mas resta pouco que você possa fazer com eficácia sem intercessão de uma autoridade maior. Dessa forma, você está avançando para um patamar superior em seu mercado. Se tiver uma boa relação em nível local, a administração deverá estar disposta a fazer as apresentações em nível mais elevado. Caso ela se recuse, você está em uma relação de negócios que deve abandonar de qualquer forma.

❖ Os 12 sinais que indicam que é hora de partir

Não importando se é consultor autônomo, empreendedor ou líder de uma empresa em crescimento, que inclui pessoal profissional e administrativo, você deve abandonar um trabalho de modo consciente e firme se ele:

1. Estiver abaixo de seu nível em crescimento de honorários.
2. Não for desafiador ("Faço isso de olhos fechados").

3. Proporcionar uma reputação que não se enquadra em sua estratégia de crescimento ("Eles fazem treinamento de secretárias.").
4. For especializado demais ("Eles sabem tudo sobre embalagens.").
5. Não for capaz de atrair o tipo de profissionais que você quer em sua empresa (trabalhos desinteressantes).
6. Não atrair os tipos de referências de que você precisa.
7. Estiver em áreas e setores em que você não tem interesse em crescer.
8. For desagradável e tiver pessoas mal-educadas e ofensivas.
9. For antiético em suas ações e/ou no limite da legalidade.
10. For difícil em suas demandas de deslocamento, apoio e outras logísticas.
11. Não estiver dentro de suas intenções estratégicas (estritamente nacional quando você está tentando crescer em nível internacional).
12. Depreciar seu tempo livre.

Por fim, há uma demanda claríssima que exige que você examine cuidadosamente seus mercados e clientes para tomar decisões precisas e sólidas sobre deixar alguns deles. Não importa o quanto seja fácil aceitar um trabalho pequeno que venha pelo telefone sem esforço ou o quanto seja um alívio fazer uma concessão por um preço mais baixo quando os negócios vão mal, esses trabalhos nas faixas inferiores de preço simplesmente não são lucrativos. Eles trazem receitas, e não lucros. Já vi consultores gastarem US$ 4.500 em tempo, materiais e despesas gerais para implementar um trabalho de US$ 5 mil.

"Não tem problema", eles me garantem, "porque o trabalho vem por US$ 5 mil como um relógio, cinco ou seis vezes por ano". Sim, e eles gastam US$ 4.500 como um relógio a cada vez (ou, pior, US$ 5 mil). Não se compensa isso com volume.

Digressão

Sentado à piscina em uma grande convenção profissional, conheci uma mulher que disse estar lá simplesmente para conseguir passar algum tempo com o marido, que passava 220 dias viajando para dar conta de 110 trabalhos de um dia. "Por que ele não dobra seu preço, corta os clientes pela metade e passa o dobro do tempo com você?" perguntei, dando uma rara consultoria de graça. "Ah, ele nunca conseguiria exigir isso!" ela riu. Se ela (e ele) acredita nisso, então é porque ele não conseguiria.

Não importa nem um pouco – nem um pouco – quanto são suas cobranças e quanto você recebe. O que importa é com quanto você fica. Noventa por cento de tudo o que eu cobro vão para os lucros finais. É isso, eu perco 10% das receitas em despesas não reembolsadas e gastos gerais. Se você gera US$ 100 mil em receitas, gastos gerais de 35% significam que você terá US$ 65 mil de renda sem descontar impostos. O segredo, é claro, é aumentar a receita enquanto reduz as despesas gerais, e é exatamente isso que fazem os consultores de ouro.

Um dos elementos mais importantes dessa estratégia é abandonar regularmente os 15% menos rentáveis de seu mercado. Outro é ter total clareza de seus objetivos nos negócios.

❖ O verdadeiro norte (a estrada *não* percorrida)

Toda a empresa de consultoria – grande ou pequena, local ou internacional, especializada ou geral – tem uma força motriz. Essa força é sua razão de ser, seu autoconceito. O problema é que, embora essa força deva ser consciente, muitas vezes não o é, sendo inconsciente, criada por *default*, pelo mercado, pelos clientes ou – pior ainda – pela concorrência.

Os resultados financeiros são apenas um indicador de sucesso. Na verdade, a verdadeira medida de sucesso financeiro, em última análise, é a capacidade de atingir objetivos de longo prazo, predeterminados. Sem esses objetivos não financeiros, seu navio fica sem leme e depende dos ventos e marés do mercado.

Os objetivos estratégicos visam a dar não apenas a direção, mas também a propulsão que lhe possibilite navegar apesar das correntes traiçoeiras. Em nosso mercado, as "correntes" são mais conhecidas como *modas*, os "ventos", como *percepções* e as "marés", como *condições econômicas*.

Que objetivos você tem para seu negócio? Quando eu faço essa pergunta à maioria dos consultores/dirigentes, eles dizem algo como:

- "Queremos ser a maior empresa do nosso tipo."
- "Queremos fazer nosso negócio crescer continuamente."
- "Queremos ajudar os clientes a atingir os melhores resultados possíveis."
- "Queremos estar na dianteira das evoluções em nosso campo."
- "Queremos recompensar as pessoas no negócio de acordo com sua contribuição."

Esse não é o negócio a partir do qual se possa planejar o futuro. Claro que esses sentimentos são todos nobres, mas poderiam se aplicar a lavagem a seco, a pavimentação da entrada da garagem ou a contabilidade, sem falar do conserto de amortecedores e manutenção de tratores.

Durante uma etapa da minha vida, eu viajava mais de 1 hora até Boston só para cortar o cabelo com uma mulher que fazia um trabalho magnífico. Eu não tenho um cabelo muito bonito, mas ela tem excelentes tesouras. Ela tinha demanda constante. Um dia, perguntei por que ela achava que tinha tanto êxito. (Os consultores estão sempre tentando achar o denominador comum. Não é poesia, mas é boa consultoria.)

A resposta que ela me deu foi uma revelação: ela achava que estava em um negócio singular: "Os cabeleireiros tinham o consentimento para tocar no cliente", ela disse. "Isso cria um vínculo muito íntimo, ainda que não pareça. É por isso que eu sei tanto sobre meus clientes e é por isso que eles me contam coisas que não contariam em nenhuma outra relação profissional."

"Não é uma visão incrível?" eu disse. "Afinal de contas, a maioria das pessoas simplesmente diria que você corta e arruma cabelos, não é?"

"Me aponte outro profissional em sua vida que toca em você fisicamente e o gira assim."

"Ahhhh... um médico."

"Certo! É isso que a maior parte das pessoas responde. Mas o médico é ameaçador. Entende? Eu sou tão próxima das pessoas quanto o médico, mas não sou ameaçadora. As pessoas vêm a mim não só porque eu corto bem o cabelo delas, mas também porque elas gostam da relação. E eu também."

Eu pensei muito sobre aquela conversa e me dei conta de que o sucesso dela se baseava muito em sua imagem pessoal e claramente definida de seu negócio e de seu lugar nele. Era irrelevante concordar ou não com ela. (Afinal de contas, acabei concluindo, as manicures tocam em você, e também os alfaiates, e as pessoas parecem muito dispostos a falar com *bartenders* desconhecidos que nunca as tocam.) A visão do negócio e dos objetivos dela era singular, clara e tangível o suficiente para que ela agisse a partir disso. Em outras palavras, ela estimulava as pessoas a falarem (as poucas que não gostassem disso iriam a outro lugar), era uma ótima ouvinte, lembrava-se de detalhes sobre os clientes de um mês para o outro e estava muito consciente de seu papel na relação. Ela perguntava com muita frequência sobre meus filhos e me contava histórias dos seus, mas não dava conselhos e nunca julgava qualquer coisa além do que ficaria bem na minha cabeça.

Aqui estão alguns dos melhores objetivos que ouvi dos consultores – melhores porque são claros, específicos dessa profissão e tangíveis o suficiente para basear cotidianamente as táticas neles:

- "Aceitamos trabalhos de consultoria que resultem em contribuições diretas à lucratividade do cliente, medida por resultados trimestrais."
- "Ajudamos na intermediação de pessoas de forma que compense economicamente, ao mesmo tempo em que sempre se respeitarão a dignidade e as necessidades dos que saem da organização."
- "Preparamos e implementamos oficinas que resultem em mudanças de comportamento demonstráveis no trabalho, determinadas pelas opiniões dos clientes."
- "Estabelecemos relações de colaboração nas quais a responsabilidade é compartilhada com o cliente, as habilidades são transferidas para ele e a dependência de nós é gradualmente reduzida até o ponto de encerrar a relação de trabalho."
- "Auxiliamos os clientes a melhorar a produtividade de seu pessoal por meio de análises de necessidades, melhor comunicação e decisões conjuntas."
- "Só aceitamos tarefas de consultoria com valor agregado, com objetivos de resultados específicos e com medidas que sejam baseadas em honorários. Garantimos nosso trabalho incondicionalmente."

Não é necessário fazer várias páginas de objetivos. Na verdade, eles devem ser breves o suficiente para que você e seus colegas os tenham em mente todo o tempo, principalmente quando tem na frente um potencial cliente ou durante um trabalho, pois as decisões operacionais poderiam ser ditadas por esses objetivos. Concluí que objetivos sólidos não estão presos a qualquer cifra financeira, assumem responsabilidade pessoal, são inequívocos (eu farei ou nós faremos) e incluem alguma forma de consequência. Muitas vezes, eles são baseados no tipo específico de *expertise* ou talento que você aporta (intermediação), filosofia (trabalho conjunto), habilidades de processo (análises de necessidades, tomada de decisões) e/ou ritmo (resultados trimestrais, tarefas de curto prazo).

Os objetivos específicos são extraordinariamente úteis para explicar aos potenciais clientes por que eles deveriam lhe contratar. Seus objetivos devem aparecer de forma *breve* em sua literatura e devem servir para diferenciar sua empresa. Você deve ser capaz de explicá-los em 60 segundos a qualquer pessoa que perguntar. (Qualquer consultor que não souber explicar o que faz de forma precisa e específica em menos de 1 minuto precisa ir para o castigo.) A quantos coquetéis você já foi em que perguntam a uma pessoa o que ela faz e ela passa meia hora falando sem conseguir dar nem uma pista? Você pode apostar 5 contra 2 como a pessoa é um consultor e 10 contra 1 em que não é boa no que faz. Algum de seus clientes levaria mais de um minuto para lhe contar que tipo de trabalho *ele* faz?

> Os objetivos proporcionam um leme para você se guiar e permitir que os clientes e potenciais clientes entendam o que você pode oferecer. Como o cliente pode entender claramente o serviço que você oferece e distingui-lo de outros, se você mesmo não consegue fazer isso?

A Figura 2-2 apresenta uma base para estabelecer objetivos. Se você não conseguir formular uma explicação sobre o que você é e sobre o que está tentando realizar em um trabalho com o cliente, então nem saia pela porta. Se conseguir, provavelmente aceitará trabalhos somente por razões monetárias, o que significa que muitas vezes estará com *expertise* a menos ou trabalhos que não compensam demais. Seus objetivos *serão* estabelecidos, se não por você conscientemente, pelo mercado, pela situação ou pelo cliente. E *será* impossível conviver com esses objetivos porque eles mudarão a cada dia. Seu negócio não estará crescendo, mas sim andando em círculos.

Uma última ideia: os objetivos podem mudar à medida que seu negócio cresce e amadurece. Eles devem ser reexaminados regularmente (principalmente se você estiver conseguindo abandonar os 15% menos rentáveis de seu mercado) para modificações. Você não gostaria de ser conhecido pelos potenciais clientes como algo que você costumava ser, e não quer investir em ações

- *Expertise* e talento
- Contribuição para os lucros
- Melhor comunicação
- Fatia de mercado
- Qualidade e serviços
- Formulação de estratégias
- Assistência aos funcionários
- Motivação e moral
- Serviço à comunidade
- Tempo entre projeto e colocação no mercado
- Tipos de interação com clientes
- Produtividade dos funcionários
- Participação dos funcionários
- Satisfação dos clientes
- Inovação e criatividade
- Solução de problemas
- Pesquisa e desenvolvimento
- Gestão de prioridades/tempo
- Questões de segurança e regulamentação
- Aprendizado de adultos

Figura 2-2 Uma referência para estabelecer objetivos, que podem se basear em talento pessoal, necessidades dos clientes ou ambos.

ditadas por sua própria percepção ultrapassada de quem você é. Uma empresa cuja proposta era "fornecer as melhores habilidades objetivas e racionais para tomar decisões" aos clientes pode agora se ver "fornecendo as melhores habilidades de reflexão, combinando abordagens racionais e intuitivas" depois de ter descoberto e adotado outras tecnologias e disciplinas.

Para que seu negócio de consultoria cresça, seus objetivos têm que crescer e ampliar. Quanto maior a frequência disso, melhor você se sairá.

❖ Como no *show business*, o momento é tudo

Lembro-me de assistir a um dos primeiros programas do *Tonight Show*, de Johnny Carson, em que seus convidados eram Richard Pryor e Milton Berle, com o primeiro sentado no sofá e o segundo chamando a atenção na poltrona do convidado. Berle e Carson tinham estabelecido uma boa comunicação quando Pryor tentou interromper dizendo alguma coisa que acabou jogando água fria no processo.

No silêncio que se seguiu, Berle chegou perto de Pryor e cochichou alto o suficiente para o microfone captar: "Eu te disse, rapaz, preste atenção ao momento. O momento certo é tudo". Ele estava dizendo isso a alguém que se tornaria um ícone da comédia de sua geração.

Não há momento bom nem momento ruim para entrar na profissão de consultoria ou para tentar ampliar um negócio já existente. *Boas ou más economias não importam.* Eu comecei meu negócio em meados da década de 1980, em uma economia não muito boa, e muitos de nós estão tendo ótimos anos em meio às catástrofes de mercado de 2008.

Muitas pessoas pressupõem que más condições econômicas e de mercado são boas para a consultoria, já que as firmas estão com problemas e precisam de mais ajuda. Felizmente, ou infelizmente, esse axioma nunca se aplicou à minha empresa, já que tendemos a trabalhar com empresas excelentes que não usam os tempos difíceis para desencadear a assistência de consultorias.

A solução de 1%: não se torne, de repente, um "especialista em tendências de baixa" para quando as coisas vão mal. Atenha-se a seus pontos fortes. As empresas precisam de valor, força e vantagem competitiva em momentos de baixa, assim como em todos os momentos.

Da mesma forma, os bons tempos não geram negócios automaticamente, porque, nesses momentos, poucas empresas são esclarecidas o suficiente para olhar além dos resultados do curto prazo e enxergar as necessidades e desafios fundamentais.

O momento com que estou mais preocupado é o de estar no lugar certo na hora certa, e isso significa estar na frente do comprador com um coçador de costas para quando ele sentir uma coceira. Mas muitos profissionais de *marketing* que são especialistas em seu trabalho vão dizer que é sua responsabilidade criar a necessidade (ou, pelo menos, ajudar o cliente a expressá-la de forma que você seja o provável candidato a atendê-la).

Eu não "vendo" e não associo vendas aos negócios de consultoria que gosto de gerar – principalmente se "vender" significar qualquer coisa além de convencer o potencial cliente de que ele tem uma necessidade e eu sou adequado para atendê-la.

Esse tipo de *marketing* e vendas depende do que eu chamo de abordagem "uma pessoa, uma situação". Ou seja, você deve visitar pessoalmente, convencer, acompanhar e cuidar de vários probleminhas que ocorrem quando você está tentando emplacar uma proposta. Dessa forma, você está limitado ao número de pessoas na frente das quais consegue aparecer de forma razoável e limitado pela falta de acordo inicial sobre a necessidade exata de cuja existência está tentando convencê-las.

Prefiro uma abordagem baseada em momento para aumentar os negócios. Esse momento baseia-se na ideia de o potencial (ou atual) cliente sentir uma coceira em algum momento e, imediatamente, pensar que você tem um coçador de costas. Observe que isso não depende de você estar em algum lugar, de convencer o cliente da necessidade nem de propostas cuidadosamente construídas.

O cliente está lhe chamando. Essa abordagem não é excludente em relação a outras, mas torna a vida muito mais fácil.

Enquanto você lê este parágrafo, compradores potenciais de seus serviços em todo o país (e no mundo) estão chegando a decisões para as quais precisam de ajuda. E, durante o dia, a semana, o mês ou o trimestre seguinte, eles vão providenciar essa ajuda. Alguns deles escolherão consultores com quem já trabalham; outros usarão recomendações; outros, ainda, provavelmente a maioria, farão algum tipo de pesquisa, desde a informalidade de dar telefonemas até a formalidade de solicitar ofertas e propostas. No Capítulo 1, falei sobre as formas com que as organizações escolhem consultores e, nos capítulos posteriores, falarei sobre como manter contatos com clientes e potenciais clientes no longo prazo.

O que quero abordar aqui é a combinação desses dois elementos: a fusão da necessidade do potencial cliente (que ocorre em algum momento não previsto) com o conhecimento de seu potencial para atender a essa necessidade (a partir de contatos repetidos e visibilidade). Essa é a essência da abordagem baseada em encontrar o momento certo.

Esse é um estado de espírito que você deve assimilar filosófica e estrategicamente antes de fazer funcionar taticamente. Ou seja, você deve estar convencido de que é muito mais poderoso fazer que o comprador entre em contato com você do que o contrário.

A resposta tradicional ao crescimento das empresas de serviços pessoais tem sido a atávica abordagem de "bater perna". Contratar mais gente para fazer mais visitas e fechar mais negócios. Contudo, essa é uma abordagem de vendas quantitativa, e não qualitativa, e os obituários de empresas falidas estão cheios de previsões de vendas exageradamente otimistas baseadas no número de pessoas visitadas e na probabilidade de que elas comprem simplesmente porque alguém conseguiu entrar em seu escritório.

Quando você é *convidado* a entrar no escritório de uma pessoa, a equação muda consideravelmente. Em vez de justificar sua presença e suas demandas sobre o tempo do comprador, vocês estão trabalhando juntos em um problema que ele se sente à vontade para tratar com você.

Portanto, seu impulso de *marketing não* deve ser o número de pessoas que visita, a promoção de suas abordagens a prováveis compradores nem – Deus o livre – fazer visitas ou telefonemas de vendas sem marcar. (*Você* compra de uma pessoa que lhe telefona às 8h30 da noite oferecendo títulos raros do petróleo do Turquistão?) Você deve estar trabalhando para fazer com que seu nome, sua empresa e seus talentos fiquem conhecidos pelos mais variados potenciais clientes.

Examinaremos opções específicas mais tarde, mas é importante que você reconheça e assuma essa posição fundamental aqui. Durante uma semana típica, minha empresa tem recebido duas solicitações de propostas, quatro consultas sobre trabalhos como palestrante, 50 pedidos de livros e 12 ou mais consultas, feitas por organizações para as quais nunca trabalhamos, sobre bibliografia relacionada a nossas atividades de consultoria. Essas são exclusivamente possibilidades de trabalho com clientes atuais e extensões de trabalhos atuais.

Conservadoramente, isso significa cerca de cem possibilidades por mês ou mil por ano. Se 10% delas resultarem em negócios de curto prazo (dentro de 12 meses) e o contrato médio for de US$ 50 mil, isso é meio milhão de dólares gerados a partir de potenciais clientes que desenvolvem uma necessidade e sabem que deveriam entrar em contato comigo.

Figura 2-3

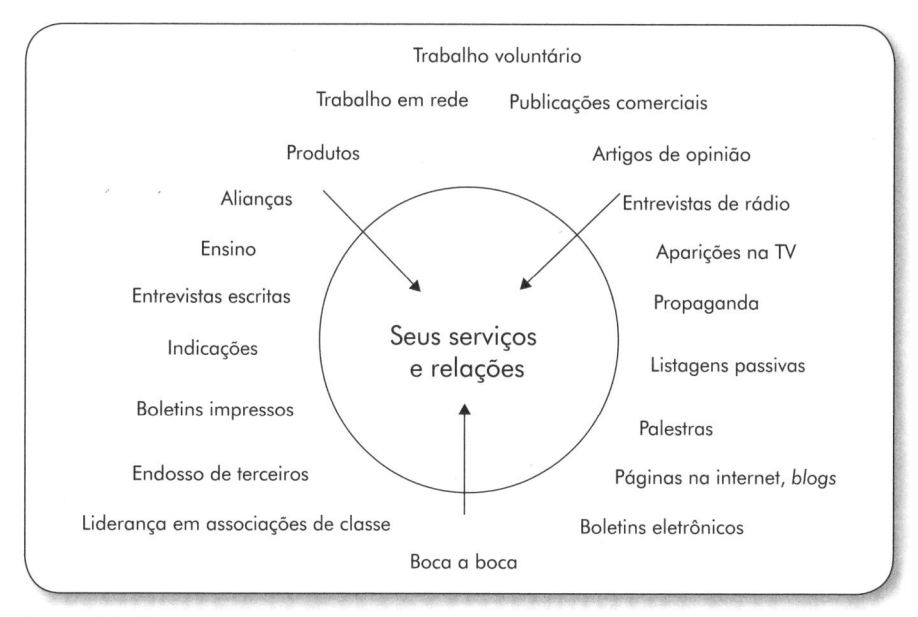

Diagrama mostrando "Seus serviços e relações" no centro, com os seguintes itens ao redor:

- Trabalho voluntário
- Trabalho em rede
- Publicações comerciais
- Produtos
- Artigos de opinião
- Alianças
- Entrevistas de rádio
- Ensino
- Aparições na TV
- Entrevistas escritas
- Propaganda
- Indicações
- Listagens passivas
- Boletins impressos
- Palestras
- Endosso de terceiros
- Páginas na internet, *blogs*
- Liderança em associações de classe
- Boletins eletrônicos
- Boca a boca

Figura 2-3 Criando gravidade de mercado.

Na realidade, 10% é uma cifra bastante baixa, e, no longo prazo – 12 a 36 meses –, nós (e você) provavelmente faremos negócios em 20% ou mais dessas possibilidades.

A Figura 2-3 mostra como estimular as pessoas a entrar em contato com você em qualquer momento de sua carreira, de neófito a veterano. Chamo isso de *gravidade de mercado*, porque a intenção é atrair pessoas até você. Quando as pessoas lhe abordam ("Ouvi falar do seu trabalho e gostaria de saber se você tem condições de nos ajudar"), a dinâmica muda muito em relação a uma intimidação fria ("Quem é você e por que eu deveria lhe dar ouvidos?").

Aqui está o que fazer:

- *Trabalho voluntário*. Ao ajudar organizações de graça, seu trabalho e suas relações vão crescer em reputação e números. *Sugestão*: Nunca faça trabalho voluntário para uma organização com fins lucrativos, não importa o quanto a exposição seja boa. Certifique-se de estar trabalhando com recomendadores e compradores de potenciais clientes, de quem será um igual em função do trabalho voluntário que tenham feito em comum.
- *Publicações comerciais*. Os livros são bons; artigos e materiais expressando suas visões são ótimos.

- *Artigos de opinião.* Crie artigos para seu *kit* de imprensa e para sua página na internet que lhe posicionem em seu campo. Eles não devem ser promocionais nem conter técnicas específicas e alto valor. Estabeleça sua *expertise* e sua posição como pessoa a quem recorrer.
- *Entrevistas de rádio.* Elas são relativamente fáceis de conseguir. Obtenha uma listagem na página Expertclick.com e/ou no Directory of the National Press Association. *Sugestão:* Nunca pague a uma emissora de rádio para deixar você apresentar um programa. Isso é uma fraude. O profissional deve receber, e não pagar.
- *Aparições na TV.* Também são mais fáceis do que se imagina, e podem ser obtidas por meio das fontes mencionadas antes, principalmente em emissoras a cabo e afiliadas locais. Mais uma vez, não pague para aparecer no programa de um "ex-famoso". Eles produzem dinheiro apenas para produtores e semicelebridades.
- *Propaganda.* Das páginas amarelas locais a listas nacionais, alguns "compradores de viabilidade" fazem buscas nessas listagens para gerar alternativas.
- *Listagens passivas.* São listagens em guias de compradores e em várias fontes do setor – são semelhantes a propaganda, mas são simplesmente verbetes. Também são bastante comuns na internet.
- *Palestras.* Essa é uma das melhores fontes para gerar atração. Faça palestras de graça se for necessário, desde que esteja em frente a compradores ou, pelo menos, recomendadores.
- *Página na internet.* Considere isso como um *kit* de mídia muito mais flexível do que seu prospecto de apresentação em papel. Coloque nela artigos, técnicas e valor para fazer com que as pessoas retornem (por exemplo, um artigo novo todos os meses) e contem a outras. (Também é um excelente lugar para vender produtos.)
- *Blog.* Está relacionado a uma página na internet. Use o *blog* para postar, regularmente, textos, áudio e mesmo vídeos (muito importante) que promovam sua *expertise* e sua condição de pessoa a quem recorrer. (Veja o meu *blog*, http://www.contrarianconsulting.com, para saber como eles conduzem bem a multimídias.)
- *Boletins eletrônicos.* Envie-os de graça. Mantenha-os breves e não promocionais. Incentive as pessoas a encaminhá-los a outras. Uma página por mês deve lhe tomar meia hora.
- *Boca a boca.* Você tem um refrão inteligente (por exemplo, "The Telephone Doctor")? Seu cartão de visitas está nas mãos das pessoas? Você tem materiais interessantes para distribuir?

- *Liderança em associações profissionais.* Assuma os cargos mais desagradáveis e difíceis, como tesoureiro ou chefe dos voluntários. Torne-se presidente. Você será entrevistado, indicado e terá alta visibilidade na comunidade, na profissão e/ou na indústria.
- *Endosso de terceiros.* Peça a todos os clientes, todas as vezes, uma carta com um testemunho, uma referência, uma indicação ou uma sinopse para uma publicação. (Você reconheceu as opções de sim que acabo de fornecer?)
- *Boletins impressos.* Embora tomem mais tempo e dinheiro, os boletins impressos causam mais impacto do que os eletrônicos e tendem a ser guardados por mais tempo. Você pode usar um formato comum todos os meses com uma gráfica local. Use artigos de convidados para economizar seu trabalho.
- *Indicações.* Peça indicações de possibilidades de trabalho a alguém que conheça. Você não recomenda pessoas a seu dentista e a seu advogado? Por que eles não poderiam lhe indicar pessoas? Peça isso a eles a cada três meses.
- *Entrevistas impressas.* Forneça pontos de interesse ou pontos de vista de negócios aos meios de comunicação locais para garantir que entrevistem você.
- *Ensino.* Candidate-se a ser professor adjunto na universidade privada, na universidade pública ou na escola profissionalizante uma noite por semana. Isso fica muito bem em seus dados biográficos e gera visibilidade.
- *Alianças.* Encontre alguém que tenha a influência de mercado que você não tem, que careça de competências das quais você dispõe e crie uma sinergia na qual 1 + 1 = 186.
- *Produtos.* Crie gravações, panfletos, folhetos, listas de itens, manuais, livros e outras ferramentas de aprendizagem de alto valor para gerar renda e visibilidade.
- *Trabalho em rede.* Proporcione valor a pessoas que, por sua vez, possam lhe proporcionar valor. Participe de um evento onde isso seja possível pelo menos uma vez por semana.

Em quantas dessas coisas você está envolvido atualmente? De quantas é capaz? Posso garantir que você não está fazendo o suficiente.

Implemente novos aspectos da minha "gravidade" todos os meses, até que a atração seja avassaladora. Isso compensa financeiramente e é relativamente simples. Se você quiser ganhar dinheiro, tem que atrair as pessoas a si, e não bater na porta delas até derrubá-la.

Digressão

Deixe-me mencionar o que algumas pessoas chamam de "mídias sociais" neste momento. Já fiz pesquisas e experiências com essas alternativas desde que meus *posts* no *blog* questionando sua eficácia em marketing provocaram a ira dos que as veneram.

Concluí que alternativas como LinkedIn são mecanismos bastante eficazes para manter contato com pessoas e para encontrar empregos tradicionais, mas são inúteis como dispositivo de *marketing* para consultores que querem atingir compradores corporativos e econômicos.

Limite seu tempo no Twitter, Facebook, YouTube e qualquer outra coisa que se invente entre o momento em que eu escrevo isto e o que você lê, porque não é aí que os verdadeiros compradores passeiam ou procuram recursos. Como ferramentas de *marketing*, elas recebem muito baixa prioridade e muitas vezes são dolorosamente estúpidas. ("O Alberto está trabalhando até mais tarde hoje." Realmente, essa é uma notícia que faz o meu tempo na internet valer a pena!)

Até aqui, tentei estabelecer qual é o panorama e por que ele é importante para esclarecer o que está na sua cabeça. Seu crescimento – pessoal, profissional e financeiro – é predominantemente uma função de sua visão do mercado e seu papel nele.

Se sua mente se concentrar em dar telefonemas desde que acorda, por exemplo, você se esforçará para garantir que não seja interrompido nessa atividade enquanto estiver no escritório. Seus conhecimentos e ações se ajustarão a isso, e você tenderá a medir seu sucesso em termos de sua capacidade de dar telefonemas. Contudo, se sua filosofia sobre o negócio exigir um foco mais estratégico, seus comportamentos e ações provavelmente serão mais amplos e mais inovadores em seu alcance, organizados para estabelecer essa reputação por uma série de meios (entre os quais o telefone cumprirá um papel menor, adequado).

É só você que determina como age em relação a seu negócio; o mercado não faz isso, nem o potencial cliente, e a concorrência não deveria fazê-lo.

A abertura da Parte 1 deste livro cita Matsuo Bashô, e a filosofia dele se aplica tanto agora quanto se aplicava há três séculos. Não olhe para outros consultores e decida como fazer o que eles fazem, só que melhor. Olhe para o mercado, avalie o que você tem a oferecer, e a quais compradores, e decida como melhor fazer com que esses compradores venham a você enquanto abandona continuamente a fatia dos 15% menos rentáveis de seu mercado para expandir a fatia mais rentável. Se puder manter esse estado de espírito, estará pronto para crescer.

❖ Perguntas e respostas

P. *Eu não deveria esperar até estar cheio de trabalhos antes de começar a abandonar ou demitir clientes?*
R. Você nunca estará cheio de trabalho nesse sentido, nem lhe interessa estar. Você quer ganhar US$ 1 milhão trabalhando 60 horas por semana ou trabalhando 40 horas (ou mesmo 20 horas por semana)? Além disso, se não abandonar os trabalhos pequenos, não terá espaço para dar conta dos grandes.

P. *Onde está a linha tênue que separa acompanhar os potenciais clientes de os perseguir?*
R. Não importa, pise na linha, apague-a, borre-a. Isto é um negócio. Se você acha que tem valor para alguém, não o está perseguindo se estiver tentando ajudá-lo. Seu dentista está "perseguindo" você ao tentar prevenir sua gengivite (que pode causar problemas cardíacos)?

P. *Não é difícil educar os clientes que foram deseducados por incontáveis consultores antes de mim?*
R. Sim, mas o que você quer fazer? Você não quer seguir os passos dos tolos de sempre.

Reflexão final: seu estado de espírito deve ser o de não ter que "provar nada" a ninguém nem o de bater na porta das pessoas até derrubá-la. Crie suficiente atração para que as pessoas se aproximem de você interessadas em como você pode ser útil. Nessa dinâmica, os honorários são uma formalidade.

Capítulo 3

Em fuga

Atingindo velocidade de escape

❖ A armadilha do sucesso

O sucesso pode ser mais responsável pela morte de empreendimentos de consultoria do que o fracasso. Quando uma pessoa forte fracassa, é provável que ela examine as causas de sua derrota, determine o que tem que ser feito para melhorar no futuro e dê passos para tentar de novo. Pessoas fortes aprendem com os reveses que sofrem e ressurgem muito mais fortes. Afinal de contas, o sucesso nunca é definitivo, e a derrota raramente é fatal; o que conta é a perseverança, para parafrasear Winston Churchill. (Woody Allen disse certa vez que 80% do sucesso é "apenas estar lá".)

Quando uma proposta que eu apresento não é aceita ou eu fico sabendo que um concorrente foi escolhido para um trabalho que não me foi oferecido, eu *sempre* investigo as razões. Fico aliviado quando descubro que não peguei o trabalho porque outra pessoa tinha alguma influência sobre o cliente ou porque um concorrente se ofereceu para fornecer algo que estava completamente além das minhas capacidades, motivação ou preço. Chamo esse tipo de situação de *rejeição incontrolável* porque é improvável que eu pudesse fazer qualquer coisa para alterar o resultado.

Contudo, quando eu descubro que a concorrência ofereceu uma intervenção na qual eu simplesmente não tinha pensado, atendeu às necessidades de um cliente de uma forma mais inovadora ou simplesmente foi mais rápida ou mais esperta do que eu, esforço-me para saber como posso evitar que isso ocorra de novo. Essa é uma *rejeição controlável*, ou seja, trabalho perdido porque eu não fiz alguma coisa que poderia ter feito e estaria disposto a fazer e que poderia ter mudado o resultado a meu favor.

O lado bom de estudar a rejeição controlável é que se aprende muito sobre como melhorar seu negócio.

Por exemplo, não tenho como aprender nem como melhorar muito ao perceber que perdi um contrato porque o cliente preferiu alguém que estava localizado a um quilômetro do local, quando eu estava fora em uma viagem de avião. Entretanto, posso aprender muito ao descobrir que a concorrência compareceu a reuniões preliminares usando três pessoas que, trabalhando em equipe, deram ao cliente uma sensação de profundidade e apoio competente que eu, agindo sozinho, não consegui oferecer.

Certa vez, perdi um trabalho com o jornal *USA Today* para o qual fui finalista (e me disseram que eu tinha preferência) porque o vencedor final ofereceu em sua proposta treinar a gerência sobre como transmitir aos funcionários os resultados das pesquisas e das ações que a gerência pretendia fazer como resultado daquelas conclusões. Eu nunca tinha pensado em fazer isso, porque todos os meus trabalhos de pesquisa anteriores só envolveram coleta de dados à longa distância e reuniões individuais com o principal executivo para discutir resultados. Contudo, eu teria me disposto a fazer isso, tinha capacidade para fazê-lo e poderia ter feito com uma boa relação entre custo e benefício.

Como resultado dessa rejeição particularmente controlável, eu agora ofereço a opção de educação à gerência em todas as propostas de pesquisa. Vários clientes e potenciais clientes me elogiaram por fazer esse seguimento e se dispuseram a pagar um pouco mais por usá-lo. Como ampliação dessa tática, desde então eu acrescentei dias de seguimento, com prazos de seis meses e um ano, a todo o meu trabalho de estratégia. Os dias a mais me custam praticamente nada, mas dão ao cliente a sensação de continuação e interesse de longo prazo e me possibilitam continuar visível em datas marcadas.

A solução de 1%: se o sucesso for estável, ele vai acabar se desgastando bem debaixo dos seus pés, mas se for uma subida permanente, você sempre estará olhando para cima.

Embora eu estivesse muito dedicado a descobrir por que fui rejeitado, entendi que poucas vezes tinha perguntado sobre as razões que levaram um cliente a me escolher. O sucesso faz isso com a gente. Afinal de contas, eu estava tentando conseguir o trabalho, fiz uma boa preparação e proposta, e o cliente demonstrou uma imensa capacidade de discernimento em sua opção.

Entretanto, muitos desses sucessos podem levar você a cair em uma armadilha, já que vai estar tão ocupado marcando as atividades de implementação e descontando cheques que não estará crescendo em qualquer outra dimensão. Os consultores de ouro não chegam a sê-lo fazendo uma coisa bem feita repetidas vezes. Eles têm o sucesso que têm porque evoluem com o tempo e crescem com desafios cada vez maiores.

Consequentemente, você sempre deve tentar ampliar suas aplicações e capacidades até ser rejeitado, para poder descobrir a razão disso. Ficamos sabendo de pilotos de teste que "forçam os limites". Eles não sabem o que um avião consegue fazer até descobrir o que ele não consegue, e então os projetistas podem tentar melhorar a partir disso.

> A única coisa a melhorar no sucesso é experimentar a rejeição. Os consultores bem-sucedidos não experimentam o sucesso ininterrupto. Em vez disso, levam suas capacidades até o limite em que são rejeitados e, assim, sabem qual é o crescimento necessário. O sucesso ininterrupto leva ao fracasso inevitável – a armadilha do sucesso.

Se você não está errando, é porque não está tentando!
Alguns anos atrás, recebi uma solicitação de proposta para uma licitação da New York City Housing Authority para formular e implementar programas abrangentes para os gestores intermediários, algo que normalmente eu não faço, principalmente na escala solicitada. Depois de concluir que conseguiria fornecer (ou adquirir) a *expertise* e os recursos necessários, apresentei uma proposta, sendo que somente sua formulação exigiu 25 horas de trabalho.

O dia da escolha chegou e passou sem que eu soubesse o resultado, de modo que fui tentar descobri-lo, enfrentando aquele atraso burocrático perverso em que os órgãos públicos têm tanta *expertise*. Porém, não desisti e descobri, três meses depois, que o projeto tinha sido concedido a Booz Allen. Também descobri que Booz Allen tinha:

- Fornecido muito mais detalhamento do que eu.
- Apresentado mais materiais para os participantes do que eu.
- Participado das conferências preliminares (eu não tinha).
- Fornecido mais informações biográficas do que eu.
- Feito uma proposta de mais de US$ 100 mil acima da minha!

Buscar saber o que aconteceu nessa rejeição foi uma grande oportunidade de aprendizagem. Agora, quando solicitam que eu faça propostas em projetos públicos de grande porte, faço cálculos cuidadosos sobre esses fatores, determino antes *se* me interessa participar e, depois, determino *como*. Atualmente, só participo em um décimo dessas solicitações e tomo muito cuidado com a forma de fazê-lo. No entanto, apresentar uma proposta para aquele projeto e descobrir por que fui rejeitado deu uma contribuição importante à minha curva de aprendizagem. Como resultado, tenho tido relações muito produtivas com dúzias de órgãos públicos, como Federal Bureau of Prisons, New York Office of Business Permits and Regulatory Affairs, Federal Reserve Bank of New York e City University of New York.

Foi nesse processo que eu aprendi que meus livros, minha experiência e minha propriedade intelectual muitas vezes podem me qualificar como a "fonte única", fazendo que o cliente e eu possamos prescindir do processo complicado de licitação.

Quando encontro consultores que afirmam ter vivenciado o sucesso total (e, diga-se de passagem, eu *nunca* encontro consultores que estão mal, é tão raro quanto encontrar um político que não esteja orgulhoso de que "a nossa mensagem foi entendida"), descubro que esse sucesso geralmente é estável. Eles continuam a aplicar sua *expertise* de maneira repetitiva. Embora possam desfrutar de um crescimento financeiro modesto, as outras medidas de crescimento (reputação, experiência, *expertise*, aprendizagem, autorrealização) permanecem estagnadas.

Mais importante, contudo, é que seu crescimento financeiro será aritmético e nunca levará a crescimentos geométricos. É a esses consultores que o senso comum se aplica – eles são limitados pelas extensões lógicas de seu conteúdo particular e de seu tempo pessoal.

Richard Foster apresentou a "teoria da curva S", que explica por que as organizações não se tornam mais inovadoras do que são.[1] Eu a modifiquei um pouco para demonstrar como os consultores de ouro se tornam inovadores por meio da expansão constante de seus clientes e projetos potenciais.

Na curva S de Foster, um produto, processo ou desempenho dá início a um padrão de crescimento abrupto depois que o comprador o aceita. Esse crescimento continua até estabilizar – geralmente em função de ofertas competitivas, mudanças de percepção, modificações nas condições ou porque os compradores simplesmente cansam da oferta. Aí começa uma nova curva S. Eu a modifiquei para o crescimento das empresas de consultoria.

O número mágico para uma nova empresa de consultoria é cerca de três anos. Depois disso, os contratos originais provavelmente esgotam, os contratos de um antigo empregador já expiraram e o ímpeto do início foi consumido. Em outras palavras, é hora de determinar se você é um negócio sólido ou se é simplesmente uma pessoa que tem bons contatos. *Todas* as empresas passam por estabilização de tempos em tempos. Para operações que estejam iniciando, isso se deve aos fatores que acabo de mencionar. Para empresas estabelecidas, isso ocorre porque sua tecnologia e *expertise* se tornam datadas (ou seja, o pensamento "lado direito-lado esquerdo do cérebro" foi consistentemente derrubado, a estratégia "estrela-vaca-cachorro" agora é enfadonha e as pessoas se dão conta de que a transpiração é responsável pela capacidade de andar sobre brasas, e não a inspiração), por causa da chegada de mais concorrência no cenário (para oferecer "qualidade total de gestão", "gestão de qualidade total", "total gestão de qualidade", etc.) e/ou porque as condições dos clientes ou do mercado passam por transformações básicas (a incerteza econômica não favorece agências de empregos, e os bons momentos econômicos não favorecem as empresas que se dedicam a encontrar trabalho para quem o perdeu).

Se não for analisado, o sucesso repetitivo em campos limitados levará à perpetuação da estabilidade, que acaba resultando na armadilha do sucesso. Quando a falta de crescimento começar a cobrar seu preço, na forma de redução da base de clientes, visibilidade em declínio, desgaste em função da falta de estímulo e incapacidade de atrair talentos, muitas vezes é tarde demais para tentar expandir o negócio. Essa investigação deve vir de uma posição de força, e não de desespero.

Portanto, cuidado com a armadilha do sucesso e da falsa segurança do crescimento estável. Ironicamente, para crescer você deve fracassar periodicamente a fim de estar continuamente ciente das oportunidades de melhoria e de ampliação de seus limites. Essa disciplina não apenas fornecerá estímulo interno, como também influenciará a forma como o mundo exterior enxerga você.

Observe, em especial, que é relativamente fácil avançar do ponto intermediário da primeira curva S para a parte inferior da seguinte, mas tentar ir da direita da armadilha do sucesso ao ponto intermediário ou acima da curva S seguinte requer um impulso e uma velocidade de escape extraordinários. Essa é a natureza insidiosa da armadilha do sucesso – quanto mais você a percorre, mais difícil será de atingir o nível seguinte.

Os consultores de ouro muitas vezes fracassam. Na verdade, sua confiança emana de sua *falta de medo de fracassar*. Como eu já disse, se você não estiver errando, é porque não está tentando.

Digressão

Na história de predação e da caça, os cientistas estimam que os predadores só tenham sucesso 10% do tempo. O *Tyrannosaurus rex* precisava de 10 caçadas para alimentar a si e à sua família, assim como o guepardo nas savanas da África ou aqueles pelicanos que você vê mergulhando enquanto está deitado em uma praia do Caribe. Pense sobre isso. O erro é um pré-requisito ao sucesso. O segredo é aprender com ele para que sua média melhore para 1 em 8, ou 1 em 5.

❖ A marca é você

Se você acha que as pessoas não julgam os livros pela capa, dê uma olhada nos carros à sua volta na estrada. As pessoas compram carros para dizer algo sobre si mesmas, não importa se o objeto de seu afeto é um sério Volvo, um jovial Corvette, um Toyota típico da classe média norte-americana, um reservado Mercedes, um exótico Aston Martin ou um Bentley, o mestre do universo.

Na verdade, um automóvel é a mais cara afirmação de estilo de vida que a maioria das pessoas jamais fará. Ainda assim, essa extensão da personalidade até as aquisições que a pessoa faz – uma espécie de antropomorfismo extremo – inclui canetas esferográficas e obras de arte, roupas esportivas e eventos culturais.

As organizações fazem os mesmos tipos de declarações sobre os vendedores com quem decidem fazer negócios. Minha crença é que a imagem de uma empresa de consultoria – ou a falta dela – cumprirá um papel fundamental para influenciar um comprador, em um sentido ou em outro, a decidir se determinada empresa é adequada para sua organização.

A imagem da empresa de consultoria será transmitida de forma mais intensa e clara quando o comprador interagir com seus dirigentes. Antes dessa interação, todavia, há oportunidade para que o comprador experimente o sabor da empresa, e é dessas *primeiras* impressões que trata esta seção. Embora não existam imagens perfeitas a transmitir, há algumas a evitar.

Nome

A primeira corporação que eu fundei se chamava AJW Associates. Talvez a principal razão para adotar esses nomes é que eles são fáceis de usar na constituição de empresas e, raramente, são marca registrada de outros. O problema, claro, é que esse tipo de nome evidencia a empresa "do eu sozinho" já de longe

– para o consultor! O comprador raramente dá bola, e o nome não fecha nem deixa de fechar negócios.

O nome que você escolher também deve transmitir algo sobre quem você é. Minha firma é a Summit Consulting Group, Inc. O nome simplesmente diz que somos consultores e que somos uma empresa constituída, e é só isso que eu quero transmitir com nosso nome. O Center for Creative Leadership dá uma boa ideia sobre o que eles fazem, assim como The Executive Edge. Nomes como Sage, Quest ou Tracom deixam a pessoa um pouco perdida, mas isso não é um pecado capital. Pelos menos eles transmitem claramente *empresa* e não *indivíduo*. Não sofra com o nome de sua empresa. Afinal de contas, McKinsey & Co. tem funcionado muito bem.

Logomarca

Isso é tão óbvio que eu tenho que fazer uma careta enquanto escrevo, mas muitas pessoas ignoram o óbvio. Crie uma logomarca ou um visual que seja constante em seu material timbrado, cartões de visita, folhetos, etiquetas ou qualquer outro documento que possa aparecer em público (ou seja, materiais de ensino ou *folders* de apresentação). Esses materiais simples são os transmissores principais e básicos de sua imagem, e não são o lugar para economizar. Um bom programador gráfico pode criar, desenhar e executar o trabalho para você por menos de mil dólares, e atualmente todo o seu material impresso pode ser produzido em uma das franquias de pequenas gráficas locais (com exceção de sofisticados folhetos multicoloridos, que têm que ser feitos em uma gráfica convencional).

Não use logomarcas padrão da internet ou de catálogos. E não ache que pode fazê-lo você mesmo. Você não quer que o cliente melhore seu trabalho de equipe por conta própria, mas sim que use você.

Da mesma forma, não tente fazer você mesmo coisas que os especialistas sabem fazer melhor. Você não precisa ser sofisticado, mas precisa ser constante em todas as suas mídias impressas, e é seu interesse transmitir uma imagem de profissionalismo e responsabilidade. Se você não se importa com a aparência, quem vai achar que se importa com o cliente?

Pessoa jurídica*

Minha sugestão é que você não deixe de usar uma dessas três configurações: uma corporação convencional de tipo C (*conventional C corporation*), que é

---

* N. de R.: Os comentários do autor nesta seção do livro referem-se ao contexto dos Estados Unidos.

como a maioria das grandes empresas opera; uma corporação do subcapítulo C (*subchapter S corporation*), que passa por sua devolução de impostos individual; ou uma empresa limitada (*limited liability company, LLC*), que usa membros em vez de acionistas e também passa por devolução de impostos individual. Verifique com seu assessor financeiro o que é mais adequado ao seu caso. Depois de 20 anos como entidade do tipo C, mudanças na lei tornaram mais vantajoso para mim mudar para uma do subcapítulo S, por exemplo.

Se você não for uma pessoa jurídica, sua condição jurídica provavelmente aparecerá em materiais impressos como "Harvey Jones, d/b/a (*doing business as*, trabalhando como) Global Consulting Group." Além disso, terá que receber formulários 1099 de clientes que estão lhe pagando acima de um patamar baixo de honorários porque não existe pessoa jurídica a quem pagar impostos a não ser você, pessoalmente. E isso significa que o cliente demandará um número de previdência social (e não um número de identidade federal) e essas questões podem chamar a atenção de seu comprador.

Isso vai fazer alguma diferença? Às vezes, sim, então por que correr o risco? (Basicamente, se não for uma pessoa jurídica, você será amador.)

Na possibilidade improvável, mas horrível, de uma ação na justiça, ajuda se a empresa for uma pessoa jurídica porque, como tal, *ela* pode ser processada como empresa em vez de *você* ser processado como indivíduo. Uma corporação com todos os direitos pode receber a adesão de sócios, dar-lhes dividendos, estabelecer linhas de crédito, obter seguros, ter contas bancárias e, em geral, agir da maneira que os consultores gostam de chamar de negócio sólido (*going concern*).

Já tive que fazer cheques para clientes para devolver pagamento em excesso, dar um desconto ou reembolsar as despesas do cliente quando minha esposa viajou comigo a um evento de trabalho. Sempre me senti melhor vendo um cheque da empresa – semelhante ao do cliente – entrando no envelope. (Falaremos mais sobre a pessoa jurídica posteriormente.)

A solução do 1%: não use o advogado ou o contador que faz sua hipoteca ou que seja seu parente. Encontre alguém especializado em empresas de serviços profissionais individuais. As diferenças e as especializações necessárias são importantes. Tampouco economize nisso. Tornar-se uma pessoa jurídica, dependendo do estado onde você mora, vai custar várias centenas de dólares. E não dê ouvidos ao cônjuge de alguém que tem um escritório de advocacia que lhe diz que isso é desnecessário. Fuja disso.

Visibilidade

No mínimo, sua empresa deve estar nas páginas amarelas, em publicações comerciais do setor, nas listagens de organizações de profissionais às quais você se associar e nas listas daquelas associações de classe relacionadas às muitas especializações que você oferece.

Em uma etapa posterior, você deve pensar em ter uma linha gratuita de telefone para atender clientes (elas custam pouco), correspondências ou boletins regulares a clientes e potenciais clientes, um *blog* (uma página na internet[2] é indispensável), propagandas (somente para propósitos de visibilidade, como apoio a uma convenção de associação profissional) e correspondências especiais voltadas a clientes específicos (um cliente que você saiba que está passando por uma redução em sua força de trabalho recebe cópias de artigos sobre ajuda a funcionários demitidos, independentemente de você estar sendo usado ou não como consultor). Aprofundarei a discussão sobre as táticas para contatos desse tipo com clientes à medida que avançarmos.

Requisitos de um escritório

Eu soube que estava na economia pós-tecnológica quando um revendedor de automóveis com quem eu estava discutindo uma compra pediu meu endereço eletrônico para que pudesse me mandar as mais recentes informações financeiras assim que as recebesse. Depois, veio a tele-entrega que aceitava pedidos por *fax* de almoços.

Se os revendedores de carros e proprietários de tele-entrega estavam nesse nível de sofisticação tecnológica, onde deveria estar uma empresa de consultoria?

A seguir, os requisitos básicos para um escritório profissional, independente de ser um escritório complexo, uma sala sublocada ou sua casa (Eu tenho uma empresa que lida com milhões funcionando em minha casa e nunca tive um escritório separado.):

- *Uma linha telefônica comercial específica com, pelo menos, um recurso de espera e, de preferência, várias linhas.* O aparelho deve ter um botão de espera e um recurso para conferência. (Custo estimado: 150,30 dólares.[3] Há muitos modelos excelentes.)
- *Se você não tiver funcionários para o escritório em tempo integral, um excelente sistema de correio de voz.* A companhia telefônica local, assim como empresas privadas, pode fornecer esse serviço. (O meu custa US$ 150 por mês,

mais uma pequena taxa quando quero que os profissionais gravem uma nova mensagem.) Antes, eu preferia secretários "ao vivo," mas acho que os funcionários, muitas vezes, são grosseiros e descuidados em relação a seu negócio. O correio de voz nunca é grosseiro. O segredo não está em quem atende, e sim *na rapidez com que você retorna a ligação pessoalmente*. A maioria das pessoas hoje, na verdade, espera ser entendida pelo correio de voz. Portanto, a diferença está na capacidade de responder adequadamene.

- *Uma linha de* fax *específica e um aparelho que imprima e possa ser deixado no automático para receber documentos a qualquer momento.* O aparelho de *fax* deve ser capaz de imprimir múltiplas folhas. (Custo estimado: abaixo de US$ 200, para um modelo básico, mas perfeitamente adequado.) Importante: um recurso de memória permite que as mensagens deixadas sejam gravadas quando o papel emperrar, acabar a tinta ou acontecerem outros imprevistos em sua ausência. *Muitas pessoas usam seus computadores ligados ao fax e não usam uma máquina separada, então trabalhe com os equipamentos que achar mais adequados.*
- *Uma copiadora de alta velocidade que possa fazer reduções e ampliações, que trabalhe com vários tipos de papel e, de preferência, que imprima automaticamente múltiplas folhas.* (Custo estimado: menos de US$ 500 dólares.)
- *Uma impressora a laser de primeira linha.* Simplesmente não existe outra maneira de criar os tipos de propostas que você deve produzir. (Custo estimado: US$ 800 ou menos.) Um acréscimo importante é um computador portátil com bateria que dure, no mínimo, quatro horas. Uma impressora a cores, além da *laser*, pode ajudar se seu orçamento permitir. Você pode encontrar exemplos excelentes por menos de US$ 300, principalmente da Hewlett-Packard. Os melhores *laptops* são os Macintosh, estão disponíveis com uma tela enorme por menos de US$ 3.000 no momento em que este texto é escrito.[4]
- *Uma máquina de franquear e uma balança de, no mínimo, uns sete quilos.* Para aparentar profissionalismo, sua correspondência precisa de uma máquina de franquear. Essa combinação também vai lhe economizar muito tempo para pesar seus pacotes na agência dos correios. Os medidores podem até incluir sua logomarca ou mensagem nas marcas. (Custo estimado: existe uma ampla variedade de planos de aluguel e compra. A Pitney Bowes tem praticamente o monopólio delas, embora você possa comprar outras marcas se pesquisar. Eu pago um aluguel de US$ 500 por mês. As balanças podem ser configuradas para acionar os medidores automaticamente.

Outros equipamentos, como projetores e máquinas de encadernar, são uma questão de preferência ou frequência da necessidade. Um escritório básico e profissional – independente de aluguel e contas – como o descrito aqui, provavelmente demandará uns US$ 5 mil a US$ 10 mil de investimento inicial, dependendo de seus gostos, suas habilidades com informática e assim por diante. É um preço baixo a pagar para ser percebido como uma firma profissional. Outros equipamentos podem incluir um triturador de papel, um televisor, um gravador de áudio, um minigravador, equipamentos para CD e DVD, fone de ouvido sem fio, etiquetador, etc.

Descobri que você não pode errar por excesso de investimento na imagem de sua empresa. Uma brochura corporativa que se dobra em três e encaixa bem em um envelope é como um sinal de neon que proclama: "Somos pequenos porque isso é o que podemos pagar e é assim que eu quero que a minha empresa seja representada." Uma brochura multicolorida de 16 páginas, com depoimentos, exemplos de trabalhos realizados, resumo de filosofia corporativa e outras questões que representem suas abordagens pode não ser lida integralmente pelo potencial cliente, mas o material estará lá se for necessário, e com certeza diz: "Eu me preocupo com minha imagem e com a forma com que você me vê, de forma que muito esforço foi investido nesta representação da minha empresa. Dinheiro não foi a questão." (E se pagou com uma venda.)

Observação: Não encomende milhares de cópias do que quer que seja, não importa o quanto economize por unidade. Mesmo que economize US$ 500, ter 2 mil brochuras no armário ou na garagem, que em pouco tempo perdem sua atualidade (ou contêm um erro), é um preço muito alto a pagar por descontos de volume.

Já falei sobre as "gafes máximas". Ninguém sabe tanto quanto você sobre o que você fez no passado ou sobre qual é o seu potencial para o futuro. Os outros só vão olhar à sua volta e receber imagens. Para o bem ou para o mal, essas imagens são fundamentais para a aceitação inicial de sua participação em seu empreendimento. A boa notícia é que a imagem é administrável e pode transmitir exatamente o que você quiser que ela transmita. Essa imagem deve representar o que você pode fazer por seus clientes no futuro, e *não* o que você já realizou no passado.

A marca principal é o seu nome. Só existe um de você. A imagem que você cria em torno de sua imagem e nome, física e perceptivelmente, vai determinar qual reconhecimento de marca você acabará tendo e como será apreciado. Ande com cuidado e não seja avarento com relação à sua imagem pública.

Digressão

Em 1985, minha esposa me convenceu a não alugar um escritório, dizendo que eu sempre poderia obter um se quisesse, mas qual seria a razão para um investimento em que não se tinha certeza? Meus filhos se formaram em 1996 e 1997. Eles frequentaram escolas privadas do jardim de infância à graduação, e suas mensalidades somadas, pagas com o fluxo de caixa todo o tempo, totalizam US$ 450 mil. Isso é aproximadamente o que o meu escritório teria custado entre 1985 e 1995 com funcionários em meio-expediente, aluguel, contas, seguro e assim por diante.

❖ A vista é sempre melhor a partir do *front*

No momento em que você decide se tornar consultor, você automaticamente tem uma abordagem particular às intervenções e relações com os clientes, que foi formada e afiada por sua experiência. Se você fez parte de uma grande organização empresarial, sua visão foi influenciada pelos consultores internos e externos com quem lidou, pela dificuldade de promover a mudança diante da burocracia, pela dificuldade de implementação *versus* a facilidade de seguir os conselhos de outros e pelo conforto de ter amplos recursos lhe apoiando.

Se você já participou de uma empresa de consultoria, foi influenciado pelas dificuldades de chegar ao comprador principal, pelos desconfortos de viajar a lugares indesejados, pelas pressões de atingir cotas de negócios e demandas e pela importância de manter negócios.

Se sua formação é acadêmica, as influências incluíram encontrar tempo para seus interesses pessoais, sacrifício de recursos, falta de aplicação pragmática no mundo dos negócios, a credibilidade que vem com um título de doutor, etc. Romper com as experiências nas quais nos encontramos é difícil, mas o rompimento é importante porque o passado é uma base bastante inadequada sobre a qual se construir uma firma de consultoria.

Seu principal problema é o modelo delimitado que possui para formatar intervenções com os clientes. Quanto mais flexível for esse modelo (ou conjunto de modelos), melhor você será em desenvolver intervenções que possam atender às demandas de compradores específicos em momentos específicos. Quanto mais você conseguir se ajustar e, ainda assim, realizar o trabalho, menos o cliente terá que se ajustar.[5]

No Capítulo 1, falei sobre a gama pragmática de intervenções com clientes. Esses são os papéis que o consultor cumpre ao trabalhar com o cliente: facilitador, *coach* e implementador da intervenção.

Quando falo de modelos, refiro-me aos *processos* que o consultor usa enquanto opera em qualquer desses modelos.

> A única coisa de que os consultores devem estar certos é que não existe maneira única de ajudar um cliente. Você deve conhecer o dobro de maneiras de ajudar um cliente este ano do que conhecia no ano passado, e duas vezes mais no ano que vem do que neste ano.

Os modelos são determinados em grande parte pelo passado recente e pelo caminho que você tomou para estabelecer sua empresa de consultoria. Embora possa ter funcionado bem para a empresa em que você trabalhava e possa funcionar bem para você no início, nenhuma empresa cresce muito com apenas um recurso. O melhor exemplo que eu conheço desse fenômeno é a avaliação de personalidade.

Há muitos testes de personalidade e instrumentos de avaliação no mercado atualmente, muitos dos quais estão disponíveis para que os consultores os usem em seu trabalho. Eles vão desde produtos como Disc, que é uma seleção de palavras autoavaliada e de única escolha que fornece perfis semelhantes aos da astrologia, até o Meyers Briggs Type Indicator, um instrumento bastante respeitado e bem validado (embora seja muitas vezes distorcido para simplesmente "rotular" as pessoas em vez de tentar entendê-las), e passando por quadrantes de estilo social que usam informações proporcionadas pelos pares, popularizados pela Wilson Learning, mas que aparecem sob uma ampla variedade de nomes e aplicações.

Esses instrumentos e outros semelhantes podem fornecer informações úteis sobre predisposições comportamentais, e muitas vezes as fornecem, quando são interpretados dentro do contexto dos ambientes e interações que as pessoas vivenciam. Contudo, em vez de ser um meio para chegar a um fim, esses instrumentos muitas vezes se tornam um fim em si mesmos porque constituem a única tecnologia, ou modelo, que o profissional tem disponível.

Eles se tornam uma fonte de receita em vez de uma metodologia legítima de intervenção com clientes.[6]

Por exemplo, um consultor, contratado pela antiga Providence Energy para facilitar as comunicações interpessoais, propôs estabelecer um perfil de todos os gestores e imprimir esses perfis em suas canecas de café. Isso (pelo menos era essa a ideia) permitiria aos gestores "ler" as características salientes um dos outros e responder de acordo. (Nem imagino o que aconteceu quando um pegou a caneca do outro emprestada!) Da mesma forma, os esforços para melhorar a comunicação ou criar um nível mais elevado de serviço aos clientes muitas vezes acabam nas mãos de consultores autolimitadores, que se contentam com rótulos na forma de exercícios para dizer às pessoas que elas são "introvertidas" ou "IIPJs" (introversão, intuição, pensamento, julgamento) ou "impulsionadores expressivos", sem qualquer consideração pelas reais necessidades do cliente (ou o que realmente ajuda a melhorar o desempenho).

Quando os consultores contam excessivamente com instrumentos e outros dispositivos que compram ou licenciam para uso, o que realmente estão fazendo é admitir que não têm as habilidades necessárias para fornecer valor por si sós. Esse é um reconhecimento triste, porque significa que o consultor abandonou voluntariamente a autoaprendizagem e tomou o caminho de tentar capitalizar a partir das capacidades de outros. E isso não vale muito.

Uma vez eu observei uma equipe de consultoria tentando convencer altos executivos a estabelecer uma estratégia corporativa com base unicamente em um cálculo de valor futuro para os acionistas. Racionalmente, pode-se perguntar por que não foram incluídas considerações como valores, tecnologia, mercados futuros e coisas assim. No entanto, eu me dei conta, na mesma hora, de que o único modelo da empresa – para fazer *qualquer coisa* – era sua fórmula para calcular o valor aos acionistas sob as condições que estipulou. A apoteose desse dilema autolimitador ocorreu durante uma reunião na qual os consultores mostraram seus mais recentes cálculos e perguntaram ao presidente se o valor aos acionistas seria aceitável em cinco anos.

"Provavelmente não", ele disse. "Os investidores poderiam se sair melhor em outro lugar."

"Certo", respondeu o líder da equipe. "Sendo assim, o que se pode fazer para alterar a estratégia que está levando você para esse caminho?"

"Essa é uma pergunta impossível de responder", disse o executivo. "Não me sinto bem sentado aqui especulando sobre alternativas que podem ou não afetar o valor dentro de cinco anos. Deve haver uma maneira mais ordenada e sistemática de gerar alternativas."

Ele tinha razão, claro, só que a empresa de consultoria não tinha essa forma ordenada e sistemática porque era uma carroça de um único cavalo, mesmo tendo quatro pessoas segurando as rédeas. Essas quatro nunca tinham tirado um tempo para romper com sua caixa particular de experiências, embora *tivessem* tirado tempo para enfeitar a caixa e fazer com que ela parecesse o mais atrativa possível.

"Por que eu me senti tão desconfortável ali," o presidente me perguntou mais tarde, "se as fórmulas deles parecem estar corretas e não há dúvida de que queremos melhorar o valor que eles calculam?"

"Eu acho," respondi, "que foi porque você sabe, em nível instintivo e intelectual, que sua empresa não está nos negócios apenas para aumentar o valor aos acionistas. Suas decisões sobre aquisições, políticas de pessoal, desenvolvimento de produto e mesmo as financeiras nunca foram tomadas somente com base nesse critério. Até o seu relatório anual fala de contribuição ao meio ambiente, respeito pelos funcionários, orientação para os consumidores e assim por diante. O retorno aos investidores é obviamente importante, mas nunca foi seu único foco, e provavelmente não será responsável por seu futuro sucesso se você permitir que seja."

A empresa não contratou os serviços daquela equipe de consultoria para o planejamento estratégico, e eu descobri que os consultores tinham investido uma boa quantidade de dinheiro e tempo no trabalho e nos cálculos que tinham levado àquelas sessões preliminares. Eles eram boas pessoas, com *expertise* importante e valiosa – mas toda dentro de uma caixa autolimitadora.

E, como uma empresa de consultoria que cresce dinamicamente, você deve investigar, avaliar e decidir permanentemente sobre a aplicabilidade de outros modelos para serem usados nos serviços aos clientes. Alguns podem ser compatíveis com outros, ao passo que outros podem ser excludentes. Neste negócio, contudo, o sucesso passado quase nunca é um indicador de desempenho futuro. As questões, situações, personalidades, forças externas e tendências legítimas também mudam com demasiada frequência para depender do sucesso passado, não importa o quão substancial ele seja, como base única para futuras intervenções.

Digressão

Em um grande cliente do setor bancário, tropecei em um especialista interno em recursos humanos (RH) fazendo perguntas a um vice-presidente executivo para a avaliação do indicador de tipos Myers-Briggs, com o executivo respondendo da forma que acreditava que sua falecida mãe teria feito. Quando eu perguntei, mais tarde, que diabos estava acontecendo, a pessoa de RH me disse que estava tentando ajudar a conciliar a má relação entre o vice-presidente e sua mãe. Isso soa bizarro, mas me deparo com isso com muita frequência – um completo reducionismo aplicado a ferramentas que nunca foram pensadas (nem validadas) para o uso que estavam fazendo delas. Não se pode inventar esse tipo de coisa.

Na década de 1920, Frederick Winslow Taylor introduziu a aplicação de tempo rigoroso e técnicas de medição ao desempenho humano e demonstrou melhorias importantes na produtividade. O taylorismo foi o começo do consultor como "especialista em eficiência." (O que foi chamado generosamente de "gestão científica", embora Taylor visivelmente usasse um "fator de correção" para compensar a fadiga dos trabalhadores, o que sabotava praticamente todas as suas conclusões).

Nos anos 1950, surgiram os humanistas, e a necessidade de mais preocupação com as pessoas gerou os especialistas em pessoal e os departamentos de pessoal. A Teoria X e a Teoria Y tipificavam os pólos de gestão (centrados nas tarefas ou nas pessoas), e a "grade de gestão" de Blake e Mouton especificava o gestor ideal que considerava as tarefas e as pessoas em uma bonita harmonia.

Nos anos 1960 e 1970, a *participação* passou a ser o tópico do momento, o *pessoal* deu lugar aos *recursos humanos*, e ouvimos falar em grupos T, retiros de gestão e caixas de sugestões, junto com EST (*Earhart Seminar Training* individuais e corporativos; felizmente há muito desaparecidos, com Werner Earhart sendo, na verdade, Jack Rosenberg).

Os anos 1980 deram ênfase no cliente, a fabricação pelo sistema *just-in-time* (Taylor reformado), o envolvimento dos funcionários por meio dos círculos de qualidade, a busca (e a paixão) da excelência, a caminhada sobre brasas e as questões relacionadas a "pessoas". E a década de 1990 apresentou o *downsizing*, o *rightsizing*, os prêmios de qualidade como um fim em si mesmos, o empoderamento, o *benchmarking* e a reengenharia.

O novo milênio apresentou a globalização e as dinâmicas de "*flat earth*," os "*scorecards* de gestão", o foco na diversidade, o pensamento enxuto (*lean thinking*), o *kaizen* e as organizações Seis Sigma voltadas ao cliente. As ondas e os termos da moda nunca acabam.

Nos negócios, o passado raramente é um indicador preciso do futuro, e quem tem inclinação a se esquecer da história *às vezes são os menos prejudicados*. A consultoria de ouro não está relacionada com assumir as últimas modas (ou com as que estão por vir), nem com prever o que vai acontecer com o negócio de um cliente, mas sim com crescer como empresa de consultoria para poder ajudar os clientes a crescer. Se você estiver usando os mesmos modelos, tecnologias e abordagens deste ano no ano que vem, não estará crescendo, e pode muito bem estar na armadilha do sucesso.

Você não pode ajudar um número cada vez maior de clientes de forma sempre diferente se continuar a usar as mesmas velhas ferramentas e conhecimento. A forma de fazer seu negócio crescer é fazer suas abordagens crescerem, e isso exige que você corra alguns riscos.

❖ Risco e recompensa: sem cruz não há coroa

Se você nunca aceitar um trabalho nunca fez, nunca vai ganhar muito dinheiro.

"Sem cruz, não há coroa" foi uma observação de William Penn. Há uma ideia do senso comum que alerta o consultor para prometer menos e fazer mais. O raciocínio neste caso é que as expectativas do cliente devem ser mantidas dentro de sua capacidade de cumpri-las. Assim, aquilo que você realmente fornece estará acima dessas expectativas, criando grande alegria no coração do cliente.

Só tem duas coisas erradas com essa abordagem. Primeiro, ela presume que o cliente é, na melhor das hipóteses, burro demais para enxergar a manipulação e, na pior, um adversário que deve ser logrado – uma dinâmica em que um ganha enquanto o outro perde. Segundo, minhas observações sobre os consultores mais bem-sucedidos que conheci revelam que eles simplesmente não seguem esse tipo de senso comum. Embora nunca prometam resultados que não podem atingir, eles estão sempre dispostos a testar os limites.

Prometer a menos e fazer a mais é apenas mais um daqueles lugares-comuns vazios sobre os quais os consultores medíocres gostam de pontificar. É fácil de lembrar, soa bem quando está dando conselhos e transmite uma aura de noções amplas e comportamento descompromissado. Porém, na realidade, se os consultores prometerem menos regularmente, os clientes começarão a questionar o grau de assessoria com valor agregado que eles fornecem. Eles também criticariam a natureza da estrutura de honorários (o corolário para o cliente seria exigir mais e pagar menos). E, por fim, os consultores nunca cresceriam porque ficariam para sempre dentro dos limites de vendas criados pelas promessas abaixo do possível.

A solução de 1%: prometer menos e fazer mais é uma mentalidade de vitimização e pobreza. Ela pressupõe que você não seja realmente bom o suficiente para ser um igual honesto em relação ao comprador, de forma que deve "surpreender" o comprador superior com seus resultados. Se você pensa assim, certamente será uma vítima – de sua própria autoestima baixa.

No final, todo esse tipo de conselho amigo e senso comum – principalmente o tipo que é acompanhado de dedos em riste e da expressão "quando eu comecei neste negócio..." – deve ser ignorado. Na verdade, você pode se dar ao luxo de ignorar qualquer conselho sobre como expandir seu negócio, com exceção deste: há momentos em que todo o futuro de sua carreira pode depender de sua disposição de assumir um risco prudente. Você deve fazer isso ou não?

Falei anteriormente sobre dois aspectos da consultoria que são pré-requisitos fundamentais para o crescimento. Um deles foi o talento e a *expertise* que você ganha ao adquirir e aprender com uma ampla variedade de trabalhos. O crescimento não é apenas uma questão de aumentar as receitas, mas, também, no longo prazo, uma questão de ampliar sua *expertise*, seu talento, sua reputação e sua experiência.

Também falei sobre os objetivos da empresa – sua visão sobre o que você defende, o que acredita e o que sua imagem deve transmitir a clientes e potenciais clientes.

A minha visão e os meus objetivos são claros para mim e para os meus clientes. Para atingi-los, é imperativo que eu amplie permanentemente meus talentos, minha *expertise*, minha reputação e minha experiência. (É por isso que prometer menos é uma maldição.)

Um dos campos em que minha empresa é bastante conhecida é no das pesquisas a análises de mercado, mas eu só comecei esse tipo de trabalho vários anos depois de iniciar na profissão, e não adquiri essa *expertise* deliberadamente, nem tenho experiência no campo. Um cliente para quem eu tinha feito uma série de projetos queria discutir uma amostragem de opinião de gestores sobre a proliferação da tecnologia dentro da organização, incluindo seu impacto sobre produtividade, comunicações interpessoais e conforto pessoal. O cliente não perguntou sobre minha vasta experiência (eu tinha exatamente nenhuma), nem tratamos de instrumentos específicos a serem usados.

Em vez disso, discuti os resultados que o cliente queria obter, como as conclusões deveriam ser usadas e a responsabilidade conjunta que cada um de nós teria no empreendimento. Por exemplo, sugeri que criássemos o instrumento e as perguntas, mas que o cliente ficasse responsável por revisar todo o pacote de aceitabilidade cultural, clareza, precisão dos dados que estavam sendo solicitados e sua conformidade com as políticas legais da empresa. Eu me comprometi a revisar e a refinar o pacote até que o cliente estivesse completamente satisfeito.

Ambos concordamos sobre o que seria uma taxa de retorno aceitável (50% de 2.500 gestores). Também acertamos que o cliente distribuiria a pesquisa internamente com um envelope pré-pago endereçado à minha empresa ou a um endereço eletrônico direto. Por fim, recomendei que a pesquisa fosse apoiada por grupos focais e entrevistas individuais (nas quais eu tinha bastante experiência), e o cliente concordou.

Os fatores que levei em conta para realizar o trabalho de pesquisa inédito para mim incluíram:

- As expectativas do cliente eram razoáveis?
- Eu tinha, ou poderíamos desenvolver, a *expertise*, o talento e a capacidade para implementar o projeto?
- O cliente tinha responsabilidade suficiente para que tanto o sucesso quanto os problemas pudessem ser resolvidos em conjunto?

Meu conhecimento de pesquisas e da organização confirmava a taxa de retorno de 50% como razoável. Conhecendo a organização e as técnicas de questionamento que eu empregava com frequência, eu acreditava que a criação da pesquisa estava dentro das minhas capacidades, *principalmente* considerando que o cliente tinha responsabilidade conjunta em várias áreas importantes (adequação cultural, conformidade legal, etc.).

Minha empresa tinha a capacidade de administrar o projeto. Escolhi dois professores de psicologia que costumavam trabalhar comigo para ajudar na programação de computadores e na contagem, e eles, por sua vez, usaram estudantes contratados por hora para inserir os dados nos computadores. Por fim, minha empresa e o cliente entraram em mais um negócio conjunto, no qual os resultados representavam um esforço conjunto.

Como sempre que me aventuro em território novo, tomei o cuidado de supervisionar todos os passos do processo. O resultado foi uma taxa de retorno de 80% que chocou os executivos da organização (e a mim, embora eu tenha fingido não estar surpreso), além de dados muito ricos.

Dali em diante, o trabalho com pesquisas passou a fazer parte das expectativas do cliente em relação à minha empresa, o que a elevou no mercado porque passei a oferecer pesquisas como opção em uma série de outros projetos, escrevi alguns artigos sobre procedimentos para altas taxas de resposta e listei a empresa em vários guias sob "Pesquisas: funcionários e clientes."

Quando você assume trabalhos como sendo tarefas conjuntas com o cliente, você consegue ampliar a natureza de suas atividade com *risco prudente*. A diferença entre risco prudente e risco imprudente pode ser explicada claramente: o segundo ocorreria se você se apresentasse como especialista em pesquisas (ou recolocação de pessoas demitidas ou estratégia) para um potencial cliente que lhe contratasse considerando que você seria responsável pela total implementação e resultados de uma pesquisa. Na verdade, você pode ter a capacidade de implementar esse projeto, mas, como é o seu primeiro, a falta de envolvimento e responsabilização por parte do cliente e a falta de uma relação anterior com ele criariam uma situação de alto risco. Você também pode ter prometido demais, e haveria uma chance significativa de implementar menos, pois as expectativas do cliente são muito altas.

O risco prudente ocorreria se você não se apresentasse como especialista em um campo que lhe é novo, se houvesse uma parceria de colaboração na qual você e o cliente fossem conjuntamente responsáveis pelo desenho, implementação e resultados, e se estivesse trabalhando com um cliente com quem tivesse um histórico sólido. Mas você pode muito bem perguntar com relação à grande participação do cliente: chegaria a haver benefícios suficientes de valor agregado ao cliente para justificar sua assistência externa? A resposta proporciona um sistema à prova de falhas para você entrar em novas áreas de *expertise*. Se o cliente não perceber suficientes benefícios em termos de valor agregado ("Se estou fazendo tudo isto, por que preciso de você?"), você não vai ser contratado para o projeto, e você não deve ir adiante. Entretanto, se o cliente concorda em contratá-lo, entendendo as responsabilidades conjuntas que são necessárias ("Só podemos atingir esses resultados trabalhando em equipe"), então a decisão do próprio cliente com relação à sua contribuição valida sua abordagem.

A Figura 3-1 apresenta um recurso de avaliação que pode ser útil para determinar quando você está assumindo um risco prudente para crescer em nova *expertise* e aplicação.

Todas as perguntas devem ser respondidas afirmativamente para que você aceite um novo projeto. Se você conseguir responder a todas as sete perguntas

	Sim	Não
■ Você possui atualmente ou pode desenvolver rapidamente a *expertise* necessária.	☐	☐
■ Você está motivado para aceitar o projeto por razões que vão além da receita.	☐	☐
■ Há um claro potencial para aplicar essas habilidades a outros clientes/projetos.	☐	☐
■ O cliente está disposto a participar ativamente e a aceitar a responsabilidade.	☐	☐
■ As expectativas do cliente são razoáveis e possíveis de atingir.	☐	☐
■ Você possui a capacidade de administrar e implementar o projeto.	☐	☐
■ Você está disposto e é capaz de se envolver pessoalmente em cada passo.	☐	☐

Figura 3-1 Como determinar riscos prudentes que envolvam crescimento. Todas essas perguntas devem ser respondidas com um sim, sem condicionamentos.

com um confiante "absolutamente sim", terá minimizado o risco para si e para o cliente e terá estabelecido uma base forte para fazer crescer sua *expertise*. Se você responder não ou estiver equivocado com relação a qualquer uma delas, estará embarcando no projeto pela razão errada (dinheiro, ego, etc.) e/ou com recursos insuficientes e/ou com aplicação inadequada de crescimento para sua empresa.

Você está lendo este livro, supõe-se, para ajudar a obter crescimento. *Para crescer, deve aceitar o risco prudente entrando em novas áreas de expertise e aplicação.* Para entrar em novas áreas, tem que desconsiderar as fórmulas prontas e os lugares-comuns. É hora de começar a romper paradigmas.

❖ Perguntas e respostas

P. *Se você está constantemente escalando e nunca satisfeito com a estabilização, não vai aumentar permanentemente sua demanda de mão de obra e seu trabalho?*
R. Bem observado, mas, infelizmente, à medida que escala, você precisa alterar constantemente seus modelos de negócios e implementação. O crescimento não está relacionado apenas com a quantidade de trabalho, mas também com *como* você conduz seu negócio.

P. *É melhor transformar em marca você mesmo ou sua empresa?*
R. Se sua intenção é construir uma empresa que um dia vai vender, faça da empresa a marca, para que o valor da marca seja parte do valor para negociar. Mas se está seguindo meu modelo de negócios, o qual é tratado neste livro – a consultoria individual –, seu interesse maior é ter como marca seu nome, para que os compradores digam: "Me tragam o Alan Weiss."

P. *Você não tem que olhar para trás e aprender com seus sucessos e fracassos?*
R. Sim, como um motorista olha pelos espelhos retrovisores interno e lateral. Mas ninguém consegue dirigir bem nem em segurança sem observar a estrada com cuidado em busca de oportunidades, obstáculos e opções.

Reflexão final: se você acha que consegue ou não fazer, você tem razão. Mark Twain disse que, mesmo se você estiver no caminho certo, se ficar parado, alguém vai ultrapassá-lo. O caminho para a consultoria de ouro é por uma via em constante subida.

Capítulo 4

Rompendo paradigmas

Por que o instrutor de esqui sempre deve ficar à sua frente?

❖ Principais estratégias para crescimento

Passemos aos casos. O primeiro passo que a maioria de nós tem que dar se quiser aprender como crescer em um negócio de consultoria é *desaprender*. Todos fomos condicionados a acreditar automaticamente em certos preceitos e a crer religiosamente em determinados axiomas.

Tenho chamado esses conselhos enganosos de lugares comuns e tenho empilhado todos eles juntos como *sabedoria popular*. Você pode muito bem achar que estou simplesmente sendo do contra, tentando ser diferente e sendo não convencional. Bom, você está absolutamente certo. Se a sabedoria popular sobre consultoria estivesse correta, praticamente todo mundo teria sucesso como consultor, e a maioria dos consultores seriam ricos. Isso não é o que realmente acontece, e as razões são que as crenças populares sobre a profissão estão equivocadas.

Um dos demolidores dos paradigmas originais, chamado Joel Barker, atraiu muita atenção para o que fazia. Os *paradigmas* são padrões de pensamento que aceitamos como certos e que nos limitam. Por exemplo, Barker citava o desconforto da maioria dos bancos de bicicletas, que sobreviveram um século em seu formato atual. Ele inventou um banco radicalmente diferente, o qual consiste em dois suportes acolchoados separados, que é muito mais confortável para uma pessoa sentar.

Barker sustenta que isso não foi uma revolução conceitual no desenho, mas foi uma revolução de paradigma. Veja, os bancos de bicicleta ainda são chamados *selins* por assumirem a forma e a função das selas de cavalos. (Igualmente, todos vocês já ouviram a velha história de que as atuais bitolas das ferrovias – a distância entre os trilhos – resultaram dos sulcos das rodas das antigas carruagens romanas, que, por sua vez, derivaram da largura das nádegas dos dois cavalos que tinham que puxá-las. Aparentemente, isso é absolutamente verdadeiro, e temos sido guiados pelos traseiros dos cavalos.)

Barker afirma que essa gênese restringe a inovação no desenho até que alguém conscientemente rompa o paradigma que, nesse caso, significa que não há razão concebível atualmente para continuar padronizando os assentos das bicicletas segundo selas de cavalos.

(Porém, é muito tarde e sai muito caro tentar mudar as ferrovias.)

Chamo essas restrições mentais autolimitadoras de *tapa-olhos do pensamento*. Por exemplo, qual é a razão para a sequência lógica dos números a seguir? Qualquer pessoa que olhe para eles deveria conseguir responder. Em outras palavras, eles não representam o telefone nem o CPF de alguém. A resposta é impressionantemente simples.

5 2 9 8 4 6 7 3 0

Fiz esse exercício com milhares de gestores nos últimos 20 anos e apenas um em cada 20 identifica a razão em cinco minutos. A maioria desiste (incluindo meu filho que é professor de matemática da sétima série, que desistiu depois de dois dias porque não conseguia romper com seu paradigma matemático).[1]

Digressão

Cuidado com quem você escuta. Certifique-se de solicitar o conselho (conselhos não solicitados visam a beneficiar quem os dá, e não a quem os recebe, e a pessoa a quem se pede deve ser capaz de demonstrar que teve sucesso naquilo em que você precisa de orientação).

Você não gostaria de um instrutor de esqui que se sentasse no chalé tomando conhaque e que lhe desse conselhos para a manhã seguinte. Você quer alguém que esteja nas encostas imediatamente à sua frente, demonstrando com sucesso o que você vai fazer.

Encontre seu nicho singular e, depois, faça seu *marketing* estritamente dentro dele. Caso contrário, a concorrência vai devorá-lo. Diferenciar serviços é o segredo do sucesso para consultores.

Recebi esse conselho antes de começar minha empresa, enquanto estava fazendo que ela crescesse e depois de me tornar um grande sucesso. Ainda o recebo, e ele não poderia estar mais equivocado.

As estratégias de crescimento que estão disponíveis dependem das relações que você é capaz de forjar, alimentar e ampliar. Os consultores médios tentam oferecer um produto repetível, que pode assumir a forma de um programa de treinamento, de uma palestra ou oficina enlatadas, de um instrumento de pesquisa ou algo semelhante. Esses produtos predefinidos que buscam seu nicho nada mais são do que mercadorias, e os compradores veem as mercadorias quase que exclusivamente de um ponto de vista de custo, o que fazem muito bem.

Se você não aprender nada mais com este livro, preste atenção apenas ao seguinte: a consultoria é um negócio baseado em relações. Um produto especial pode lhe tornar competitivo, serviços diferenciados podem torná-lo distinto, mas apenas relações cuidadosamente forjadas criarão uma empresa que vai além.

Um quilo de pregos é um quilo de pregos, e eu os comprarei onde estiverem mais baratos (o que inclui preço, custos de transporte para chegar até lá e assim por diante). A dificuldade com essas abordagens de consultoria baseadas em mercadorias é que quanto maiores forem os recursos de consultoria, maiores serão as economias de escala. Fábricas de seminários, usando *marketing* de massas e margens mínimas, estão produzindo seminários de 49 centavos por pessoa em todos os Estados Unidos.

Os consultores independentes podem ter sucesso na implementação de oficinas em lugares ou para clientes limitados, mas os altos custos e as margens baixas proíbem a expansão geométrica. Não se ganha US$ 1 milhão fazendo esse tipo de trabalho.

Os consultores acima da média diferenciam seus serviços para que eles transmitam algum tipo de distinção ao comprador. Por exemplo, oferecer uma análise de necessidades antes da proposta propriamente dita, oferecer comparações computadorizadas em relação a normas nacionais baseadas em trabalho de pesquisa e fornecer acompanhamentos gratuitos em intervalos periódicos são todos métodos que tendem a diferenciar um consultor de outros. Essas técnicas permitem uma apreciação por parte do cliente com base em mais valor agregado, mas ainda são autolimitadoras em termos da natureza específica dos serviços envolvidos. Muitos consultores têm sucesso com essa abordagem, mas provavelmente também são os mesmos que dizem que "US$ 300 mil é o máximo que se pode ganhar como indivíduo".

> A solução de 1%: aquilo em que você acredita informa o modo como você se comporta. Se acreditar que não consegue ganhar mais de US$ 300 mil, não crie um estilo de vida de US$ 400 mil. Mas se acreditar que pode ganhar um milhão ou mais...

Os melhores consultores se esforçam para estabelecer relações especiais com clientes, independentemente de seus produtos, serviços, técnicas e outras ofertas. As relações diferem dos produtos e serviços em muitos aspectos, mas a diferença mais fundamental reside na simples questão do pagamento. Os clientes percebem *produtos* (como manuais, relatórios, boletins, materiais gráficos e recursos de trabalho) como mercadorias pelas quais pagam um preço. Eles também percebem os *serviços* (como linhas telefônicas de atendimento aos funcionários, facilitação de equipes e auditorias) como mercadorias pelas quais pagam um preço.

Entretanto, os clientes percebem as *relações* como intangíveis, cujo valor transcende os cálculos de mercadorias, e elas apresentam um valor incalculável e intrínseco no qual eles nem tentam colocar preço.

Há um tempo, usei os serviços de um revendedor Mercedes que fica a 45 minutos da minha casa. Fui fazer negócio ali, em vez de em uma revenda da mesma marca a cinco minutos de distância, em função da relação que tinha com ele. Os produtos do meu revendedor eram compatíveis com os de outros, afinal de contas, vendem os mesmos carros e as mesmas peças. Seus serviços eram compatíveis e seguiam o padrão do fabricante, ou seja, assistência na estrada, um telefone para responder perguntas, inspeção estadual no local e assim por diante, mas a relação do meu revendedor com os clientes era especial.

Ele não pensava duas vezes, por exemplo, para buscar e entregar pessoalmente o carro na casa do cliente, deixando um veículo para que usassem nesse meio-tempo. Seus funcionários aplicavam os mesmo princípios de prestatividade. A vendedora que me vendeu o carro entrava em contato periodicamente, dava nomes de restaurantes que tinha conhecido e que achava que minha mulher e eu gostaríamos, e, numa ocasião, enviou uma flor à minha esposa com um bilhete sobre eventos culturais locais em sua cidade. A vendedora me levou para almoçar e fazia questão de aparecer e me cumprimentar quando sabia que eu estava na revenda.

Quando o proprietário se aposentou parcialmente, esse nível de serviços desapareceu e não houve mais qualquer diferenciação. Eu agora dou preferência ao pessoal que está a cinco minutos de distância e já comprei dois ou três Mercedes deles.

Podem-se usar muitas estratégias disponíveis para crescimento, *desde que elas tratem de desenvolver relações especiais com os clientes*. Examinemos um método para escolhê-las.

❖ Correções no meio do percurso

Já determinamos três interações básicas que você pode estabelecer com os clientes. Você pode lhes vender um produto, que é um tangível pelo qual se paga, pode lhes prestar um serviço, que é um intangível pelo qual se paga, e pode estabelecer uma relação com eles, que é um intangível gratuito. Em qualquer dessas áreas, você pode ser competitivo, distinto ou percebido como especial – o que eu gosto de chamar de posicionamento *que vai além*. A combinação dessas interações e dimensões está expressa na Figura 4-1.

Você pode não vender qualquer produto, ou os produtos podem ter um papel periférico em seu negócio principal. Por exemplo, quando solicitado, fornecemos livros e arquivos para serem baixados em MP3 e, muitas vezes, formulamos programas de aprendizagem interativos para serem usados no ritmo de cada cliente, mas esses produtos intangíveis não são nosso diferencial; eles são o resultado de nossas relações e nossos serviços, e não o fator fundamental para sermos escolhidos por um cliente.

	Competitivo	Único	Que vai além
Produto			
Serviço			
Relação			

Figura 4-1 Uma forma sistemática de estabelecer estratégia. [Adaptado de um modelo publicado pela primeira vez por Alan Weiss. *Making It Work: Turning Strategy into Action throughout Your Organization* (New York: Harper & Row, 1990).]

Como regra geral, os produtos são considerados mercadorias e não são muito sensíveis ao preço. Você pode ser competitivo fornecendo materiais profissionais de alta qualidade quando solicitado, mas para ser único ou ir além nesta dimensão é necessário um investimento substancial para competir em um negócio de margem estreita (ou fazer uma excepcional construção de marca, o que é, por si só, uma relação especial).

Meu conselho: se você tem que fornecer produtos como parte de seu trabalho de consultoria, mantenha-os ao mínimo e com alta qualidade, mas *não* os use como característica distintiva de seu trabalho, a menos que eles acentuem sua marca única. (Há alguns anos, houve uma campanha de cerveja muito marcante, "*It's Miller Time*". O problema – e é por isso que os consultores são importantes – é que a testagem descobriu que as pessoas estavam dizendo "*It's Miller time – let's have a Bud[weiser]!*")

Todos nós, nesta profissão, prestamos serviços – os intangíveis pagos – ao cliente. O serviço pode ser formal e especificado por contrato, como a análise de necessidades ou uma série de grupos focais, ou pode ser informal e *ad hoc*, como um exame dos súbitos problemas de pessoal ou recomendações para uma agenda de reuniões. Essa assessoria ou conselho tem que ser mais do que competitiva, caso contrário, o cliente não verá diferença e escolherá a consultoria com base em fatores de logística e objetivos. ("Todos os consultores me pedem meu relógio e me dizem as horas, de forma que eu posso muito bem comprar o relógio mais barato que houver e perguntar ao consultor mais próximo.")

Entretanto, é difícil estar na categoria de "ir além" em serviços porque há um limite em termos de recursos e disponibilidade para o que se pode fazer, principalmente ao comparar com empresas maiores. Um relatório pessoal de alta qualidade para a direção executiva, com materiais a serem distribuídos, gráficos e dados relevantes em relação à concorrência é suficiente para ser especial. Luzes piscantes e animais que dançam provavelmente não são necessários porque um serviço constantemente especial tem muito poder aos olhos do cliente.

O serviço que vai além pode ser considerado saturante, autoelogioso e exagerado. Dessa forma – se você ainda não adivinhou – meu argumento é que a categoria "além" deve ser sua relação com o cliente. Em termos ideais, seu *mix* estratégico deve ser como o da Figura 4-2. A razão para isso é que a concorrência provavelmente está tentando enfatizar características "além" em todos os aspectos (algo praticamente impossível e extremamente caro) ou é posta de lado por uma qualidade ou defeito particular em qualquer uma das áreas da grade. Não há necessidade de ser mais competitivo em produtos, e você está posicionado de forma ideal – e com uma boa relação custo-benefício – se for considerado diferenciado no serviço. Se, então, conseguir obter *relações* que vão além, estará avançando rumo a uma clientela altamente lucrativa, voltada ao crescimento e duradoura.

A solução de 1%: Relações e serviço fortes levam os clientes a lhe conceder lealdade duradoura e o benefício da dúvida em tempos difíceis. Ter apenas um produto que vá além raramente faz isso.

	Competitivo	Singular	Que vai além
Produto	Alta qualidade Quantidades mínimas Suporte e não um diferencial		
Serviço		Completo, profissional Necessidade antecipada Centrado no cliente e não no consultor	
Relação			Antecipatória Ajuda em áreas "não relacionadas" Vínculos pessoais Visceral e de confiança Baseado em julgamento

Figura 4-2 O *mix* estratégico ideal, enfatizando relações, para crescimento dinâmico.

Os produtos e os serviços tendem a ser baseados em avaliações *objetivas* de *o que* você está fornecendo e *como* o fornece. Você pode ser prontamente comparado com outros. Contudo, as relações representam o *porquê* de seu envolvimento; você é avaliado em termos do conforto do cliente para lidar com você, e essas são determinações *subjetivas*. Embora possa ser muito mais difícil estabelecer essas conexões e seja sempre demorado, elas são as conexões mais importantes por serem qualitativas em vez de quantitativas.

E aqui reside a *arte* da escolha e aceitação de um consultor.

> A relação ideal com um cliente é aquela em que ele acredita no consultor para fazer determinações sobre capacidades, ou seja, em que o cliente aborda o consultor com um pressuposto fundamental de que o consultor agirá de forma responsável para melhorar a condição do cliente.

As relações ideais com clientes se baseiam em confiança e franqueza totais. Ao contrário da dinâmica tradicional entre cliente e consultor, na qual o primeiro pede ao segundo para provar que consegue atender a suas necessidades ("Aja, para que eu possa avaliá-lo."), a relação que vai além é aquela em que o cliente pede que o consultor trabalhe com ele para atender a uma necessidade ("Trabalhe comigo para que possamos ter sucesso.").

O cliente acredita que o consultor fará uma avaliação se os objetivos estão dentro das capacidades do consultor. Nesse ato de confiança, o julgamento crucial passa de cliente a consultor, porque o primeiro sabe que o segundo é um juiz muito melhor de suas próprias capacidades e não tem razão para crer que ele faria qualquer outra coisa que não agir no interesse do cliente.

Isso é que é ir além.

Nas últimas décadas (até escândalos recentes e as proscrições resultantes), assistimos a praticamente todas as principais empresas de contabilidade lançarem suas divisões de consultoria. Isso aconteceu porque há um limite inflexível ao crescimento do negócio de contabilidade; afinal de contas, quantas vezes se consegue auditar os livros? Essas empresas entenderam que tinham estabelecido, pela própria natureza de seu trabalho confidencial, uma relação especial com seus clientes, uma relação baseada na confiança. Ao transferir essa relação de confiança para áreas relacionadas (a maioria dessas empresas deu início a seu trabalho de consultoria baseando-o muito em questões sobre sistemas de finanças e informação), essas organizações ampliaram muito sua base de negócios com os clientes existentes, mesmo que seus produtos e serviços não fossem conhecidos em qualquer área além do trabalho financeiro. (E elas ainda estão gravemente limitadas por uma mentalidade arraigada de auditoria, mas isso é tema para outro livro).

Simplesmente não há mecanismos de crescimento tão dramáticos em nossa profissão quanto um cliente que confie e queira usar nossos serviços, acreditando que você apresentará uma razão para não fazê-lo se não puder dar conta da solicitação.

De fato, a responsabilidade pela escolha passa do cliente ao consultor. Essa não é uma responsabilidade de que se deve abusar ou encarar de forma leviana, claro. Assumir um trabalho que você não consegue dar conta pode, em duas semanas, azedar uma relação que você levou dois anos para construir.

Uma última reflexão sobre estratégia de ajuste fino: não espere até estar absolutamente preparado e pronto. Quando estiver cerca de 80% seguro/pronto/confortável, *mexa-se*! Os últimos 20% de preparação não têm razão de ser:

1. O cliente geralmente não aprecia a diferença.
2. Os 20% finais vão custar mais do que os 80% anteriores.
3. É uma desculpa para não se mexer.
4. Nunca se pode ter 100% de certeza, nem se deve ter.
5. Lembre-se do paradoxo de Zeno: se você fizer 50% de progresso em direção ao seu objetivo todos os dias, nunca chegará lá.

Mexa-se quando estiver 80% pronto, e poderá facilmente fazer ajustes finos no resto enquanto avança. (E isso também se aplica à escrita, à fala, ao trabalho em rede, a novos produtos e a maior parte de sua vida pessoal. Quando estiver 80% convencido de que deve sair do teatro no intervalo da peça, faça-o, ou se arrependerá sempre.)

❖ As 10 maneiras de desenvolver relações que vão além

Como criar poderosas relações que vão além? Com paciência, perspicácia, esforço e técnicas específicas como as seguintes:

1. Proporcione informações valiosas

Sua comunicação com os clientes nunca será demais se você oferecer informações que aperfeiçoem o desempenho e melhorem o ambiente de trabalho. Mantenha um conjunto de arquivos sobre todas as questões importantes com que seus clientes e importantes potenciais clientes se deparam, independentemente de você estar trabalhando pessoalmente nesses tópicos ou mesmo de serem tópicos considerados pelos clientes. Meus arquivos têm nomes que incluem "Ética", "Medidas de satisfação de clientes", "Técnicas de entrevistas", "Desenvolvimento de executivos", "Governança da diretoria" e outros semelhantes. Faço clipagem de artigos, anoto ideias que ouvi e junto literatura competitiva sobre produtos e serviços guardando-a sob títulos adequados. Uma vez por trimestre, reviso os arquivos, elimino duplicação, crio um tema ou uma sequência únicos dentro de cada área temática e envio os comentários a cada cliente e potencial cliente listado naquela categoria.

Nunca um destinatário solicitou ser removido da lista. Evito escrupulosamente qualquer autopromoção que não a inclusão de artigos que publiquei na área e críticas de meus livros relevantes.

2. Proporcione números de telefone essenciais

Ofereça os seguintes números a todos os clientes (e *cliente* significa qualquer indivíduo importante dentro de uma organização-cliente): número comum do escritório, número gratuito (se você não tem, deveria ter), número de *fax* (se não tem, também deveria ter) e número de telefone celular. (Para clientes muito bons, eu forneço inclusive meu número de telefone de casa para o caso de precisarem falar comigo no fim de semana.)

Cerca de três vezes por ano, um cliente me telefona em casa, à noite ou durante o fim de semana, com uma solicitação ou pergunta fundamental que simplesmente não pode esperar. Três ligações em casa por ano é um preço baixo para cimentar relações. Esse privilégio nunca sofre abusos, é um sinal de muita confiança e vai além do simples serviço. Um sinal de que eu estabeleci as relações que busco é quando os clientes me oferecem o *seu* número de telefone celular.

Estudo de caso

O diretor-executivo de uma divisão de US$ 300 milhões me telefonava às vezes, nas noites de segunda-feira, antes de importantes reuniões executivas nas terças de manhã, quando precisava de uma visão externa sobre uma questão problemática. Ele sempre me ligava na mesma hora, em torno de 22h30. Com o tempo, entendi que ele programava seus telefonemas para coincidir com o intervalo do jogo de futebol. Ele não gostava de futebol, mas ele sabia que eu assistia!

3. Levante questões cruciais

Da forma mais responsável e profissional possível, levante questões que demandem a atenção do cliente, mesmo que não façam parte do trabalho que está desenvolvendo. Deixe claro – e cumpra o que afirmou – que não está levantando questões porque quer ampliar seu trabalho para incluí-las. (Se o cliente insistir em que você as incorpore, peça que ele reflita sobre outras possibilidades antes de tomar uma decisão. Isso parece loucura para quem pensa no curto prazo, mas 90% das vezes ele vai pedir que você o ajude de qualquer forma, sem que o pagamento seja um problema. Veja a equação pagamento/compromisso que está mais adiante neste capítulo.)

Enquanto fazia uma pesquisa de satisfação de consumidores para um cliente, descobri um grave problema de moral entre os funcionários que atuavam em campo, o qual estava centrado em dois gestores intermediários. Informei meu cliente em uma reunião privada, seguindo o princípio de que ele deveria saber e de que eu não estaria agindo de forma profissional e em seu interesse se não o informasse. Ele agiu por conta própria depois de consultar sua equipe e me disse que a situação poderia ter saído de controle se eu não tivesse levantado a questão com ele.

4. Recomende outros recursos

Não hesite em sugerir outros fornecedores de produtos ou prestadores de serviços. Eu tenho listas de recursos que posso chamar para assumir trabalhos que eu não tenho como fazer por falta de competência ou tempo. Alguns deles possuem habilidades altamente especializadas, como orientação para recolocação de pessoas demitidas, e outros são bons em necessidades de rotina, como facilitar oficinas. Quando um cliente pede que eu assuma um trabalho que eu não posso fazer (o cliente confia em mim para tomar essa decisão), eu recorro a esses recursos como alternativa. O cliente fica satisfeito de saber que posso oferecer essa ajuda (porque as minhas recomendações têm a minha credibilidade), a pessoa escolhida gosta do trabalho e minha posição de longo prazo melhora.

Embora eu solicite resumos periódicos do trabalho em andamento, raramente aceito uma comissão de intermediação por essas indicações, por duas razões: primeira, não quero passar a impressão de que lucro com essas indicações; segunda, assim consigo influenciar a pessoa escolhida a meu favor (por exemplo, "se você souber alguma coisa sobre os resultados dos meus antigos trabalhos de vendas, me conte", "por favor, faça seu melhor preço", "mantenha-me informado de qualquer coisa que eu deva transmitir ao comprador").

5. Faça um esforço extra

Atenda às solicitações, mesmo que tangenciais, com prestatividade e em tempo. Quando eu estava escrevendo a primeira versão deste capítulo, recebi um telefonema de um cliente excelente, com um amigo que precisava de emprego. O cliente achava que seu amigo tinha muito a ganhar passando uma hora comigo discutindo oportunidades em meu campo de trabalho e minha experiência com clientes. Eu poderia ter simplesmente aceitado falar com o amigo do meu cliente por telefone quando tivesse oportunidade, e o cliente ficaria satisfeito com esse serviço. Contudo, não quero prestar serviços, quero construir relações, de forma que imediatamente telefonei para o amigo do meu cliente e o convidei a vir ao meu escritório e almoçar comigo em uma hora que fosse conveniente para nós dois. Informei meu cliente para fechar o círculo e lhe dei um resumo de nossa discussão quando voltamos a nos ver.

6. Facilite a publicidade do cliente

Recomende clientes para oportunidades de publicidade que possam não estar relacionadas com seu trabalho prestado para a organização. Desde que passei a ter atividade na mídia, é comum que me peçam temas para entrevistas, exemplos de perfis de desempenho excelente, pessoas para servir de juízes em painéis e assim por diante.

Não apenas recomendo certos clientes, como também forneço uma sinopse de por que eles seriam adequados e qualificados, e algumas informações gerais sobre suas organizações.

Digo aos entrevistadores ou selecionadores que não deixem de mencionar meu nome para que o cliente lhes dê prioridade em sua agenda ocupada.

7. Faça uma contribuição beneficente

Todos os anos, contribuo para uma escola de periferia "em nome de nossos clientes". Essa generosidade é apreciada e não entra em conflito com preocupações éticas sensíveis sobre doações. Faço isso há uma década.

8. Ajude subordinados de forma generosa

Faça um esforço para ajudar pessoas de nível inferior, independentemente de elas estarem envolvidas em seu trabalho e mesmo que não tenham qualquer influência em futuros negócios. Elas *sempre* têm uma influência direta.

Enquanto eu coordenava grupos focais com gerentes de campo, um deles me perguntou se eu estaria disposto a fazer alguma coisa semelhante por seus representantes, mesmo que não fosse parte de meu trabalho e "apenas" para ajudá-lo pessoalmente a gerenciar seu pessoal. Eu lhe disse que, se seu chefe concordasse, eu faria com prazer, apenas cobrando as despesas. Foi ótimo, ele conseguiu proporcionar algo especial para seu pessoal, e sua avaliação de meu trabalho para a administração sênior foi algo que somente minha mãe teria escrito. Em outra ocasião, aceitei me reunir com uma funcionária fora do expediente, pois ela não tinha como participar de um grupo focal, mas queria expressar suas próprias opiniões. Recebi dela informações que não tinha escutado e que consegui levantar com grupos futuros, o que me possibilitou oferecer mais visões em minha avaliação com o cliente.

9. Não tenha medo de assumir uma posição

Nunca recue diante da polêmica e não hesite em dizer ao cliente que ele está errado. Ser bajulador não é ser consultor, e é provável que o cliente tenha mais pessoas que dizem "sim" do que o necessário. Sua utilidade, sua integridade e seu valor agregado à organização serão iluminados por sua postura em questões importantes. Jefferson disse: "Em questões de gosto, nade com a corrente; em questões de princípio, mantenha-se firme como uma rocha."

Alguns anos atrás, entreguei os resultados de uma pesquisa sobre ética a um vice-presidente de divisão e a seus principais gerentes. Aos 3 minutos de apresentação, os subordinados – obviamente se sentindo ameaçados – levantaram todas as objeções que se possa imaginar, desde a natureza das perguntas na pesquisa até a legitimidade das respostas.

Eu lhes disse que eles poderiam concordar ou discordar dos dados, mas que, em minha opinião, os resultados eram muito sólidos. Depois da reunião, chamei o vice-presidente à parte e, para não constranger qualquer pessoa, eu lhe disse que o tipo de resistência e postura defensiva que acabávamos de assistir era certamente responsável por muito dos resultados da pesquisa com os subordinados.

Também ofereci cancelar o restante do trabalho, que previa oficinas para disseminar os resultados, se ele estivesse minimamente desconfortável; mesmo que meu contrato não fosse cancelável. O resultado foi que ele optou por confiar em mim em relação a questões pessoais sensíveis, pediu meu conselho sobre como apresentar os resultados aos subordinados e ampliou nosso trabalho inicial.

10. Trate clientes como parceiros

Sempre considere o cliente como parceiro em igualdade de condições. Ele não é apenas um comprador cuja decisão coloca comida em sua mesa, e você, de forma nenhuma é o especialista todo-poderoso sem o qual o cliente não é capaz de abrir sua correspondência. Vocês dois (ou três, ou sete) são uma equipe, cada um dependendo do outro para proporcionar talento e recursos e para atingir objetivos definidos de comum acordo. Eu não faço nada por você e você não faz nada por mim; fazemos as coisas *conjuntamente*, para um propósito comum. Não buscamos culpados, mas sim causas. Não desfrutamos de atividades, mas nos deleitamos com os resultados. Depois de um ano muito bem-sucedido com um cliente, durante o qual a organização cumpriu seu plano pela primeira vez em seis anos, fiz uma reunião com o presidente do grupo para examinar o ano que terminava e preparar o seguinte. O presidente disse: "Você deve estar em êxtase com relação aos resultados que obtivemos. Você é parte essencial do processo". Não consigo imaginar um elogio melhor.

Durante sete anos, sucessivamente, a Merck & Co. foi escolhida a "Empresa mais admirada dos Estados Unidos" pela pesquisa anual feita pela revista *Fortune* com executivos. A cada ano, a Merck mandava um presente a todos os funcionários, agradecendo a eles por sua contribuição. E todos os anos, *eu* recebi um presente do vice-presidente mundial de pessoal, agradecendo pessoalmente a *mim* por minha contribuição para o sucesso da empresa.

Esse é o ponto alto das relações com clientes. Continuaremos a discutir ao longo do livro como uma sucessão de relações desse tipo se transforma em um negócio de um milhão de dólares.

❖ Por que ninguém se importa com sua ética nem com a infância difícil que você teve?

Fiz um grande esforço para explicar que o centro do sucesso de sua empresa está nas relações que você estabelece com seus clientes. A medida do sucesso dessas relações será o crescimento que você desfruta, e eu estipulei que esse crescimento deve ir além dos aspectos econômicos de curto prazo e incluir sua aprendizagem, reputação, *expertise* e experiência.

A soma total dessa ampliação é crescimento multidimensional.

Esse crescimento abrangente e generalizado estabelece uma posição clara e direcionada para a empresa. Não deixe que o crescimento em uma área faça com que você diminua o ritmo. Por exemplo, um aumento de sua *expertise*, por si só, é insuficiente se sua reputação no mercado não o refletir, se você não for capaz de aplicá-lo a novos trabalhos e se você não ganhar dinheiro com ele. Mas muitos consultores acrescentam *expertise* continuamente – na forma de novas pessoas, abordagens que são licenciadas de outros e pesquisas pessoais – sem considerar o quadro total do crescimento.

Da mesma forma, os consultores costumam avaliar o crescimento em termos de número de clientes – uma única medida *quantitativa* que pode ignorar a consideração *qualitativa* de que todos os novos clientes demandam exatamente o mesmo tratamento, não proporcionando crescimento em *expertise* ou experiência diversificada. O crescimento financeiro deve acompanhar os outros fatores de crescimento; não é independente deles.

Obviamente, esse crescimento financeiro é essencial para seu negócio e para nossas vidas. Minha intenção não é subestimar sua importância, longe disso, como o nome deste livro deve deixar claro, mas é dramatizar o fato de que a riqueza verdadeira neste negócio decorre de pensar no longo prazo e de evitar complacência em receitas de curto prazo. Aqui está uma simples equação para tentar provar esse argumento.

Estabelecer relações de alto nível e alta qualidade demanda mais tempo do que uma venda rápida para um comprador de nível inferior baseada em fatores como preço, produto passível de entrega, prazos e assim por diante. Na verdade, muitas vezes implica deixar passar alguns negócios de curto prazo. Contudo, a paciência que isso exige sempre compensa no longo prazo, em função da dinâmica de remuneração.

A solução de 1%: paradoxalmente, quanto mais tempo você levar para estabelecer uma relação consistente e de confiança com um comprador, mais rapidamente obterá negócios de alta qualidade.

Quanto mais elevado for o compromisso do comprador, menor será a resistência a preços. E quanto mais alto for o nível do comprador, essa resistência também será menor. (Compradores de nível inferior são, sabidamente, presos ao orçamento, e os serviços de consultoria geralmente não constam nos orçamentos. Compradores de nível mais elevado são orientados por resultados e podem aprovar exceções ao orçamento ou alterar os existentes.)

Dito de forma muito simples, o tempo necessário para desenvolver relações sólidas e de alto nível sempre será recompensado por preços mais altos. É claro que você ainda terá que *pedi-los*, e as táticas para conseguir isso serão tratadas mais tarde.

O crescimento financeiro não é o começo do planejamento estratégico para sua empresa. É o resultado do planejar para crescer em todas as dimensões por meio de relações de alto nível e alta qualidade com os clientes.

Quando ajudo outros consultores a avaliar suas estruturas de preços, nunca faço isso sem avaliar a dinâmica de suas relações com clientes e potenciais clientes. Este capítulo começa com uma discussão de estratégias de crescimento e termina com uma discussão de preços com base nas relações que são intrínsecas a esse crescimento. Sua abordagem em relação a seu negócio deve fazer o mesmo. Se quiser avaliar o seu atual potencial de vendas, pode fazê-lo com o quadro da Figura 4-3.

O baixo compromisso do comprador diante de um preço não é venda, e ponto final. No entanto, quando o compromisso do comprador é baixo, um preço baixo não é resposta para criar a venda que você precisa porque o resultado é a indiferença. Por um lado, o comprador acha que o resultado não é muito importante porque não se investiu muito; por outro lado, você não considera o resultado muito importante porque não está recebendo o tipo de remuneração que acha que merece.

Os preços nunca devem ser estabelecidos apenas para ganhar o trabalho a fim de compensar o baixo compromisso do comprador. Ninguém ficará feliz com o resultado.

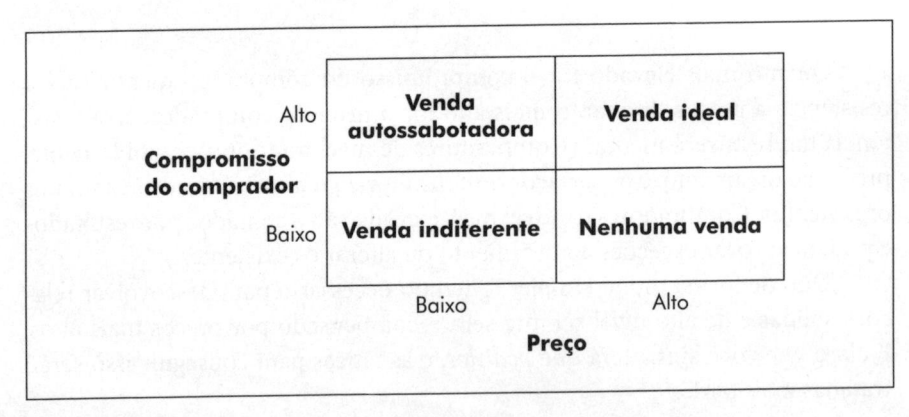

	Compromisso do comprador	Preço Baixo	Preço Alto
	Alto	Venda autossabotadora	Venda ideal
	Baixo	Venda indiferente	Nenhuma venda

Figura 4-3 Avaliando o resultado de relações comprometidas com o preço.

Quando o compromisso do comprador é alto e o preço é baixo, você se coloca em uma posição de autossabotagem. Não importa o quanto o comprador possa estar satisfeito ou venha a estar, você está trabalhando "barato" (e, talvez, perdendo dinheiro). Você só tem uma alternativa: usar essa venda como trampolim para outra, mais lucrativa. Isso pode ser perigoso porque, uma vez que você se coloque em posição de usar um projeto para justificar outro, é provável que distorça os resultados para justificar outros trabalhos, que comece a pensar no próximo projeto à custa do atual, que trabalhe muito, já que o cliente já tem uma ideia pronta de sua estrutura de preços, e que considere a relação com o cliente como unidimensional, baseada em finanças.

É exatamente por essas razões que eu defendo *nunca* assumir um trabalho com preço reduzido (ou jamais para atrair outros!) só para entrar pela porta. A porta pode levar diretamente a uma relação na qual, em pouco tempo, você precisará de uma janela para escapar. A razão para estabelecer relações que resultem em maior compromisso do comprador é a de ser capaz de definir uma estrutura de preços elevada.

A única opção de dinâmica desejável em que ambos têm a ganhar é o elevado compromisso e os altos preços do cliente. Isso soa mercenário quando dito abertamente, mas é o resultado lógico de forjar as relações que eu venho explicando. É impressionante a frequência com que os consultores ignoram essas dinâmicas tão simples por ignorarem o processo, por focalizarem indevidamente objetivos de curto prazo, por não apreciarem aspectos de nosso negócio que dizem respeito a relações e/ou a armadilha do sucesso.

Já expliquei neste capítulo a necessidade de escapar dos padrões tradicionais de pensamento e de evitar a sabedoria popular – ou seja, como romper paradigmas. Se você conseguir assumir a noção de construção de relações como o valor fundamental de seu sucesso como consultor, já estará em vantagem. Antes de eu tratar de táticas específicas da consultoria de ouro, preciso que você dê uma olhada nas estratégias necessárias para transformar uma empresa no tipo de empresa de consultoria que venho descrevendo. É hora de dobrar a esquina.

❖ Perguntas e respostas

P. *E se o cliente não perceber a relação que vocês estabeleceram como importante?*

R. O único critério de importância é o do cliente – está nos olhos de quem vê. Nunca avalie suas ações no vácuo. O que o cliente pensa é a única coisa que importa, de forma que você provavelmente avaliou mal o que ele consideraria uma relação especial.

P. *Você está dizendo que a ética não é importante aos clientes?*

R. Não, estou dizendo que a conduta ética, a integridade e o comportamento adequado são coisas dadas, que não demandam respeito ou atenção especiais. ("Você tem uma conduta ética? Que pena, eu queria um consultor que não a tivesse.")

P. *Se eu estiver em uma posição boa em sua grade, posso contar com isso para usar meu tempo para outras atividades?*

R. Receio que não, porque a "gravidade" na grade se dá da direita para a esquerda. Mesmo que você esteja na posição em que quer estar, tem que continuar inovando e melhorando, ou escorregará para a esquerda à medida que a concorrência melhora ou os clientes ficam entediados.

Reflexão final: nunca aceite a sabedoria popular sem pensar. Poucas vezes vi pessoas que dão conselhos nesta profissão serem também consultores excepcionalmente bem-sucedidos. Neste negócio, é preciso fazer o que se prega. Ou, dito de outra forma: "Não acredite em tudo o que ouve, mesmo que seja eu quem diga!" (H. L. Mencken)

Capítulo 5

Corrida de obstáculos

Não derrape, mas não desista

❖ Acelerar sempre

O período de transição mais importante para qualquer negócio de consultoria (ou empreendedor) *não* é o de se estabelecer como seu próprio chefe, *não* é o de conseguir seu primeiro cliente, *nem* é o de ter um ano que pague as contas e um pouco mais. O período de transição mais importante é o de escapar do pensamento que lhe restringe aos pequenos êxitos. Nos últimos 13 anos, meu *Private Roster Mentor Program* incluiu um advogado que se expandiu para áreas de consultoria, como a venda de empresas de pequeno a médio porte. Depois de anos de luta, ele finalmente tem uma equipe de funcionários, bons escritórios e um negócio modesto que lhe dá cerca de US$ 300 mil por ano. Ele veio a mim em busca de ajuda formal porque se sentia "empacado."

"Estou mais satisfeito ganhando US$ 300 mil do que estava só empatando em todos aqueles anos anteriores", ele reconheceu, "mas não estou muito satisfeito com minha incapacidade de ir além disso".

Parece que existe um "muro" para os consultores. Assim como o velocista, ou se rompe esse limite ou nunca se consegue melhorar o desempenho. Entretanto, no caso dos consultores, o muro não é causado por necessidades fisiológicas, desidratação, tônus muscular ou dificuldades respiratórias. É causado por falta de autoconfiança, uma incapacidade de renunciar a pequenos êxitos e um *conservadorismo súbito que surge quando se tem dinheiro no banco pela primeira vez.*

Tive que diferenciar minhas ofertas às comunidades de consultoria e de serviços profissionais da seguinte forma:

- Obtendo tração: Oficinas sobre como passar de renda zero para a de US$ 300 mil.

- De seis dígitos a sete: Como escapar da armadilha do sucesso e avançar para uma renda mais forte.
- O clube de um milhão de dólares: Composto por pessoas que ganham na faixa dos sete dígitos e que se reúnem em bons hotéis de lazer para discutir mais crescimento, preocupações com o equilíbrio da vida, contribuições para outros e ideias inovadoras.

Diferenciei essas ofertas porque há "buracos na estrada" escondidos e curvas perigosas que fazem as pessoas reduzir a velocidade e verificar a pressão dos pneus a toda hora. Seu crescimento contínuo é essencial se você quiser ajudar seus clientes atuais e futuros de formas melhores e mais sofisticadas. Também é essencial:

- Manter-se forte e envolvido.
- Atrair e manter funcionários, parceiros e/ou alianças.
- Melhorar sua visibilidade e sua capacidade de *marketing*.
- Evitar a estabilização da "armadilha do sucesso".
- Maximizar seu tempo livre, que é a verdadeira riqueza.
- Evitar ficar parado enquanto outros o ultrapassam.[1]

Não se engane: se você considera o sucesso como o nível do solo ao qual finalmente chegou, é só uma questão de tempo para que esse nível comece a desmoronar. Essa é a lei da entropia. A única forma de prosperar é continuar a subir. Os momentos de estabilidade são feitos para respirar um pouco, e nada mais.

Você tem que ter uma estratégia de crescimento. Muitas vezes me perguntam se eu crio objetivos monetários a cada ano e luto para atingi-los. Não faço isso porque esses objetivos táticos são extremamente limitadores. Por exemplo, se o seu objetivo é ganhar US$ 500 mil, você trabalha muito, corre alguns riscos e o atinge. Isso é bom? Talvez devesse ter ganhado US$ 700 mil, mas estava tão fixado no meio milhão, que ele se tornou autorrealizante e acabou por *limitar* seu crescimento. (O mesmo se aplica aos números de novos clientes, outros locais, fontes de publicidade e outras medidas do tipo.) Já vi isso acontecer repetidamente em empresas de todos os tamanhos. Quando o vice-presidente de vendas informa que "teremos sorte de conseguir um aumento de vendas de 5% no nordeste", é exatamente isso que eles terão dificuldade de atingir. A pior coisa em ter um plano é que você o cumpre. Não faça planos táticos rígidos, pois pode acabar cumprindo-os – e nada mais. Concentre-se no estratégico e no aberto.

A Figura 5-1 apresenta alguns exemplos de objetivos em nível estratégico. Quanto mais seu foco estiver nos resultados de seus clientes, mais os resultados vão convergir para a sua empresa. E quanto menos você criar objetivos autolimitadores com "linhas de chegada" artificiais, mais conseguirá correr uma corrida de longa distância sem ficar ofegante.

Houve um ano em que decidi aumentar meus honorários de palestrante. A maioria dos palestrantes e consultores teria escolhido uma quantidade fixa de aumento, como US$ 2 mil, ou uma porcentagem fixa, como 10%. Eu decidi aumentar todos os honorários, mas em termos situacionais, dependendo do que me fosse pedido. Para minha surpresa, descobri que conseguia aumentar muito os preços de palestras de meia hora depois de jantares, porque não havia muitos palestrantes do campo dos negócios que conseguissem dar conta desse tempo, e os clientes estão dispostos a pagar mais para obter profissionais superiores.[2] Atribuí outros preços com base na quantidade de trabalho preliminar (entrevistas com participantes, visitas *in loco*) ou de trabalho de acompanhamento posterior (fornecer cópias de *slides*, enviar material para estudo).

Categoria	Resultados estratégicos desejados
Marketing	Entrevistas regulares no rádio como norma mensal. Obtenção de agentes para contratos de livros, artigos e seminários. Reconhecimento e contratação por agências como palestrante principal em eventos.
Relações	Todos os negócios se estabelecem a partir de honorários baseados no valor. Oficinas e programas de treinamentos são subcontratados. Trabalhos repetidos de clientes já existentes crescem a cada ano em relação ao anterior.
Finanças	Grandes linhas de crédito são obtidas em bancos. Pode operar sem receita durante períodos de baixa prolongados. Sem recebíveis durante períodos de 60 dias.
Recursos	Todas as pesquisas e entrevistas feitas por subcontratados. Nenhum trabalho recusado por falta de recursos. Novas capacidades desenvolvidas em trabalho de pesquisa e testagem.
Pessoal	Capaz de tirar férias sempre que quiser. Renda líquida aumenta muito em porcentagem a cada ano que passa. Tempo para a família está aumentando.

Figura 5-1 Exemplos de objetivos estratégicos.

No decorrer do ano, esses esforços produziram muito mais do que um aumento generalizado teria conseguido.

Para escapar do comportamento autolimitador, você tem que parar de fazer o que vem fazendo há muito tempo. Como disse um participante do programa de *mentoring*, "Faz uma eternidade que eu faço este seminário sobre gestão do tempo simplesmente porque sempre o fiz e posso fazê-lo até dormindo – o que, às vezes, não está longe da verdade. Isso não me proporciona tanto ganho, estreita minha reputação e faz que eu me concentre em clientes pequenos demais para minhas necessidades de crescimento". Como dizem os médicos, então pare de fazer isso!

❖ Triagem

Existem três categorias de trabalhos que você vai encontrar em seu período de transição:

1. Trabalhos que não sejam coerentes com uma estratégia de crescimento, mas que você quer preservar porque podem evoluir para trabalhos melhores.
2. Trabalhos que já representam sua nova estratégia orientada ao crescimento, os quais você quer preservar.
3. Trabalhos que só significam a "velha" imagem e que devem ser abandonados porque não levam a novas alturas.

A triagem, é claro, geralmente se aplica ao sistema médico empregado durante uma catástrofe, quando as vítimas são muitas e os recursos, escassos. As vítimas são separadas entre aquelas que vão sobreviver se receberem atendimento médico imediato, aquelas que vão sobreviver mesmo sem atendimento médico imediato e aquelas que provavelmente não sobreviverão em qualquer situação. Os recursos geralmente costumam ser alocados nessa ordem de prioridade.

A categoria 1 na lista anterior merece tratamento prioritário. Esses são os trabalhos consistentes e historicamente valiosos que você vai querer preservar e aperfeiçoar, mas *não* na relação atual. Pode levar mais tempo, mas você quer educar seu comprador sobre os benefícios de fazer que a natureza de sua relação evolua. A base para realizar essa transição – a confiança e o histórico de resultados – está estabelecida.

A categoria 2 são os trabalhos que já estão onde você quer e que demandam estímulo e a construção da relação de que falamos antes. No entanto, não são tão sensíveis quanto os trabalhos da categoria 1, que podem ter sua forma alterada. Os trabalhos da categoria 2 "sobreviverão" sem intervenção extra.

A categoria 3 são trabalhos que não podem ser salvos. Pode ser trabalho que você simplesmente não tem mais interesse em fazer ou que crie uma imagem ou associação que é indesejável. Esses trabalhos são bons para serem indicados a outros, uma técnica que discutimos em capítulos anteriores. Preservá-los pode causar mais prejuízo do que não obter novos trabalhos, porque vão "cimentá-lo" ao que quer que você seja hoje, não importa o quanto o cliente esteja disposto a continuar enviando cheques.

A solução de 1%: você não pode pegar enquanto não largar. O primeiro passo é renunciar a trabalhos que dão lucro mínimo e que você mantém só por inércia. Deixe as malas pelo caminho.

Aqui, alguns exemplos de cada condição:

1. Aumentei os preços médios dos trabalhos cinco vezes ao longo de um período de dois anos, substituindo uma política de "pegar o trabalho por meio da proposta mais baixa" por uma em que "só quero trabalhos que resultem em uma margem de lucro mínima X." Fiz isso especificando formalmente serviços que eu tinha que fazer de qualquer modo (como observações *in loco*, comparações com normas do setor) e desenvolvendo relações com compradores que me ajudavam a determinar que outras necessidades poderiam ser legitimamente embutidas no trabalho, ainda que não expostas pelo cliente. Então fiz uma coisa interessante: aumentei muito meus preços em relação ao que teria cobrado se não tivesse um plano de transição tangível para crescer. Isso não é observável até que você não cobre por dia e não demonstre resultados de alto valor agregado. (Ver o Capítulo 9 para técnicas.) Ainda consigo me lembrar da primeira proposta de US$ 55 mil que apresentei, com meu coração batendo como louco enquanto o cliente a lia na minha frente. Quando ele aceitou, dizendo simplesmente "está bem, reflete tudo o que tratamos, então vamos fazer", eu soube que tinha dobrado uma esquina em minha carreira e em minha vida.

Digressão

Tente desvincular seus serviços. Em vez de jogar tudo em um saco e apresentar como seu trabalho – porque está tentando justificar um preço que sua autoestima tem dificuldades de sustentar –, separe seus serviços e dê ao cliente opções de valor. Embora as pessoas falem sobre "inchaço na exigência" (clientes que pedem muito mais do que foi tratado), o "inchaço na oferta", no qual o consultor fornece mais trabalho do que foi tratado sem receber mais por isso, é pior.

2. Eu desenvolvi "acidentalmente" um perfil muito qualificado como palestrante principal no setor de jornais, mantendo-o por meio de correspondências e aparições constantes no American Press Institute e usando-o como modelo para os tipos de palestra que eu queria fazer em outros setores. Essa era uma abordagem de negócios que não precisava ser alterada, e eu investi meu tempo e energia em outras coisas. Consegui estabelecer relações com o *New York Times*, o *Los Angeles Times*, o *Hartford Courant*, o *BusinessWeek* e outros, permitindo que o bom ritmo não fosse interrompido.

3. Eu fiz avaliações individuais de comportamento para clientes, apresentando uma descrição escrita ou em rádio de predisposições baseadas em um instrumento que eu usava naquela época. No entanto, não queria ficar conhecido como uma empresa de "testagem", e os clientes que usam esses serviços tendem a ser pequenos, concentrados em um lugar – um mercado que eu não considerava importante para meu futuro ou minha reputação. Consequentemente, ofereci esse trabalho a uma mulher que costumava trabalhar para mim e lhe dei direitos gratuitos de usar meus instrumentos. Também forneci aos clientes (e futuros pedidos) fontes alternativas para essa testagem. Por fim, publiquei todo o teste e sua interpretação em um livro[3] por uma editora importante (e agora eu mesmo o publico) para que a abordagem pudesse ser avaliada e atribuída a mim.

Para resumir os elementos fundamentais para fazer uma boa transição de onde você está – não importa o seu grau de sucesso – para se tornar um consultor de ouro:

1. Estabeleça um plano *estratégico* específico para as principais categorias de seu negócio, use o plano como ferramenta de gestão para influenciar

suas decisões na administração da empresa e avalie seu sucesso periodicamente.
2. Estabeleça um sistema de triagem para proteger negócios atrativos, alimentar os que estão em evolução e abandonar os inadequados.
3. Avalie seu progresso mensalmente usando uma caixa de ressonância independente para garantir que você não seja cegado por vitórias temporárias ou pelo "descanso" de uma estabilidade de curto prazo.
4. Não vacile.

Realizando esta estratégia, você vai desenvolver "marcas" que são essenciais para qualquer consultor bem-sucedido. A construção de marca traz clientes até você a um custo de aquisição baixo e reverte a dinâmica de compra. (Em vez de "prove que você é capaz", o potencial cliente diz: "Ouvi falar de seu trabalho...") Entretanto, as marcas devem ser específicas e únicas, de modo que você deve se concentrar em suas competências centrais e em como elas apelam às necessidades do mercado. [Para maiores detalhes, veja meu livro *How to Develop a Unique Brand in the Consulting Profession* (San Francisco: Jossey-Bass/Pfeiffer, 2001).]

Um aspecto fundamental para a construção de confiança em tempos de transição é a sólida base de clientes que você já tem e que manterá no futuro.

❖ Os 15 segredos para o crescimento sólido

Ao fazer a transição bem-sucedida de "solitário" para a "manada estrondosa", você vai querer salvaguardar negócios e relações pessoais fundamentais.

Não existe poder externo que lhe force a mudar a forma com que você obtém seus negócios e presta seus serviços. Você deve ter um impulso constante para examinar o *status quo* e descobrir como pode ser melhor. É isso que as melhores corporações do mundo fazem – elas examinam suas principais unidades e as melhoram. Não reforce áreas frágeis. Você cresce explorando suas qualidades e não ajustado seus defeitos.

Essas são relações representadas pelas categorias 1 e 2 na lista que consta do início da seção anterior. Independentemente das categorias em que a relação de negócios se enquadra, há algumas técnicas disponíveis para protegê-la enquanto seu negócio muda sua imagem e a maneira como opera. Descobri que os 15 métodos descritos a seguir aplicam-se independentemente de seu tamanho, localização, tipo de cliente ou papel de consultoria.

1. Envolva o cliente na mudança e procure conhecer sua opinião

A pior coisa que você pode fazer para um cliente estabelecido que tenha uma imagem e um entendimento claros daquilo que você representa para a organização é apresentar uma mudança abrupta nessa imagem e entendimento. Em vez de apresentar ao cliente um fato consumado e esperar pelo melhor, convide pessoas importantes dentro da organização para comentar suas propostas de mudança e exponha as suas razões. Por exemplo, você está deixando de realizar seminários de três dias e passando a adotar observações *in loco* e *coaching* individual porque sua experiência indica que isso produz resultados de *alta qualidade* e de *longo prazo* para o cliente. Peça opiniões e sugestões aos funcionários do cliente. Mantenha-os informados sobre seus progressos. Pergunte-lhes diretamente se há aspectos em sua relação com eles que possam correr riscos ou melhorar com sua nova estratégia.

2. Apresente as mudanças como oportunidades, e não como ameaças

Determine como seu novo posicionamento ajudará o cliente e prepare uma explicação convincente sobre as vantagens. *O cliente tenderá a considerar a mudança como ameaça; você deve apresentar os contrapontos.* Demonstre que foi a própria natureza de sua relação com o cliente e com outros que proporcionou a evolução em sua visão de seu trabalho e sua ênfase. Seja otimista e positivo com relação às mudanças previstas e coloque-as em perspectiva – elas são evoluções naturais de seu negócio em crescimento, que você queria explicar ao cliente em função de sua relação singular permanente. Não são eventos definitivos que alterarão permanentemente a relação. (Compare com mudanças semelhantes que o cliente fez para evoluir e mudar.)

3. Não explique suas mudanças e aumente preços ao mesmo tempo

Lembre-se de que esses são clientes em categorias que já estão adequados à sua nova estratégia ou que são capazes de evoluir para esse papel. Mesmo que você tenha adotado uma técnica de pesquisa que o cliente está obtendo em outro lugar ou mesmo que esteja fornecendo pesquisas com consumidores por um preço mais baixo do que o que começou a cobrar de outros, não proponha nem implemente essas mudanças cedo demais. Permita antes que o cliente entenda, reaja e se ajuste às mudanças em sua abordagem de negócios. A seguir, introduza novos serviços e estruturas de preços. Isso pode levar de seis meses a um ano, dependendo da natureza original de seu negócio e da identificação do cliente com ele.

4. Solicite opiniões durante o processo

Principalmente quando sua empresa renovou nome, logomarca, materiais, papel timbrado e outros materiais impressos, envie cópias antecipadas ou conceitos gerais ao cliente e peça sua opinião. Mesmo que não concorde nem use a opinião, ao solicitá-la e ouvi-la, você gera "apropriação" de suas mudanças por parte do cliente. Isso reduzirá a percepção de mudança e transformará o cliente em um parceiro nessa mudança em vez de ele se perceber como vítima dela. Mais importante, já que sua imagem depende não de como você a vê e sim de como outros a veem, a opinião do cliente é muito útil para mostrar a você e aos seus *designers* se o "visual" proposto é eficaz para transmitir a imagem que você busca no mercado.

5. Apresente as mudanças aos clientes como grupo

Convide os clientes para uma ou mais reuniões pequenas e informais na sala de reuniões de um hotel que seja conveniente para um grupo de clientes. Ofereça um café da manhã ou almoço, exponha sua intenção e evoque suas opiniões como grupo. Esse é um investimento excelente porque (a) os grupos são autorregulados e, geralmente, adotam uma atitude intermediária diante da mudança, (b) os clientes vão se considerar como seus conselheiros, o que potencializará a relação bidirecional, (c) os clientes terão a oportunidade de falar *entre si*, o que só pode melhorar a percepção deles sobre seu valor para ajudar organizações diversas e (d) ideias melhores surgem de um contexto coletivo, de modo que as opiniões devem ser muito valiosas. Tenho concluído essas sessões dando a todos um livro de alta vendagem sobre negócios ou um trabalho de referência como agradecimento por participação deles.

6. Ofereça-se para "apadrinhar" ou garantir de outra forma os serviços que estão sendo extintos

Por exemplo, se você deixar de oferecer as oficinas de três dias sobre escuta eficaz que um determinado cliente solicitava uma vez por trimestre durante três anos, ofereça-se para continuar por mais um ano. Durante esse tempo, apresente um colega ou outro consultor que trabalhará junto por um tempo e que dará continuidade ao serviço depois desse ano. Essas ofertas só são eficazes se (a) você estabelecer um ponto de corte definitivo, depois do qual você deixa de oferecer o produto ou serviço e (b) você faz uma oferta (aceita ou não) de uma substituição qualificada que possa continuar sem problemas quando você sair. Ofereça um processo de desligamento suficientemente longo para que o cliente tenha tempo de considerar opções e para que a mudança não pareça iminente. Não ofereça esses processos a menos que tenha certeza de que o cliente os considerará parte de uma relação continuada e efetiva. Eles tomam tempo, o desviam de suas futuras ênfases e, muitas vezes, são oferecidos porque o *consultor*, e não o cliente, não quer finalizar o serviço.

7. Planeje que a sua exposição ao cliente coincida com um trabalho bem-sucedido

Depois de revisar um projeto de consultoria com o qual o cliente esteja satisfeito, resultados de pesquisa que ele tenha considerado esclarecedores, resultados de oficinas que valorizem suas técnicas ou algum evento semelhante, use o momento para explicar as mudanças que vão ocorrer dentro da sua empresa. Associe as mudanças a seu desenvolvimento e evolução pessoal, que já foram empregados no trabalho altamente exitoso que acaba de ser finalizado. Demonstre que está simplesmente formalizando as técnicas eficazes que vem aplicando informalmente na organização do cliente por algum tempo. Sendo assim, esta não é uma mudança abrupta, mas sim um reconhecimento das mudanças que já foram incorporadas a seu trabalho e a suas abordagens. Por outro lado, não apresente uma proposta de mudança na forma como vai conduzir os negócios no meio de um trabalho ou depois de um que tenha gerado resultados ambíguos ou inaceitáveis.

8. Busque novos compradores dentro dos clientes existentes

Dê a si mesmo a oportunidade de vender a mais pessoas dentro de seu atual ambiente. Enquanto estiver implementando, estabeleça relações com outros compradores. Peça que seu atual comprador o apresente a eles. Se você realmente acredita ter valor para agregar, não está "vendendo", mas sim encontrando novas pessoas a quem possa ajudar nas partes do negócio em que elas estão envolvidas. Se seu atual comprador recua diante de uma mudança em sua empresa ou fica confuso (ou desaparece), você ainda terá seus "novos" compradores para trabalhar.

9. Proporcione valor adicional

Se você realmente quer manter negócios que sejam vulneráveis quando você muda a natureza de sua operação, torne-se tão valioso que não possa ser substituído. Ofereça um novo boletim eletrônico, ofereça uma comparação do setor, sugira estabelecer padrões de referência para resultados de pesquisa, forneça alguns conselhos sobre uma nova iniciativa "por conta da casa". Isso significa simplesmente gastar dinheiro para ganhar dinheiro, e o retorno sobre esse modesto investimento será substancial.

10. Mantenha o foco nos clientes em crescimento

Você pode crescer e avançar com mais facilidade – mantendo clientes fundamentais – concentrando-se nos clientes que estejam crescendo junto com você. Identifique aqueles cujas curvas de crescimento estejam aumentando e os associe a seus planos. Isso tem o efeito salutar de impedir um cliente em crescimento de ir embora porque você não é mais apropriado a suas necessidades!

11. Ofereça uma oportunidade gratuita

Não acredito em trabalho voluntário para organizações com fins lucrativos. No entanto, para ajudar um cliente a passar por uma lombada, você pode fazer algo de graça que não apenas crie uma reação positiva dele, *mas que também possa expor novas ofertas que o cliente poderá utilizar.*

12. Insira o cliente dentro do novo quadro normativo

Essa é uma ótima maneira de dizer que você deve enfatizar ao cliente que seus novos clientes estão aproveitando novas relações com você (incluindo produtos, serviços, acessos, preços, termos e assim por diante) e que você seria negligente se não oferecesse essa nova relação a seus excelentes clientes já existentes.

13. Crie estudos de caso

À medida que você faz crescer e expande sua empresa, crie estudos de caso para demonstrar os benefícios de seu novo trabalho. Em termos ideais, eles são explicados em três etapas curtas: a *situação* que você encontrou, a *intervenção* que ofereceu e o *resultado* atingido. Com ou sem os nomes dos clientes (dependendo de permissão), eles constituirão ótimos casos em sua página na internet, em seu *kit* de imprensa e em sua conversa sobre seus novos paradigmas sobre clientes.

14. Encontre os clientes que desejam ser pioneiros na adoção de inovações

Faça "sociedade" com aqueles clientes que tendem a ser inovadores e precoces, com vistas a implementar suas novas relações. "Semeie" esses clientes em reuniões, artigos na internet, postagens em *blogs* e outras comunicações, de forma a criar uma certa massa crítica e um impulso.

15. Esteja preparado para renunciar a um cliente que simplesmente não aceite a evolução de sua visão dos negócios

Para mim é fácil dizer isso, mas ninguém abre mão da renda fácil de hoje pelos potenciais clientes incertos de amanhã, não importa o quanto eles possam ser atrativos. Mas essa é a realidade. Primeiro, *muito poucos clientes*, se é que existem, serão tão irredutíveis se a relação já for sólida. Afinal de contas, você teve que aceitar mudanças no cliente, e a maioria deles acha razoável aceitar as suas, principalmente se elas forem apresentadas e expressas em termos dos interesses do cliente. Segundo, se vários de seus clientes tiverem uma má reação, talvez suas propostas de mudança sejam radicais demais para grande parte de seus negócios atuais. Isso significa que você pode estar fazendo uma mudança de grande escala que é necessária para atingir crescimento profundo ou que pode estar fazendo uma mudança demasiado ambiciosa considerando sua relação com esses clientes. Em ambos os casos, a opinião deles é essencial para que você possa reavaliar os rumos de sua ação. Terceiro, como discutimos antes e vamos discutir novamente, *você deve abandonar certas relações de trabalho que não são baseadas em crescimento, se quiser estabelecer relações de alto crescimento*. Não se pode ter tudo. Se você fizer o melhor que pode para manter relações de trabalho importantes durante um período de transição e, ainda assim, esses esforços fracassarem, essas relações não contribuiriam para o negócio de alto crescimento que você está tentando criar.

Abandonar deliberadamente trabalhos atuais e potenciais clientes parece estar longe de tudo o que fomos ensinados em *marketing*. Por que você deveria perder negócios? Um inteligente profissional de *marketing* não é capaz de reter o passado *e* desenvolver o futuro? Na minha visão, essa tentativa resulta apenas em você ser um espectador cativo e passivo do futuro.

❖ Explorando os seus recursos e os dos outros

Em um capítulo posterior, trataremos especificamente da gestão e da exploração do capital, uma vez que ele entre. Contudo, o principal combustível de que você precisa para sair em velocidade de escape da atmosfera inferior das etapas de crescimento de sua empresa consiste em recursos potentes. Não se trata do agrado de um tio na forma de um empréstimo, títulos podres e equipamentos de segunda mão. Uma razão fundamental para o fracasso da maioria das novas empresas não é falta de energia, mas sim serviços ou produtos indesejados. É a subcapitalização, e uso esse termo para representar mais do que simplesmente grana. (O maior problema isolado é a baixa autoestima.)

Os empreendedores podem morrer mais rapidamente pela falta de recursos do que por qualquer outra causa. Se você pretende construir um negócio de consultoria profissional legítimo, florescente, voltado ao crescimento, você precisa, no mínimo, de acesso e/ou apoio de:

- Equipamento moderno de escritório, incluindo um *desktop* (algumas pessoas só usam esse), um *laptop*, uma impressora a laser, uma copiadora, uma máquina de franquear, uma balança de postagem, um telefone com duas linhas, arquivos, calculadora, um aparelho de *fax* e etiquetadores. Também recomendo um terminal de cartão de crédito e uma conta de pessoa jurídica em seu banco. Você pode usar um "terminal virtual" em seu computador.
- Papel timbrado atrativo, etiquetas, *kits* de mídia, cartões de visita e outros materiais impressos.
- Assessoria jurídica de alta qualidade para incorporação, regulamentos, contratos e assim por diante.
- *Expertise* agressiva em planejamento financeiro, para lidar com linhas de crédito, impostos, planos de aposentadoria, etc.
- Um contabilista de primeira linha para balancetes mensais, livros contábeis, conferência de cheques e outras tarefas desse tipo.[4]
- Profissionais de seguros contra invalidez, de responsabilidade civil, erros e omissões profissionais e outras necessidades.[5]
- Um agente de viagem pessoal para economizar em tarifas aéreas, economias de escala, maximizar uso de programas de milhagem e minimizar seu próprio tempo de envolvimento em viagens. (Você pode encontrar barganhas fazendo reservas pela internet, mas elas muitas vezes são ilusórias, e o investimento de tempo não compensa a economia.)
- Recursos audiovisuais para *slides*, transparências, CDs, *downloads*, duplicação e assim por diante.
- Um provedor de serviços de internet, uma página e um administrador, e muitos recursos de correio eletrônico.
- Uma biblioteca de referência pequena mas crescente em várias mídias (como livros de alta qualidade sobre sua área, CD-ROMs com auxílio à pesquisa e gravações de conferências e palestras).

- Acesso a um programador gráfico e a uma empresa de produção para *slides*, desenho de materiais e apresentações sofisticadas.
- Uma gráfica local que possa fazer cópias, criar manuais simples, produzir reimpressões e atender a outras necessidades de *marketing*.

Esses recursos não podem ser sacrificados nos tempos difíceis. Principalmente, *não seja mesquinho com relação à assessoria jurídica e financeira*. O advogado que fechou o negócio de sua casa ou que fez seu testamento e o contabilista que já fez seus impostos pessoais provavelmente não terão o conhecimento necessário para seus desafios empresariais. Encontre alguns especialistas usando referências por meio de redes em reuniões de associações e listagens do setor. Você sabe, por exemplo, que pode inserir determinadas categorias de despesas, como reembolsos médicos, em seu estatuto? Ou que há algumas organizações nacionais que prestam vários serviços de seguro a operações individuais cobrando tarifas de grupo? Por que buscar qualquer pessoa, se há pessoas que entendem do assunto? Há questões, incluindo reuniões de diretoria, despesas de viagem, obtenção de crédito e planos de aposentadoria, que podem ser tratadas cedo e de forma abrangente por meio desses profissionais. Eles também podem servir como interlocutores objetivos quando você precisar de aconselhamento, se ainda não formou uma assessoria regular.

Por exemplo, *nunca* invista na oferta de qualquer pessoa que afirme "garantir" perspectivas ou potenciais clientes, e *nunca* invista dinheiro para representar o produto ou serviço de alguém como franquia. Os melhores desses rendem dinheiro apenas para a outra parte, e os piores são simplesmente fraudes ou esquemas de pirâmide.

Seus planos de recursos devem abordar três áreas críticas:

1. *Aquisição dos produtos ou serviços observados antes, independentemente de seu escritório ser em casa ou alugado.* O primeiro é perfeitamente aceitável. Ninguém vai se preocupar. O fator decisivo é onde você conseguirá trabalhar efetivamente, e não as necessidades do seu ego. Eu só tive um escritório em casa por mais de 23 anos, mesmo depois de ter uma receita de sete dígitos. (Na verdade, os US$ 450 mil que eu estimo ter economizado em escritório, funcionários de meio expediente, seguros, contas e coisas do tipo naquele período quase equivalem exatamente às mensalidades de meus dois filhos em escolas privadas desde o jardim de infância até a universidade. Pense nisso por alguns minutos.)

2. *Um ano de suas despesas pessoais mínimas, incluindo contas recorrentes (luz, água, etc., e hipoteca) e necessidades específicas (mensalidades escolares e seguros anuais).* Recomendo estimar suas necessidades em um mínimo realista e depois acrescentar 10% para contingências inesperadas e erros de cálculo. Se estiver apenas começando, mas seguir minhas abordagens em termos gerais, você deve conseguir garantir negócios dentro de seis meses e se sustentar em cerca de 12.
3. *Seis meses de despesas empresariais não reembolsáveis* (como correio e telefone), não incluindo viagens planejadas, as quais o cliente pagará.

Em qualquer momento dado, uma combinação de dinheiro na mão, contas a receber, contratos ainda não cobrados e acesso garantido a linhas de crédito deve exceder a soma dessas três áreas. O último fator, em minha opinião, deve representar não mais do que 20% de suas necessidades totais.

Portanto, se para montar seu escritório são necessários US$ 10 mil, se as despesas de um ano demandam US$ 75 mil e suas despesas de trabalho são de US$ 15 mil, você vai precisar de pelo menos US$ 100 mil, dos quais não mais de US$ 20 mil devem estar disponíveis a partir de fontes de crédito. Quanto mais capital de giro você tiver (ativos atuais correntes menos passivos), mais espaço para crescimento terá, o que gera ainda mais capital de giro. Lembre-se: o crescimento é uma função do crescimento, e não da redução. Não se pode pegar um atalho para o sucesso. A Figura 5-2 apresenta uma descrição básica para saber qual é o seu capital de giro. O fator mais importante é *aumentar as*

Planilha para calcular recursos financeiros

Requisitos básicos de capital		Fontes de capital	
Um ano de despesas pessoais	$ ___	Dinheiro e títulos à mão	$ ___
Despesas pessoais mais 10% de contingência	___	Contas a receber	___
Seis meses de despesas de trabalho	___	Contratos (trabalhos por cobrar)	___
Despesas iniciais para escritório	___	Acesso a linha de crédito	___
Necessidades totais	___	Ativos totais	___
Capital de giro: ativos correntes menos necessidades correntes $ ___			

Figura 5-2 Equação do capital de giro.

receitas. O segundo fator mais importante é *maximizar os lucros* – mantendo o máximo de receitas que conseguir.

Eu mantenho acima de 90%.

Se você está preocupado com levantar capital e não há uma linha de crédito disponível em que possa usar a casa como garantia ou se você não tem casa própria, há duas fontes principais para obter dinheiro: contrair dívida ou vender ações. As ações são problemáticas.

1. O investimento em ações significa que você abre mão do controle parcial de seu negócio, mesmo pequeno, em troca do dinheiro de alguém. Os capitalistas de risco vivem de fornecer dinheiro dessa forma. De qualquer maneira, os investidores de alto risco esperam retornos muito elevados para justificar esse risco e exigirão que seu foco esteja naquele investimento em um prazo relativamente curto. Eles também exigirão que você invista virtualmente tudo o que tem como prova de boa fé. (Os investidores ficam nervosos quando lhe emprestam somas de seis dígitos e sua principal prioridade são férias em Tula Tula.)

    Você não conseguirá retirar muito mais do que um salário de subsistência para si mesmo. Dito de forma direta, os investidores externos são donos de mais do que a sua empresa. Eles são donos de sua *alma*. Foi para isso que você foi trabalhar por conta própria – para que outra pessoa supervisionasse suas ações e sua renda?

    Os investidores externos são como o basilisco, o monstro ancestral parecido com um lagarto, sentado à sua porta. Eles assustam você e qualquer outra pessoa na vizinhança.

2. Amigos, família e parceiros silenciosos são menos monstruosos em seu potencial de empréstimo, mas não muito. Primeiro, pode haver uma pressão pessoal considerável para pagamentos antes que você realmente consiga fazê-lo; segundo, a quantidade de dinheiro ganho dessa fonte costuma ser relativamente pequena (exceto no caso de um tio muito rico).

3. Você pode convidar colegas a se integrar. Na verdade, você tem muito sucesso e pode usar a atração dos lucros para chamar excelentes pessoas. No início, contudo, o valor desse capital é altamente problemático. Por exemplo, para um investimento de US$ 25 mil, um colega recebe 5% ou 20% dos lucros? Se você for generoso demais, a transação voltará para assombrá-lo quando os contratos grandes chegarem. Se for parcimonioso demais, seu colega se ressentirá do arranjo.

A participação pode criar *stakeholders* motivados, mas quase sempre vai limitar muito sua liberdade pessoal. As decisões de abandonar negócios, elevar preços, experimentar novas abordagens e coisas assim se tornam debates coletivos em vez de ações ousadas. Eu considero a participação acionária uma ferramenta bastante eficaz para o compromisso de longo prazo e de recompensa posterior, mas não para obter recursos no início.

4. Alguns consultores levantaram dinheiro oferecendo seus produtos, serviços e *expertise* a outros por meio de licenciamento ou cobrando um preço. Esses "compradores" certamente não são clientes porque têm uso irrestrito de seu capital intelectual patenteado, seja ele tangível ou intangível. A vantagem de levantar algum dinheiro se perde muito ao se renunciar ao controle e receber apenas uma porcentagem da receita de sua contribuição, em vez de toda. É uma barganha faustiana. Com muita frequência, você se enreda para a vida toda.

Em contraste com participações na empresa, o financiamento por dívida, ainda que o termo assuste, deixa você no controle de seu destino.[6] As melhores alternativas são os bancos locais que oferecem linhas de crédito, mas exigem que apenas os juros sejam pagos mensalmente, o que significa que o capital pode ser pago em um momento em que seja mais confortável para você. Essas linhas são valiosas para o consultor que está em crescimento, que provavelmente terá que retirar um enorme bônus da empresa no final do ano para pagar impostos. Todos os pagamentos de juros são deduções legítimas, e como a empresa tomou capital emprestado, ela paga quando for viável.

Muitos bancos também garantem empréstimos da Small Business Administration em condições muitos favoráveis, cobram taxas de administração modestas e têm termos de pagamento generosos. Informe-se a respeito.

Mesmo depois de atingir uma receita de US$ 300 mil e US$ 400 mil, meu negócio era muito instável, e o fluxo de caixa variava imensamente. (Houve um ano em que eu ganhei mais de US$ 75 mil em janeiro e, em fevereiro, ganhei US$ 250 de venda de livros.)

Alguns meses, eu andava atrás de dinheiro e, em outros, estava investindo no mercado financeiro para absorver o excesso. Meu consultor financeiro salvou a pátria organizando reuniões com três bancos diferentes. Escolhi o que me oferecia uma linha de crédito, com minha casa como garantia, de US$ 150 mil para uso pessoal e de US$ 100 mil para uso empresarial. Desde então, o sucesso de meu negócio me possibilitou obter uma linha de crédito sem necessidades de garantia de US$ 125 mil, somente para minha empresa. Se não usasse essas linhas, eu nada deveria, e se tomasse emprestado, só deveria os juros, cuja taxa era favorável.

Você entende o que eu quero dizer com investir em excelente orientação financeira? Seus consultores devem ser capazes de fazer, e não apenas de pontificar. (Troquei meu banco principal porque outro me ofereceu um negócio ainda melhor. Quando você vencer nos negócios, os bancos virão a você).

Há risco em usar a casa – se estiver disponível – como fonte de financiamento? Depende. Você tem intenções sérias para com sua carreira e suas capacidades? Caso tenha, há muito menos risco em apostar em você do que em apostar no mercado de ações. Se usar o crédito para tirar férias, comprar roupas caras e fazer escritórios bacanas, você está encrencado. Mas nem precisa me dizer tudo isso. A razão pela qual você está lendo este livro, presumo, é que pretende ter foco e determinação em seu sucesso nesse campo. Se isso não for verdade, então não assuma dívidas com financiamentos, porque a garantia é suspeita.

Se não puder usar uma casa para esses propósitos, há outras alternativas. Converse com um bom consultor financeiro, mas leve em conta o seguinte:

- Recebíveis podem ser usados como garantia. Na etapa nascente de seu negócio, pode não haver muitos. Os bancos e outros financiadores geralmente fornecem cerca de 80% do valor dos recebíveis, se forem contratuais e pagáveis periodicamente. Uma versão diferente dessa abordagem, na qual o financiador assume o risco de cobrar por uma porcentagem do que será cobrado, chama-se *factoring*. Acho que isso é não é bom. Além disso, os bancos podem informar seus clientes de que os recebíveis são a base de um empréstimo concedido a você.
- O estoque muitas vezes pode proporcionar financiamento de até cerca de 50% de seu valor. Se você tiver um grande estoque de produtos, pode ser uma opção. Escolha um banco que entenda seu tipo de negócio. John Humphrey, quando era presidente da Forum Corporation, uma empresa de treinamento de Boston, disse-me que levava seus banqueiros para dentro do cofre e os fazia tocar os originais do material de sua empresa. Ele explicava os direitos autorais e as receitas e os ajudava a captar o conceito de que isso era uma garantia valiosa. Ele queria que eles "manipulassem o ativo".
- Outros bens pessoais ou corporativos podem ser usados como garantia, desde veículos e equipamento até espaços em escritório. Seu consultor financeiro pode ajudar a produzir a forma mais atrativa possível de obter mais recursos para sustentar suas necessidades de crescimento.

Dito isso, quanto menos endividamento você tiver, melhor. Mas não tenha medo das dívidas. A única forma de ganhar dinheiro é investindo dinheiro. Eu fiz isso muitas vezes para fazer meu negócio crescer e continuarei a fazer, não importando em que nível eu esteja. Você precisa desenvolver uma visão que lhe garanta que o uso do financiamento de dívidas é uma ferramenta legítima nos negócios. Afinal de contas, você não poderia ter mais certezas do valor da garantia.

❖ Os 16 princípios básicos da consultoria de ouro

A consultoria de ouro pode ser corporificada nas seguintes 16 premissas:

1. O consultor melhorará a condição do cliente.
2. O consultor tem uma relação de confiança com o comprador.
3. As interações com clientes serão baseadas em produtos competitivos, serviços diferenciados e em relações que "vão além".
4. Essas relações serão desenvolvidas com base no trabalho conjunto, longo prazo, reforço mútuo e mútua recompensa.
5. Os resultados são acompanhados por parâmetros de medição que indiquem claramente as contribuições do consultor.
6. Como resultado da relação, o consultor pode chegar a acordo conceitual com o cliente sobre os resultados do projeto (ao contrário de tarefas), medidas de sucesso e valor do êxito para o cliente.
7. Os preços se baseiam em como o cliente percebe o valor desses resultados. (A discussão nunca deveria ser sobre preço, mas sim sobre valor.)
8. Você sempre apresenta ao cliente opções, de forma que as escolhas sejam de *como* avançar, e não de *se* avançar.
9. O cliente confia no consultor para tomar as decisões sobre se esse consegue atingir os objetivos daquele.
10. O consultor e o cliente compartilham o diagnóstico, mas o primeiro fornece a descrição.
11. O consultor deve atingir crescimento multidimensional em termos de reputação, *expertise*, experiência e renda para que os ganhos elevados sejam um fenômeno de longa duração. (A filosofia não é "especialize-se ou morra", mas sim "generalize e cresça".)
12. Para estabelecer o crescimento na faixa superior do negócio, o consultor deve abandonar a faixa inferior.
13. O consultor deve investir dinheiro para ganhar dinheiro, e é necessário capital adequado para crescer.

14. Ninguém fica "rico" apenas em função das receitas que gera. Não é uma questão de quanto se ganha; é uma questão de com quanto se fica.
15. A riqueza é o uso realmente livre do tempo, e o dinheiro é apenas o combustível.
16. A autoestima do consultor dita o sucesso de todos os pontos anteriores.

Já discutimos a maior parte desses preceitos em capítulos anteriores e, às vezes, cruzamos a linha para chegar às táticas necessárias para atingi-los, ou seja, manter negócios pessoais importantes, obter financiamento e assim por diante. Entretanto, o objetivo até agora tem sido estabelecer o cenário e possibilitar que você assuma uma visão estratégica. Tendemos a mergulhar nas táticas sem uma apreciação do todo. As táticas que seguem na Parte 2, embora eficazes e vitais, independentemente de seu conteúdo de negócios, só vão gerar o crescimento dinâmico que discutimos, se forem assumidas dentro de uma estrutura que explore seu potencial.

A razão pela qual o primeiro terço deste livro foi dedicado a entender e selecionar opções estratégicas é que sua filosofia e suas crenças básicas em relação a seu negócio certamente determinarão como você realmente age no calor do contato com os clientes. Minha experiência mostra que a maior parte dos consultores está demasiado ocupada tentando realizar os trabalhos atuais, enviar propostas, atender a clientes fundamentais, vender seus serviços, estabelecer redes com colegas e, ocasionalmente, passar uma noite em casa para se dar o luxo de refletir sobre estratégia e suas repercussões. A estratégia não significa "longo prazo". Isso é mais uma sabedoria popular sem rumo. A estratégia, intrinsecamente, não é de longo prazo nem de curto prazo.

A estratégia relaciona-se com *quem você é* e *com quem você quer ser*, de forma que as táticas que você emprega – como chegar lá – devem ser coerentes com o destino que você escolheu. Se você não tiver um porto de destino porque não teve tempo para pensar nisso, nenhum vento vai ser bom. Você pode correr e ofegar, rugir e cuspir e, em geral, rodopiar muito, mas nunca chegará ao topo desta profissão. São os objetivos que excitam as pessoas e geram emoção. E embora a lógica faça as pessoas pensarem, a emoção as faz agir.

Claramente, vale a pena chegar ao topo desta profissão, e o bordão de um milhão que eu uso significa mais do que dinheiro no banco. No topo, estão as principais oportunidades de clientes, aprendizagem, ofertas de colaboração em *sua* vantagem, convites para publicações, opções de palestras e menos viagem. Juntas, essas oportunidades podem melhorar seu crescimento pessoal e profissional de maneira que poucas alternativas conseguiriam.

Isso não se relaciona apenas com ficar rico, embora só isso já seja um aspecto atrativo. Relaciona-se com excelência.

A estratégia é um quadro dentro do qual se tomam decisões que determinam a natureza e a direção de seu negócio.[7]

Quando os consultores me dizem que estão satisfeitos com seu tamanho e com sua capacidade atuais ou que realmente não querem crescer porque não conseguiriam dar conta do negócio ou quando dão alguma outra desculpa que justifique sua estabilização, eu dou de ombros, afinal de contas, a vida é deles. Mas me sinto mal por seus clientes, porque, em última análise, os consultores que se recusam a crescer estão defraudando os clientes que dependem deles, assim como uma companhia automobilística que se recuse a usar a última tecnologia de segurança prejudica seus clientes, ou como um contador que resista à mais recente tecnologia de informática cria mais despesas para os seus clientes.

Os clientes não conseguem sobreviver, muito menos crescer e dominar seus mercados, sentados em um lugar estabilizado, não importa o quanto ele seja espaçoso. Os consultores que eles buscam e desejam devem ser igualmente justos e estar comprometidos com as dinâmicas de estratégia, tática, crescimento e realização.

A consultoria de ouro usa um sistema de ideias e estratégia que impede que simples trabalhos atrapalhem carreiras importantes. Isso é difícil por exigir o pior tipo de esforço – a autodisciplina com foco. Contudo, não é nada menos do que você exigiria de seus clientes. É essa abordagem de longo prazo e estratégica que garante que a luz no fim do túnel seja um novo território, e não um trem se aproximando em alta velocidade.

Tratamos agora das formas de crescer nesse novo território.

❖ Perguntas e respostas

P. *Como você impede que o cliente pense que suas mudanças estão relacionadas a obter mais dinheiro dele?*
R. Primeiro, você precisa do relacionamento de confiança de que falei. Segundo, você precisa oferecer mais valor como, por exemplo, mais acesso, ajuda proativa, relatórios mensais, uma sala de bate-papo para participantes do projeto, etc. Crie a percepção de muito mais valor, além de trabalhar com a realidade.

P. *Com que frequência eu deveria rever os critérios de crescimento? Posso me tornar obcecado com isso?*
R. Duas vezes por ano me parece razoável, principalmente se sua receita não estiver correspondendo a suas aspirações e ao estilo de vida que você deseja.

P. *E se eu não conseguir fazer que o comprador estabeleça uma relação de confiança?*
R. Veja as seções sobre como chegar aos guardiões e passar por eles. Intermediários, pessoal de RH, responsáveis por treinamento e vários bloqueadores vão matá-lo. Nunca se contente com qualquer um que não possa assinar um cheque.

Reflexão final: sua filosofia ou visão de seu negócio pode parecer uma abstração, mas é o leme que lhe mantém no rumo. Não se deixe levar por uma venda ou um sucesso específicos. Já vi muitos consultores se tornarem profissionais de treinamento ou facilitadores, ou algo mais que não tinham qualquer intenção de ser, simplesmente porque seguiram um caminho de dinheiro mais fácil e/ou menos resistência. Siga seu próprio caminho, não importa qual a atração concorrendo com ele.

Parte II

Tática: implementando a consultoria de ouro

Capítulo 6

Se você não tocar seu instrumento, não haverá música

O *marketing* da lula

❖ Trabalhar em rede não é trabalhar em uma sala

Não importa como você comece nesta profissão – como neófito ou como abençoado com um acúmulo de trabalhos – você precisará de tentáculos que alcancem áreas de negócios potenciais. Chamo isso de "condição do polvo", que pode soar como uma novela de Robert Ludlum, mas é uma necessidade real. (Na verdade, uma lula pode ser uma analogia melhor, porque as lulas têm 10 braços, e você vai precisar de todos os braços que conseguir.)

Posso identificar a origem de cerca de 90% dos meus negócios em apenas *quatro* fontes, e mesmo elas estão inter-relacionadas. Uma delas é uma empresa de consultoria para a qual trabalhei por muitos anos (a Kepner-Tregoe, em Princeton, Nova Jersey), em que obtive contatos maravilhosos em toda a comunidade empresarial. Uma segunda é um desses contatos (um sujeito excelente chamado Art Strohmer, atualmente aposentado) em uma das mais prestigiosas empresas do mundo, a Merck, que me deu alguns dos meus primeiros trabalhos independentes de consultoria. Uma terceira é a mobilidade de altos executivos nessa empresa, que estavam sendo buscados ativamente por outras empresas e que, mais tarde, me pediram que trabalhasse com eles. Uma quarta é a reputação de meus livros, que me possibilitou entrar em empresas como a Hewlett-Packard (uma mulher chamada Marilyn Martiny leu o *O consultor de ouro* original em 1992 e deu início a uma maravilhosa relação de uma década para mim – eu também tinha trabalhado para a Hewlett-Packard nos anos 1970 enquanto estava na Kepner-Tregoe, de modo que você pode ver como todas essas coisas estão inter-relacionadas).

Quando você trabalha com esse tipo de empresa, as notícias correm. (Conheço uma excelente palestrante, Glenna Salsbury, que simplesmente diz que *todos* os seus trabalhos resultaram de um único evento de *marketing* há uma década.) Os "tentáculos" dizem respeito a qualidade, e não a quantidade.

Em 1986, entrei para a National Speakers Association (NSA) e, depois disso, fui presidente da minha seção local. Faço palestras várias vezes por ano em seções em todo o país ou em eventos nacionais da organização.

Três ou quatro vezes por ano, aprendo algo que pode me ajudar imediatamente. Esse retorno é pequeno demais para um investimento muito grande? Avalie você. Não é necessário aprender alguma coisa todas as vezes.

Na verdade, criei toda uma abordagem em torno dessa busca de aprendizagem gradual. Chamo-a de "A solução de 1%: ferramentas para a transformação". Aprendi que, se meu cliente melhorar apenas 1% por dia, em 70 dias o cliente estará duas vezes melhor. O mesmo se aplica a você e a mim. O segredo da melhoria não é inventar o novo telefone celular que funciona com energia atômica nem algum outro mecanismo revolucionário. É ter disciplina – e os tentáculos – para melhorar 1% ao dia constantemente. É assim que você se torna um consultor de ouro rapidamente.

Em uma reunião, ouvi um dos palestrantes "famosos" da NSA que eu considerava horrível e que, em pouco tempo, estragaria uma relação se eu lhe apresentasse como recurso a ser usado por um cliente. Entretanto, na metade de uma apresentação condescendente, ele mencionou que sempre dava ao cliente a opção de pagar todo o custo da palestra adiantado em troca de um desconto.

Eu imediatamente caí em mim. Neste negócio, o controle de recebíveis e a gestão de fluxo de caixa são essenciais. Eu teria prazer em dar um desconto se recebesse um pagamento no momento da contratação em vez de quando a palestra fosse realizada. (Peço um depósito para reservar a data, de modo que o cliente tem que mandar um cheque de alguma quantia.) Eu sabia que tinha meu 1%.

Comecei oferecendo uma economia de 10% aos clientes para palestras, e, para minha surpresa, *80%* deles aceitaram. A seguir, deparei-me com o 1% seguinte. Se essa opção era tão atrativa para clientes de palestras que investem US$ 10 mil a US$ 25 mil por evento, não seria também atrativa aos clientes de consultoria que investem 10 a 20 vezes mais? Absolutamente sim, a ponto de, hoje, 75% de minhas propostas de consultoria serem aceitas com base em pagamento adiantado integral com um desconto de 10%.

Na verdade, quando a economia fica instável, os clientes preferem essa opção. (Vários de meus melhores clientes, tendo lucros excelentes e no topo de seus setores, operam internamente como se estivessem *perdendo* dinheiro.

Quando um comprador confirma uma compra que estipula uma economia enorme se o pagamento for feito imediatamente, o cheque chega em minha mesa com a tinta recém-seca.)[1]

E qual você acha que é o impacto nos meus gerentes de banco quando eles veem que eu recebo uma grande parte de minhas receitas adiantada e que o dinheiro está depositado?

Eles estão sempre à minha disposição. Explicarei como usar essa técnica para lidar com os gerentes do banco no Capítulo 14. Para mim, é comum vender uma oficina por US$ 5 mil por participante com seis meses de antecedência, porque as pessoas são atraídas a ela e porque minha política é de pagamento integral. Nunca devolvo dinheiro, sempre concedo créditos.

Quando perguntei a um comprador da Merck que estava gastando US$ 250 mil por ano na minha empresa por que ele sempre me pagava adiantado, ele me disse que não era pelo desconto, embora isso ajudasse a justificar suas ações. "Se eu lhe pago adiantado," ele disse, "ninguém pode cancelar meu projeto!" Há uma vantagem para o comprador em pagar tudo já no início. Tornar isso explícito é com você. Aprendi mais 1% naquele dia.

Portanto, de uma reunião horrível e um palestrante desagradável, eu aprendi uma técnica que melhora muito meu fluxo de caixa e minhas opções financeiras. Com toda a sinceridade, não acho que eu teria pensado nisso por conta própria, pois achava que pedir 50% no começo de um trabalho era "o máximo" que eu conseguiria. Em todo caso, eu não teria implementado a técnica com a rapidez que acabei fazendo, mesmo que a ideia acabasse me ocorrendo.

Também aprendi, nas reuniões da NSA, como pedir meus próprios livros por meio de lojas de descontos com grande economia, em vez de por meio de minhas editoras, como obter entrevistas de rádio regularmente e como parecer eficaz na internet com um mínimo de investimento tecnológico.

Digressão

Alguns clientes têm políticas que os obrigam a aceitar quaisquer termos que possibilitem uma redução de preços. Isso mesmo: obrigam. Nunca se sabe. O pagamento adiantado é do interesse do comprador. O projeto não pode ser cancelado como resultado de mudança de condições ou alteração de prioridades. Há menos trabalho administrativo. Você não receberá pagamento adiantado a menos que peça. Quando pede, pode ser que o obtenha em 50% das vezes. Portanto, peça!

Sempre tento identificar o que chamo de "lembretes" em eventos de associações e redes. São ideias pequenas, de uma frase, que podem ter o impacto exponencial do 1% em sua empresa. Aqui vão alguns exemplos:

- Envie todas as propostas e confirmações por meio de entrega rápida; não mande pelo correio.
- Contate todos os clientes atuais e potenciais clientes uma vez por trimestre, com alguma coisa.
- Forneça sua própria introdução escrita quando fizer uma palestra.
- Crie uma lista de referência especial para incluir automaticamente os potenciais clientes.
- "Semeie" reuniões com potenciais clientes junto com clientes atuais que elogiem você.
- Não forneça relatórios escritos, a menos que o cliente tenha necessidade deles.
- Crie e atualize continuamente um *kit* de imprensa padronizado; não dependa apenas de uma página na internet.
- Crie um domínio para correio eletrônico empresarial e pessoal.
- Sempre tenha seu próprio domínio de correio eletrônico; não use serviços como AOL ("amador *on line*").
- Chame quem planejou o evento quando chegar ao local.
- Saiba o preço das ações do potencial cliente antes de entrar na reunião.
- Informe-se sobre o negócio do cliente antes de visitar o comprador.
- Crie produtos que proporcionem receita e façam boa propaganda sua.
- Mantenha o comprador falando o máximo possível.
- Não se preocupe com as respostas; tenha as perguntas certas.

Essas e outras técnicas semelhantes são discutidas ao longo deste livro. Todas elas foram geradas por trabalho em rede e por meio de relações, e todas são "lembretes": são frases simples das quais você pode lembrar e, pelo menos no meu caso, aplicar de forma imediata e ampla para melhorar os negócios.

Este não é o lugar para tentar fornecer uma listagem abrangente de organizações, periódicos e atividades em rede. Você deve ser seletivo. Por haver tantas opções, você [não] pode investir todo o seu tempo em busca de tudo sem deixar tempo para seu próprio negócio. Algumas vão se aplicar mais do que outras, dependendo de suas especialidades, preferências, sua etapa de crescimento e assim por diante. Em vez disso, eu o incentivo sugerindo atividades específicas de vários tipos para sua consideração. Se você aderir a esta lista, acho que estará em excelente companhia, e sua lista de "lembretes" crescerá muito.

1. Participe de, pelo menos, três organizações que ofereçam reuniões regulares e a oportunidade de interagir com seus colegas do setor.[2] A American Management Association é decente, embora não seja tão boa quanto antes, porque promove seminários e oficinas, reuniões no café da manhã com autoridades influentes, livros, vídeos, fitas cassete e uma boa biblioteca de referências que você pode acessar pela internet. As tarifas são razoáveis (cerca de US$ 300 por ano para ser membro regular no momento em que escrevo isto), e os benefícios são verdadeiros para um consultor novato.
Outras organizações a serem consideradas são a National Speakers Association, se palestrar for uma parte grande de sua atividade, a American Society for Training and Development, que está voltada a uma ampla variedade de questões relacionadas ao local de trabalho e tem muita representação das áreas de treinamento e recursos humanos, a Society of Human Resource Management, se você trabalhar principalmente na área de recursos humanos, a principal associação de consultores, o Institute of Management Consultants, a Society for Advancement of Consulting®[3] e as associações do setor que representem sua base de clientes atual ou pretendida, como a American Bankers Association. Três dessas podem ser tudo o que você conseguirá dar conta, e você pode trocar de associação até encontrar a combinação que lhe proporcione o melhor trabalho em rede e mais "lembretes."
Como regra geral, se você estiver contribuindo, mas não aprendendo, está trabalhando de graça, o que é elogiável, mas não confunda isso com trabalhar em rede. Se não estiver fazendo anotações que usa depois e se não estiver fazendo contatos com quem falará mais tarde, não está se beneficiando. Se achar que ser membro da entidade é uma "tarefa" que está no fundo de sua lista de prioridades, então ou você não entendeu o valor de *marketing* desse investimento ou entrou para as organizações erradas.
Se não estiver obtendo o 1% por dia, a organização não está oferecendo coisa alguma ou você não está se esforçando o suficiente para encontrá-la.

2. Crie uma biblioteca de referências que inclua recursos de *marketing* como National Trade and Professional Associations of the United States.[4] Eu assinei a edição de bolso do Official Airline Guide porque muitas vezes sou

forçado a fazer mudanças em minha agenda durante viagens. Também mantenho uma série de atlas e planejadores de viagens perto do telefone, embora hoje se possam mantê-los *no* telefone usando um iPhone ou alguma tecnologia semelhante.

Há muitas fontes na internet que são tratadas nos capítulos posteriores. Várias delas criam mapas que vão – literalmente – levá-lo bem na porta do potencial cliente.

Entrar para organizações e tirar um tempo para estabelecer redes é um investimento não muito diferente de comprar equipamentos de escritório ou criar uma peça de *marketing*. Você estará sendo negligente se não tratar de obter o máximo retorno desse investimento.

---

3. Estabeleça um círculo de consultores informais e faça questão de entrar em contato com eles uma vez por mês. Coloque-os em sua mala direta e os trate como trata um cliente em potencial. Ou seja, envie material que possa ser útil em suas atividades, ofereça assistência sempre que for necessária e os mantenha informados de seus planos. Depois, procure suas opiniões e conselhos. Suas correspondências são eficazes? Que imagem você está transmitindo? Sua empresa se destaca na multidão? Como você pode melhorar suas abordagens?

   Seu "círculo íntimo" inclui outros consultores, clientes, vendedores (por exemplo, o profissional que imprimiu seu livro ou o *designer* que fez o projeto gráfico), profissionais (seu consultor, mas provavelmente não seu advogado, porque os advogados geralmente são péssimos empresários) e outros cuja avaliação você respeite, incluindo amigos, parceiros de trabalho e líderes da comunidade.

   Opiniões nunca são demais, porque sempre poderão ignorar as irrelevâncias, mas é possível receber pouco, o que é um risco ocupacional de nossa profissão (e uma compra que ameaça os "solitários"). Trabalhar em rede não significa "vender", mas sim estabelecer relações de troca com outros, cujo resultado é eles melhorarem sua condição e você melhorar a deles. Vocês estão sendo consultores uns para os outros. Essa reciprocidade é importante.

4. Estabeleça colaborações com outros consultores. No início de minha carreira, muitas vezes me pediram que fizesse um subcontrato em um trabalho de outra empresa, e muitas vezes pedi que outros cumprissem esse papel para mim. Essa é uma abordagem de negócios com alta margem

de lucro, porque não é necessário qualquer *marketing* direto, apenas uma relação com uma empresa semelhante que entre em contato com você no momento certo. Algumas empresas me chamavam somente a cada dois anos, mas chamavam, o que me "custava" um contato trimestral para oferecer meu trabalho.

Convidei o diretor de outra empresa de consultoria para apresentar uma proposta em um projeto da Merck em determinado momento. Uma divisão da Merck queria um programa de treinamento que eu não oferecia, e formular um para o cliente não era adequado porque havia excelentes pacotes no mercado. Não pedi qualquer pagamento ou comissão, e o cliente avaliou minha recomendação junto com várias outras. Quando a empresa que eu recomendara foi escolhida, o cliente decidiu que o programa deveria ser situado em uma configuração (aprendizagem baseada em competência, em ritmo próprio) na qual ela nunca havia existido antes. Como consequência, o comprador e a empresa de consultoria me procuraram com a solicitação de adaptar o material porque minha empresa era ideal para aquele tipo de formato de trabalho, e não havia uma configuração daquelas.

A Merck recebeu exatamente aquilo de que precisava, meu colega obteve uma relação de trabalho fundamental com uma ótima organização e eu lucrei com outro trabalho. Essa filiação em que todos os três ganham é uma forma duradoura e altamente lucrativa de conduzir os negócios. Observe o quanto essa abordagem é mais substantiva do que as "alianças" vazias que resultam simplesmente de intercambiar cartões de visita.

As pessoas sempre me dão cartões de visita sugerindo que, se eu um dia precisar de um especialista em consultoria de desenvolvimento econômico (ou o que quer que seja), eu ligue para elas. Por que eu as convidaria para trabalhar com um cliente ou cliente em potencial? Porque elas tinham um cartão e falaram comigo por meia hora? Isso não é trabalhar em rede. É um desperdício de cartões de visita. As associações, as redes e as ligações entre as pessoas são ferramentas de *marketing* proativas e agressivas, se você as usar com essa finalidade.

A solução de 1%: um cartão de visita é um meio para possibilitar que a informação de contato seja preservada. Não deve ser usado como cartaz de anúncio de serviços, ser inteligente ou bonitinho, nem ter sua foto. Quando foi a última vez que um de seus compradores lhe deu um cartão com uma propaganda no verso, uma foto na frente e uma parte que desdobra?

Assumir um cargo de liderança em uma associação não apenas melhora sua capacidade de se colocar no mercado, mas também cria excelente visibilidade para sua empresa e eleva sua reputação, o que é um elemento de crescimento. Os potenciais clientes acreditam no que veem e ouvem e, quanto mais gente houver falando de você e representando você, formal e informalmente, mais seu telefone vai tocar.

Nos anos 1990, quando eu tinha uma década de carreira, como mencionado antes, fui presidente da New England Speakers Association, uma organização muito visível e ativa. Eu estava preparado para investir o tempo necessário e tacitamente aceitei que meu negócio pudesse sofrer um pouco com os desvios, o que era perfeitamente aceitável para mim. Na verdade, posso identificar US$ 250 mil em trabalhos que resultaram *diretamente* daquele cargo enquanto eu o ocupava. Neste negócio, poucas boas ações ficam sem recompensa.

❖ Música encantada

A Figura 6-1 apresenta uma lista de itens para divulgar sua empresa e seu trabalho.[5] Como você se classifica atualmente, como seu principal divulgador?

Publicidade e alternativas de promoção			
		São tentadas?	
Opções	Sempre	Às vezes	Nunca
■ Correspondências aos clientes com material de seu interesse	☐	☐	☐
■ Correspondências aos potenciais clientes com material de seu interesse	☐	☐	☐
■ Artigos publicados em periódicos relevantes	☐	☐	☐
■ Trabalho sem cobrança para a comunidade, governo e organizações sem fins lucrativos	☐	☐	☐
■ Palestras em associações do setor e conferências	☐	☐	☐
■ Presença na internet	☐	☐	☐
■ Exposições em feiras comerciais	☐	☐	☐
■ Solicitações de indicação por parte de clientes satisfeitos	☐	☐	☐
■ Entrevistas em jornais e revistas	☐	☐	☐
■ Publicação de livros	☐	☐	☐
■ Inclusão em listas e publicações setoriais	☐	☐	☐
■ Propaganda para dar visibilidade e/ou contatos	☐	☐	☐
■ Listagem comercial nas páginas amarelas	☐	☐	☐
■ Séries em áudio ou gravações de palestras	☐	☐	☐
■ Redes estabelecidas com outras empresas de consultoria	☐	☐	☐
■ Participação em associações de classe dos clientes	☐	☐	☐
■ Publicistas e agentes profissionais	☐	☐	☐

Figura 6-1 Opções para publicidade e promoção.

Não há necessidade de trabalhar em *todas* as áreas. Na verdade, seria inútil fazer isso. Mas, a qualquer momento, você deve estar ativamente envolvido em pelo menos um terço delas, e elas devem mudar à medida que sua empresa e seus clientes evoluem. Aqui vai um breve resumo sobre cada uma das opções da Figura 6-1 e minha avaliação de seu valor. São táticas específicas aplicadas à estratégia de "gravidade de mercado" que discutimos no Capítulo 2.

Correspondências aos clientes com material de seu interesse[6]

Essa é fundamental. Alguns de meus colegas que trabalham com mala direta e *marketing* me dizem que não se pode contatar os clientes com muita frequência. Acredito ser suficiente um contato uma vez por trimestre para os clientes atuais[7], porque você está interagindo com eles no trabalho de qualquer forma. No entanto, os clientes não ativos provavelmente poderiam receber comunicações uma vez por mês por meio de um boletim eletrônico, correspondências com "*briefings*" ou algum tipo de dispositivo constante. Já falei sobre os arquivos com clipagens e técnicas semelhantes para coletar informações relevantes e/ou provocadoras, destilá-las e as enviar aos clientes apropriados. Às vezes, mando um áudio ou um *download* para impressão. O correio eletrônico também é uma opção útil.

Correspondências aos potenciais clientes com material de seu interesse

Essa também é obrigatória porque é uma forma de manter seu nome visível aos potenciais clientes com uma boa relação custo-benefício. Se seus recursos e seu tempo permitirem, uma correspondência trimestral ou mensal é adequada. Nessas correspondências, você também saberá quando as pessoas saem de seus cargos em função de alguma promoção, mudança de cargo ou transferência para outra empresa. Isso lhe permite atualizar sua lista de endereços. Eu envio correspondências em situações específicas ao longo do ano, com base na informação que destilei e na sua aplicação aos que estão em minhas listas.

Artigos publicados em periódicos relevantes

Publicar é mais fácil do que você pensa e, depois da primeira vez, vai ficando cada vez mais fácil. Certa vez, submeti um artigo a uma publicação mensal do setor de treinamento, sem cobrar. Quando foi publicado, sugeri uma coluna, mais uma vez, de graça. Quando a coluna estava sendo publicada, eu a usei para (1) enviá-la à minha lista de correspondência e (2) ganhar credibilidade com publicações maiores para escrever para elas. Com o tempo, a publicação começou a pagar por minhas colunas e, mais importante, gerei mais de 70 artigos, com direitos de reimpressão, sobre tópicos que foram extremamente produtivos para meu negócio antes de eu passar a outras atividades de *marketing*.

Se você não tem experiência, comece modestamente oferecendo artigos, sem cobrar, a publicações que precisem de material – jornais locais, boletins e revistas comerciais, por exemplo.

Use-os para conquistar credibilidade no nível seguinte e seja paciente. Meu primeiro artigo foi grátis, para a *Supervisory Management*, em 1969. Em 1975, eu já estava na *Management Review* e, em 1979, no *New York Times*. Até 2009, tinha publicado mais de 600 artigos e 30 livros em 9 idiomas. A publicação de praticamente qualquer tipo de coisa dá uma enorme credibilidade, e esse esforço deve ser permanente. Eu nunca parei de buscar por isso.

Trabalho voluntário para a comunidade, governo e organizações sem fins lucrativos

Sua cidade está selecionando um novo chefe de polícia? O círculo de pais e mestres da escola precisa de ajuda no planejamento de recursos humanos? Escoteiros estão procurando membros para a diretoria local? A câmara de comércio precisa de consultores que trabalhem em pequenas empresas? Esse trabalho lhe dá oportunidade de ganhar visibilidade, encontrar potenciais contatos e demonstrar como você pode aplicar suas habilidades com sucesso.

O Capítulo 11 tratará de trabalho voluntário como ética profissional, mas, por agora, simplesmente o recomendarei como método pragmático de obter publicidade e contatos. Você estará interagindo com outros líderes da comunidade, muitos dos quais são executivos em empresas locais e nacionais. Geralmente, há despesas mínimas que esse trabalho acarreta, e seu tempo estará bem investido.

Palestras em associações de classe e conferências

Mesmo que não sejam uma fonte de renda para sua empresa, as palestras devem ser uma técnica de publicidade. Existe uma diversidade enorme de convenções locais, estaduais, regionais e nacionais para praticamente todos os setores da economia que você possa pensar. Já fiz palestras para a Eastern Region Nurserymen's Association, para a Pharmaceutical Manufacturers of Canada, para a Inland Press Association, para a Executive Round Table of Jacksonville, para a Central Illinois Employer's Association, para a International Association of Professional Women, para a National Fisheries Institute e para mais de 500 grupos.

Assim como nas publicações, você pode começar sem cobrar, falando para grupos locais (as seções do Rotary estão sempre procurando palestrantes empresariais para reuniões semanais) e depois passar a grupos maiores. Meu preço atual (dentro dos Estados Unidos) é de US$ 15 mil ou mais para uma palestra principal, na qual tenho oportunidade de falar para algo entre várias centenas e milhares de pessoas e depois sou sitiado por perguntas em busca de mais informação.[8] Geralmente, você recebe reservas de pessoas do público para mais palestras. (É aí que compensa ter cópias de artigos e um folheto de primeira classe disponível para distribuir.)

Sempre que eu penso na oportunidade de falar a centenas de potenciais clientes ao mesmo tempo, com a credibilidade proporcionada por ser um palestrante de destaque, fico me perguntando se morri e fui para o céu.

Presença na internet

Uma página na internet é um maravilhoso esforço de *marketing* passivo (as pessoas podem chegar até você quando lhes convier). Sua página (trataremos mais sobre isso posteriormente) deve ser de fácil uso, ou seja, ter um mínimo de textos chatos sobre o quanto você é bom, imagens que sejam relevantes e úteis (em certas condições, elas levam uma eternidade para baixar), *links* fáceis e, acima de tudo, uma natureza interativa (ver Capítulo 13). Ofereça um "artigo do mês" gratuito para ser baixado, um formulário para pedidos de livros, um sistema para solicitar mais informações sobre um tópico corrente ou um *link* para um endereço eletrônico de contato com você. O maior problema de grande parte das páginas na internet é que elas são pouco mais do que propagandas estáticas. Crie uma presença dinâmica que estimule os visitantes a retornar regularmente.[9]

A solução de 1%: sua página não é um veículo de vendas, mas sim um veículo de credibilidade. Os compradores corporativos não ficam pescando na internet em busca de consultores, mas visitarão sua página depois que lhe conhecerem ou ouvirem falar em você. Sendo assim, enfatize *expertise*, testemunhos e como seus clientes estão melhores (em vez de credenciais, metodologia ou histórico da empresa – ninguém dá bola para isso).

Participação em exposições e feiras

Essa é uma opção que muitos de meus colegas adotam, embora eu geralmente não faça isso. Praticamente todas as feiras comerciais têm áreas de expositores, nas quais os participantes podem conhecer seus serviços, obter literatura gratuita e fazer perguntas. Para o meu dinheiro, isso é mais um empreendimento de *commodities* – a maioria das empresas bem-sucedidas nisso está vendendo produtos de algum tipo, sejam eles materiais de cursos, livros ou equipamentos. Os custos para expor são bastante altos. O aluguel do espaço, a criação ou aluguel de mostradores e custos de transporte locais podem facilmente chegar a US$ 5 mil ou mais. É difícil fazer que as pessoas se interessem por serviços abstratos em um ambiente desses, e os contatos que você obtém tendem a ser de todo o país, tornando qualquer tipo de seguimento muito caro.

A única exceção que encontrei é: se você for o palestrante principal em uma conferência, isso pode dar bons resultados em termos de atrair público para seu estande. É claro que você ainda terá o problema de qualificação e seguimento, e precisará de ajuda para trabalhar nisso. É uma boa ideia trabalhar junto com alguns palestrantes/consultores para criar mais "massa crítica" em exposições.

Solicitações de indicação por parte de clientes satisfeitos

Tive um corretor de seguros de cujo nome ainda me lembro após 30 anos, HapMapes. Ele me visitava duas vezes por ano, todos os anos, independentemente de eu precisar de mais seguros. E ele terminava todos os encontros da mesma forma: "Alan, me diga dois ou três nomes que você ache que possam usar meus serviços para suas necessidades de seguros." Ele era incansável, e eu sei que ele fazia isso todos os dias, com todos os clientes que visitava. Se você não pedir esse tipo de informação, pode nunca recebê-la. E, se conseguir estabelecer o tipo de relação com clientes que venho discutindo, fica fácil fazer a pergunta.

"John, você conhece muitas pessoas neste setor e na comunidade empresarial como um todo. Considerando o tipo de resultado que obtivemos juntos, você conhece alguém que precise de ajuda semelhante, com quem eu pudesse entrar em contato?" Quando você obtém esses nomes, mesmo que as pessoas não o conheçam imediatamente, elas deveriam entrar diretamente em sua lista de correspondência de potenciais clientes. Fazendo isso com disciplina, você deve conseguir acrescentar a essa lista pelo menos 100 nomes por ano, o que representa, considerando uma correspondência por trimestre, 400 contatos por ano. [Se Hap Mapes visitasse 200 clientes por ano, conseguisse 3 indicações em cada encontro (1.200 nomes) e fechasse apenas 5% desses novos contatos (60 novos negócios) por uma comissão média de US$ 5 mil, seriam US$ 300 mil de negócios no primeiro ano apenas baseados em indicações, sem contar mais negócios e mais indicações desse grupo. Você pede indicações sempre?]

Entrevistas em jornais e revistas

Há muitas histórias interessantes sobre algum consultor que trabalha com grandes organizações, que escreveu um livro ou que formulou uma técnica para contribuir na melhoria de desempenho. Mantenha editores locais e nacionais em sua lista de correspondência. Já fui entrevistado por um jornal local duas vezes em função de minha consultoria e meus escritos, e pela mídia nacional, como *USA Today* e *New York Times*, por causa das minhas opiniões sobre comportamento à luz da venalidade em Wall Street. Já perdi a conta do número de vezes que fui citado em grandes veículos de comunicação.

Os editores estão sempre em busca de uma nova visão ou de um pequeno artigo sobre um debate em andamento. Eles nunca saberão que você é uma fonte se você não colocar seus materiais e ideias na frente deles. Isso se aplica particularmente a programas internos das empresas. As publicações de clientes estão sempre em busca de artigos e entrevistas. Você pode reimprimi-las com impacto igual ao de um artigo que aparece na imprensa especializada. Apesar de meus 30 livros e menções permanentes na mídia nacional, uma das minhas reimpressões mais influentes e repetidas é uma entrevista em cores, de quatro páginas, publicada em uma revista interna da Merck sobre o tema da ética e dos valores. Em troca da entrevista, o cliente me ofereceu 2.500 cópias e o direito de reimprimir. A Consumers Power, um cliente do setor de energia, fez uma diagramação excelente – com ilustrações – de um artigo sobre avaliação de risco que se transformou em uma de minhas peças publicitárias mais conhecidas. Nunca se sabe.

Publicação de livros

Esta é simplesmente uma extensão da publicação de artigos, com uma ou duas distinções. Em primeiro lugar, um agente pode ser útil, e você pode encontrar um se montar uma apresentação profissional de seus artigos, seus clientes de consultoria e resultados, suas credenciais e alguns capítulos de livros como amostra. Vídeos de algumas palestras que você tenha feito ajudarão porque indicam potencial de *marketing* e o fato de que você é profissional. Meus três primeiros livros, contudo, foram publicados sem agente, trabalhando diretamente com várias editoras grandes antes de chegar a um acordo com a HarperCollins.

Em segundo lugar, não publique um livro simplesmente pela publicidade. Você deve ter algo que valha a pena dizer a seu público, caso contrário, estará desperdiçando seu tempo e seu dinheiro. É aqui que um agente literário justifica o que ganha. O agente vai lhe dizer se seu livro é vendável, e se não for, por que não é. O provável é que, se você puder vender a seu agente a ideia de representá-lo, ele poderá vender a um editor a ideia de publicá-lo. *Não publique a si mesmo nem faça publicações por vaidade*, pelo menos não para ajudar na sua promoção como consultor. Esses esforços são completamente transparentes, e os executivos (assim como os críticos) não têm uma boa impressão. Entretanto, um livro de uma grande editora vale dezenas de milhares de dólares em impulso promocional.[10] Fiz mais de US$ 300 mil em trabalhos para uma divisão da Times Mirror que entrou em contato comigo porque um de seus dirigentes sugeriu um de meus livros ao presidente. Mais de US$ 400 mil em trabalhos para a Hewlett-Packard se devem totalmente a um livro comprado por uma pessoa, que depois me telefonou. É exatamente assim que deve funcionar.

Inclusão em listagens e publicações setoriais

Você pode entrar de graça em listagens de muitas publicações e, pagando, em outras. Um exemplo das primeiras é a listagem anual de consultores publicada pela *Consultants News*.[11] Recebo consultas frequentes a partir das listagens, mas seu uso por empresas que estão apresentando propostas em determinadas áreas temáticas é ainda mais valioso.

Com um mínimo de esforço e um investimento modesto, você pode facilmente ser incluído em uma dúzia de listagens todos os anos. (*Recomendação*: Evite os vários tipos de listas "Quem é quem", que exigem que as pessoas paguem para receber o livro. Elas são nada mais do que listas de vaidade, e todo mundo sabe que elas não têm qualquer importância além de as empresas incluídas terem pago por isso.) Todos os meses, recebo solicitações de entrevistas a partir de minha inclusão na página Expertclick.com.[12] O American Institute of Architects se tornou um cliente de US$ 156 mil depois de descobrir meu nome no ASTD *Buyer's Guide*. É o único trabalho cuja origem identifiquei naquela fonte, mas é mais do que suficiente para justificá-la para sempre.

Propaganda para dar visibilidade e/ou fazer contatos

Esses são realmente dois objetivos separados. Eu raramente faço propaganda para ganhar visibilidade e nunca para obter contatos. Minha experiência tem sido de que as pessoas não são influenciadas por anúncios quando escolhem consultores, mas podem ter mais simpatia por um consultor cujo nome e/ou empresa seja conhecido. Em geral, eu concluí que fazer propaganda para gerar contatos não é frutífero, e meus colegas no setor confirmam isso. *Exceção*: um anúncio altamente direcionado em uma edição especial ou uma publicação temática quando você também tem um artigo publicado naquela edição pode atrair respostas. Se anunciar, seja o mais específico possível: cite nomes de clientes, tipos específicos de projetos e quaisquer resultados que tenha permissão para divulgar. Ofereça um artigo grátis, ou livro gratuito, para aumentar muito a taxa de resposta, e coloque um código e seu endereço de retorno para poder identificar quais anúncios geram os melhores resultados. Alguns consultores defendem um anúncio nas páginas amarelas locais quando houver trabalho local disponível e desejável, de modo que eu acrescentei isso a seguir.

Listagem comercial nas páginas amarelas

Você consegue anúncios gratuitos se tiver uma linha telefônica comercial e por pouco dinheiro, pode usar negrito ou colocar algum texto descritivo e, por um pouco mais, fazer uma propaganda. Esse é um dinheiro bem gasto se seus potenciais clientes e a expansão de seu negócio forem locais. O dinheiro não será bem gasto se você simplesmente morar próximo a um aeroporto e seu negócio estiver concentrado fora do estado. Contudo, certifique-se de sempre ter uma linha comercial. Muitas organizações ligam para o serviço de auxílio à lista para localizar minha empresa depois de ler um artigo ou ouvir falar de mim e saber em que cidade eu trabalhava.

Como eu já disse, recomendo intensamente uma linha telefônica gratuita para facilitar ao máximo a vida de seus usuários. Alguém tentou me contatar para oferecer seus serviços de promoção e deixou um número de longa distância para que eu retornasse seu telefonema. Eu lhe disse que, se isso era um exemplo de suas proezas promocionais, eu agradecia.

Séries em áudio ou gravações de palestras

Sempre que eu faço uma palestra, incluo no contrato uma cláusula segundo a qual o cliente pode gravar a sessão em áudio ou vídeo, sem cobrança adicional, e pode distribuir essas gravações aos participantes. No entanto, *o cliente deve me dar duas cópias master de qualquer gravação desse tipo para meu próprio uso*. Essas são ferramentas de *marketing* "gratuitas" que já usei com bons resultados. Muitos palestrantes cobram por essas gravações, insistem em receber por sua divulgação ou querem vender suas próprias gravações.

Eu simplesmente quero fazer cópias, que envio a potenciais clientes. Custa cerca de US$ 1 ou US$ 2 para fazer várias cópias de um áudio, incluindo uma etiqueta e uma caixa. (Os vídeos são mais eficazes como apresentação para conseguir mais trabalhos como palestrante, mas o áudio é maravilhoso para que os potenciais clientes ouçam em seus carros e entendam de que tratam as suas abordagens. E essas gravações têm muito mais credibilidade quando são feitas em frente a um público "ao vivo," mesmo que haja ruídos ou problemas menores.)

Já montei pacotes com essas gravações na forma de uma "série" sobre temas variados, o que me dá o mesmo tipo de credibilidade da publicação, porque o nome que está no material é o da empresa de produção e não o meu. Meus principais álbuns, como *Winning the Race to the Market*, são compostos de três apresentações principais e de uma quarta entrevista, com cadernos de trabalho para apoio.

Redes estabelecidas com outras empresas de consultoria

Isso foi mencionado na seção anterior. É uma ferramenta de *marketing* eficaz por ser gratuita e ilimitada. Coloque outros consultores em sua lista de correspondência, mantenha-os informados sobre o que você está fazendo e desenvolva essas relações. Se você olhar para outros consultores somente como concorrentes ou "ameaças," nunca se beneficiará deles, mas se os enxergar como colegas e fontes de oportunidades, mais cedo ou mais tarde um deles vai passar seu nome para um trabalho que não pode fazer. Este é um *marketing* de longo prazo, e é um nicho que não deve ser ignorado. Recentemente, fui contratado para fazer uma palestra em Barcelona na conferência mundial de uma das maiores empresas de recrutamento do mundo. Eu tinha mantido uma comunicação por dois anos com um dos diretores, e ele decidiu que eu seria um recurso perfeito para falar a seus colegas. (Na comunicação final, incluí uma entrevista gravada em áudio – ver a categoria anterior demonstrando como essas alternativas podem ser prontamente combinadas.)

Participação em associações de classe dos clientes

Se for permitido, entre para a associação de classe a que a maioria de seus clientes pertence. Você provavelmente não poderá ser membro da American Dental Association (a menos que esteja no campo, é claro), mas não tenho certeza de que existam proibições para ser membro da National Retail Merchants Association ou da International Association of Tourism. Às vezes, há possibilidade de participação como associado. Essas filiações o mantêm atualizado sobre o que está acontecendo nos setores que são importantes para seu trabalho, dão oportunidade de você conhecer pessoas importantes regularmente e dão a visão de dentro para quando fizer palestras em suas conferências ou publicar em boletins e órgãos de empresas.

Um acelerador fundamental para essas participações: tente aceitar um cargo de liderança ou outro de grande visibilidade.

Digressão

Os cinco segredos para o trabalho em rede, contados a você por um introvertido (eu):
1. *Poder de distância.* Trabalhe em rede com quem não lhe conhece a fim de que não haja percepções para "desfazer" ou superar.
2. *Multiplicador único.* Tente encontrar aquela pessoa que tem muitos contatos com diferentes compradores como, por exemplo, um membro da diretoria.
3. *Pessoa-nexo.* Quem é a pessoa que mais pode lhe conectar imediatamente com um comprador? ("Você tem que conhecer o meu chefe"; "Você tem que conhecer o meu primo.")
4. *Princípio da adesão.* Você tem que dar para receber. O que está oferecendo que possa criar reciprocidade e obrigação? (Para um executivo da área de recrutamento: "Posso dar seu nome a um cliente que está buscando novos profissionais?")
5. *Conexão contextual*: Vocês dois estão lá por alguma causa (premiações, política, causas beneficentes, etc.), então aproveite o melhor que puder.

Lembre-se: trabalhar em rede é um processo, e não um evento!

Relações públicas e agentes profissionais

Há várias assessorias capazes de divulgar seu trabalho. Eu entrei em contato com várias delas para ver se aceitariam a opção de "pagamento por desempenho" – ou seja, receberiam uma comissão sobre trabalhos gerados a partir de seus esforços. Como você pode imaginar, ninguém aceitou. A maioria dessas empresas cobra uma taxa mensal para "garantir" que você tenha artigos publicados, seja entrevistado por publicações e pela mídia e tenha sua imagem melhorada como um todo.

Com exceção de um bom agente literário, sou cético. Contudo, é uma opção, e pode ser que você encontre a química certa com alguém.

Esteja ciente, contudo, de que essa provavelmente é a opção mais cara dessa lista e de que a maioria dessas empresas não entende bem a atividade de consultoria individual (nem a de consultoria como um todo).

A solução de 1%: se você concorda comigo em que esse é um negócio de relações, por que colocaria um terceiro no meio da relação?

❖ Não há objeção que você não conheça

À medida que você avança com sua música, algumas pessoas – que representam clientes pagantes em potencial – podem não gostar do repertório. Não se apresse em jogar fora a partitura.

Para sair da minha metáfora: não existem objeções novas. É verdade, todo mundo já foi ouvido – e ouvido zilhares de vezes. Se ouvirmos algo novo, é porque não estávamos escutando antes ou porque não fizemos nosso trabalho de casa.

Embora a maioria das objeções possa soar assim:

- não sei se estamos prontos para isso,
- eu gostaria de dar uma olhada em algumas outras pessoas e volto a falar com você,
- já tentamos, e não funcionou,
- preciso de mais informações e referências,
- teremos que ter garantias,
- temos outras prioridades no momento,

As objeções reais existem em apenas quatro sabores:

1. Não confio em você.
2. Não preciso do que você tem.
3. Não tenho tempo para isso.
4. Não tenho dinheiro para fazer isso.

Se você conseguir formular uma resposta às principais objeções, poderá lidar com as múltiplas variações em que elas são expressas. Então, aqui vão uma regra e quatro respostas.

A regra

Você deve falar com o comprador. Ou seja, deve estar lidando com a pessoa que pode fazer o cheque e tomar a decisão final. Se não estiver, todas as apostas estão suspensas. Não se dê o trabalho de responder às objeções de "guardiões", mas gaste seu tempo tentando trabalhar com vistas a ultrapassar e desviar do guardião para encontrar o verdadeiro comprador. A maior parte dos consultores com quem trabalho que têm problemas para conseguir serviços raramente está falando com um comprador econômico.

Resposta 1: não há dinheiro

Na verdade, nunca há dinheiro no sentido de verbas alocadas. Ninguém acorda de manhã e diz "deixe-me orçar US$ 125 mil para o caso de um consultor vir ao meu escritório com uma ideia brilhante que eu não tenha previsto". Certo, alguns projetos vêm com suas próprias verbas alocadas, mas, na maior parte do tempo, o dinheiro tem que ser encontrado. Os compradores econômicos conseguem encontrar o dinheiro facilmente.

A resposta "sem dinheiro" assusta e afasta a maior parte dos consultores. O segredo aqui é nunca se concentrar em preço, mas apenas em valor. Não faça orçamento até ter acordo conceitual sobre valor. (Ver o Capítulo 10 sobre a elaboração de propostas.) Se você tratar de preços no início, perderá controle das discussões.

Neste caso, a resposta é: "Nem vamos nos preocupar com orçamento por enquanto. Tratemos do que você precisa e do quanto uma condição melhor pode significar para você e sua organização."

A solução de 1%: dinheiro e orçamento nunca são uma questão de recursos com compradores econômicos, mas sim uma questão de prioridade. O dinheiro está disponível e o comprador pode obtê-lo, mas ele quer dá-lo a você?

Resposta 2: não há urgência

Muitos compradores considerarão – legitimamente – que a hora pode não ser a melhor e/ou que a questão não é importante o suficiente para investir agora ou passar pelo incômodo neste momento. A inércia sempre é um fator importante: objetos em repouso tendem a permanecer em repouso.

Portanto, você tem que criar urgência. Pergunte ao comprador: "O que acontecerá se você não fizer nada?" Diga que a condição não está estável, mas que está piorando, que perderá uma breve janela de oportunidade ou que será impossível dar um salto competitivo. Quando alguém lhe diz que o momento em que você apareceu não é o melhor, isso significa que essa pessoa não vê valor suficiente para que sua proposta supere a inércia dela.

Neste caso, a resposta é: "Você não pode se dar o luxo de não agir prontamente, e eu quero lhe mostrar exatamente o que isso significa para você e sua organização."

A solução de 1%: o tempo, assim como o dinheiro, não é uma questão de recursos, mas de prioridade. Tempo há, mas o comprador vai dá-lo a você?

Resposta 3: não há necessidade

O comprador, neste caso, simplesmente não identifica a aplicabilidade ou o retorno sobre o investimento para sua solução ou iniciativa. Pode ser que haja problemas, mas o cliente potencial não parece senti-los. Há uma falta de consciência ("Temos uma organização muito diversificada e praticamente não recebemos reclamações sobre tratamento injusto.").

A essência do marketing é criar a necessidade, e não apenas responder a ela (caso contrário, por que alguém teria comprado um Walkman anos atrás ou um iPhone hoje?). Todo comprador sabe o que quer, mas poucos sabem do que precisam, e a diferença entre o que eles acham que querem e aquilo de que realmente precisam é seu valor agregado.

A resposta neste caso é: "Deixe-me apresentar algumas evidências de que você está ficando atrás da concorrência por estar olhando por um microscópio em vez de por um telescópio. Não é uma questão de aumentar as vendas, mas de atingir novos mercados."

A solução de 1%: há três tipos de necessidades: (1) uma necessidade preexistente (estratégia, trabalho em equipe), (2) uma necessidade criada (comércio eletrônico) e (3) uma necessidade prevista (coordenar equipes virtuais dispersas no mundo e que falam diferentes idiomas). Se você não puder produzir necessidades a partir dessas três dimensões, está na profissão errada.

Resposta 4: não há confiança

Essa é a mais grave e mais básica das objeções, pois as três anteriores costumam ser enganosas e são artifícios usados para camuflar o fato de que o comprador não confia em você. Isso não significa que você vá roubar os talheres, mas que credenciais, experiência, conduta, materiais de apoio, explicações ou qualquer tipo de outras dinâmicas que você apresenta são suspeitos.

A melhor forma de superar a falta de confiança é construir uma relação sólida antes de tentar fazer uma venda. Dê opiniões honestas e francas. Não se torne uma "vaca de presépio." Encontre os calcanhares de Aquiles do comprador. Nunca tente vender uma solução pré-pronta nem "resolver" os problemas do potencial cliente durante os primeiros 20 minutos de sua reunião. A construção de relações pode levar 1 hora ou um ano. Ironicamente, quanto mais paciente você for para fazer uma venda, mais rapidamente a fará.

Neste caso, a resposta é: "Eu gostaria de saber alguma coisa sobre suas questões e explicar minha formação para que possamos tomar uma decisão mútua sobre se devemos dar o passo seguinte juntos. Meus trabalhos são parcerias e colaborações, de forma que é importante que compartilhemos nossas reflexões um com o outro." Lembre-se de que você deve aparecer como um igual diante do comprador econômico – um parceiro em potencial – e não como um vendedor ou um bajulador.

A solução de 1%: a confiança se baseia na crença honesta de que a outra parte tem em mente aquilo que interessa a você. Se isso ficar demonstrado e explícito, mesmo a opinião negativa será muito apreciada.

❖ Produtos constroem marcas

Um de meus (muitos) erros iniciais foi aconselhar as pessoas a não apresentar os produtos cedo demais. (Fico constantemente impressionado com como eu era burro há duas semanas.) Desde então, mudei de ideia, radicalmente.

Os produtos são uma ótima maneira de construir marcas. Na verdade, eles:

- Criam fluxos precoces de receita.
- Criam "burburinho" a seu respeito.
- Geram materiais de *marketing*.
- Forçam você a criar propriedade intelectual e o capital que existe nelas.

- Formam as bases para novos serviços.
- São uma maneira barata de obter reconhecimento internacional.
- São muito adequados à internet.
- Podem ser prontamente atualizados e mantidos atuais (ou abandonados ou substituídos).

O segredo de um produto é ter algo a dizer. Ou seja, o que eles têm a oferecer aos clientes ou consumidores? Que valor estão recebendo? Se isso for satisfeito, o preço não é obstáculo. (Um de meus livros mais procurados tem pouco mais de cem páginas e custa US$ 149, e seu título é *Como elaborar uma proposta que seja aceita sempre*.)

Aqui, algumas maneiras simples de começar a formular e vender produtos:

- *Material de divulgação*. Crie um trabalho de 50 páginas, incluindo quaisquer ilustrações, gráficos e tabelas sobre uma competência fundamental de sua atividade. Encontre alguém para escrever o prólogo e entreviste alguns de seus colegas. Apresente listas de itens e guias. Esse material pode ser sobre recrutamento, vendas, serviços, grupos focais, uso de tecnologia – praticamente qualquer coisa. Planeje fazer quatro ou cinco dessas, de preferência relacionadas a um tema comum.
- *CDs e downloads*. Grave suas palestras e use um microfone extra para o público. Edite a gravação profissionalmente. Mantenha a intenção em mente para não usar exemplos datados nem mencionar o nome do cliente (o que pode lhe gerar obstáculos jurídicos). Certifique-se de incluir técnicas específicas e abordagens práticas. Não dependa de recursos visuais que os ouvintes não possam ver.
- *Álbuns*. Combine texto com áudio. Agora o ouvinte tem os recursos visuais e materiais auxiliares. Incorpore um caderno de trabalho ou manual. Eles funcionam melhor em uma combinação de duas ou quatro gravações e um ou dois cadernos de trabalho.
- *Manuais*. Documente sua abordagem ao atendimento telefônico, entrevistas, avaliação de desempenho, montagem de intranets e assim por diante. Esses registros devem ser manuais práticos de como fazer, como índices e instruções passo-a-passo. Você pode editá-los em versões para iniciantes e avançadas.
- *Boletins*. Boletins impressos e eletrônicos são atrativos se forem bem feitos e constantes. Use colaboradores externos que fiquem satisfeitos com a publicidade. Cobre por assinaturas de um e dois anos, com um desconto para a segunda assinatura. Esses boletins podem aparecer mensal, bimestral ou trimestralmente, mas não com menos frequência do que isso.

Você vai precisar de ajuda profissional para impressão e, talvez, distribuição. (Você pode usar uma fonte como databack.com para assinaturas convenientes e automatizadas, publicação e outras coisas por pouco dinheiro por edição.) Não estou defendendo adesivos para carro e canecas de café, mas as categorias de produtos acima são relativamente baratas de fazer e podem criar um excelente *marketing* boca a boca, independentemente do fluxo de caixa.

Observe que não mencionei os livros publicados por conta própria porque, com raras exceções, são esforços de vaidade que consomem o autor, não são bem recebidos e não têm credibilidade. Sei que você pode me citar uma exceção, mas eu estou lhe citando a regra.

Você pode usar a internet e sua página para vender esses produtos e, é claro, receber pedidos deles. É por isso que deve pensar em ter uma página segura e um terminal de cartão de crédito para seu escritório. (A propósito, Https indica uma página segura).

O tempo no qual você faz consultoria não tem influência na qualidade do produto nem no preço. O fator central é o valor aos olhos do consumidor. Pense em produto cedo.

❖ Integridade e ética

Reproduzi um cartão de visitas que me foi dado por um colega consultor que eu chamarei de Martin Scott, e está ilustrado na Figura 6-2. Se você acha que parece saturado vendo-o nesta página, imagine como fica em um cartão de visitas. E quando foi a última vez em que você viu "Dr." e "Ph.D." em torno do nome de uma pessoa, parecendo dois apoios para livros? Depois, tem que constar o título de professor e a universidade, é claro.

Dr. Martin Scott, Ph.D.
Professor de Gestão
e
Recursos Humanos

Global Human Resources Strategies, Inc. (GHRS)	Dumpster Hall
Avenida Costa a Costa, 100	Faculdade de Administração
Arrogância, RM 10101	Universidade Famosa
(555) 123-4567	Cidwade Grande, 01010
Telefone do carro: (555) 765-4321	(010) 111-0000
	e-mail: chefão@ligado.com

Figura 6-2 Um "cartaz" de visitas.

Considero ruim esse tipo de massagem no ego não apenas em termos de profissionalismo, mas também em termos de colocar em risco a química que você está buscando construir com o potencial cliente. Um cartão deve dizer seu nome, cargo e empresa. É uma peça de referência para o cliente e não uma propaganda. Mais tolo ainda do que o cartão de Marty são os que dizem "Mary Jones, M. A." (*Master of Arts*). Não conheço um protocolo que mostre títulos de pós-graduação depois do nome da pessoa. (Inicialmente, eu achava que todas essas pessoas eram do estado de Massachusetts.)

O que vem depois – "Alan Weiss, formado, motorista, eleitor"?

Eu tenho doutorado, mas, como explicou um de meus professores universitários, opto por usar meu "nome de solteiro" na maioria das ocasiões, principalmente em documentos de trabalho. (E "eu não sou o tipo de doutor que trata pessoas.") Eu uso o título quando esse tipo de credibilidade é necessário ou solicitado por clientes ou potenciais clientes, mas não apenas como enfeite. (É bem útil para conseguir reservas em restaurantes.)

O uso de quaisquer outras iniciativas, sejam diplomas, certificações de cursos realizados ou reconhecimento profissional, é desnecessário na melhor das hipóteses e amadorístico na pior. Muitas organizações distribuem títulos honoríficos autoelogiosos a toda hora. A questão, é claro, é que essas designações ajudam a estabelecer uma hierarquia social dentro da associação, mas quase nada significam fora dela. Nunca conheci um comprador que tomasse decisões com base nesse tipo de reconhecimento "de dentro"[13] (na verdade, posso reivindicar o "direito" de colocar, antes do meu nome, Ph.D., CMC, CSP, CPAE. São 14 letras das quais só três são reconhecíveis, e mesmo essa designação não tem qualquer credibilidade especial em *marketing*. Você pode até apostar em uma desvantagem específica por ser identificado como acadêmico.).

Sua conduta pessoal é seu principal dispositivo de *marketing*. É a "imagem" fundamental do negócio e é a ela que os clientes potenciais dão o maior crédito. Consequentemente, a forma como você se comporta vai determinar não apenas *se* você ganha o cliente, mas também com *base em que* isso acontece.

Esse costuma ser o elemento essencial no tipo de relação que se segue. O principal aspecto da relação em nosso negócio muitas vezes se estabelece antes da "venda" propriamente dita, influenciada pelo conforto do comprador ao fazer negócio com você.

Conduta pessoal não é "vestir-se para matar", seja lá o que isso signifique. Mais do que isso, está relacionada com a integridade de suas posições e a franqueza com que você as expressa.

Se você vai estabelecer uma relação permanente com o diretor executivo ou se será relegado a gerentes de nível inferior é algo que, geralmente, se determina antes dos primeiros 10 minutos da reunião inicial. As primeiras impressões influenciarão um executivo a decidir se a relação deve acontecer no nível dele ou abaixo.

Uma vez demiti um vendedor que havia vendido simultaneamente dois trabalhos no setor de cassinos. Suas vendas se baseavam em usar uma organização como referência para a outra, mesmo que, na época, ele estivesse apenas se reunindo com cada uma e *não tivesse feito qualquer venda*. Embora tenha tido sorte e nenhum dos compradores tenha entrado em contato com a "referência" antes de assinar o contrato, eu sabia que estaríamos comprometidos se os dois clientes acabassem comparando anotações e que essas práticas eram uma receita para o desastre de longo prazo.

Antes que eu pudesse sequer entrar em contato com os clientes, eles *descobriram* o subterfúgio e, embora tenham cumprido os contratos existentes, nenhum buscou nem aceitou outras propostas vindas de mim. Muitas vezes você estará em uma posição em que os potenciais clientes solicitam uma referência no setor, exemplos de trabalhos feitos, currículos de outros profissionais em sua empresa e informações semelhantes que você pode literalmente não ter. A resposta é não deslumbrar o cliente potencial com malabarismos ou procurar a saída.

❖ Pressão que você pode sentir

A resposta é tratar a solicitação como uma oportunidade, e não como uma ameaça. Observe que você é a melhor pessoa possível para prever solicitações que terá dificuldades de atender. Por exemplo, se você é um "solitário" e sua empresa se chama "Profissionais Múltiplos Ltda.", você sabe que podem lhe pedir informações sobre essas multiplicidades. Se você está se reunindo com um potencial cliente da indústria aérea e jamais trabalhou no campo dos transportes, provavelmente sabe que referências no setor podem ser um problema.

Ou se está sendo cogitado para uma pesquisa com funcionários e nunca fez isso (você está "testando o campo"), é razoável esperar que lhe perguntem sobre isso.

Prevendo esse tipo de perguntas e solicitações estranhas, você pode se preparar para elas. E, ao se preparar, pode levar a discussão para como você pode melhorar a condição do cliente sem se atrapalhar com a pergunta, sem tentar apresentar exemplos capengas e sem ter que ficar sentado ali como alguém que caiu de paraquedas. Os segredos são: ter franqueza, preparação clara para a pergunta e bons exemplos sobre o que você pode fazer pelo cliente.

> A solução de 1%: preveja as prováveis perguntas difíceis ("Não é perigoso confiarmos em alguém que não tem colegas nem equipe?") e prepare 6 a 10 respostas informais ("Você vai sempre estar falando com o diretor").

Examinemos alguns dilemas comuns que podem ser enfrentados por qualquer pessoa que esteja tentando fazer seu negócio crescer.

Dilema 1: você nunca trabalhou na área

Esse é um dos desafios mais comuns para os consultores que estejam tentando se expandir. Tem que haver uma primeira vez em qualquer setor profissional. Meu conselho é desenvolver exemplos de setores semelhantes e demonstrar como eles estão relacionados. Se você estiver diante de um executivo de companhia aérea, explique seu trabalho com autolocadoras, destacando as semelhanças em reservas, atendimento a empresas e a pessoas que viajam por lazer, administração de planos de fidelidade e coisas do tipo. Se você estiver lidando com empresas de saúde pela primeira vez, enfatize seu trabalho com companhias farmacêuticas e as interações delas com médicos, farmacêuticos, agências reguladoras, grupos de defesa do consumidor, etc.

Você também pode descrever trabalhos que fez para vendedores e fornecedores periféricos. Talvez você nunca tenha trabalhado para uma empresa automobilística, mas sim com filiais da General Electric que fornecem componentes elétricos para fabricantes de carros.

Por fim, demonstre que estudou o setor, independentemente de qualquer outra coisa. Se conseguir identificar os principais problemas com que o setor se depara, indicar de que forma seu trabalho está relacionado a eles e dizer ao potencial cliente qual poderá ser o resultado de sua solução para a organização, você ajudará a superar o dilema de "nunca ter trabalhado no setor."[14]

Mais do que tudo, lembre-se: a última coisa de que a Mercedes-Benz precisa é de mais um especialista em carros. Supostamente, a empresa tem essas pessoas de sobra. O que a empresa precisa é de gente que tenha habilidades de solução de conflitos, avaliação de desempenhos, *coaching* e aconselhamento, e esse tipo de *expertise* em processo. O presidente de uma organização de saúde me disse certa vez: "Você nunca trabalhou com saúde, então como sabe que pode nos ajudar?" Eu respondi: "Sim, e eu nunca trabalhei com fábricas de automóveis antes da Mercedes, nem com indústrias farmacêuticas antes da Merck, e isso não pareceu incomodá-los. Qual é a sua dúvida?" (É uma daquelas situações em que o cliente contrata você ou lhe dispensa, mas que encurtam o caminho. Nesse caso, eu consegui o trabalho.)

Dilema 2: o cliente quer um elenco de milhares

No início do processo de busca de crescimento, identifique pelo menos seis pessoas que você estaria orgulhoso de usar na implementação de projetos. (Para muitos de vocês isso pode ser antiquado, ou você pode ter equipes permanentes. Mas raciocine comigo por um momento.) Essas pessoas muitas vezes se apresentam como:

- Consultores *freelance*
- Profissionais aposentados
- Professores com tempo disponível
- Profissionais autônomos que podem investir o tempo
- Estudantes de pós-graduação com habilidades especializadas
- Profissionais em tempo integral com tempo disponível ocasionalmente
- Profissionais desempregados em busca de trabalhos temporários

Como você pode observar, esse é um grupo diverso. A melhor maneira de você localizar pessoas que sejam boas no que fazem é estabelecer redes da maneira descrita anteriormente neste capítulo. Meu consultor financeiro é uma fonte de pessoas que estão buscando entrar no campo da consultoria ou que foram abruptamente demitidas de seus cargos. Um colega que é membro do conselho de um banco junto comigo tem me ajudado com professores. Vários outros consultores me forneceram profissionais *freelance* que eles usam. O bom dessas referências é que as pessoas envolvidas tendem a ser altamente qualificadas. (É por isso que sempre é uma boa ideia ser gentil com as pessoas que entram em contato quando precisam de ajuda, mesmo que você não possa oferecer coisa alguma no momento. Você nunca sabe quando pode precisar delas.)

O próximo passo é que os indivíduos apresentem um currículo detalhado de sua experiência profissional para que sejam considerados para futuros trabalhos com você. Esses currículos são os documentos que você apresentará a seus potenciais clientes em seu papel timbrado – junto com outras informações e qualificações destacadas da empresa – quando lhe pedirem uma descrição dos membros de sua equipe e suas qualificações. Diga a verdade aos potenciais clientes, se eles perguntarem – essas pessoas não são funcionários da empresa em tempo integral, mas são usadas em situações específicas, o que lhe permite dar conta de uma ampla gama de trabalhos com menos custos, o que tem um alto valor para seus clientes.

Por fim, faça um cartão de visitas para cada pessoa que você realmente possa empregar. Você pode fazer algumas centenas de cartões por menos de US$ 25 em qualquer gráfica pequena. Coloque sua logomarca, endereço comercial e telefone nos cartões (e alerte a equipe de seu escritório, se tiver, para anotar recados para esses indivíduos). Dê a cada pessoa contratada seu material timbrado e sua literatura quando for necessário, mas tente que todas as comunicações passem pelo seu escritório. Por exemplo, coloque o endereço eletrônico de sua empresa em todos os cartões.

Ao longo dos anos, a minha equipe já teve professores universitários especializados em testagem e pesquisas, uma mulher especialista em testagem e avaliação, um homem que é especializado em telemarketing e técnicas de vendas, uma mulher que é excelente pesquisadora, outra que faz o trabalho de coleta de dados sobre estratégia, várias donas de casa locais que estão disponíveis enquanto seus filhos estão na escola e uma dúzia de outros que prestaram serviços com valor agregado para mim e meus clientes enquanto recebiam pagamentos significativos e seu próprio crescimento multidimensional em troca.

Dilema 3: você nunca fez esse tipo específico de trabalho

Esse é bastante fácil de lidar se você não cair em um exercício ridículo de tentar "encaixar" trabalhos que fez na categoria do potencial cliente. ("Não, nunca trabalhei em planejamento de sucessão, mas formulamos um programa de aposentadoria que é bastante semelhante.") Mais uma vez, enfatize a oportunidade.

Forneça ao potencial cliente um plano e uma proposta claros para melhorar sua condição. Você pode mencionar que o próprio fato de que nunca trabalhou em um projeto idêntico o motivou a estudá-lo cuidadosamente, pesquisar os antecedentes e criar as opções existentes. Apresente várias opções para realizar o trabalho, com as vantagens e desvantagens de cada uma e com a de sua preferência.

O foco nas várias alternativas disponíveis para dar conta do trabalho, acoplado às evidências da reflexão cuidadosa que se fez sobre elas, desviará e tornará menor a questão de você já ter feito ou não o mesmo tipo de trabalho. Você também tem interesse em enfatizar que é hábil no *processo* de melhorar a condição do cliente, e não o *conteúdo* da organização dele nessa questão particular.[15]

Sempre ofereça ao possível cliente algumas alternativas, não apenas "faça ou não faça". Depois que o cliente começa a escolher a melhor opção, a assinatura do contrato é apenas uma formalidade.

Dilema 4: o cliente potencial nunca ouviu falar de você

Isso significará mais para alguns potenciais clientes do que para outros, mas é o dilema mais fácil de lidar. Tenha sempre uma lista de referências em sua pasta. Certifique-se de que estejam atualizadas e de que especifiquem os cargos, endereços e números de telefone exatos. Explique que sua empresa está na categoria de "segredo mais bem guardado" (Eu me refiro à minha como uma "empresa de consultoria familiar" com referências boca a boca tão fortes que não precisamos fazer propaganda), forneça sua lista de clientes *VIP*, forneça as revistas ou jornais para os quais já escreveu ou pelos quais foi entrevistado (veja a seção anterior sobre promoção) e explique que sua estratégia é ter sucesso por meio de resultados intensos aos clientes e não por propaganda competitiva.

O segredo, também neste caso, é estar preparado para a pergunta ou o desafio.

Reconhecer que você já ouviu a questão levantada e que está acostumado a ela ajuda a relaxar a atmosfera e melhora sua imagem. Muitas vezes, eu inverti a situação e perguntei: "Como se pode ter sucesso quando os concorrentes têm perfis mais conhecidos?" Quase sempre, ouvi as seguintes respostas: "Porque nos esforçamos mais", "nosso serviço é melhor" ou "estabelecemos excelentes relações com clientes". "É mesmo?" eu respondo. "Então parece que temos muito em comum." Não vou lhe insultar dizendo que engraxe os sapatos, penteie o cabelo e se vista bem. Mas vou lhe dizer que a "presença" é mais do que a aparência física. É a maneira como a pessoa se porta, que eu acredito que deva ser sempre com segurança, honestidade e integridade. Você não precisa ceder nesses aspectos, porque não tem razão para fazer isso.

Você está tentando ajudar o potencial cliente a entender como pode ajudá-lo a melhorar sua condição em uma relação de cliente. Se você prevê os dilemas e se prepara para lidar com eles, eles simplesmente não são dilemas, mas oportunidades para mostrar ao potencial cliente o quanto você se conduz bem e como está em condições de atender às necessidades dos clientes. A imagem da empresa é a sua imagem. Os clientes só vão acreditar no que veem e ouvem de você. Contudo, as pessoas que trabalham para você também o representam, e é importante que elas assumam suas ideias e transmitam sua imagem com a mesma eficácia que você.

❖ Perguntas e respostas

P. *Como você sabe com quem devo estabelecer redes? Eu não tenho que circular e fazer relações para descobrir isso?*
R. Tente obter uma lista de convidados antecipadamente. Pergunte aos organizadores quem eles estão esperando. Observe quem tende a atrair a atenção dos outros. Procure pessoas que estejam bem vestidas e bem apresentadas.

P. *Quantas marcas eu posso ter?*
R. A marca maior é o seu nome, mas você pode ter várias, se isso for adequado ao seu negócio. Eu uso *Million Dollar Consulting, Balancing Act* e *Architect of Professional Communities*, entre outras. Mas eu quero que as pessoas acabem dizendo: "Me tragam o Alan Weiss."

P. *Como eu consigo aguentar a pressão de precisar de trabalho e estar no gabinete e na presença de uma pessoa poderosa? Não tenho que agradá-la?*
R. Algumas questões a considerar:
    1. Você também está avaliando se quer fazer negócio com ela.
    2. Ela precisa de seu valor para melhorar.
    3. Você não está tentando vender algo, mas dar início a uma parceria.
    4. Nunca tema o fracasso. Se não estiver fracassando, é porque não está tentando.

Reflexão final: você não está no negócio de consultoria, mas no de *marketing*. Sei que isso soa duro, mas há um pensamento ainda mais assustador: suas habilidades de consultoria podem ser boas o suficiente neste momento para realizar os trabalhos que conseguir, mas posso quase garantir que suas habilidades de *marketing* não são boas o suficiente para conseguir trabalho permanentemente. Preciso dizer mais sobre onde deve estar o foco de sua permanente melhoria de 1%?

Capítulo 7

Recursos em expansão

Crescer para lucrar, e não apenas por crescer

❖ Opções e fórmulas

Para que sua empresa cresça muito, você vai precisar de pessoas para lhe ajudar ocasionalmente. Essas pessoas podem ser empregados, sócios ou terceirizados, ou podem vir por meio de alianças com outras empresas e/ou outros sistemas inovadores. Nenhuma dessas relações é mutuamente excludente. Mas há um fio condutor em comum.

Não importa qual seja a relação, seu interesse é que as pessoas:

- Sejam muito competentes e representem bem a sua empresa.
- Tragam seu próprio valor agregado às suas necessidades.
- Assumam, estratégica e taticamente, seus objetivos.
- Sejam éticas, honestas e cumpridoras da lei.
- Entendam e aceitem seu papel.
- Em termos ideais, possam ser usadas no longo prazo.
- Sejam econômicas para proteger suas margens.
- Sejam bem-sucedidas, e a saída delas não será difícil.

Segurem-se: A pior opção para atrair e usar pessoas que atendam a esses critérios é contratá-las como funcionários em tempo integral. Há quatro razões básicas para isso:

1. *Pessoas trabalhando em tempo integral significam despesas em tempo integral.* Elas têm que ser alimentadas e acomodadas em algum lugar, independentemente das condições de trabalho, o governo cobra alguns impostos e proto-

colos de registros e os funcionários esperam certos benefícios e vantagens. Isso sai diretamente dos resultados finais – seus resultados *pessoais*.
2. *Administrar funcionários demanda uma enormidade de seu tempo.* Você terá que conduzir e participar de reuniões, lidar com problemas pessoais, fazer avaliações de desempenho e atender às várias e diversas necessidades de outras pessoas. Há uma tendência a se concentrar mais nas questões internas do que nos clientes, o que inibe o crescimento.
3. *Suas ações pessoais podem estar sujeitas à dinâmica de uma relação empregado-empregador.* Por exemplo, muitas pessoas têm dificuldades de comprar o Mercedes novo em tempos de salários congelados e bônus reduzidos. Independentemente das contribuições que os outros derem ou não, as *suas* decisões pessoais serão julgadas à luz das condições *deles*.
4. *Você será forçado, por lei, a dividir certos benefícios e vantagens que normalmente deveriam ir somente para você e sua família.* Em muitos aspectos, está criando toda uma "segunda família" quando contrata funcionários. (E, infelizmente esses parentes às vezes lhe processam.)

Contratar pessoas muitas vezes é uma questão de ego, mais do que de negócios. Eu entendi que é importante dar aos potenciais clientes um sentimento de profundidade e oferecer aos clientes uma variedade de talentos, mas esses objetivos podem ser atingidos de várias maneiras inovadoras. Em qualquer negócio, as pessoas são o ativo mais caro. Consequentemente, precisamos ter um pouco de imaginação para obter e fazer uso desses ativos. As únicas pessoas que eu recomendo contratar como empregados em tempo integral, *se for absolutamente necessário*, são as que fazem trabalho de secretaria e trabalho administrativo, ou que tenham habilidades altamente especializadas e que sejam necessárias diariamente (por exemplo, um pesquisador ou programador para quem exista trabalho em tempo integral durante a maior parte de seu trabalho contratado, quando terceirizar não for economicamente compensador).

> Já me pediram que ajudasse muitos consultores empresariais que estabeleceram um "estado de bem-estar social" corporativo e que consideravam, equivocadamente, como sua obrigação ajudar seus funcionários em vez de ajudar seus clientes (e, portanto, a eles próprios). A rua está cheia de restos de negócios fracassados que desabaram sob o peso de equipes contratadas em tempo integral.

Os contratos em meio-expediente podem incluir:

- Especialistas necessários para um trabalho específico de longo prazo que necessita deles regularmente enquanto durar o contrato.
- Funcionários de escritório para dar conta de períodos excepcionalmente cheios de trabalho de duração prevista.
- Estagiários universitários e empregados temporários que estejam fazendo o serviço pesado enquanto aprendem durante um verão ou um contrato.

Há três opções que são muito superiores a quaisquer outras para você obter os profissionais necessários para ajudar a desenvolver seu negócio.

1. Adquirir sócios

Geralmente, é melhor ser dono de 50% de um negócio de um milhão de dólares (ou um quinto de um negócio de US$ 3 milhões, por exemplo) do que ser dono de 100% de um negócio de US$ 100 mil. Se você conseguir encontrar pessoas que compartilhem sua visão e disciplina, pode ter uma parceria legítima.[1] Essas pessoas também devem aportar novos talentos complementares, e não uma duplicação dos seus.

Eu nunca gostei de parcerias em que o investimento ou a participação dos sócios é desigual, como em "eu coloco o talento e você, o dinheiro." Os sócios devem ser parceiros, dividindo riscos e recompensas em partes iguais. (Não há problema em permitir que uma pessoa compre uma parte da sociedade com o passar do tempo, desde que o tempo seja especificado e o resultado seja igualdade total.) Os candidatos a sócios devem ter as características mostradas na Figura 7-1. Essas características podem parecer evidentes por si mesmas, mas *todas* devem ser cumpridas.

A solução de 1%: há dois indicadores de "sucesso" baseados no ego que podem acabar prejudicando o sucesso: a insistência em ter empregados e a crença de que você precisa de um escritório formal para os acomodar.

Simplesmente trazer um novo profissional, dar acesso a uma nova base de clientes ou ser um "cara superlegal" é insuficiente para uma sociedade, que realmente é mais difícil que qualquer casamento (razão pela qual os casamentos terminam quando as pessoas decidem trabalhar como sócios de um empreendimento empresarial). Na verdade, é fatal.

> - Fornecem uma base de negócios ou investimentos financeiros iguais aos seus.
> - Compartilham seus ideais, objetivos e sua visão do negócio.
> - Têm um histórico de sucesso.
> - São verdadeiramente agradáveis; a química é positiva e gratificante.
> - Compartilham seu quociente de risco.
> - Compõem um todo maior do que a soma de suas partes.
> - Ajudam você a ampliar e a crescer.

Figura 7-1 Qualificações essenciais para sócios potenciais.

Por exemplo, não há critério na Figura 7-1 sobre proximidade geográfica. Pode ser bom que os sócios estejam dispersos ou que morem um em frente ao outro. Em qualquer dos casos, a equação da sociedade demanda muita confiança e a confiança baseia-se em objetivos e crenças em comum, e não em dividir receita ou em ser vizinhos.

Talentos distintos são necessários porque não lhe interessa melhorar em coisas nas quais você já é bastante bom. Em vez disso, lhe interessa ampliar. Vocês vão precisar gostar um do outro porque cada um cometerá alguns erros que afetarão o outro. Às vezes, poderão trazer quantidades desproporcionais de trabalho para a empresa. Além disso, discordarão em algumas questões. Esses são conflitos legítimos nos negócios. Não devem ser agravados por conflitos pessoais. Uma sociedade não está relacionada com igualdade de oportunidade no emprego, mas sim com uma alma gêmea.

O resultado da união de forças deve ser a criação de um todo que seja maior do que as partes que o criaram. Se você e seu sócio têm, cada um, uma empresa de US$ 250 mil e, dois anos depois, cada um tem 50% de um negócio de US$ 500 mil, desperdiçaram seus esforços. Os ganhos não financeiros que você pode ter tido (por exemplo, troca de ideias, crítica recíproca ou companheirismo) poderiam ter acontecido por meio de trabalho em rede e alianças. As sociedades devem aumentar as empresas geometricamente, caso contrário não valem a pena.

Uma sociedade deve criar uma base de negócios combinada que seja pelo menos 25% maior do que a soma das duas empresas. A colaboração de duas empresas de US$ 300 mil deve resultar em receitas brutas anuais combinadas de US$ 750 mil, por exemplo. Metaforicamente, chamo isso de "1 + 1 deve ser igual a 64".

Um alerta final sobre sócios: já vi sociedades formadas no paraíso descerem ao inferno num piscar de olhos. É extremamente difícil sair de sociedades, e elas muitas vezes resultam em uma destruição da empresa como um todo. Um bom amigo meu se encontra na posição de controlador de sua empresa e de principal gerador de trabalhos. Seus sócios "menores" tentarão sair vendendo sua parte a ele, o que significa que ele terá que trabalhar mais do que nunca para proporcionar verbas para pessoas que vêm se arrastando há algum tempo. Como ele levanta o dinheiro para comprar a parte deles? Passando os próximos cinco anos em aviões, vendendo uma parte de sua propriedade a investidores ou em alguma outra solução detestável?

Certifique-se de duas coisas antes de embarcar em uma sociedade: primeiro, garanta que ela vai render muito mais do que a soma das partes. Segundo, faça um "acordo pré-nupcial" para poder se desvencilhar com um mínimo de caos se a coisa desandar.

Digressão
Charles tinha uma empresa de US$ 800 mil na qual era ele que fazia chover. Ele sustentava seis pessoas para a realização dos trabalhos, funcionários em tempo integral que nunca deixavam de lembrá-lo de que essa realização era a coroação do sucesso da empresa (não era, claro; a aquisição de novos clientes é o centro do crescimento e do sucesso de qualquer empresa). Ele renegava a si mesmo e a sua família para sustentar esses funcionários nos tempos bons e nos ruins, nunca retirando um bônus integral para si, jamais demitindo alguém, nunca exigindo que eles próprios trouxessem mais trabalhos. Charles, com excesso de peso e fumando um cigarro atrás do outro, morreu de parada cardíaca aos 44 anos, sozinho em um quarto de hotel longe de casa.

2. Estabelecer alianças

Aliança é uma das palavras mais surradas em consultoria (pelo menos hoje de manhã), mas realmente é um método antigo com permanente aplicação prática.[2] Por meio do trabalho em rede, participação em entidades e outros contatos, podem-se estabelecer alianças estratégicas com outras empresas. Essa é uma relação excepcionalmente benéfica, na qual a firma menor obtém acesso a mercados e organizações maiores, e a maior, *expertise* especializada e/ou ajuda economicamente compensadora.

As associações de classe citadas no Capítulo 6, são excelentes fontes para conhecer dirigentes de outras empresas, muitas vezes em contextos sociais e informais. Observei que uma importante fonte de negócios para mim são as indicações e solicitações que vêm de outras empresas de consultoria. Essas alianças podem resultar em trabalhos conjuntos ocasionais e frequentes.

Se forem eficazes, serão altamente lucrativas porque o *marketing* foi feito para você. Além disso, sua visibilidade para a implementação se torna uma importante ferramenta de *marketing*. E, em termos gerais, como seus preços são conhecidos por seu parceiro de aliança, sua inclusão não é sensível a esse fator.

Incentivo todos os consultores a buscarem fazer alianças em todas as oportunidades. Essa é uma técnica excelente para alavancar seu impacto de *marketing* e sua visibilidade e para um crescimento multidimensional à medida que você observa seus parceiros de aliança aplicando suas técnicas e talentos. As alianças não envolvem obrigações contratuais restritivas, podem ser iniciadas e encerradas com relativa facilidade e, muitas vezes, levam a ainda mais alianças.

Entretanto, elas não acontecem simplesmente – devem ser buscadas por meio de trabalho em rede e participação em entidades.

Lembre-se, colocar outros dirigentes da consultoria em sua lista de correspondência não é abrir mão das joias da família – é convidar os avaliadores para que conheçam seu negócio.

As alianças e a subcontratação que decorre delas são, na maioria dos casos, superiores a parcerias porque, com essas opções, você mantém o controle absoluto, ao mesmo tempo em que adquire alavancagem para crescimento multidimensional.

Estudo de caso

Alguns anos atrás, conheci Wayne Cooper, que, na época, era diretor-executivo da Kennedy Information. (Eu tinha conhecido Jim Kennedy, uma das grandes forças em sua profissão, que vendeu sua empresa a Wayne e seu irmão.) Decidimos que tínhamos recursos complementares para colocar na mesa.

A Kennedy Information tem uma distribuição de boletins, alcance de *marketing* e uma boa reputação na pesquisa e análise de grandes empresas. Eu era uma "marca" conhecida em consultoria, muito publicado, tinha criado algumas oficinas de consultoria e tinha uma reputação forte com profissionais autônomos por meio de meu programa de *mentoring*.

Kennedy e eu criamos um novo boletim, *What's Working in Consulting*, substituindo o *The Consultant's Craft* da minha empresa. Organizamos uma série de seminários para um púbico de alto nível, chamados Rainmaking, que Kennedy promovia e eu implementava. E publiquei três de meus livros sob a marca de Kennedy.

Tivemos algumas discordâncias, mas confiávamos um no outro, e ambos lucramos muito com a aliança. Essas relações sinérgicas são os catalisadores que fazem sua empresa avançar exponencialmente.

Embora os Cooper tenham vendido a empresa mais tarde e o boletim tenha deixado de ser publicado, continuo a publicar e vender três livros pelos atuais proprietários da Kennedy Information.

3. Subcontratar

Muitos de meus colegas odeiam essa palavra. Acho que soa muito como o empreiteiro que chama um eletricista. Se preferir, você pode pensar nessas relações como "contratos de curto prazo", "ditadas pela situação" ou "subordinados sem vínculo empregatício".

Para mim, porém, é subcontratação, e você não terá luz se se recusar a usar bons eletricistas.

Na subcontratação, você obtém os serviços de outros consultores por um preço determinado ou outra participação sob sua orientação. (Se o outro consultor estiver em condições de igualdade com você em termos de decisão e iniciativa durante o trabalho, você não terá feito subcontratação para obter ajuda específica; está em uma aliança ou parceria.) Subcontratar profissionais implica habilidades especializadas e/ou tarefas específicas orientadas por você. Elas podem incluir entrevistar, coordenar oficinas, criar um questionário, estabelecer grupos focais de clientes, formatar intervenções eletrônicas pela internet, pesquisar um setor e assim por diante.

O cliente pode saber, ou não, que a ajuda extra não faz realmente parte da sua vida, mas sabe que as tarefas serão realizadas sob sua orientação e que você não estará fazendo isso pessoalmente, embora seja responsável por sua qualidade.

Ao obter um trabalho que exige profissionais subcontratados, eu calculo a quantidade de ajuda de que vou precisar e incluo esse custo no preço. Os subcontratados são pagos com base em sua contribuição e no trabalho que fazem, e não no preço de um trabalho que eu consegui. Também pago preços diferentes a diferentes subcontratados, se eles trouxerem uma *expertise* especializada ou simplesmente se forem melhores naquilo que fazem. Cada um é uma negociação separada, e eu sou livre para pagar com base em valor, assim como eles são livres para recusar trabalho. Nunca contrato pelo menor preço; sempre contrato pelo maior valor – até onde minha condição é melhorada por usar sua ajuda. (Piadinha de sempre: Digo a eles que nunca leiam meu trabalho sobre honorários baseados em valor.) Minhas razões para usar profissionais subcontratados, mesmo que minhas margens sejam reduzidas, incluem a seguintes:

1. Preciso de "pernas" para lidar com o volume de trabalho.
2. Preciso de *expertise* especializada que não possuo.

3. Preciso de uma folga – simplesmente não quero fazer o trabalho.
4. Tenho usos melhores para o meu tempo.

Os subcontratados são relativamente fáceis de encontrar no processo de trabalhar em rede e de participar de entidades. Eu recebo um currículo por semana de pessoas que querem esse tipo de trabalho. Também peço a meus colegas de profissão que recomendem pessoas, como eu faço por eles, criando assim uma situação que é boa para todos os três elementos envolvidos. Se, em algum momento, eu estiver em dúvida sobre precisar ou não de profissionais subcontratados, prefiro errar por não usá-los. Sempre posso mudar de opinião mais tarde, mas não quero começar um trabalho com uma obrigação ou um custo alto. É verdade que eu posso colocar uma carga enorme sobre minha margem de lucro, mas ela é enorme de qualquer forma, de modo que o prejuízo é mínimo.

(Para aqueles que identificaram subcontratados que tenham estabelecido uma aliança estratégica com vocês, vão em frente, assim como você pode se considerar um subcontratado de um parceiro estratégico maior. Vale a pena separar as categorias porque você pode estar frequentemente em uma e praticamente nunca na outra, dependendo da natureza de seu negócio e de seus contratos.)

Sempre é melhor crescer e manter o controle, ainda que parcial, do que crescer e abrir mão do controle, a menos que a segunda situação proporcione crescimento extraordinário.

De todas as opções de crescimento envolvendo outras pessoas, concluí que parcerias, alianças e subcontratações são as mais eficazes no desenvolvimento dos negócios, ao mesmo tempo em que protegem meus interesses. As duas últimas são as mais seguras. Recomendo parcerias somente quando a sinergia dos parceiros criar um negócio muito maior do que simplesmente somar quem está se unindo. *A maioria das parcerias para consultoria acaba fracassando*, muitas vezes com graves repercussões para os negócios futuros de cada indivíduo.

Não importa quais opções você tenha, há uma necessidade de reconhecer as boas pessoas ao se deparar com elas. Afinal de contas, você está, sem dúvida alguma, pregando isso aos clientes. Mas como você mesmo pratica isso?

Digressão

Se você concorda que riqueza é tempo livre, reduzir a demanda de seu trabalho é um importante processo de construção. Afinal de contas, você pode construir negócios até o ponto em que ganhar mais dólares acaba por reduzir sua saúde. Todos já vimos gente viciada em trabalho, os "workaholics". Você sempre pode ganhar mais um dólar, mas não tem como criar um minuto extra. Aqui, algumas técnicas rápidas para reduzir as necessidades de trabalho:

1. Transfira o trabalho que puder ao cliente. Isso tem valor para ele, porque você estará transferindo habilidades, possibilitando que ele perpetue as mudanças sem você e desenvolvendo o pessoal dele. Use talento local.
2. Avalie seriamente atividades impensadas que você realiza para si, as quais não tenham qualquer relação com o cliente. Não produza relatórios que simplesmente ficam em arquivos poeirentos ou prateleiras distantes. *Nunca baseie seu valor nesses produtos a serem entregues.* É isso que fazem os amadores.
3. Use subcontratados para qualquer coisa que:
    a. Deixe você entediado.
    b. Exija corpos, mas não muita *expertise*.
    c. Exija *expertise* especializada, que não valha a pena adquirir.
4. Nunca aceite tarefas do cliente (número de dias em que deve estar presente, reuniões que deve participar, apresentações que deve fazer). Você é o consultor e saberá quais metodologias e abordagens são adequadas. Seu valor não está em sua presença física.
5. Cobre uma fortuna se tiver que fazer tudo. Isso lhe possibilitará assumir menos trabalhos em outros lugares. (A propósito, "fortuna" nunca pode ser menos de seis dígitos.)

❖ Como contratar os melhores e evitar o resto

Invariavelmente, as pessoas que você pode contratar para um trabalho pelo menor preço não serão as mais qualificadas. Entretanto, as mais caras raramente são as mais qualificadas. O primeiro passo para encontrar pessoas excelentes (seja para subcontratar, seja para alianças, parcerias, indicações ou para o que for) é entender que tipo de gente você está buscando. Você precisa de pessoas com talentos específicos como, por exemplo, coordenar oficinas, criar materiais didáticos, realizar entrevistas, formular instrumentos de testagem ou orientar funcionários? Ou precisa de pensadores conceituais ou estratégicos que possam trabalhar em situações ambíguas com um cliente e identificar padrões ou sugerir procedimentos? Você precisa de especialistas, exemplos ou colaboradores?[3] Está buscando um subcontratado, uma caixa de ressonância ou uma aliança potencial? Um erro fundamental que os consultores cometem, que faz o espeto da casa do ferreiro parecer de ferro, é escolher as pessoas com base somente na "química".

As relações interpessoais são certamente essenciais. Afinal de contas, você deve confiar naqueles com quem está trabalhando. Entretanto, sentimentos de simpatia e afeto, por si, são insuficientes. O indivíduo deve ser adequado ao tipo de trabalho ou relação que você tem em mente. Já vi pessoas contratarem pesquisadores que não conseguiam entender bancos de dados.

Com muita frequência, vejo especialistas em conteúdos usados em situações de oficinas, embora nada saibam sobre aprendizagem de adultos e não tenham habilidades de facilitador. Não importa o quanto você goste de uma pessoa e a respeite, se ela não for adequada para entrevistar por ter poucas habilidades de escuta, essa pessoa não serve para aquela função específica.

> Portanto, regra número 1: identifique os traços, objetivos de desempenho e habilidades necessários.

A seguir, use suas redes, sua participação em entidades e suas filiações para conhecer pessoas. Não tente simplesmente encontrar pessoas quando descobrir que tem uma necessidade. Isso vai, inevitavelmente, criar pressões indevidas para contratar quem aparecer e reduzir a qualidade de suas decisões sobre seleção. Você deve ter uma fonte prévia, da qual possa se servir quando for necessário.

Muitas vezes, concluí que certas licitações demandariam um perfil dos consultores que pudessem assumir o trabalho. Se a experiência no setor de saúde fosse um critério de avaliação, eu incluía pessoas da minha lista com as habilidades necessárias, que tivessem esse histórico. Se formadores na área de vendas fossem considerados importantes, eu escolheria vários daqueles.

Conheci um consultor independente em uma conferência do setor que era especialista em formação para vendas. Ficamos amigos e decidimos compartilhar um café da manhã de trabalho ocasional para comparar anotações. Descobri que ele tinha habilidades que eram aplicáveis muito além de seu nicho de escolha e, em pouco tempo, o convidei para participar como entrevistador de campo em vários trabalhos. Visto que ele aprendeu meu sistema, tornou-se ainda mais valioso em uma ampla gama de trabalhos e, atualmente, é um de meus principais subcontratados.

Escolher pessoas que possam fornecer valor agregado a seu negócio é tão importante quanto identificar potenciais clientes.

Tenho um arquivo especial para minha lista de recursos, que é constantemente modificado e ampliado. É tão importante quanto minha lista de potenciais clientes, pois essas são as pessoas que me permitem alavancar meu negócio.

Então, regra número 2: continuamente, identifique as boas pessoas minuciosamente e estabeleça relações com elas.

Por fim, quando você tiver reconhecido suas necessidades e identificado candidatos potenciais, como saberá quais são os adequados para um determinado trabalho? O cliente não deve ser uma cobaia. A resposta é que você deve passar um tempo com as pessoas que identificou, não importa qual o papel potencial que você visualizou para elas. Aqui vão as minhas recomendações:

- *Relações de aliança.* Visite os escritórios delas e conheça suas equipes. Assista a uma reunião interna, se for possível. Aprenda como elas interagem com clientes e pergunte sobre outras alianças que elas mantenham para que possa falar com essas empresas. Ofereça-lhes as mesmas cortesias. Determine se existe uma sintonia filosófica e uma verdadeira conexão complementar, e não duplicativa.
- *Subcontratação de tarefas.* Peça amostras de seu trabalho. Assista a uma oficina que estejam conduzindo. Peça referências de clientes.[4] Apresente uma amostra de situação e peça que solucionem (ou seja, apresente algumas perguntas que eles fariam ao entrevistar nessa situação).
- *Subcontratação conceitual.* Peça referências de clientes. Apresente uma situação e pergunte como reagiriam (por exemplo, o funcionário do cliente aborda o consultor e fornece informações financeiras confidenciais). Descreva

o modelo que pretende usar e peça que o sustentem e que o ataquem. Pergunte quais são seus modelos preferidos e se existem conflitos (por exemplo, o candidato acredita que os pensadores que usam mais o lado direito do cérebro não podem ser organizados em seus hábitos de trabalho, uma posição que você considera incompatível).

- *Sócios potenciais.* Passe um longo período de tempo junto com eles, profissional e socialmente. Trabalhe com eles em vários projetos. (Eu acredito que isso é tão importante quanto um *test drive* antes de comprar um carro caro.) Compartilhe balanços financeiros detalhados entre vocês e com consultores financeiros adequados. Confira profundamente as referências de clientes e as profissionais. Traga um terceiro para fazer o papel de advogado do diabo em relação ao empreendimento. Convença a si mesmo de que seus negócios combinados crescerão pelo menos 25% no primeiro ano. Delineie claramente as responsabilidades e deveres. Reúna-se com outros membros da equipe e com os subcontratados.

Repare que essas são atividades detalhadas que demandam tempo. Um almoço não basta para selecionar um formulador de pesquisas para trabalhar uma vez por ano, muito menos um sócio futuro em sua empresa. Se não estiver disposto a investir esse tempo e essa energia, você nunca vai desenvolver seu negócio de forma eficaz. Se não conseguir fazer isso, estará deixando seu futuro para o método de tentativa e erro para a seleção aleatória de pessoas. Inacreditavelmente, a maior parte dos consultores que eu conheço passa mais tempo escolhendo seu eletricista ou seu dentista do que pessoas que podem ter um efeito profundo em seu futuro. (E dão um sermão bastante diferente aos seus clientes!) A propósito, esse tipo de exame cuidadoso permite a autosseleção dos candidatos.

Muitas vezes, é o próprio candidato quem diz: "Sabe de uma coisa, eu estou começando a me dar conta de que não sou a pessoa certa para o que você tem em mente. Mas eu acho que conheço alguém que é."

Portanto, regra número 3: invista todo o tempo que for necessário para estar absolutamente seguro de que a pessoa é certa para o trabalho.

Uma última palavra sobre preços antes de avançar para a seção seguinte, que trata sobre recompensar as pessoas: eu *nunca* ofereço pagamento por dia a subcontratados. Em primeiro lugar, quero esperar até estar convencido de que o indivíduo é adequado às minhas necessidades. (Essa é a "venda conceitual" de que falei anteriormente, relacionada aos clientes.) Em segundo lugar, quero que o subcontratado *me* diga um preço. Com frequência, considero esses preços extremamente razoáveis porque o outro consultor não implementou uma estratégia de preço abrangente (não leu o Capítulo 9), e eu posso ter começado em um nível alto demais. Sobre as raras ocasiões em que o preço me parece alto demais, mas o candidato é excelente, estou em posição de negociar. De qualquer forma, se eu fiz o investimento mencionado antes para determinar quais são as minhas necessidades, estabeleci uma lista de candidatos e conheci cada candidato em potencial, tenho bases extremamente sólidas sobre valor agregado relativo e os preços adequados correspondentes.

> Lembre-se, nunca pague subcontratados em função do tamanho do trabalho que você está fazendo, nem dê a eles uma participação no trabalho. Apenas os sócios recebem participação – porque estão dando a você uma participação no negócio deles.

❖ Trabalho conjunto: pontos altos potenciais e pontos baixos muito, muito profundos

Seus negócios vão crescer muito quando sua presença não for mais necessária para estabelecer contato com um potencial cliente. Duas são as condições que criam essa situação saudável: (1) os potenciais clientes vão telefonar (meu conceito de "gravidade") e (2) outras pessoas vão trazê-los a você. No primeiro caso, não há recompensa nem remuneração devida a qualquer parte. No segundo, contudo, existem as seguintes possibilidades:

- Você foi indicado por um cliente ou por outro consultor, sem a devida recompensa.
- Você foi indicado por outro consultor com quem tem um acordo para pagamento dessa intermediação.
- Você recebeu o trabalho dentro de uma relação de aliança e nenhuma recompensa é necessária porque o outro consultor incluiu seus honorários no preço total.
- Outro consultor entra em contato com você porque precisa de sua colaboração para garantir, formular ou implementar o trabalho.

Discutamos as duas situações em que você vai precisar de diretrizes para recompensar as pessoas que o merecem e que não estão atendidas de outra forma: pagamento por indicação e trabalho conjunto.

Pagamento por indicação

Eu disse antes que geralmente não exijo pagamento quando indico o trabalho de outros, contentando-me com a capacidade de influenciar a implementação e obter informações do meu colega. Entretanto, há outros que podem lhe pedir pagamento quando indicarem trabalhos (e você pode querer solicitar esse pagamento de outros às vezes, o que é adequado e ético).

Vou definir uma situação desse tipo da seguinte maneira: o pagamento por indicação de trabalhos que, caso contrário, não seriam obtidos de forma razoável. Sendo assim, é adequado pagar pela indicação de trabalhos que não teriam chegado até você.

Minha posição sobre a quantia do pagamento é:

1. De 15 a 20% para trabalhos que a outra parte fechou e que só demandam sua apresentação ao cliente e sua aceitação, e tudo o que você tem que fazer é ter certeza de não insultar qualquer dos presentes.
2. De 10 a 15% para trabalhos nos quais você foi apresentado, mas que demandam suas habilidades para fechar a venda.
3. De 5% pelo nome de um comprador para quem você tem que fazer sua própria apresentação.
4. Um agradecimento e um pequeno presente para simples informações de contatos que demandem suas habilidades para conseguir entrar e fechar a venda que acabará resultando em trabalho.

Eu não pago, nem espero ser pago, por informações sobre contatos, ou seja, nomes e informações gerais que podem constituir uma oportunidade de *marketing*. Essas são simplesmente cortesias profissionais que resultam de um ativo trabalho em rede e favores semelhantes feitos a outras pessoas. Se uma reunião com o comprador for marcada para você sob os cuidados do consultor que está indicando, devem-se fazer considerações financeiras caso isso resulte em trabalho, porque o processo de *marketing* foi encurtado em muito (a velocidade foi acelerada – veja a seguir). Visto que suas habilidades, sua reputação e suas decisões são importantes para obter o trabalho, 10% é uma recompensa adequada.

Contudo, se o negócio for fechado conceitualmente pelo consultor que indicou e se as habilidades, reputação e decisões dele também forem responsáveis por convencer o cliente a considerar sua participação, o processo de marketing estará praticamente finalizado. Você só tem que cuidar para não derramar café no tapete nem insultar a esposa do comprador.[5] Nesses casos, um pagamento de até 10% é adequado.

Em ambos os casos, estou partindo do pressuposto de que o consultor que indicou não está envolvido na formulação nem na implementação propriamente ditas do trabalho. Naturalmente, esses pagamentos são sempre negociáveis, mas eu acho essas porcentagens justas, e elas têm aceitação geral. Você também pode estipular a *duração* do acordo de pagamento por indicação.

Minha posição é a de que o acordo só vale para o trabalho em questão, exceto se for um piloto, quando então há justificativa para incluir o trabalho seguinte se o piloto for bem-sucedido. Em alguns casos, quando sou apresentado a um importante executivo em uma organização de grande porte, incluo um tempo de até um ano para que resulte algum trabalho. Embora nada esteja cristalizado para sempre, minha regra prática é garantir que as partes que fazem as indicações se sintam tratadas de forma justa para que me enviem mais trabalhos. Uma indicação é apenas um evento de negócios.

Digressão

Para quem é palestrante profissional e paga 25% a uma agência por trabalhos, é preciso chegar a um acordo sobre trabalhos de consultoria que resultem de um trabalho de palestra. Eu não estou disposto a pagar 25% de um preço de consultoria na faixa dos seis dígitos a um *bureau*, mas 10% é razoável. Entretanto, você deve definir isso antes do fato. [Veja meu livro Money Talks: How to Make a Million as a Speaker (New York: McGraw-Hill, 1999).] Algumas agências exigem agora mais de 25% e pedem que você financie seu *marketing* ou compre os serviços do *bureau*, o que é absurdo.

As indicações continuadas são uma carreira em consultoria, ponto. Atender a apenas 10% de um contrato de US$ 100 mil pode ser um mecanismo de curto prazo para maximizar seu fluxo de caixa, mas conceder 20% ou mais de um contrato de US$ 1 milhão é um investimento de longo prazo que desenvolverá muito seu negócio.

Trabalhos conjuntos

Já estive em algumas situações difíceis envolvendo divisão de receitas quando dois ou mais consultores trabalham juntos. A cooperação amigável pode ser prejudicada quando um colega se sente mal tratado ou quando você acha que se aproveitaram de você. Portanto, criei uma fórmula, refletida na Figura 7-2, para recompensar trabalhos conjuntos. Eu transmito essa fórmula a qualquer um que se aproxime de mim com uma ideia. Quero que tudo fique claro desde o princípio. Descobri que meus amigos ficam agradecidos pela ideia, e nunca tive dificuldades com um colaborador que tenha aceito.

Nesse sistema, separa-se um trabalho em três componentes: fechar a venda, fornecer a tecnologia e implementar (você pode escolher um quarto ou quinto, se quiser). Fechar a venda é fazer que o nome do comprador entre no contrato, o que pode incluir apresentações *in loco*, reuniões pessoais, fornecimento de materiais e referências, convencer os recomendadores, etc.

	Venda (1/3)	Tecnologia (1/3)	Implementação (1/3)	
Consultor A:	X%	+X%	+X%	= Fatia
Consultor B:	Y%	+Y%	+Y%	= Fatia
Combinado:	1/3 do trabalho	+1/3 do trabalho	1/3 do trabalho	= Trabalho inteiro

Figura 7-2 Uma fórmula para compartilhar a receita de forma equitativa.

A tecnologia envolvida pode ser formal e tangível, como os instrumentos de testagem, materiais de sala de aula, programas de computador e material intelectual sujeito a direitos autorais. No entanto, também pode ser informal e intangível, como habilidades de coordenação de grupos focais, observações de operações, avaliação de técnicas de comunicação, orientação de bastidores, etc. A tecnologia abrange os meios – os talentos, materiais, abordagens, habilidades e avaliações – necessários para melhorar a condição de cliente.

Por fim, há a implementação[6] propriamente dita da tecnologia. A tecnologia tangível pode ser implementada por pessoas que não o proprietário ou criador. A tecnologia intangível geralmente depende das habilidades pessoais de quem as possui. Posso dotar outra pessoa de meu modelo para estabelecer estratégia, mas não posso fazer isso com as habilidades e traços que uso para desenvolver a relação que me permite observar e apresentar uma opinião sincera aos diretores-executivos. Cada consultor fornece uma porção de cada um desses componentes, de 1 a 100%.

Um exemplo: uma colega me pede para usar minha tecnologia para estabelecer sistemas de planejamento de sucessão para uma cliente. Ela vai apresentar uma proposta de US$ 126 mil[7] e quer que eu ajude com o modelo que uso e passe algum tempo supervisionando o início de sua implementação na empresa. Usando o modelo, chegamos à fórmula mostrada na Figura 7-3. Dei a ela 100% do crédito pelo fechamento do negócio, 100% de crédito a mim por fornecer a tecnologia e crédito compartilhado pela implementação, refletindo o fato de que ela faz o trabalho predominante, mas eu estou presente na supervisão. Ela recebe 58% do pagamento total e eu recebo 42%. Eu não teria obtido o trabalho sem ela, e minhas responsabilidades de implementação são limitadas, mas importantes. Ela não poderia ter fechado o negócio sem minhas abordagens e tem as principais responsabilidades de implementação. Eu achei justo. Ela também.

	Venda (1/3 = US$ 42.000)	Tecnologia (1/3 = US$ 42.000)	Implementação (1/3 = US$ 42.000)	
Ela:	(100%) 42.000	+(0%)0	+(75%) 31.500	=73.500
Eu:	(0%)0	+(100%) 42.000	+(25%) 10.500	=52.500
Nós:	42.000	+42.000	+42.000	=126.000

Figura 7-3 Compartilhamento igualitário de receita: exemplo 1.

Examinemos outro caso: eu lhe peço ajuda para convencer um potencial cliente potencial a aceitar um trabalho de formulação de estratégia. Ele demanda uma "demonstração de força", e seu nome é reconhecível no campo.

Sua presença pode ser o fator decisivo na opção do cliente por nosso trabalho em detrimento do da concorrência. Ambos necessitamos estar presentes para a implementação porque o cliente esperará nos ver regularmente.

Contudo, a tecnologia é toda minha, e você já a usou e está à vontade com ela. A proposta final vale US$ 240 mil.

Na Figura 7-4, vemos que estou recebendo 70% do preço total e você, os outros 30%. A venda foi estabelecida basicamente por mim, mas sua presença foi necessária para ajudar a fechar negócio. A tecnologia é minha, e dividimos responsabilidades iguais na implementação. Um preço de US$ 72 mil é uma compensação justa por você emprestar seu nome aos procedimentos e dividir igualmente a implementação usando a minha tecnologia? Seu envolvimento vale US$ 72 mil para mim?

Como você provavelmente observou, ocorrem discussões sérias em torno da contribuição dos dois membros da equipe em cada uma das três áreas.

A solução de 1%: fazer vendas é muito mais difícil do que desenvolver metodologia ou implementar, e deve ser recompensado de acordo com isso.

Você deveria receber mais de 40% de crédito por participar no fechamento do negócio? Podemos mudar a responsabilidade de alguma forma ou de outra, criando margem de manobra nessa área? Essas perguntas devem ser respondidas antes de se chegar a um acordo sobre trabalhar juntos. Elas também podem ser usadas para conciliar desigualdades se as condições mudarem durante o trabalho. (Já participei de trabalhos em que a tecnologia de um colega foi mais necessária do que o previsto, ou que o cliente queria que um de nós cumprisse um papel mais importante na implementação do que o outro.) Diferentemente do pagamento por indicação, este sistema é baseado em participação, porque as contribuições relativas dos colaboradores são responsáveis pela ocorrência da ação. E se uma parte achar que US$ 72 mil não são suficientes para o investimento de tempo necessário para sua metade da implementação? A resposta é: aumente o preço do trabalho ou não faça a parceria.

	Venda (1/3 = **US$ 80.000**)	Tecnologia (1/3 = **US$ 80.000**)	Implementação (1/3 = **US$ 80.000**)	
Você:	(40%) 32.000	+(0%)0	+(50%) 40.000	=72.000
Eu:	(60%) 48.000	+(100%) 80.000	+(50%) 40.000	=168.000
Nós:	80.000	+80.000	+80.000	=240.000

Figura 7-4 Compartilhamento igualitário de receita: exemplo 2.

Contudo, não se deixe convencer a sacrificar a fatia da outra parte para fazer um colega feliz. Isso gera ressentimento, desigualdade, e o trabalho conjunto acaba fracassando. Não se podem basear preços conjuntos em qualquer coisa além do preço total do projeto e das contribuições adequadas de cada parte. As estruturas de preços ou honorários individuais não importam. Observe que você também pode alterar as porcentagens; não existe razão pela qual cada contribuição deva valer um terço. A aquisição pode ser de 50% e cada uma das contribuições, de 25%, se você assim escolher. *Recomendo 50% para aquisição, 30% para metodologia e 20% para implementação.*

Maximizar o fluxo de caixa de curto prazo é o ato de um solitário. Criar relações duradouras que proporcionem indicações e trabalhos conjuntos é a marca de uma empresa profissional estabelecida.

Meu credo é: "Sempre ajude a outra pessoa a ficar rica." Isso se aplica independentemente de qual relação ou sistema de preço você preferir. Eu não quero apenas que *aquele trabalho específico* dê certo, mas sim que a *relação com meu colega* seja duradoura, seja ela de poucas indicações de trabalho, alianças situacionais, subcontratação confiável ou trabalho conjunto em grande escala. É por isso que você pode usar um sistema de recompensa para que outros ajudem seu negócio a crescer muito.

Porém, a ênfase deve estar no uso de outros para desenvolver seu negócio, e não no uso de outros para abandonar seu negócio.

❖ Alavancagem: não abandone o navio

À medida que alavanca seu crescimento trabalhando com e por meio de outras pessoas, você se verá em várias etapas no processo de encerrar detalhes do trabalho. Isso é difícil àqueles que acham que "só eu sei fazer isso direito" e fácil para os que se consideram "fechadores de negócios".

> Muitos consultores se apaixonam pela própria metodologia. O sucesso neste negócio vem do *marketing*, e não da profundidade da *expertise* em consultoria. Sei que isso é uma heresia para muitos de vocês, mas todos os gurus de consultoria que não são "fazedores" estão trabalhando para outros e simplesmente recebendo um contracheque.

Outra pessoa pode fazer o trabalho braçal. A verdade é que você é a ligação principal com seus clientes. Embora essa relação deva evoluir para incluir outros que trabalhem para você e para a imagem de sua empresa em geral, em última análise, ela ainda depende de você. Se sua relação permanece sólida, o cliente sempre vai lhe dar o benefício da dúvida. Uma sessão de apresentação de informações mal conduzida por uma pessoa ligada a você ou um documento mal encaminhado a partir de seu escritório não será a fagulha que vai explodir a relação.

Em vez disso, o cliente lhe telefonará dizendo que vocês dois têm um problema mútuo ou que foram ambos vítimas de um erro de desempenho.

Não importa quantas pessoas você empregue ou subcontrate, concentre-se em sustentar e desenvolver a relação pessoal que estabeleceu com compradores importantes em cada cliente. Em alguns casos, isso quer dizer que uma porção importante do trabalho será feita por você. Por exemplo, você pode assumir as apresentações a executivos e assessorar pessoalmente os principais representantes do cliente. Em outro caso, pode simplesmente ter que visitar pessoas importantes uma vez por mês ou por trimestre para discutir os resultados que sua equipe está produzindo. Com frequência, haverá clientes permanentes que demandam apenas um telefonema mensal ou uma visita anual.

O equilíbrio e a perspectiva que você deve ajustar constantemente se aplicam ao que chamo de *velocidade* do processo de vendas. A velocidade é o ritmo de mudança em movimento ou posição em relação ao tempo. O tempo transcorrido de uma venda no negócio de consultoria geralmente é longo. Ao obter um cliente de qualquer magnitude, é comum que passem seis meses a um ano entre a primeira reunião e a assinatura de um grande contrato. Qualquer coisa que possa ser feita para aumentar a velocidade – o movimento em direção a um acordo sobre um trabalho no tempo mais curto possível – é altamente vantajosa, ao passo que os impedimentos à velocidade podem ser fatais. Há poucas coisas tão lucrativas quanto um trabalho fechado dentro de 30 dias após sua primeira reunião com o comprador.

Entretanto, o tempo que leva para garantir a *repetição* do trabalho costuma ser bastante curto. Em muitos casos, o cliente lhe pedirá para fazer um trabalho como seguimento de outro que você está finalizando ou para investigar questões tangenciais ao trabalho atual. Ou o cliente o chamará porque surgiu uma "coceira," e sua abordagem baseada no momento do cliente (ver o Capítulo 2) faz de você a pessoa certa na hora certa, resultando em venda instantânea.

Sendo assim, você investe melhor estando na rua, passando todo seu tempo na tentativa de fechar novos negócios ou trabalhando com clientes existentes, tentando maximizar a repetição? Onde está o maior potencial para acelerar a velocidade da venda?

> Empregar outras pessoas não é uma tática que libere você de um cliente, mas sim uma estratégia que permite desenvolver mais sua relação com ele.

Há muito mais forças alinhadas contra a velocidade de vendas nos potenciais clientes do que nos que já são clientes. Na verdade, muitas das forças que trabalham em oposição à velocidade dentro dos potenciais clientes – por exemplo, diversas agendas internas – podem ser transformadas em forças que melhoram a velocidade nas contas dos clientes (quando você conhece as agendas internas, pode lutar para ajudar a atendê-las). A consultoria de ouro significa obter 80% de seus negócios de clientes já existentes, o que aumenta a receita e reduz as despesas de *marketing*. Não apenas compensa mais em termos de custos vender a clientes existentes e não apenas é mais fácil fazer essa venda, mas também é uma venda de alta velocidade.

A solução de 1%: os recursos são uma ferramenta que lhe permite avançar rumo a cifras de sete dígitos, e não uma âncora que o amarra aos cinco algarismos.

Consequentemente, não cometa o erro de usar outras pessoas (sejam alianças, subcontratados ou funcionários) com o objetivo de liberá-lo para ir em busca de mais negócios. Embora os novos negócios devam receber atenção, sua prioridade deve ser *sempre* alimentar e desenvolver as relações com clientes existentes. E é essa tarefa que outras pessoas liberam você para cumprir.

O fato de você trazer uma tripulação a bordo não significa que tenha abandonado o navio, mas que tem alavancagem e tempo para entender muito mais o funcionamento do navio. Quando usa recursos extras, você tem oportunidade de fazer o seguinte:

1. Organizar reuniões periódicas com o(s) comprador(es) principal(is) para avaliar os avanços da equipe e discutir modificações em andamento no trabalho.
2. Usar as observações e ideias da equipe para elaborar uma lista de questões fundamentais que devem ser apresentadas à administração superior, separando as que estão dentro do campo do trabalho atual e as que estão fora.
3. Embora a equipe esteja cumprindo tarefas, passar um tempo não estruturado com o cliente para observar e entender os aspectos essenciais de suas comunicações, operações e relações interpessoais.[8]
4. Investir tempo em conhecer melhor e estabelecer relações com outros membros importantes da administração que não participaram da decisão de contratá-lo. (Esta é uma das poucas ocasiões em que uma reunião-almoço pode ser uma opção ideal.)

Estudo de caso

Uma das técnicas mais eficazes de retenção/expansão de clientes jamais vista foi executada pelos consultores (engenheiros de campo) da Calgon Water Treatment Company quando ela era propriedade da Merck no início dos anos 1990. Os consultores de campo se tornariam parte das forças-tarefa internas do cliente, de suas equipes e de reuniões. Eles faziam parte do sucesso desses organismos.

Os clientes demitiriam seus próprios profissionais antes de os dispensar (ou procurar concorrentes quando surgissem novos trabalhos). O ex-diretor-executivo da Merck/Medco, Per Lofberg, citou-me certa vez a sua equipe como "aquele tipo insidioso de consultor que se torna um germe que não conseguimos tirar de nosso sistema". Eu fiquei bem orgulhoso.

5. Investigar práticas com os concorrentes do cliente e/ou práticas do setor em geral, para dar mais visão da condição do cliente e do tipo de melhoria possível.
6. À medida que surgem oportunidades, começar a formular planos para tratar de outras questões por meio de mais trabalhos. (Não apresente essas questões em um esforço de vendas transparente. Simplesmente as tenha prontas para que, quando o cliente sentir a "coceira," você esteja pronto para responder, aumentando a velocidade da venda.)
7. Tentar estabelecer os membros de sua equipe como membros de forças-tarefa e comitês internos do cliente. Essa é uma das técnicas mais eficazes que eu já vi para a criação de relações sinérgicas, e não tem como ser eficaz se você for um "solitário" tentando fazer tudo. Esse é um bom exemplo do uso de outros para construir sua relação.

Usar outras pessoas dentro de sua relação de cliente é uma técnica para ajudá-lo a obter controle, e não renunciar a ele. Uma vez a bordo do navio, você quer chegar à ponte de comando. E, quando estiver lá, não vai mais querer abandonar o navio.

Estamos para entrar no meio desta Parte 2 sobre tática, e cabe fazer isso discutindo uma parte central de seu negócio: estrutura de preços. Até aqui, tratamos de sua condução e promoção pessoais, as filiações que são possíveis com outras pessoas e os efeitos de alavancagem do uso de recursos adicionais com clientes. Avancemos agora para como tudo isso chega a um total de um milhão de dólares.

❖ Perguntas e respostas

P. *Como me protejo quando tiver que contratar pessoas que não conheço bem e as quais não tenho como investigar minuciosamente?*

R. Use-as em um trabalho pequeno, de forma discreta. Nunca jogue pessoas não testadas e desconhecidas em suas contas principais. Nesse caso, é muito melhor trabalhar sozinho.

P. *E se simplesmente eu não conseguir encontrar ninguém bom num prazo curto?*

R. Sempre investigue a possibilidade de o pessoal do cliente assumir uma grande parte do trabalho, com o benefício de transferir a ele as habilidades. Essa é uma das técnicas para reduzir a necessidade de pessoal.

P. *Algumas pessoas que fazem implementação insistem em uma comissão por qualquer trabalho repetido que gerem. Isso é um bom negócio?*
R. É bom negócio se você tiver certeza de que não são negócios que teriam resultado automaticamente da qualidade e da eficácia do trabalho. Não se esqueça: pessoal de implementação é muito, muito comum e fácil de obter. Perdão, mas essa é a verdade. Recompense apenas vendas que não se poderiam esperar.

P. *E o trabalho conjunto com amigos, com base em aperto de mão ou "acordo de cavalheiros," ou simplesmente o sistema da "palavra de honra"?*
R. Não. Jamais.

P. *Quanto dinheiro é razoável que eu espere gerar trabalhando unicamente por conta própria a partir de minha casa?*
R. Depende de quanto você é inteligente, de quanto suas ofertas dependem de pessoal e de quanto os clientes confiam em você. Não há limite, mas provavelmente haja um limite ao dinheiro de que você realmente precisa para ganhar tempo livre, que é a verdadeira riqueza.

Reflexão final: você está se esforçando muito para construir um negócio, assumindo risco prudente e sacrificando momentos preciosos. Não se torne escravo de demandas de outros que devem a você seu sucesso. Pode ser justificável aceitar demandas de um cliente ótimo, mas nunca é aceitável curvar-se às demandas de funcionários ou subcontratados. O navio é seu. Comande-o.

Capítulo 8

Ganhando dinheiro quando eles "não têm"

Como ganhar dinheiro onde a maioria das pessoas não consegue

❖ Mercados não tradicionais

Existem segmentos inteiros da economia que estão fora dos mercados corporativos tradicionais, mas que precisam de ajuda em estratégia e tática tanto quanto qualquer outro. À primeira vista, os consultores tendem a ignorá-los, com exceção dos especialistas nessas áreas, porque eles são muito difíceis de acessar, têm pouco dinheiro visível ou demandam atenção em excesso. As pessoas que se especializam nos mercados que discutirei neste capítulo muitas vezes sofrem com oportunidades limitadas, excessiva turbulência a partir de problemas menores e orçamentos apertados. (Já trabalhei com gente que faz um trabalho excelente, mas que passa dificuldades – por exemplo, no mercado de educação.) A resposta, creio eu, é estar disposto a entrar nesses mercados quando se apresentam oportunidades suficientes, mas *não* se especializar neles. Na verdade, concluí que uma das abordagens de *marketing* mais eficazes que se pode assumir nessas áreas é a de que você está trazendo um quadro de referência mais amplo, soluções e experiências de organizações muito maiores e mais diversificadas, voltadas a questões específicas da organização especializada. Em outras palavras, é uma vantagem você não ser especialista.

A solução de 1%: se compensa estabelecer redes com pessoas que você não conhece, também compensa para as empresas contratar consultores que elas não conhecem com o objetivo de injetar ar fresco em quartos fechados.

> **Estudo de caso**
>
> Um hospital de porte médio não muito longe da minha casa me pediu que me reunisse com o comitê executivo para discutir um projeto de reorganização. O diretor-executivo explicou que o comitê tinha ouvido falar de mim e lido meus livros, e ele decidiu falar comigo, ainda que os membros entendessem que provavelmente seria necessário um "especialista em hospitais".
>
> Os 45 minutos que me foram dados se transformaram em 90. Nosso entendimento foi excelente e eu podia ver que tinha balançado sua crença na necessidade do especialista em hospitais. Não obstante, um mês depois, fui educadamente informado de que o comitê tinha escolhido uma empresa de consultoria hospitalar de Massachusetts. O comitê entendeu que a empresa tinha "formação total" na área.
>
> Seis meses e várias centenas de dólares mais tarde, o hospital balançava na insolvência, o diretor-executivo tinha sido demitido e a empresa de consultoria já não trabalhava lá. Um membro do comitê executivo que eu encontrei no intervalo de uma peça de teatro me disse: "Tínhamos que ter tido coragem de escolher você. Teríamos evitado a assessoria incestuosa e obtido uma abordagem realmente renovada".

Acredite, nunca é demais enfatizar a necessidade de um pouco de ar fresco.

❖ Os 12 critérios para considerar potenciais clientes não tradicionais

Aqui vão os critérios que eu usaria para cogitar entrar em qualquer dos seguintes mercados não tradicionais:

1. O potencial cliente vem a você pedindo ajuda.
2. O potencial cliente fica perto de sua casa e essa proximidade representa enormes economias para você (e para ele).
3. Você tem uma ótima informação sobre um comprador com quem pode se reunir de forma ágil.
4. Você já trabalhou gratuitamente com o potencial cliente em nome de uma causa, civicamente, em associações assistenciais ou coisas do tipo.
5. A partir de experiência ou casualidade, você aprendeu muito sobre a operação (por exemplo, um bom amigo trabalhou lá ou certa vez você trabalhou em uma operação desse tipo).
6. Você tem trabalhos diversificados, e este não vai consumir seu tempo e energia.

7. O trabalho vai aumentar sua credibilidade e/ou fornecer excelentes indicações e testemunhos.
8. O cliente claramente dispõe de orçamento (por exemplo, a organização está gastando em *marketing*, viagens, etc.).
9. Suas competências (não necessariamente seu conhecimento de conteúdo) correspondem bem às necessidades do cliente potencial.
10. Você tem uma paixão pela causa ou pelos objetivos.
11. Você já trabalhou com sucesso para os clientes ou fornecedores do potencial cliente.
12. Você já deu palestras em uma das grandes associações de classe do cliente potencial.

Se esses critérios se aplicam amplamente (ou seja, 7 dos 12), então talvez seja recomendável pelo menos considerar o negócio.

❖ Empresas familiares

As empresas de propriedade familiar podem ser enormes. A Cargill e a Carlson Companies, por exemplo, são operações de muitos bilhões de dólares. Já fiz trabalhos de estratégia para uma construtora bilionária que era de propriedade privada e que pagava impostos como uma empresa do Subcapítulo 5 (semelhante a empresas individuais nos Estados Unidos)!

No entanto, estou falando aqui de uma operação de cerca de US$ 200 milhões e abaixo disso, que tem muito poucos acionistas. Essas empresas vão desde operações de franquia até pequenos fabricantes e de seguradoras independentes até empresas especializadas em internet.

O comprador quase sempre é o proprietário. Vários executivos têm muito pouco poder de compra e são, de qualquer forma, avessos a fazer grandes recomendações sobre despesas. Você deve se reunir com o proprietário. Sendo assim, tenha em mente o seguinte:

- Essa é uma venda altamente emocional, mais do que no mundo corporativo. O proprietário geralmente se considera um especialista em tudo, porque a empresa foi construída com sucesso a partir de sua energia.
- Você está concorrendo com pagamentos de hipotecas, aparelhos dentários para os filhos, mensalidade escolar e dinheiro para férias. Essa não é uma "compra corporativa" abstrata, mas sim uma competição direta com o estilo

de vida pessoal e com verbas com destinação específica em muitos casos. Você não encontrará isso no vice-presidente de produção da Toyota.
- Se houver outros membros da família no negócio, pode haver poderes de veto ocultos. Um irmão ou tia de confiança encarregados de vendas ou finanças podem exercer tremenda influência.
- O dinheiro será quase sempre mencionado como um problema, mas se você olhar ao redor, verá que está sendo gasto intensamente em outras coisas. Certo, não haverá orçamento para consultores, mas o segredo dessa venda é se concentrar em valor e vantagem ao proprietário para que se defina claramente um benefício pessoal. Por exemplo, pode haver objetivos de longo prazo no sentido de ampliar, fazer uma aquisição, tirar mais dinheiro do negócio, reduzir as viagens, obter reconhecimento mais amplo e assim por diante, o que você pode usar como alavancagem na venda.
- Há novas oportunidades para promoção. Por exemplo, gastar em viagens de um consultor não será muito aceitável, e o fato de você ser local será uma vantagem significativa. Além disso, você pode usar referências locais (obtidas com mais facilidade) – como advogado ou contabilista – que seriam irrelevantes para uma grande entidade corporativa.

Se você vê algumas vantagens nesse mercado (por exemplo, a oportunidade de viajar muito menos ao lidar com pessoas locais e a capacidade de obter indicações em uma comunidade muito fechada), aqui estão algumas técnicas de *marketing* e vendas que funcionam muito bem:

1. Entre para clubes de serviço, como Rotary, Kiwanis e câmaras de comércio, e busque posições visíveis. Essas vendas a pequenas empresas muitas vezes se baseiam em amizades dentro da comunidade geral.
2. Faça palestras e coordene oficinas em reuniões empresariais locais. Você poderá encontrá-las no jornal local pelo menos uma vez por semana.
3. Escreva para as publicações empresariais ou para as seções de negócios dos jornais.
4. Peça indicações a seu advogado, dentista, médico, contabilista, *designer* gráfico e outros profissionais. (Você indica pessoas como cortesia a eles, mas eles não indicam pessoas a você porque raramente têm uma ideia precisa do que você faz.)
5. Estabeleça redes em torno de seus vizinhos e em eventos sociais.

Proprietários de pequenas empresas operam a partir de dois "sinais para compra" fundamentais. Em primeiro lugar, eles devem confiar absolutamente em você porque estão literalmente dando-lhe um dinheiro que sai de seu próprio bolso. (Já aconteceu de proprietários de empresas literalmente tirarem o talão de cheques do bolso e escreverem cheques à mão para mim.) Segundo, eles adoram ter indicações locais, e as referências lhes garantem que você seja de alta qualidade.

Quando você realmente obtém trabalhos (ou está em processo de obtê-los), aqui vão algumas técnicas à prova de falhas:

- *Sempre cobre pelo menos um depósito de 50%, e tente receber tudo adiantado oferecendo um desconto.* Os descontos são atrativos nesse mercado, mas ele é tão sensível a uma gama de fatores pessoais e profissionais que um trabalho pode ser cancelado abruptamente, e um aperto de mão, suspenso. Sempre receba pelo menos 50% de seus honorários no início do trabalho.
- *Inclua ou ignore as despesas.* A empresa provavelmente é local, de modo que não seja mesquinho ao cobrar por quilometragem percorrida ou por exemplares de materiais. Absorva pequenas despesas. Envie uma quantidade mínima de cobranças.
- *Registre tudo em detalhes.* Tenderá a haver má interpretação de conversas. (Os proprietários são conhecidos pela escuta seletiva.) Resuma reuniões por escrito e envie confirmações impressas. Crie relatórios para esse tipo de negócio. Certifique-se de ter uma proposta ou contrato assinado, não importa quanto o aperto de mão seja firme. Explique que isso é exigido por seu advogado e por seu assessor financeiro.
- *Obtenha testemunhos e indicações à medida que o trabalho avança com sucesso.* Não espere até o final. Essa comunidade tem inclinação para trabalhar em rede a partir de indicações e endossos.
- *Se isso for aceitável ao proprietário, considere jornais locais para publicidade mútua.* Você também pode querer agradar o ego e coescrever um artigo baseado no sucesso do trabalho.
- *Nunca tome partido em disputas familiares.* Não se deixe transformar na "desculpa" pela qual as ideias de alguns membros da família são melhores do que as de outros.
- *Abstenha-se de muita sofisticação.* Você não precisa de apresentações em PowerPoint e intranets. Torne esse tipo de trabalho o mais pessoal possível (mesmo que o cliente seja uma empresa de tecnologia).

- *Não aceite trabalho com base em permutas, trocas, "exposição" ou indicações como seu principal modo de pagamento.*
- *Não fique amigo de seu cliente.* Isso comprometeria sua eficácia e também reduziria sua capacidade de exigir pagamento, apoio e outros recursos.
- *Ao primeiro sinal de problemas, pare.* Se você não for pago no dia marcado, pare até que as coisas sejam resolvidas. Se não houver acesso onde ele deveria ter sido proporcionado, pare até descobrir o que mudou.

> A solução de 1%: as pequenas empresas representam mais de 75% de todo o emprego nos Estados Unidos. Lembre-se, você está proporcionando valor a uma entidade semelhante – você também é uma pequena empresa!

Lembre-se, esse é um ambiente turbulento e, muitas vezes, imprevisível. A empresa familiar pode ser lucrativa quando as condições e técnicas anteriores forem consideradas e aplicadas. Eu não gostaria de ganhar a vida exclusivamente nessa área, mas você pode ser muito mais esperto – e forte – do que eu!

❖ O mundo lucrativo das organizações sem fins lucrativos

Peter Drucker, que não é exatamente pouca coisa em padrões de gestão, escreveu que talvez as Girl Scouts (os bandeirantes nos Estados Unidos) sejam a organização mais bem administrada dos Estados Unidos. Sem fins lucrativos nunca foi um sinônimo de ineficaz.

As organizações sem fins lucrativos vão desde a United Way e a Cruz Vermelha, que são imensas, até a Little League (liga infantil de futebol americano) e abrigos para mulheres agredidas. Elas estão em todo o país e representam imensas quantidades de tempo e energia. Assim como suas primas com fins lucrativos, elas devem cumprir orçamentos, reter profissionais, criar relações públicas positivas, garantir a segurança dos funcionários e assim por diante.

As organizações sem fins lucrativos têm dinheiro. A administração pode tratá-lo com escrúpulos e de forma mesquinha, mas o dinheiro está lá. O segredo é convencer o comprador de que um investimento em seu valor vai fazer avançar os objetivos da organização dentro das limitações orçamentárias. O retorno sobre investimento é o mesmo em ambos os mundos em termos de ser uma força para determinar o sucesso.

Estudo de caso

Eu era membro do conselho de um abrigo para mulheres junto com o chefe de polícia da cidade em que estava localizado. Durante o segundo ano de meu mandato, o chefe me disse: "Temos que obter certificação do Estado, e parte desse processo é ter uma estratégia para o departamento. Gostei de sua contribuição aqui e acho que você pode nos ajudar. Você estaria disposto?"

"Bom, chefe", eu gaguejei, "minha agenda de trabalho gratuito está um pouco cheia".

"Ah, temos uma verba para pagar pelo trabalho."

"Sente-se", gritei eu para aquele homem armado, "vamos conversar..." Eu acabei fazendo um retiro sobre estratégia para os oficiais mais graduados (tente fazer isso quando todos os participantes estão armados) e, mais tarde, depois que meu mandato no conselho expirou, fui convidado pelo abrigo para fazer algo semelhante, com remuneração.

Sempre me surpreendo com o quanto eu era burro há duas semanas. Há muitas maneiras de ganhar dinheiro na profissão de consultoria.

O comprador sem fins lucrativos quase sempre será o diretor-executivo, a menos que você esteja lidando com um dos gigantes. O diretor-executivo geralmente é um profissional em tempo integral, remunerado decentemente, que coordena uma equipe composta por empregados e voluntários. Contudo, também costuma haver um conselho a levar em conta. Os membros dos conselhos de organizações sem fins lucrativos geralmente são escolhidos pela razão errada, ou seja, são "recompensados" por sua arrecadação de fundos e/ou suas contribuições financeiras com um lugar na diretoria. Na realidade, os membros deveriam ter habilidades de governança, mas raramente as têm. Menciono isso porque sua proposta muitas vezes irá para o conselho, que frequentemente tem que aprovar qualquer despesa maior. Em nível de conselho, você *não* deve fazer um "show", mas saber, do diretor-executivo, quem estará presente na reunião e criar sua apresentação em torno dessas pessoas.

Mostre ao advogado, por exemplo, as salvaguardas jurídicas ou o mínimo risco. Mostre ao contador o grande retorno sobre o investimento. Mostre ao representante do Estado o excelente efeito em termos de relações públicas. Trate cada uma dessas pessoas como seus clientes e demonstre um benefício pessoalmente. Uma das melhores maneiras de fazer negócios com as organizações sem fins lucrativos é por meio de seu próprio conselho. O provável é que você conheça atualmente pessoas que participam de diretorias e que não estão cientes de que você pode ter a resposta a alguns de seus desafios na organização. Estabeleça redes entre seus amigos e colegas de profissão.

Participe de arrecadações de fundos e de eventos especiais promovidos por esses potenciais clientes.

Alguns desses eventos são compostos por mais de 30 pessoas! É difícil não conhecer pelo menos meia dúzia delas se a organização for local!

A solução de 1%: as organizações sem fins lucrativos têm uma motivação de sucesso que é igual à motivação de lucro. Mostre aos principais atores como você ajudará a atingi-la e superá-la.

Estas são as características distintivas das organizações sem fins lucrativos locais que podem ser úteis para você lhes vender trabalho:

- Elas quase sempre pedem um desconto ou uma negociação. Você deve estar preparado para dizer que não tem uma tabela de preços separada ou desconto para esse tipo de organização, pois as trata com a mesma atenção e energia com que trata um cliente privado. (Acredite, o banco, o serviço de limpeza e os assessores jurídicos delas não estão dando descontos.)
- Grande parte de seus funcionários vai ser de voluntários dedicados, mas essencialmente incontroláveis.
- O diretor-executivo precisará do apoio do conselho para qualquer iniciativa nova.
- Publicidade, arrecadação de fundos, mais voluntários e intensificação dos serviços prestados são os principais pontos.
- Modelos e planos complexos não são bem aceitos. Quanto mais direto e simples for sua proposta de intervenção, melhor.
- Os processos de decisão são lentos. Planeje estabelecer contatos frequentes.
- Verbas do Estado e outras fontes de financiamento são usadas com frequência. Você pode ter que se qualificar dentro de procedimentos de concessão de verbas ou fornecer documentação adicional.
- Costuma ser possível providenciar patrocínio externo para seu trabalho. Por exemplo, um grande banco local poderia se dispor a subsidiar todos os seus honorários em troca da imagem pública de apoiar uma boa causa. Explore isso – e sugira isso tanto para as organizações sem fins lucrativos (pode haver um precedente) quanto para um potencial benfeitor local (também pode haver um precedente).

Use o conselho em ambas as direções. Você pode entrar na organização por meio do contato com membros do conselho, mas também pode entrar na organização do membro do conselho por meio de um excelente trabalho que faz para a organização sem fins lucrativos. Essa é uma ótima porta giratória que está bem no seu quintal. Você também pode conseguir acumular isso em publicidade com a mídia local, tanto a impressa quanto a transmitida.

Alguns consultores ganham a vida totalmente no mundo sem fins lucrativos, ajudando a formular solicitações de verbas, assessorando em termos de regulamentação do governo, trabalho voluntário, solicitações, governança e assim por diante. Essa pode parecer uma maneira difícil de vender, mas, se você somar o número de organizações desse tipo que existem perto de onde você trabalha, descobrirá que é um mercado excepcionalmente rico no qual não muitos consultores estão ativos solicitando trabalho.

Mais uma vez, se você conseguir identificar, escolher e acrescentar essas áreas a seu repertório, elas podem render um ótimo aumento de seu fluxo de receita.

Digressão

Se você escolher fazer um trabalho voluntário (o que nunca deve fazer para uma empresa que vise lucro), sugiro os seguintes critérios:
- Você acredita profundamente na causa.
- Estabelecer parâmetros claros, não diferentes dos de um cliente pagante.
- Esperar e exigir participação integral das equipes da organização.
- Em retorno, solicitar um testemunho de altíssimo nível.
- Ter acesso ao conselho, para que ele possa optar por dispor dos seus serviços.
- Receber publicidade adequada na mídia por seu trabalho.[1]

❖ B2B e A a Z

O relacionamento *business-to-business* tem crescido nos últimos anos, mas eu considero esse mercado pouco promissor. Não mudei de opinião a esse respeito desde a última edição deste livro. Essencialmente, falo de empresas que simplesmente atendem a outras empresas, como uma empresa de internet que faça *design* de páginas para outras pequenas empresas, ou um *designer* gráfico que crie folhetos para empresas. Essa categoria se estreitou ainda mais ao B2B eletrônico (o mercado que nunca correspondeu ao alarido criado em torno dele por pessoas que querem lhe vender ideias para explorá-lo).

A solução de 1%: se o negócio soar bom demais para ser verdade, provavelmente é ilegal ou antiético. Você realmente leva a sério os títulos futuros de petróleo que alguém lhe vende pelo telefone às 8h da manhã?

Acredito que a questão fundamental neste caso é tratar essas empresas como se elas fossem qualquer outra pequena empresa (e elas quase sempre são de capital fechado). O fato de ser um relacionamento B2B é irrelevante. Afinal de contas, elas precisam:

- Encontrar e atrair novos clientes.
- Expandir sua oferta de produtos e serviços.
- Conquistar uma fatia de mercado competitiva.
- Crescer de forma inteligente (a maioria tende a expandir cedo).
- Obter conhecimento público e reputação entre potenciais clientes.
- Reduzir muito seus custos.
- Reduzir seus custos de aquisição.
- Criar negócios que gerem receita permanente (retenção de clientes, visivelmente fraca).

Não se envolva com o seguinte:

- Assumir um trabalho por uma participação.
- Tornar-se um franqueado.
- Aceitar participar do projeto para solicitar trabalhos pessoalmente.
- O que agora se chama de "*marketing* multinível", no qual o dinheiro deriva quase que exclusivamente de pagamento de taxas de participação de novos membros. Antes, isso se chamava de "*marketing* em rede" e, antes ainda, de esquema de pirâmide.

Trate isso como um trabalho de um cliente normal, com entendimentos e salvaguardas normais. Essas firmas estão quase sempre com falta de dinheiro, então, avance com cuidado. Francamente, de todos os mercados que eu discuti aqui, este é o que tem menos potencial e mais problemas.

Estudo de caso

Um membro de meu programa de *mentoring* se apaixonou para além do razoável pelo B2B, a ponto de ter se tornado um franqueado, investido dinheiro e permitido que seu próprio negócio de consultoria, de US$ 250 mil, passasse ao segundo plano. Um ano mais tarde, tinha perdido seu investimento, estava gastando uma quantidade enorme de tempo tentando se desenredar e tinha ficado com um negócio de consultoria de US$ 75 mil. Esse não é o caminho para a consultoria de ouro.

A menos que você tenha uma relação excepcional e um ótimo negócio (em dinheiro), fuja do trabalho B2B. Você será cortejado, mas esse segmento pode desperdiçar tremendas quantidades de seu tempo e energia.

❖ Mais algumas pessoas com dinheiro

Onde mais você pode trabalhar? Em mais lugares do que imagina. Aqui, as fontes de consultoria com que eu me deparei quando precisava colocar comida na mesa e/ou que continuo a atender quando vêm em minha direção sem riscos ou com interesses para mim:

- *Empresas profissionais.* Há empresas de serviços odontológicos, de contabilidade, *design*, de trabalho temporário e outras que necessitam de ajuda com uma aquisição, uma venda, uma contratação de profissionais, etc. Elas geralmente são comandadas por pessoas altamente especializadas em sua área (odontologia), mas pouco mais do que isso, pois têm uma formação especializada e uma experiência de trabalho altamente direcionada. Elas necessitam de ajuda pontual. Faça palestras gratuitas em suas cerimônias de premiação e outros eventos.

  Já ajudei consultores a se tornarem especialistas em venda de consultórios médicos. (Um deles era um advogado que quintuplicou sua renda, passando da cobrança por hora dos advogados para a cobrança baseada em valor dos consultores.) *Advertência*: Tome cuidado com empresas de advocacia. Já descobri que é quase impossível fazer com que saiam de sua ridícula cobrança por hora em termos de como devem pagar consultores, e são conhecidas detalhistas. Isso não mudou desde que este livro foi publicado pela primeira vez em 1992. A única associação ou empresa jurídica que me contratou para repensar radicalmente seu negócio foi uma associação jurídica australiana em 2008!

- *Empresas iniciantes (*start-ups*).* Independentemente do estado da economia, sempre há empreendimentos nascendo. Os fundadores das empresas geralmente são hábeis em sua tecnologia e metodologia, mas não em muito mais. Eles necessitam de ajuda com *marketing*, relações públicas, controle de custos, etc. Uma ótima forma de fazer incursões nesse setor sem gastar muito é por estabelecer relações com capitalistas de risco (que financiam essas iniciantes) e os convencer de que seu enorme investimento na empresa pode se beneficiar de uma "apólice de seguros" na forma de seu trabalho com gestão, garantindo decisões operacionais inteligentes. Essas empresas iniciantes costumam ser associadas a empresas de tecnologia de internet, mas todos os dias há novas lavanderias, cafeterias, pequenas fábricas, varejistas e assim por diante.

Digressão

O *coach* pessoal ou "*coach* de vida" se tornou uma aquisição com grande valor ultimamente. Todos os bons consultores já tiveram que fazer *coaching*. Não é necessário um certificado especializado de algum campo de treinamento sobre o tema. (Quem certifica os certificadores?) Empreendedores, executivos, proprietários de empresas, atletas, profissionais do entretenimento e muitos outros que podem não tradicionalmente procurar esse serviço muitas vezes estão no mercado em busca de um *coach* pessoal. Se você tem as habilidades e a paixão, busque a oportunidade ajustando sua página na internet, seu *kit* de imprensa e outros esforços de *marketing*.

- *Coaching empreendedor.* Associados a essas empresas iniciantes estão os empreendedores que fazem acontecer (fundando ou financiando-as). Muitos são jogados em posições que são novas a eles: enfrentar a mídia, gerenciar funcionários e trabalhar com bancos. Eles precisam de um *coach* personalizado e, muitas vezes, privado.

Já vi *coaching* bem-sucedido feito com candidatos a cargos políticos, personalidades da mídia local, empresários recém-promovidos, novos proprietários de empresas, e uma série de outros que são espertos o suficiente para entender que suas habilidades passadas podem não ser adequadas para suas novas responsabilidades. Esse mercado também é excelente para indicações, pois alguns trabalhos secundários de *coaching* o transformarão em uma "celebridade": "Você tem que chamar a Jane Thomas para lhe ajudar em sua nova posição".

- *Franquias*. O mercado de franquias está crescendo (principalmente à medida que as pessoas se desencantam com o trabalho corporativo), desde oficinas mecânicas até confeitarias. Você pode ajudar em ambos os extremos. O franqueador vai querer representantes locais para já começar com força total e, para além do programa corporativo de treinamento (às vezes ótimo, às vezes inexistente), há um bom argumento em favor de ajuda "em terra" quando o novo empreendimento começar a pegar ritmo.

Em nível local, o novo franqueado pode identificar a necessidade de garantir sucesso com a ajuda temporária de um consultor próximo e acessível. Em qualquer caso, é um grande mercado para um consultor de processo que possa ajudar com aquisição de negócios, práticas relativas a funcionários e propaganda, independente da natureza do negócio. (Lembre-se, não é necessária qualquer *expertise* em conteúdo.)

A solução de 1%: olhe ao redor à medida que o tempo passa. Com quem você está fazendo negócios localmente? Que empresas eles representam? Quais fontes não tradicionais podem se beneficiar de seu exercício?

- *Terceirização local*. Já trabalhei com vários consultores especializados em *expertise* de recursos humanos para pequenas empresas que não conseguem ter sua própria estrutura interna (e provavelmente não devem). Eles são chamados segundo a necessidade e ajudam em entrevistas de contratação, finalizações de contratos, treinamento, solução de conflitos, sistemas de remuneração e assim por diante.

Você pode fazer o mesmo com segurança (um membro de meu programa de mentores só trabalha com o cumprimento das normas da Occupational Safety and Health Administration e com a preparação de auditorias, e ganha muito bem com isso. Outro só se concentra em seguir requisitos de integridade e segurança, informações pessoais armazenadas em registros eletrônicos corporativos, compras, contabilidade, tecnologia da informação e assim por diante. A terceirização é muito importante em grande empresas, de modo que não há razão para você não poder fazê-la em nível micro e ganhar uma fortuna sem jamais sair da cidade.

Estudo de caso

Tenho sido abordado periodicamente em minha carreira para ajudar com o que se chama, eufemisticamente, de esforços de *"marketing* multinível." Meu sistema baseado em valor não cobre esse mercado, que essencialmente gera seu dinheiro recrutando novos membros e distribuidores, e não vendendo produtos ou serviços. Em algum momento, claro, a fonte de novos recrutas potenciais seca, e a última pessoa nos programas – em outras palavras, a maioria das pessoas – praticamente não ganha dinheiro. Esses esforços de recrutamento baseados em pagar os membros originais com os honorários dos novos surgiram na forma dos esquemas de pirâmides, ou Ponzi (batizado segundo o autor original). Eles evoluíram, de forma politicamente correta, ao *marketing* piramidal, depois para *marketing* em rede e, agora, para *marketing* multinível. Eu não entro nessa, apesar da afirmação absurda de que eles dão a todas as pessoas uma chance de ter sucesso. Empresas legítimas devem contribuir com valor para o meio na forma de produtos ou serviços para clientes. Em outros livros, já provei que, quando se chega à sexta ou décima rodada desses esquemas, seria necessário uma população do tamanho de Cincinnati para gerar lucros para pessoas que estão entrando como distribuidores. Sendo assim, você não lerá sobre esse tipo de mercado neste livro. A consultoria de ouro está relacionada com todos ganharem, e não com o ganho de uns e a perda de outros.

- *Associações de classe e grupos profissionais locais.* Esses são ideais não apenas pela renda, mas também pelo *marketing*. Eles podem ser secções locais de organizações ou associações nacionais que tratam especificamente de condições locais. Já palestrei, por exemplo, em uma cerimônia de premiação de corretores de seguros independentes e coordenei um retiro sobre estratégia para a Rhode Island Junior League. Cobrei muito menos do que meu preço normal, mas ganhei um bom dinheiro por pouco trabalho a 20 minutos da minha casa.
Além do trabalho pago, você estará em frente a muitas (e, às vezes, centenas) pessoas que se enquadram em várias das categorias anteriores, seja como compradores, seja como recomendadores. É relativamente fácil encontrar o diretor-executivo ou diretor de programas local e discutir sua participação.
- *Casualidade.* Você nunca sabe quando alguém será adequado a receber sua assistência. Mantenha seus ouvidos abertos em eventos sociais e cívicos. Leia os jornais locais com assiduidade. (Conheço uma mulher que diz que nunca lê o jornal local porque o *New York Times* proporciona tudo o que ela pode precisar. Certo, tudo, menos as informações que levam a negócios locais.) Fui indicado para um trabalho de uma semana (na verdade, três dias) de US$ 18 mil em uma empresa de US$ 20 milhões, porque o proprietário me

foi indicado pelo reitor da universidade em que eu lecionara uma disciplina noturna durante um semestre. Eu dei aquela disciplina porque me ofereci ao reitor para fazê-lo sem cobrar quando li que ele tinha sido nomeado e se mudou de fora da cidade para assumir o cargo. O reitor e o proprietário da pequena empresa se conheceram em uma cerimônia de premiação. Em outra ocasião, minha esposa, membro da League of Women Voters, providenciou que eu fosse o moderador do debate entre candidatos a procurador-geral na estação de TV local. Isso levou a trabalhos em uma pequena cerimônia de premiações, o que, por sua vez, gerou negócios com uma dúzia de pequenas empresas que eu nunca teria abordado (e que nunca teriam me abordado). Tudo isso aconteceu sem gastar um centavo em *marketing* ou aquisição de trabalhos. O volume total de negócios passou de US$ 50 mil. Tenha sempre seu radar ligado, e não tire os olhos da tela.

Há vários mercados distintos fora de sua porta. Acrescentei este foco como capítulo separado nesta edição do livro porque é mais importante do que nunca que os consultores reconheçam e explorem o potencial que está à sua frente. Economias turbulentas e eventos mundiais incertos fazem desse um rumo de ação prudente.

Não se preocupe com a possibilidade desse tipo de trabalho prejudicar sua "marca" ou reputação. Já trabalhei bem com as maiores empresas do planeta, assim como com empreendedores locais. Ser competente em um setor não desqualifica você para trabalhar com o outro, desde que você administre seu negócio e sua imagem de forma eficaz. Não lhe interessa se conectar a mercados pequenos e obscuros em sua literatura corporativa de *marketing*, por exemplo, embora o mercado local possa ficar impressionado com referências e exemplos nacionais para demonstrar a "barbada" que a empresa local está obtendo simplesmente por você morar no mesmo bairro.

❖ Perguntas e respostas

P. *E o empreendedor iniciante que quer me dar uma participação em vez de pagamento?*

R. Mais de 95% das vezes, essas opções de "propriedade" não têm valor. Aceite o negócio *apenas se* você também receber dinheiro adiantado; você não precisa de dinheiro para seu fluxo de caixa ou suas contas, e a quantidade que lhe oferecem é significativamente mais alta do que teriam sido seus honorários. Esses negócios são sempre ruins.

P. *Os proprietários de pequenas empresas querem pagar por "desempenho". Isso é razoável?*
R. Não, porque não é você que dirige a empresa, mas sim eles. Você não tem como controlar todas as variáveis envolvidas (E se duas pessoas fundamentais forem embora ou um concorrente desenvolver uma nova tecnologia?), de modo que é injusto esperar que você dependa de qualquer coisa que não a qualidade de seu trabalho.

P. *Como abordo uma reunião de diretoria de 15 pessoas em que o diretor-executivo diz que vai debater e tomar a decisão final sobre minha contratação?*
R. Comece participando e estabeleça uma relação. Assuma a posição de que você está avaliando a diretoria como potencial cliente, da mesma forma com que ela está buscando avaliar você, então você apreciaria a chance de conhecer a diretoria e estabelecer uma relação.

P. *Já fui abordado por empresas que afirmam que vão me proporcionar pesquisa em consultoria, informações sobre contatos e ferramentas, como perfis de personalidade, para usar por um preço definido. Isso não é um bom exemplo de conexões B2B?*
R. Não, mas é um ótimo exemplo de você distribuindo seu dinheiro. Encontre quantas pessoas na empresa foram, elas próprias, consultores de alto nível e ganhos elevados. Você vai descobrir que elas não foram e que estão ganhando a vida vendendo a consultores sem jamais ter vendido a clientes!

P. *As organizações sem fins lucrativos estão sempre chorando sua pobreza e parece, realmente, que elas são empobrecidas. Posso lhes fazer condições melhores?*
R. Você pode fazer o que quiser, desde que elas lhe façam um cheque. Há pouco tempo, o diretor-executivo da United Way estava ganhando mais de US$ 400 mil por ano (ele foi demitido posteriormente em meio a um escândalo). Os diretores-administrativos e diretores-executivos de grupos artísticos locais com orçamentos de vários milhões geralmente ganham seis dígitos. Deve-se pagar por talento, e isso inclui talento de consultoria.

Reflexão final: você poderá cogitar um segundo conjunto de materiais de *marketing* e de apoio – e até uma página separada na internet – para esses mercados menores a fim de mantê-los separados de seus mercados maiores. Isso elimina qualquer preocupação com a confusão sobre seu foco ou sua marca e, ao mesmo tempo, proporciona a imagem de concentração em cada mercado.

Capítulo 9

Deixe de achar que tempo é dinheiro
Se estiver cobrando por dia, ainda está apenas treinando

❖ Não seja burro como os advogados

Para quem veio diretamente a este capítulo, bem-vindo ao livro, mas permita-me informá-lo de que há algum material nos capítulos anteriores que estão relacionados com estrutura de preços. Para propósitos de revisão, a seguir estão alguns casos e condições que podem justificar que você apresente preços abaixo de seu patamar normal:

- Para obter acesso a um setor ou cliente com potencial de longo prazo.
- Como subcontratado, não incorrendo em despesas de *marketing*.
- Como indicado, não incorrendo em despesas de *marketing*.
- Para um cliente de longo-prazo com ainda muito potencial pela frente e que esteja lhe pedindo uma consideração especial.
- Para fazer trabalho voluntário para organizações sem fins lucrativos e órgãos públicos.
- Para ter outros benefícios, como instruções, indicações, testemunhos, viagens e assim por diante.

Observe que nenhum desses inclui "tempos difíceis" ou "negócio devagar". Seja qual for seu sistema de preços – e vamos examinar várias alternativas em seguida – você deve aderir a ele. Fazendo isso, verá que seu negócio cresce de forma estável no longo prazo. Se não, sua postura é cobrar "o que quer que o mercado aceite" e sua renda imediata se dará à custa de sua riqueza de longo prazo.

Os preços fazem parte de sua abordagem estratégica geral a seu mercado e nunca devem ser sua única força motriz, nem ser ditados pelo cliente ou pela concorrência.[1] Além disso, nada há de antiprofissional em dizer "respondo quando souber um pouco mais e tiver tempo de pensar como podemos lhe ajudar" como resposta a "quanto custa?" Entretanto, uma vez tendo dito "cobramos US$ 1.500 por dia, mais despesas", está feito. A partir daí, seu preço só poderá diminuir e suas margens, desgastar-se. (E você estará menosprezando seu próprio valor. Pense nisso: deixar de receber uns 20% mais que você mereça durante dois ou três anos pode facilmente somar sete dígitos em *lucros perdidos*.)

O que eu chamo de *método formulista* para definir preços não me agrada, mas deve ser explicado porque costuma ser defendido com muita frequência por consultores autônomos e diretores de pequenas empresas. Na verdade, é uma abordagem estritamente aritmética que começa com você determinando que nível de renda necessita para sustentar o tipo de vida que quer ter. (Observe como é restritivo desde o início. Ao definir do que "precisa", você já está impondo um limite ao seu potencial. Para nossos propósitos, digamos que o Carlos Consultor determine que US$ 200 mil, descontados os impostos, sustentariam seu estilo de vida, permitiriam tirar férias e fazer alguma poupança depois de o dinheiro, não descontados os impostos (dinheiro da empresa), pagar o plano de saúde e o de aposentadoria e os vários benefícios. Assim, Carlos calcula que uma renda bruta de consultoria de US$ 280 mil daria conta das despesas da empresa, das despesas pessoais e dos impostos de pessoa física.[2]

Vamos às contas. Carlos calcula que há 220 dias úteis disponíveis para ele durante o ano, depois de subtrair fins de semana, feriados e férias. Ele estima que terá trabalho em 70% desse tempo, de modo que alocará os 30% restantes a *marketing*, promoção e outras atividades que não geram receita. (Se você tiver funcionários, esses dias sem receita se multiplicam como coelhos libidinosos – razão pela qual o Capítulo 7 não recomenda ter empregados em tempo integral). Isso deixa 154 dias disponíveis para gerar receita. Se dividirmos a necessidade de receita de Carlos, de US$ 280 mil, por 154 dias cobráveis, chegamos a US$ 1.818 por dia.

Usando essa fórmula, Carlos deve estabelecer um preço de US$ 1.800 por dia de trabalho. Portanto, ao elaborar uma proposta, ele sabe que deve incluir esse valor. Ou, se o cliente pergunta "qual será o custo se você passar dois dias conosco?", Carlos sabe que US$ 3.600 pagam a conta.

Sinceramente, esse cálculo reverso de um preço por dia é amadorístico e, pior ainda, extremamente autolimitador. Entretanto, são tantos os consultores que dão equivocadamente preços por dia que eu quero explicar por que essa é uma má ideia antes de avançar para terrenos mais férteis. Para os mais novos, recomendo que evitem esse miasma; aos veteranos, que saiam desse trilho.

O que acontece se o seu estilo de vida demandar US$ 450 mil por ano? Muito ridículo? Nem chega à consultoria de "meio milhão". Filhos que frequentam boas universidades, uma ou duas boas férias, o luxo de uma casa maravilhosa à qual voltar depois de um dia de trabalho, plano de aposentadoria inteligente, pais idosos que necessitam de ajuda, trabalho filantrópico são eventos ou desejos comuns. Além disso, se você está correndo altos riscos de trabalhar por conta própria, deve pelo menos estar em posição de desfrutar de recompensas à altura. É tolice correr esses riscos quando seu retorno é menor do que teria sido se continuasse na vida empresarial tradicional.[3]

Por US$ 450 mil, o trabalho de Carlos custaria US$ 3 mil por dia. Isso é comum quando se trata de grandes nomes neste negócio, mas é muito incomum para a maioria das pessoas, não importa o quanto elas possam ser talentosas e ter boas indicações. E se o desejo for ganhar um milhão? Bom, isso daria US$ 6.500 por dia, ou US$ 4.500, se você trabalhasse cada um desses 220 dias e não fizesse outra coisa. Os preços por dia são limitados porque se baseiam em um recurso finito: tempo.

Há riscos substanciais nesta profissão – e recompensas substanciais. É ridículo assumir aqueles sem capitalizar essas.

Por que razão você trabalharia todos os dias potencialmente cobráveis? Não faria sentido passar mais tempo tratando de outros aspectos do crescimento que eu já discuti, incluindo *expertise* e reputação pessoais? E por que não tirar quatro férias por ano ou assistir a seus filhos jogando futebol para compensar as noites em que você não estava lá para ajudar no dever de casa?

Os dias cobráveis dão ênfase à atividade e não ao resultado. A medida de seu sucesso no final do ano não é o número de dias que trabalhou, mas sim quanto dinheiro ficou para você. Ponto final. Os bancos não lhe darão crédito com base em dias cobráveis trabalhados, e ninguém ficará impressionado com o tempo que você passou em aviões. Um foco em preços por dia, estabelecido a partir da definição das necessidades financeiras, direcionará você às atividades equivocadas e desperdiçará seu tempo e sua energia preciosos.

A você interessa incentivar uma relação de colaboração com o cliente, na qual ele se sinta à vontade para lhe telefonar a qualquer momento. Isso inclui *outras* pessoas além do comprador que assina o cheque, de modo que muitas pessoas podem ligar para você sem incorrer em despesas, tornando-o mais valioso para mais pessoas. Quando estão funcionando em um sistema de cobrança por dia, os clientes hesitam em ligar pedindo ajuda quando realmente precisam de você, porque são forçados a avaliar constantemente sua solicitação em termos de despesas correntes em tempo real. Eles deverão tomar uma decisão de investimento cada vez que precisarem de você! Consciente ou inconscientemente, estarão calculando: "Esse problema vale os US$ 2.500 que custará a vinda do Carlos até aqui? E se descobrirmos que ele precisará de três dias – não vale US$ 7.500, não é? Mesmo que valha, estaremos em melhores condições de pagar no trimestre que vem". Esse tipo de conversa acontece todo o tempo nessas circunstâncias.

Encaremos os fatos: se o seu tempo for o dispositivo fundamental para ganhar dinheiro, você tentará maximizar os dias que usa. Essa é a natureza humana e, muitas vezes, representa basicamente a sobrevivência. Consequentemente, ao formular uma proposta ou responder a uma solicitação de ajuda para um determinado problema, sua tendência será de maximizar seu envolvimento, embora o valor agregado *real* do consultor esteja em melhorar as condições do cliente com envolvimento mínimo. É extremamente difícil estabelecer os tipos de relações que venho discutindo quando você está apresentando um preço por dia ao cliente e, depois, descrevendo o número de dias em que seu trabalho será necessário. É muito mais difícil para o cliente se comprometer com o núcleo da relação – permitir que o consultor determine se consegue melhorar a condição do cliente – quando o benefício qualitativo é visto no contexto da média quantitativa de dias necessários e custos por dia.

A solução de 1%: os preços se baseiam em valor, e não em seu tempo, que não tem valor intrínseco para o cliente. Você sempre pode ganhar um dólar a mais, mas não tem como ganhar mais um minuto.

Se for visto como alguém que está vendendo dias, você não será percebido como parceiro igual na relação. E o contrário da hesitação do cliente em ligar para você é a sua hesitação em sugerir outras investigações que sejam legítimas, pois essas atividades, não importa o quanto sejam justificadas pelo trabalho, significam que você está sugerindo mais dias em benefício próprio.

Por fim, seu calendário e suas energias serão prejudicados pela necessidade de minimizar o uso do tempo. É desgastante, por exemplo, fazer entrevistas com empregados ou grupos focais com clientes. Eu me limito a meio dia de entrevistas ou dois grupos focais por dia, mas se o cliente vê dois meios-dias de entrevistas, haverá um questionamento normal sobre por que a entrevista não poderia ter sido combinada em um dia, economizando o pagamento de um dia ao cliente.[4]

Às vezes, é mais fácil agendar o trabalho com o cliente, ou combinações de trabalhos, junto com suas próprias atividades de *marketing* em partes de dias. Desde que os resultados do cliente sejam atendidos nos prazos acordados, as atividades e os calendários específicos que você usa não devem ser o foco de atenção; mas inevitavelmente o serão, se o cliente perceber que a forma como você usa seu tempo é diretamente proporcional ao seu preço.

Se você quer ganhar milhões de dólares ou mais nesta profissão, cobrar por unidades de tempo não é o caminho para chegar lá. Não apenas as quantidades são autolimitadoras, mas a oportunidade para crescimento multidimensional também não poderá ser explorada se a maximização dos dias no cliente for a força motriz de seu negócio.

Os consultores de tecnologia, particularmente, caem na "armadilha das horas". Quando potenciais clientes solicitam um dia do meu tempo, pelo qual pagarão se nossas discussões *não* levarem à contratação de um trabalho, geralmente eu peço que apenas minhas despesas sejam pagas. Isso agrada ao cliente, me dá uma vantagem na construção da relação e me torna muito objetivo em relação às discussões daquele dia. Pessoalmente, é um componente essencial em minha estratégia "pensar antes na quarta venda", e não na imediata. É preciso investir dinheiro para ganhar dinheiro. Já houve clientes que pediram que eu desse um preço por dia? Claro que sim. E eu sempre declinei, dizendo que só cobro por trabalho e que nossa responsabilidade compartilhada pelos resultados dita que o pessoal do cliente nunca deve hesitar em me telefonar e que eu jamais quero ter dúvidas sobre gastar mais tempo na empresa sempre que considerar necessário para atingir meus objetivos. Se o cliente não pode trabalhar assim, nunca vou estabelecer a relação de que preciso, e não estou interessado em renda de curto prazo. (Lembre-se, já ouvimos todas as objeções imagináveis, e não estar totalmente preparado para elas é mera negligência.)

Uma última palavra sobre fórmulas que resultam em cobrança por dia: sim, eu sei que advogados e profissionais desse tipo calculam meticulosamente honorários por hora. Entretanto, a maioria dos advogados não ganha os US$ 280 mil de Carlos Consultor, muito menos US$ 1 milhão. E os advogados não estabelecem relações; em geral, fornecem uma mercadoria técnica: assessoria jurídica e representação.

Quantos indivíduos ou corporações consideram os advogados como parceiros colaboradores e quantos os veem como um mal necessário? Os advogados que ganham mais dinheiro são os que cobram segundo o resultado. Se você ganha, eles ganham, se você perde, eles perdem. Isso é o mais colaborativo que a profissão jurídica pode chegar.

Dick Butcher, personagem de *Henrique VI*, diz: "A primeira coisa a fazer: matemos todos os advogados." Não tenho certeza, mas acho que ele estava reagindo ao sistema de cobrança. Além do mais, não lhe incomoda que os advogados apenas "exerçam" o direito?

Nos Estados Unidos, os advogados cobram por intervalos de 15 minutos, o que parece uma completa loucura até saber que os advogados australianos costumam cobrar em *incrementos de seis minutos*! Como eles conseguem prestar atenção ao que têm que fazer? Enquanto escrevo isso, o advogado médio nos Estados Unidos ganha menos de US$ 100 mil por ano.

Pergunto mais uma vez: quem quer ser burro como os advogados?

Desde a primeira edição deste livro, em 1992, a premissa que tem se tornado mais popular e que mais tem se identificado comigo na profissão de consultoria é a precificação por valor. Durante esse período, empresas de consultoria de todos os portes, em todo o mundo, têm me pedido para ajudá-las a passar para esse sistema. Uma década depois, isso deve querer dizer alguma coisa. O mesmo tem acontecido com empresas de arquitetura, *design* e contabilidade, mas com nenhuma de advocacia.

❖ Oferta e demanda não são uma coisa nem outra

Um dos métodos mais fáceis para definir honorários é simplesmente imitar a concorrência. Se você está estabelecendo boas redes de trabalho e conversando regularmente com os clientes, é relativamente fácil descobrir quais são os preços médios. A seguir, pode determinar se quer se posicionar dentro dessa faixa. Por exemplo, a Figura 9-1 mostra as faixas médias que eu encontrei para as atividades listadas.[5]

Atividade	Faixa (em dólares)
Dia de consultoria *in loco*	750-2.500*
Dia de consultoria externo (na empresa, pesquisa, etc.)	500-2.500
Palestra principal ou breve	500-5.000
Oficina de meio dia	1.000-3.500†
Seminário de dia inteiro	2.500-10.000
Retiro para executivos, por dia	2.500-7.500
Implementação de sistemas (p.ex., planejamento de sucessão)	10.000-50.000
Pesquisas com funcionários ou clientes	15.000-100.000
Formulação de estratégias	50.000-150.000
Diagnóstico da organização ou de departamentos	50.000-200.000
Redesenho e reestruturação da organização	100.000-500.000

* Muitos consultores calculam honorários por turno ou mesmo por hora. Já encontrei honorários de até US$ 35 por hora!

† Às vezes, são cobradas "por participante", ficando entre US$ 100 e US$ 150 por pessoa, principalmente quando o consultor está fornecendo materiais formais, com direitos autorais. Sendo assim, uma turma de 25 pessoas pode resultar em um preço total de US$ 2.500 a US$ 12.500, dependendo do valor percebido dos materiais distribuídos.

Figura 9-1 Faixas de preço para várias atividades. A demanda de mercado exige que o consultor assuma uma posição dentro de uma faixa.

Esses preços variam segundo a experiência, a geografia e até mesmo a urgência do cliente, mas as faixas englobam os honorários predominantes no momento em que este texto é escrito.

Se você estabelecer que sua base de clientes e potenciais clientes está acostumada a pagar US$ 2 mil a US$ 4 mil por um dia de consultoria e se você assumiu uma estratégia de calcular honorários por dia, deve decidir em que parte daquela faixa vai se posicionar. Quer ser visto como a alternativa mais econômica? Essa posição vai lhe ajudar a estabelecer os primeiros contatos e possibilitar que você obtenha os contratos mais lucrativos como resultado da qualidade de seu trabalho? Ou você prefere estabelecer já no início que o cliente receberá aquilo pelo que pagar e que o valor agregado da assistência que você oferece mais do que justifica sua posição no extremo superior da faixa de preços? Você pretende usar toda a faixa como técnica de negociação e tentar receber o que quer que o mercado aceite?

Se você vai usar um sistema baseado em demanda de mercado para estabelecer seus honorários, acho que deveria seguir a sequência mostrada na Figura 9-2, para que a base subjacente e constante de suas decisões sobre preços também reflita sua estratégia de longo prazo.

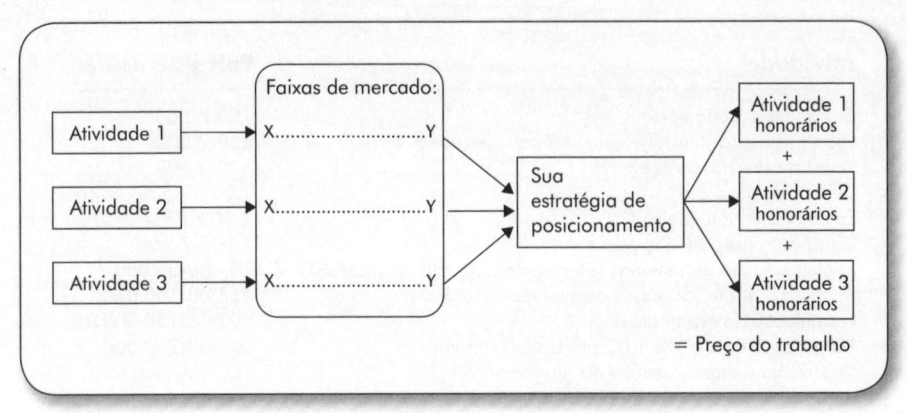

Figura 9-2 Definição de honorários segundo a demanda de mercado. O planejamento estratégico assume precedência sobre "o que o mercado aceitará".

Na figura, a sequência propõe isolar várias atividades que você desenvolverá para calcular seus preços. A seguir, avalie as faixas de preço predominantes no mercado para cada atividade. Agora vem um passo que a maioria dos consultores ignora completamente: você deve aplicar sua estratégia às faixas individuais. Por exemplo, se sua estratégia é entrar em novos clientes como alternativa econômica com a intenção de construir relações de longo prazo e aumentar receitas como resultado de maior quantidade de trabalho, você tende a se posicionar mais próximo do extremo inferior das faixas. A exceção ocorrerá nas atividades para as quais você pode precisar de *expertise* externa, procedimentos que demandem licenças, profissionais subcontratados e assim por diante. (É por isso que as atividades devem ser avaliadas separadamente; algumas terão uma relação custo-benefício maior do que outras.) Tendo aplicado essa estratégia e refletido sobre seus recursos, você pode calcular um preço para cada uma das atividades, cuja soma resultará no preço total de seu trabalho.

A solução de 1%: você tem uma "oferta" de 365 dias. Mas a riqueza é o tempo livre. Portanto, você pode facilmente aumentar sua receita ao mesmo tempo em que diminui sua riqueza.

A falta de um método sistemático para chegar a honorários no sistema de demanda de mercado pode resultar em uma situação ruim e em uma catastrófica. A situação ruim ocorre quando se perdem negócios porque seu preço é alto demais em relação à percepção de valor agregado. A catástrofe ocorre quando você consegue trabalhos para os quais deu um preço muito baixo em relação à percepção de valor agregado.

O preço pode refletir uma atividade ou 20 delas. O preço total pode ser substancialmente diferente do de outra pessoa em função do fator de posicionamento estratégico. Usando esse método, contudo, pelo menos você consegue chegar a preços baseados em demanda de mercado que *também* reflitam sua imagem diante do cliente e seus planos de mercado de longo prazo. É a ausência dessa determinação sistemática que cria um método de tentativa e erro para o consultor e uma enorme confusão para o cliente. Apesar da melhoria no uso de um sistema para chegar a preços baseados na demanda, toda a abordagem sofre problemas graves sobre os quais é preciso refletir cuidadosamente ao se definir uma estrutura de preços:

1. Há uma tendência a ser restringido por faixas, nunca se aproximando do extremo superior e se estabelecendo no meio como posição segura e não polêmica. Isso nunca levará a muito crescimento.
2. Você está ajudando o potencial cliente a fazer comparações com base na atividade e abrindo a porta para a pesquisa de preços com base em honorários, em vez de se concentrar no acordo conceitual sobre objetivos e em uma consideração do valor agregado.
3. Há uma tendência a cobrar o que quer que o mercado aceite, independentemente do valor agregado e da estratégia de longo prazo. Quando os honorários são baseados apenas na capacidade e na disposição do cliente para pagar, a relação colaborativa básica (trabalharemos juntos para melhorar sua condição) não pode ser estabelecida, porque uma relação em que um ganha e outro perde (quanto mais você puder pagar, mais eu posso fazer) impede isso.
4. É muito fácil ser "posicionado" pelo mercado. Ou seja, clientes e potenciais clientes muitas vezes comparam anotações (principalmente se você estiver construindo, com inteligência, uma rede de indicações e trabalho baseado em reputação). É difícil cobrar de um cliente um preço maior do que de outro por aquilo que o cliente percebe como um trabalho idêntico, independentemente de diferenças legítimas na preparação, adequação, uso de recursos e outros elementos que possam se aplicar a um e não a outro. "Ela implementa um programa de avaliação de desempenho por US$ 25 mil" é uma declaração muito inferior a "ela é a melhor na implementação de programas de avaliação de desempenho adaptadas a suas necessidades e sua situação específica".

5. Uma estratégia central de crescimento de longo prazo demanda que se dê aos clientes atuais (que deveriam estar representando cerca de 80% de seus primeiros trabalhos) preços melhores do que os dos clientes novos. Afinal de contas, os clientes atuais não devem subsidiar os novos.
Um sistema de preços por demanda de mercado inibe essa estratégia porque é difícil rebaixar sua posição na faixa permanentemente sem criar demasiada pressão sobre suas próprias margens. Além disso, seus clientes atuais estarão mencionando seus preços atuais – e não os originais – quando o indicarem a potenciais clientes. É difícil escapar dessa caixa.[6]
6. Você está se acorrentando a preços, e um cliente *nunca* vai dizer: "Esse foi seu preço quando começamos, mas eu acho que deveríamos aumentar agora." Os honorários baseados em valor, por outro lado, são fáceis de aumentar demonstrando mais valor e um retorno mais elevado sobre o investimento.

Os sistemas de estruturação de preços baseados em demanda são um pouco superiores aos métodos formulistas baseados em necessidades de renda. Contudo, espero que você entenda que eles têm orientação estratégica de mais curto prazo e podem ser altamente superficiais e transparentes a clientes atuais e potenciais.

Tenho defendido a melhoria da condição dos clientes e da contribuição de valor agregado do consultor para essa melhoria como o teste final para eficácia neste negócio. Vejamos agora de que forma esse ponto de partida ético também pode formar a base para definir honorários com base em valor percebido. Esse, eu me dei conta, é um dos elementos centrais do crescimento em nossa profissão.

❖ A fórmula de valor

A maneira mais rápida de ficar rico nesta profissão é fazer um trabalho maravilhoso e receber muito por isso. Tentei estabelecer alicerces para sustentar a posição de que os honorários sempre serão rebaixados artificialmente enquanto estiverem correlacionados a medidas arbitrárias e objetivas, como dias, horas, número de pessoas e coisas do tipo. Os segredos para receber honorários elevados são:

- Criar uma grande percepção de valor.
- Basear os honorários no valor percebido pelo cliente sobre sua assistência.
- Pedi-los.

Aqui estão dois exemplos do papel que o valor cumpre na definição de honorários. No primeiro caso, um de meus clientes me procurou solicitando que eu formulasse um programa de treinamento que sua empresa ofereceria por meio de seus escritórios em todo o mundo. Entretanto, ele queria que eu aceitasse um pagamento mais baixo em troca de uma porcentagem das vendas. Costumo recusar receber por resultados e estava disposto a uma negociação saudável, mas ele me atacou pelas costas. Começou assim: "Alan, isso não tem nada a ver, e tem tudo a ver com seu valor. Eu não poderia começar a lhe pagar de forma justa com um preço baseado em seu valor. É simplesmente uma questão de minha capacidade de pagar. Ah, eu poderia lhe pagar US$ 40 mil ou US$ 50 mil, mas seu trabalho aqui certamente valeria seis dígitos. É por isso que eu quero oferecer uma participação sem limite de tempo".

Bom, ele me pegou. Eu não estava preparado para esse ataque, com ele aceitando a questão do valor e transformando-a em *seu* argumento! Foi um dos poucos casos em que eu fiz trabalhos por participação.

Usei o mesmo raciocínio com meus assessores financeiros há não muito tempo. Achei que sua conta estava alta demais em função de cobranças mal calculadas. (Eles cobram por hora e fração, o que é complicado e, estou convencido, muito limitador.) Suas horas deveriam estar diminuindo, mesmo que seu valor para mim estivesse aumentando. Entretanto, eles cobram pelas primeiras, e não pelo segundo!

"David", expliquei a um dos sócios do escritório, "não me entenda mal, seu valor para mim é grande, e não tenho queixas sobre a qualidade de seu trabalho. Mas nos últimos anos, como eu cumpri suas solicitações de relatórios e informações, as horas necessárias para conferir meus registros deveriam estar diminuindo constantemente. Acho que o seu pessoal está aplicando as medidas incorretas".

Meus assessores financeiros estão limitados. Eles podem fazer auditoria em meus livros e calcular meus impostos muitas vezes e não podem aumentar seus honorários por hora acima de determinados níveis competitivos. Além disso, meu trabalho do dia a dia – que representa grande parte de meus relatórios financeiros – cada vez mais demanda membros menos graduados da empresa, com remuneração inferior. Ou seja, não era uma questão de valor, apenas de número de horas – a perda deles era o meu ganho. Eles reduziram o preço, o que conta a seu favor (e da natureza esquisita de seu sistema de cobrança totalmente sem sentido).

> A solução de 1%: as tarefas são repetitivas quando se repetem, e as tarefas repetitivas devem custar menos em função de economias de escala. Os resultados, contudo, são mais valiosos à medida que são repetidos e se tornam regulares ano a ano.

Para estabelecer honorários baseados em valor, é necessário cumprir as seguintes condições:

1. Nunca dar um preço antes de estar preparado para fazê-lo, não importa quanta pressão o cliente faça. "Me dê apenas uma estimativa geral" é um pedido que sempre faz que você fique na geral, e não nas cadeiras cativas. Os estádios têm muros de concreto e cercas de ferro.
2. Você deve estar disposto a viver com ambiguidade. Você não é responsável por fornecer ao cliente números de horas trabalhadas, números de relatórios elaborados, o que pagou a subcontratados nem qualquer despesa que não seja documentação de viagens. Na verdade, se o cliente se ativer a essas questões, é porque você não fez uma venda conceitual. Você deve estar disposto a dar preços de trabalho que representem bem seu valor ao cliente e suas despesas para realizar o trabalho.
3. Você deve gastar tempo construindo a relação até a venda ser feita conceitualmente e até que *todas* as pessoas importantes em posição de decisão estejam de acordo. Nesse momento, mesmo que seu preço baseado em valor não seja aceito automaticamente, você encontrará muito menos resistência, e qualquer negociação poderá ser feita com muito mais facilidade.
4. Se o cliente quiser negociar uma redução de preço, faça-a explicando os tipos de valor que serão perdidos com cada redução de honorários. Nunca assuma uma posição na qual você rebaixa seu preço, mas não remove serviços nem valor. O cliente tem a possibilidade de escolher quanto valor justifica qual investimento, mas nunca deve ter a escolha de se beneficiar por meio do sacrifício de suas margens. Essa não é uma relação colaborativa. É uma transferência de riqueza de você para seu cliente (valor fornecido sem qualquer investimento).
5. Esteja preparado para rejeitar trabalho. Uma vez que você seja percebido como alguém que negocia reduções nos preços, sempre sofrerá pressões para fazer isso. Eu trabalhei para uma empresa de treinamento

que tinha uma administração tão ruim que sempre rebaixava seus preços nos 25% menos rentáveis, para cumprir seu plano. Os clientes novos desses 25% se beneficiavam, muitas vezes à custa de clientes antigos que tinham feito o pedido antes. Consequentemente, todos começaram a esperar pelo que os clientes chamavam de "a liquidação", e 65% dos negócios da empresa aconteciam em dezembro! Você deve ser percebido como alguém que faz um trabalho maravilhoso, que requer um alto investimento e que não rebaixa seus preços sem que o cliente sacrifique valor na mesma proporção.[7]

Uma das distinções mais fundamentais dos consultores de ouro, comparados com o resto do campo, é sua disposição de recusar trabalhos. A grande maioria dos consultores aceita qualquer trabalho dizendo que algo é melhor do que nada. No final das contas, acabam relegando suas vidas profissionais a esse tipo de trocas.

Certa vez, precisei subcontratar uma empresa para produzir um vídeo que acompanharia um trabalho que elaborei para um cliente. Eu sabia que seriam necessárias outras colaborações desse tipo, de modo que precisava de uma produtora com que eu estivesse confortável no longo prazo. Pesquisei em Providence, Boston, Nova York e Chicago. As produtoras de vídeo fornecem orçamentos baseados em mercadorias: tempo de edição, número de membros de uma equipe, número de atores, música de fundo, efeitos visuais e assim por diante. Os orçamentos para meu trabalho – exatamente as mesmas especificações foram fornecidas a todas as 12 produtoras que selecionei – iam de US$ 10.500 a US$ 47 mil! Todos os floreios eram os mesmos. Contudo, a empresa que estabeleceu a melhor relação comigo (parceria na escolha dos atores, convite pra almoçar, demonstrou interesse em trabalho de longo prazo e ouviu com atenção as minhas ideias sobre a edição) deu um orçamento de US$ 11.400.

Há várias lições neste caso, nem todas óbvias. Em primeiro lugar, há aquela terrível caixa construída com orçamentos baseados em atividades e materiais tangíveis a serem entregues. As comparações eram abomináveis entre as empresas que estavam no topo. Segundo, é bom fazer pesquisa de preços com esse tipo de empresa, e seus potenciais clientes também a farão como eu, se puderem fazer esse tipo de comparação. Terceiro, se você estiver no topo dessas ofertas de mercadoria, é melhor ser capaz de diferenciar seus serviços. ("Por que você está cobrando US$ 40 mil?", perguntei ao representante de uma empresa de Nova York. "Porque todos nós cobramos", ele respondeu vagamente.)

Em quarto lugar, porém, está o fato de que a empresa que eu escolhi poderia facilmente ter me cobrado três ou quatro vezes mais, e eu teria aceitado o preço em função de sua excelente construção de relação, se eu não tivesse sido inserido em uma estrutura de preços limitadora por si só! Essa empresa poderia facilmente ter dado um preço de US$ 30 mil sem desmembrá-lo por número de membros na equipe ou o cachê dos atores, enfatizando a forma com que sua equipe trabalharia comigo, sua disposição de fazer quantas reuniões fossem necessárias e de me envolver na edição.[8] Essas são oportunidades valiosas que não são fáceis de orçar isoladamente. Na verdade, acabei convidando meu cliente para ir à filmagem, com a benção da produtora, e ele ficou impressionado com o esforço que estava sendo feito por ele. Isso foi muito valioso para mim, e meu valor cresceu aos olhos dele. (A produtora acabou fechando, o que é uma grande pena, mas não chega a surpreender.)

Acredite ou não, grande parte de meus conselhos a outros consultores – bem como a contratados que trabalham em minha casa, empresários locais e empreendedores – é que estão cobrando muito pouco. Mas sabe o que mais? Com exceção de uma minúscula fração, todos têm medo de elevar os preços porque não conseguem dar conta das cinco condições mencionadas anteriormente.

Basicamente, a fórmula baseada em valor que você deve usar lembra o seguinte:

$$\frac{\text{Benefícios quantitativos X duração} + \text{Benefícios qualitativos X impacto emocional} + \text{Benefícios periféricos X percepção}}{\text{Preço}} = \text{Valor}$$

❖ A distância de valor

Resumindo, como se sabe quanto cobrar? A Figura 9-3 contém as perguntas que eu faço. Mas lembre-se de que essas perguntas são feitas considerando que se cumpram as cinco condições citadas anteriormente. Muitas delas eu faço ao cliente, e algumas, a mim mesmo.

1. Qual o valor que o resultado desse trabalho tem para o cliente?
    a. Se for quantitativo, qual é a quantidade?
    b. Se for qualitativo, quais são os efeitos?
    c. De que forma o cliente descreve um resultado bem-sucedido?
    d. Até que ponto as condições do cliente melhoraram?

2. Qual é sua contribuição direta para esse resultado?
    a. Você está acelerando o que teria acontecido de qualquer forma?
    b. O resultado depende de suas habilidades exclusivas?
    c. Você está coordenando ou também está implementando?
    d. Está observando, diagnosticando ou prescrevendo?

3. Qual é a sua relação atual com o cliente?
    a. É um cliente antigo?
    b. O trabalho propicia crescimento profissional?
    c. O trabalho apresenta condições estressantes?
    d. Há prazos difíceis de cumprir?

4. Quais são seus custos para realizar o trabalho?
    a. Há custo de *marketing* ou outros custos de aquisição?
    b. Até que ponto é necessário subcontratar?
    c. Há necessidade de muitas viagens?
    d. Há materiais ou outros tangíveis necessários?

Figura 9-3 Estabelecendo o valor do investimento do cliente. Essas perguntas ajudam a determinar preços baseados em valor.

Observe que nenhuma delas se refere ao orçamento do cliente. Se isso se mostrar uma limitação em termos do preço que você definir, você pode negociar uma redução sacrificando valor.

Além disso, o cliente deve ver seus honorários como um investimento, como se fosse um investimento em formação, novos equipamentos ou mais segurança. Assim, o foco volta ao *retorno* sobre aquele investimento, e o retorno é um ponto de negociação muito superior ao de seus honorários.

Aula prática 1

Digamos que você tenha recebido uma solicitação para que elaborasse e implementasse um novo sistema de avaliação de desempenho para um cliente. Você já fez isso antes e tem um modelo que foi muito eficaz. Fez uma série de trabalhos para esse cliente e conhece bem a operação. Você estima que precisará de

20 dias e de dois subcontratados por 10 dias cada um. Haverá algum trabalho administrativo e alguns relatórios, mais os novos formulários que você elaborará. Você faz o seguinte orçamento para o trabalho:

Tempo pessoal	
15 dias *in loco* a US$ 1.500	US$ 22.500
5 dias externos a US$ 1.000	US$ 5.000
Tempo de subcontratados	
20 dias a US$ 750	US$ 15.000
Tempo administrativo	
40 horas a US$ 25	US$ 1.000
Materiais a serem usados e distribuídos	
Impressão, revisão, diagramação	US$ 1.000
Preço total do trabalho	US$ 44.500

Supondo que o cliente pague todas as despesas, sua margem bruta será de 62%, com a qual estará pagando por luz, aluguel, telefone e assim por diante.

Aula prática 2

Apliquemos as perguntas da Figura 9-3 a esse cenário.

1. O cliente estima que o processo de avaliação de desempenho exija US$ 400 mil por ano em tempo de gestão, e o retorno indica que cerca de um quarto de todo o tempo gasto é redundante – corrigir erros em preenchimento de formulários, causados por instruções equivocadas; mal-entendidos no processo, que necessitam de retreinamento; e classificações invalidadas por superiores que não concordam com as avaliações dos subordinados em função de incapacidade anterior de atingir objetivos de desempenho acordados. Um resultado bem-sucedido também melhoraria em muito o moral porque o atual sistema de avaliações é considerado por muitos como um exercício burocrático e não como uma avaliação legítima da contribuição.
2. O cliente sabe que o sistema deve ser modificado e tem uma ótima impressão de sua abordagem, que usa grupos focais com funcionários para fazer com que se "apropriem" do novo sistema, e do fato de que você o implementou com sucesso em organizações que fornecem ótimas referências. Você está prescrevendo a solução e formulando o novo sistema, trabalhando com o grupo de recursos humanos do cliente para implementar e assumir responsabilidade.

3. Esse é um cliente de longa data com quem tem sido um prazer trabalhar. Vai ser um trabalho relativamente fácil porque você conhece o cliente e possui o modelo. Isso deve lhe permitir ser considerado para trabalhos cada vez mais sofisticados para organização como um todo.
4. Não houve qualquer *marketing* de sua parte. As demandas de tempo sobre você, pessoalmente, são razoáveis. Outros custos chegam a US$ 17 mil. O cliente pagará as despesas de deslocamento.

Com base nessas considerações, no valor ao cliente e em sua contribuição, o investimento do cliente será de US$ 86 mil. Essa é uma margem bruta de 80%.

A solução de 1%: estabelecer preços é uma arte e uma ciência. A ciência é fácil, porque você tem que aceitar alguma ambiguidade para ajudar a arte.

O valor ao cliente é um mínimo de US$ 100 mil em salários anualmente, mais o fator moral. A venda conceitual é apertada. Por outro lado, esse é um cliente de longo prazo com bom potencial, e o modelo já existe.[9] Você sabe que tem custos fixos de cerca de US$ 17 mil, e deve dar espaço para contingências inevitáveis que o levarão a US$ 20 mil. Sendo assim, a faixa para esse trabalho provavelmente está entre US$ 50 mil e US$ 100 mil. Considerando sua estratégia de posicionamento, você decide que US$ 86 mil representam um investimento razoável em função do retorno. (Na vida real, o cliente concordou.)

Você poderia ter cobrado US$ 79.500 ou US$ 91.750? Provavelmente. Assim como poderia ter cobrado US$ 44.500. Mas não saia gritando pelo corredor. Eu disse que haveria alguma ambiguidade. Você tem que estabelecer um preço considerável – um investimento aceitável de parte do cliente à luz do valor que é o retorno que ele terá sobre esse investimento.

Isso é sua responsabilidade. Excelentes restaurantes cobram não apenas pelos ingredientes do prato, mas também pelo ambiente e pelo serviço – por toda a experiência de fazer uma refeição. As tarifas aéreas de primeira classe não se baseiam apenas no tamanho do assento, e certamente também não na qualidade da comida.

O teste máximo do sistema de preços baseado em valor é a aceitação pelo cliente do investimento em termos de valor percebido.

Quanto vale um transplante de rim? E um gesso para uma perna quebrada? Praticamente qualquer médico pode fazer um bom trabalho com um gesso, mas muito poucos conseguem transplantar um rim. E a maioria das pessoas escolhe seus médicos com base em seu preço, seus modos à mesa (bom, no consultório) ou sua qualidade? (Quando foi a última vez que você ouviu a demanda: "Me consiga o cirurgião cerebral mais barato que conseguir encontrar!"?)

Os honorários baseados em valor não são uma técnica para quem tem o coração fraco, pois você tem que tomar algumas decisões firmes (ainda que com contribuição e cooperação do cliente) sobre a melhoria da condição do cliente e o investimento justificável para obtê-la. É por isso que a venda conceitual é tão importante e os preços baseados em valor dependem totalmente dela.

Uma vez que o cliente tenha concordado com o valor, o investimento se torna bastante razoável. Ninguém consegue algo a troco de nada. E isso me leva ao segundo aspecto levantado no início desta seção. Depois de entender seu próprio valor e sua importância para o cliente, pode estabelecer honorários que reflitam adequadamente essa contribuição. E depois terá que pedir esses honorários.

O que eu chamo *distância de valor* (ver a Figura 9-4) é o movimento perceptivo criado quando se avança daquilo que o cliente acredita que quer (um programa de treinamento) para o que é realmente necessário (uma nova relação com clientes que gere menos atrito e mais repetição de negócios).

É esse movimento que leva você de um "evento" de US$ 15 mil a um trabalho de consultoria de US$ 115 mil, baseado em resultados de muito valor.

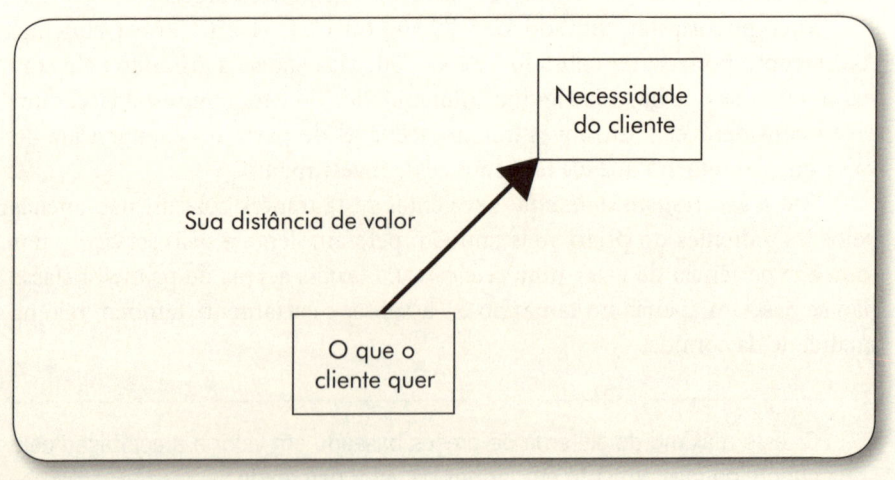

Figura 9-4 A distância de valor.

❖ Como aumentar preços a qualquer momento sem gerar comoção

Não importa o sistema que você está usando para definir preços, deve avaliar periodicamente se eles devem ser aumentados. Se estiver usando fórmulas, suas necessidades básicas e aspirações podem ter se elevado. Se estiver respondendo a demanda de mercado e à concorrência, pode descobrir que está ficando inadvertidamente para trás. E, principalmente, se estiver usando uma base de valor, deve determinar o valor atual do serviço para o cliente e o quanto você vale para ele.[10]

> O indicador absoluto de quando elevar preços é quando seu valor aumenta na visão de seu cliente.

Você deve revisar a adequação de sua filosofia de preços todos os anos porque, com propostas chegando e com negociações em andamento, é provável que um aumento demore 12 ou 18 meses para chegar à sua contabilidade. Por essa razão, as propostas sempre devem ter datas de vigência especificadas como, por exemplo, "os termos e condições dessa proposta valem até 31 de agosto deste ano. A aceitação depois dessa data pode demandar aumento de preços ou alteração de condições". É comum um cliente apresentar uma proposta sem data, um ano depois de elaborada e anunciar: "Surpresa! Acabo de conseguir uma aprovação de orçamento e vendi a ideia do projeto ao comitê". Se esse trabalho agora envolver subcontratações, em função de mudanças em suas próprias circunstâncias, suas margens poderão sofrer bastante.

Outras razões para elevar preços

Você não é percebido como organização de alto nível por ser muito barato

Não ria. Aumentar preços pode aumentar o volume de trabalho forçando a aprovação de suas propostas pela administração superior, que tem limites orçamentários mais altos. Essa é uma estratégia muito eficaz para quem tem coração forte.

Decidi fazer isso depois de ficar incomodado com um gerente de treinamento da General Motors que me disse que queria "a proposta mais barata possível" para economizar o máximo de seu orçamento.[11] Quem precisa desse cara? (E eu não hesito em dizer que me saí muito melhor do que a General Motors nos anos que se seguiram. Acidente? Acho que não.)

Você recebe uma solicitação de trabalho importante que não é pessoalmente atrativa

Pagamentos elevados realmente compensam tarefas desagradáveis. Minha mulher me diz isso toda a vez que eu perco um evento social por um trabalho que nos proporciona mais umas férias, e eu digo a mim mesmo todas as vezes em que estou em uma cidade em que os restaurantes fecham às 9 da noite.

Você quer se distanciar da manada

Se você se dá conta de que está apresentando propostas para outras empresas entre as quais há pouca diferenciação, já sabe que várias delas vão tentar fazer ofertas baixas. Muito poucas, ou nenhuma, apresentarão deliberadamente propostas elevadas. Ao fazer isso, você forçará o comprador a examinar a dimensão de valor agregado que você põe na mesa. É seu trabalho garantir que ela seja distinta de outras.

Você quer testar as águas

Já falei, em capítulos anteriores, sobre ampliar os limites. Lembre-se da segunda regra da seção anterior: você deve pedir o trabalho. Como saberá seu valor se não usar o mercado para tentar descobrir? Se os clientes vêm aceitando propostas durante dois anos a US$ 75 mil, em vez de descobrir novas maneiras de congratular-se, talvez você devesse investigar por que não tem cobrado US$ 125 mil. Não vale isso? Quem disse? Só o cliente pode determinar o que vale, e se você não lhe der uma chance, nunca vai saber de verdade.

Resumindo, desenvolva uma estratégia para aumentos de preço, não importa qual sistema esteja usando, principalmente se estiver baseando seus preços em valor percebido.

A solução de 1%: você deve abandonar clientes já existentes com margem baixa, para ter energia e capacidade de chegar a clientes novos com margem elevada. Você estará fazendo um favor a esses clientes, mais do que a si mesmo.

Quando você eleva preços, uma coisa quase sempre acontece: você perde os 15% menos rentáveis de seu mercado, tanto atual quanto potencial. Mas não há problema nisso. Eu falei, em capítulos anteriores, de crescer no topo de seu mercado ao abandonar o extremo inferior, e nada faz isso mais rapidamente do que um aumento de preços. No início, é difícil recusar trabalhos. "Puxa", vai dizer o cliente, "realmente queríamos contratar você, mas não temos como pagar esse valor". Obviamente, neste caso não há venda conceitual baseada em valor, e pode nunca haver. Alguns clientes não estão interessados em valor, mas sim somente em atividade e orçamento. São clientes que vão se perder como resultado de aumentos de preços, e isso é muito bom.

❖ As 40 maneiras de elevar preços

Finalizemos este capítulo com 40 maneiras pragmáticas de aumentar seus honorários. Pode ser interessante copiá-las e colocar na parede de seu escritório (ou no teto de seu quarto):

1. Ofereça opções de aumento de valor junto com aumento proporcional do investimento.
2. Nunca discuta honorários, apenas valor. Só deixe que o comprador veja os preços reais na própria proposta.
3. Obtenha acordo conceitual sobre objetivos, medidas e valor ao cliente e comprador antes de criar uma proposta.
4. Relacione os objetivos pessoais do comprador às metas do trabalho.
5. Responda a pressões por redução de preços com a remoção de valor.
6. Nunca, jamais, dê um preço baseado em tempo ou tempo e materiais.
7. Faça comparações com outros investimentos do cliente (por exemplo, manutenção de equipamentos, erros, trabalho com falhas, deslocamentos) que mostrem que o investimento do projeto é extremamente razoável.
8. Ofereça um desconto pelo pagamento integral antecipado.
9. Se você for do mesmo lugar da empresa, enfatize o fato de que as despesas estão incluídas. Se não for, cogite calculá-las e incluí-las no preço.
10. Fale sobre o retorno anual imediato *e* sobre o retorno anualizado de longo prazo.
11. Considere os benefícios não qualitativos, como aliviar o estresse, melhor reputação, melhor comunicação e assim por diante.
12. Mencione o preço como um investimento e concentre-se no retorno sobre investimento em vez de nos custos.
13. Diante de uma descrição de como "outros" ou o "último consultor" fazia, explique que seu método é melhor para o cliente.

14. Mostre os conflitos éticos da cobrança por tempo.
15. Tenha em mente que está lidando com valores de seis dígitos, e uma variação de US$ 10 mil para cima ou para baixo não tem qualquer importância (e com preços de cinco dígitos, alguns milhares de dólares não importam).
16. Ofereça tanto valor na reunião inicial que o comprador pergunte: "O que eu receberia se eu realmente contratasse essa pessoa?"
17. Formule objetivos muito claros para o trabalho a fim de evitar inchaço nas exigências e desgaste de suas margens.
18. Pague profissionais subcontratados por unidade de tempo ou por outro meio, e não por percentagem sobre o trabalho.
19. Trate com o comprador econômico. Recuse-se – *recuse-se* – a lidar com gerentes de compras, advogados ou diretores de recursos humanos para as negociações.
20. Abandone os 15% menos rentáveis de seu negócio pelo menos a cada dois anos, para permitir a si mesmo a capacidade de aceitar trabalhos com preços mais altos regularmente.
21. Pratique no espelho comunicar preços altos sem cair na gargalhada. Isso destrói o efeito em frente de um diretor-executivo. (Sim, estou falando sério.)
22. Cobre um valor extra se fizer todo o trabalho por conta própria (sem subcontratados) para criar um "filtro único" ou maximizar a confidencialidade.
23. Cobre um valor extra para trabalhar fora do país (por exemplo, eu acrescento 50% para a Europa e América Latina e 100% para a Ásia e a Bacia do Pacífico, já que moro na costa leste dos Estados Unidos).
24. Acelere seu calendário de pagamentos e cobre sem pena os recebíveis com mais de um mês.
25. Recuse trabalhos ruins. Eles vão lhe custar mais do que você jamais ganhará com eles.
26. Colabore com quem consiga garantir contas grandes e para quem você possa aumentar valor.
27. Certifique-se de que qualquer pessoa que você contratar possa trazer novos trabalhos importantes e baseados em valor.
28. Procure paralelamente compradores econômicos durante seu trabalho de implementação.
29. Responda a aumentos nas exigências enviando uma nova proposta, maior e corrigida.

30. Não permita o temível inchaço na exigência, no qual você faz mais trabalho como voluntário.
31. Aumente preços para criar percepções de maior valor. Jogue com o ego do comprador.
32. Introduza mais valor para clientes existentes, com vistas a aumentar os preços para os atuais.
33. No final do ano, enfatize o pagamento precoce, já que muitas organizações têm que gastar qualquer dinheiro que sobre do orçamento.
34. Pratique dizer: "Podemos fazer isso juntos". Não hesite. Agarre a oportunidade.
35. Se os pagamentos estiverem atrasados, procure o comprador, nunca o pessoal de contas a pagar ou intermediários.
36. Faça que o cliente absorva todas as despesas, cobre mensalmente, estabeleça que os pagamentos serão feitos "no envio da nota fiscal" e insista em 30 dias se não receber.
37. Orce em dólares dos Estados Unidos, retirados em bancos dos Estados Unidos, o que é um enorme benefício quando se está fazendo negócios fora das fronteiras do país, mesmo no Canadá.
38. Construa marcas fortes e as alimente, porque as pessoas virão a você perguntando como podem trabalhar juntos, o que significa que os preços não são mais problema.
39. Nunca permita que os impostos sejam deduzidos de seus honorários. Nunca é justificável. Confira com seu advogado.
40. Não introduza palavras complicadas em suas propostas, ou elas vão acabar no departamento jurídico. Consulte a seção que inicia este capítulo "Não seja burro como os advogados".

❖ Sistema de plantão (*retainer*)

O trabalho em sistema de plantão representa acesso a suas habilidades. Eles não são trabalhos – não é algo que você implemente, nem que execute. São métodos de compensação para que o cliente possa lhe procurar para pedir orientação e aconselhamento. Há três condições a avaliar em uma relação desse tipo:

1. *Quem?* Quantas pessoas terão acesso a você? Somente o comprador, sua equipe, ou outros?
2. *Duração*. Será por um mês, um trimestre ou um ano?

3. *Abrangência*. O horário de trabalho será de acordo com o fuso horário do leste dos Estados Unidos, porque você mora em Nova York, ou no do oeste, porque o cliente mora em São Francisco? Você compareceria *in loco* ou apenas por correio eletrônico e telefone? E os fins de semana?

Tendo avaliado esses critérios, formule um valor a ser pago por mês. Minha sugestão é a de que nenhum trabalho desse tipo seja contratado por menos de um trimestre, e que seja pagável no início do período, de forma que um honorário fixo de US$ 7.500 seria pagável no primeiro dia do primeiro mês do período de três meses, com US$ 22.500 devidos. Se o cliente optar por seis meses, reduza um pouco o preço, por exemplo, a US$ 40 mil.

Permita que o cliente e você tomem uma decisão sobre renovação no início do último mês do período.

Atenção: nunca permita que esse tipo de contrato cubra uma sucessão de trabalhos ilimitada, senão você vai se matar. Ele serve estritamente para acesso a sua orientação (o que geralmente se faz com facilidade de longe e mesmo com diferenças de horário), embora aparições ocasionais possam fazer sentido. Nesse caso, seria "mais despesas".

Estou usando a palavra *retainer* diferentemente de como a usam os advogados, já que, quando a usam, eles estão apenas pedindo um depósito adiantado referente a sua cobrança por hora. Estou usando para me referir a uma quantia paga para garantir acesso a você em um período finito. Volte ao aspecto "arte e ciência": nunca se preocupe com "quanto acesso", porque os clientes nunca abusam dele. Já tive clientes que me telefonavam uma vez por mês e acho que valia bem o dinheiro, porque o tempo e a urgência eram fundamentais para eles.

À medida que você se tornar um consultor mais experiente, mais e mais trabalhos devem passar a ser assim, o que não apenas aumenta muito a renda, sem intensidade de mão de obra, mas também aumenta sua riqueza real: tempo livre.

❖ Perguntas e respostas

P. *E se eu descobrir que meu preço poderia ser mais baixo depois de contratar o trabalho?*

R. E daí? Se o cliente está recebendo valor e acha que há um forte retorno sobre o investimento, isso é o que importa. Você não é corretor de imóveis, que só pode, por convenção, ganhar 6% brutos pela venda de uma casa!

P. *E os preços por desempenho e por contingência?*
R. Se você vai aceitar uma participação, certifique-se de receber algum dinheiro antecipadamente e de não precisar de dinheiro para suas despesas pessoais. Minha experiência é de que para cada secretária que diz ter ficado rica com ações da Google há milhões de pessoas que aceitaram participação e acabaram sem nada.

P. *E se o cliente me perguntar em que se baseia minha estrutura de preços?*
R. Preveja essa pergunta e diga algo como: "Meus preços se baseiam em minha contribuição para o valor que você receberá com este trabalho, proporcionando um grande retorno sobre o investimento e uma compensação proporcional para mim."

P. *O que acontece se outros consultores estiverem cobrando por dia e parecerem custar muito menos do que eu?*
R. Você tem que demonstrar (1) que seu valor é muito maior e (2) que vale mais a pena pagar um preço baseado em valor (ou seja, sem cronômetros).

P. *Se eu não estiver conseguindo trabalho, isso não quer dizer que meus honorários estão altos demais?*
R. Não, é um indicador de que você não está estabelecendo um relacionamento de confiança com o comprador que, caso contrário, diria: "Eu adoraria contratá-lo, mas você não pode fazer alguma coisa a respeito do seu preço?" (Quando, então, você demonstra o retorno sobre o investimento em seu valor e oferece opções.)

Reflexão final: você nunca poderá voltar e recuperar honorários perdidos. Quanto mais cedo e mais agressivamente estabelecer preços altos, mais rico ficará. E ponto final.

Interlúdio

Para os de meia-idade, os que buscam uma segunda carreira e os aposentados: como turbinar seu começo

❖ Qual é a nota?

Chegando à metade do livro, cabe falar diretamente àqueles que estão na metade da vida pessoal e/ou profissional. E as lições sobre as quais refletiremos aqui se aplicam aos que podem ser mais jovens e acabam de dar início a um negócio, ou aos veteranos que podem estar procurando "começar de novo."

Faça o teste sobre os seguintes traços e qualidades, se estiver buscando começar ou restabelecer um trabalho autônomo de consultoria, e calcule sua nota em uma escala de 0 (não tenho ideia e preciso adquiri-la) a 10 (tenho essa qualidade na enésima potência).

1. Experiência em negócios em outro setor, a ponto de poder discutir prontamente questões relacionadas aos negócios, entender balancetes e, em geral, demonstrar tino para os negócios em conversas. (Nota): _____
2. Um grande número de contatos de meus trabalhos anteriores e atuais, círculos sociais, velhos vínculos dos tempos de estudante, atividades cívicas, grupos profissionais e família ampliada. _____
3. Algum conhecimento de aconselhamento, *coaching* ou consultoria, obtido por meio de participação, colaboração, observação ou outros meios. _____

4. Tempo livre que eu posso aplicar à criação do apoio logístico e à promoção necessárias para lançar meu novo empreendimento. _____
5. Um sistema de apoio por parte da família, pessoas importantes para mim, amigos e/ou colegas, que vão proporcionar opiniões solicitadas e incentivo. _____
6. Dinheiro suficiente para manter um estilo de vida discreto por um mínimo de seis meses sem ter qualquer outro negócio ou renda. _____
7. Resiliência para aceitar a rejeição e aprender com ela, para recuperar-se da decepção e para abandonar o ego a fim de poder aprender continuamente. _____
8. Conexões empresariais ou na comunidade em áreas como *design* gráfico, informática, gráfica e tecnologia, que possam ser acessadas prontamente e com segurança. _____
9. Familiaridade com a tecnologia e com a internet, a ponto de poder facilmente pesquisar, encontrar contatos, mover arquivos, criar planilhas e assim por diante. _____
10. Conjuntos distintivos de habilidades em processo, como solução de problemas, resolução de conflitos, estratégia, análise financeira, processo de decisão, avaliação de risco, etc.

Faça as contas. Aqui está a análise:

- 8,0-10: Você está seguro estabelecendo um grande compromisso e investindo o que puder para cobrar mais tarde.
- 6,0-7,9: Você precisa cuidar de algumas áreas, o que pode fazer de forma concomitante ao seu início no mercado, mas faça planos específicos para adquirir aquilo que não tem.
- 4,0-5,9: Faça um plano para adquirir o que não tem em termos de contatos, habilidades e comportamentos antes de se comprometer integralmente com a consultoria. Planeje tirar em torno de seis meses para isso.
- Abaixo de 4,0: Você não está pronto, e não é que o baralho esteja viciado contra você, mas que ele não tem as principais cartas. Passe pelo menos um ano se preparando e, depois, reavalie.

Solução: Você realmente precisa tirar pelo menos um "7" nas questões 1, 2, 4, 5 e 6. Isso dá 35.

❖ Qual é o caminho?

Se você quiser subir rapidamente em direção à consultoria de um milhão – digamos, chegar aos US$ 300 mil em pouco tempo e subir a partir daí – aqui está o melhor caminho.

Estabeleça os fundamentos

Monte um escritório, em casa ou em outro lugar. O segredo é a privacidade e o isolamento de crianças, entregadores e interrupções aleatórias. Os escritórios em casa funcionam bem, desde que qualquer outra pessoa que more ali conheça as regras. Por exemplo, quando a porta está fechada, considere-a trancada; e nunca use a linha telefônica comercial, mesmo que esteja acessível em outros aparelhos da casa.

Estabeleça sua base conceitual

Qual é sua proposição de valor (de que forma o cliente estará melhor quando você for embora)? Isso deve ser expressado em uma única frase como resultado empresarial para o cliente, de forma que informe seu comportamento e as perguntas do potencial cliente.[1] Quem (por cargo) são os prováveis compradores comerciais que podem autorizar um cheque desse valor?

Crie os materiais secundários

Comece com um *kit* de imprensa (*kit* de mídia, *kit* de apresentação) físico, que inclua minimamente:

- Resultados típicos com clientes (típicos, não históricos; então seja criativo).
- Leque de seus serviços.
- Resumo biográfico.
- Lista de clientes (se você tiver; ou "organizações com quem trabalhamos" se tiver feito isso sob outros auspícios).
- Testemunhos.
- Artigos de opinião, entre 2 e 5 páginas cada um, não promocionais, apresentando ideias e ajuda pragmática sobre sua proposição de valor. (Tenha uma meia dúzia desses artigos, com suas próprias informações de direitos autorais e contato, em formato dobrável, não grampeado, em papel de boa qualidade.)

Encontre um ótimo *designer* de internet e reproduza o material eletronicamente. Lembre-se, isso serve para credibilidade e não para vendas, então adapte a mensagem a isso. Você quer aparecer como especialista, e não como falastrão.[2]

Crie papel timbrado, um cartão de visita e etiquetas de alta qualidade, com planejamento profissional. Use quatro cores e não duas. Se não puder pagar um *designer*, contrate um estudante do curso de artes da faculdade local; o resultado será bastante adequado até que você possa mudar alguma coisa.

Comece a fazer *marketing*

A pergunta, neste caso, é como chegar aos compradores (de acima) e como fazer com que eles cheguem até você.

Para chegar ao comprador, faça duas coisas imediatamente:

1. Telefone para todo mundo que conhece. Entre em contato com todos os que fazem parte de sua gama de contatos (veja a pergunta 2 do autoteste) e faça as duas perguntas a seguir, depois de ter explicado sua proposição de valor:
   a. Isso pode lhe ser útil?
   b. Quem você conhece que poderia usar isto, e você estaria disposto a me apresentar?

   Se você fizer isso religiosamente com seus 75, 80 ou 325 contatos, vai receber informações sobre potenciais clientes, mas tem que se sentir confortável e não ter vergonha (veja a pergunta 7 no autoteste).

2. Tenha como alvo 12 pessoas. Escolha uma dúzia de organizações (ou 8 ou 13) dentro de uma área a 2 horas de carro de sua casa que cumpram a maior parte dos seguintes critérios:
   a. Estejam tendo um bom desempenho (de modo que tenham dinheiro para investir).
   b. Tenham um histórico de usar ajuda externa (leia os jornais, fale com funcionários).
   c. Pareçam ter necessidade do tipo de valor que você oferece (faça alguma pesquisa na internet ou com pessoas que conheçam a empresa).
   d. Tenha algum precedente ou desculpa para que você possa estabelecer contato (apareceram em uma reportagem local, você ouviu o presidente falando em uma reunião, conheceu um gerente importante em um evento social).

Mande ao provável comprador uma carta simples expressando seu valor, inclua seu *kit* de imprensa e indique que telefonará para conversar às 10 da manhã de sexta-feira (ou quando for).³ Quando ligar, na sexta-feira, diga ao assistente ou secretário que está "ligando como prometido." (Se não conseguir encontrar o número de telefone ou o *e-mail* de alguém, ligue para a portaria e diga que vai enviar uma carta de felicitações por alguma razão a essa pessoa.)

Crie gravidade de mercado

Se você atrair as pessoas, haverá uma inversão de dinâmica comum ("Prove o quanto você é bom") em função de sua marca e sua reputação ("Ouvi dizer que você é bom, como podemos trabalhar juntos?"). O gráfico da gravidade é mostrado na Figura 2-3.

Entretanto, eu sugeriria que você começasse pelos quatro maiores fatores da gravidade:

1. Faça palestras, sempre que puder, onde compradores e/ou recomendadores se reúnam. Faça-as de graça se for necessário, mas potencialize-as gravando-as, obtendo nomes, distribuindo material e comunicando-se com as pessoas antes e depois.
2. Estabeleça redes como louco. Trabalhar em rede não é "trabalhar em uma sala" nem passar horas inúteis em LinkedUp ou Facebook. É comparecer a eventos onde puder, para conhecer potenciais compradores. Aqui estão os cinco segredos do trabalho em rede, segundo Alan.
   a. *Poder da distância.* Pessoas que não têm qualquer informação a seu respeito não terão concepções prévias nem equivocadas que é necessário apagar. Na verdade, é melhor estabelecer redes com estranhos!
   b. *O multiplicador único.* Encontre pessoas que, embora não sejam compradores, conheçam muitos deles, por serem fornecedores, clientes, membros de clubes assistenciais, assessores de algum tipo. Aquele contato isolado pode levar a muitas apresentações importantes.
   c. *O ponto de conexão.* Encontre a pessoa que possa lhe apresentar imediatamente a um comprador importante. Pode ser um assistente ("O meu chefe tem que conhecer você"), um parente ("O meu primo precisa disso") e até mesmo um ex-funcionário ("O meu chefe, na minha última empresa, está procurando alguém como você").

d. *O princípio da adesão.* Por que essa pessoa deveria se lembrar de você? Você tem que "dar para receber". Sempre ofereça valor imediatamente (uma ideia ou uma referência) e valor futuro ("Posso lhe enviar um material?") e, depois, acompanhe para ver se foi útil.

e. *A conexão contextual.* Lembre-se de que geralmente vocês estão juntos com algum propósito em comum – uma cerimônia de premiação, arrecadação de fundos, evento político, etc. – e obtenha o máximo desse interesse mútuo para criar uma relação imediata.

3. Publique sempre que puder, seja em boletins, revistas, na internet, nos *blogs* de outras pessoas, seja em algum outro lugar. Divulgue sua mensagem. Às vezes, pequenas publicações especializadas atingem os seus compradores potenciais muito melhor do que a mídia de massas. Se possível, escreva uma coluna regular.

4. Use a internet. Agregue valor a sua página na internet todas as semanas. Comece um boletim muito direcionado. (A razão para haver tantos boletins eletrônicos é que as pessoas os estão lendo.) Comece um *blog*, se tiver tempo, energia e conteúdo. (Veja as perguntas 1 e 4 no autoteste). Encontre indagações de repórteres e tente ser entrevistado.

Aja como quem fala sério

Quando seu *marketing* tiver sido introduzido, não aja como se estivesse entrando no negócio, mas sim como um especialista.

- Vista-se bem. Tenha alguns ternos de ótima qualidade e acessórios adequados para dar uma primeira impressão altamente profissional.[4]
- Entre para os grupos de classe e profissionais adequados e busque uma posição visível de liderança.
- Escreva ao editor cartas que sejam relevantes a sua proposição de valor sempre e em qualquer lugar que puder.
- Envie notas à imprensa pelo menos duas vezes por mês para anunciar novas ideias, palestras, trabalhos com clientes e assim por diante (veja Recursos Comentados).
- Busque alianças com profissionais autônomos ou com empresas maiores, se houver negócios específicos que possam reuni-los e tornar o todo maior do que a soma das partes. (As alianças "conceituais" são uma perda de tempo.)
- Realize autodesenvolvimento contínuo. Busque elevar todos os escores a 10, mas tome cuidado com quem você escuta. Suas referências devem ter um histórico provado de sucesso em áreas que sejam importantes para você.

Ignore "certificações" e diplomas arbitrários. O segredo é: você está aprendendo com os melhores entre os melhores?
- Toque seu instrumento, ou não haverá música. Conte às pessoas todo e qualquer sucesso.

O que você vai fazer para ser percebido como um consultor de alto nível em seu campo?

A solução de 1%: não estamos aqui para sobreviver, mas para prosperar.

❖ Por quê?

Você e eu não estamos neste negócio para ganhar dinheiro, mas para agregar valor aos clientes, o que vai nos render compensações à altura (se avaliarmos nossos honorários corretamente).

Você e eu não estamos nesta vida para dirigir um negócio. Vivemos para nos apaixonar, para ajudar os outros, para contribuir com o meio em que nos encontramos e para utilizar nossos talentos de tantas formas quanto forem possíveis. Sendo assim, não temos "vidas profissionais" e "vidas pessoais." Temos vidas.

A seguir, algumas das melhores práticas e aprendizagens que são apresentadas exclusivamente aqui. Tendo acabado de realizar o décimo-primeiro Million Dollar Consulting® College e sempre aprendendo mais do que todo mundo, compartilho algumas ideias:

- Se você não entender algo, faça duas coisas: primeira, questione imediatamente porque, caso contrário, a estrutura que segue terá um alicerce frágil; segunda, tente aplicá-la a suas circunstâncias para integrar a aprendizagem.
- As pessoas aprendem de maneiras diferentes, de modo que anotações, gravações, mapas mentais e psicografia estão muito bem. Mas se você não tiver três coisas (ou menos) a partir das quais avançar, pode ser que tenha quantidade, mas não qualidade.
- "A solução de 1%: Ferramentas para mudança" diz que, se você melhorar 1% por dia, em 70 dias estará duas vezes melhor. Mas se não aprender com cuidado e, em vez disso, ficar confuso, pode acabar acontecendo o contrário. As pessoas podem ficar mais burras.

- Ao criar representações pragmáticas de imagens conceituais, sejam elas marcas, grafismos ou recursos visuais do processo, sempre é melhor trabalhar com uma equipe pequena em quem confie a fim de obter resultados mais rápidos e de melhor qualidade.
- Errar, e aprender com isso, entre pares é melhor do que ter sucesso sem refletir entre inferiores.
- A emoção é tão importante quanto o intelecto para integrar a aprendizagem.
- A vantagem feminina na aprendizagem: menos investimento do ego e mais abertura. A vantagem masculina: menos tendência a levar as divergências para o lado pessoal e mais tendência a se concentrar no tema em questão, e não na pessoa.
- Os grupos não estabelecem vínculos por meio de exercícios idiotas para quebrar o gelo, mas por compartilhar desafios, contribuições, discordâncias e por conviver.
- Todos os grupos afirmam que querem continuar em contato e voltar a se comunicar. Os que mais conseguem fazer isso têm sempre um ou mais organizadores que assumem essa responsabilidade.
- Se o facilitador não estiver constantemente aprendendo, deve mudar de área de trabalho. Simplesmente fazer alguma coisa bem feita e receber elogios por isso é como assistir às pessoas aplaudirem um filme feito há muitos anos.

Costumam me perguntar por que eu deixei a consultoria organizacional depois de tamanho sucesso. Minha resposta é que eu me entediei, porque há basicamente 11 coisas acontecendo, e dizer a um diretor-executivo que "são as de número 3, 7 e 10; você me deve US$ 245 mil", não ia funcionar. Estas são as minhas observações, para que você consiga evitar o tédio:

1. A liderança é inepta porque as pessoas importantes não estão servindo como referência do comportamento que buscam em outras.
2. Busca-se a construção de equipes quando, na verdade, a organização tem comitês e precisa de comitês, e não de equipes.
3. Há compartimentos chefiados por pessoas poderosas que estão defendendo seu terreno.
4. Valoriza-se a solução de problemas em detrimento da inovação, e as bobageiras mágicas tomam conta da cabeça das pessoas, como um filme ruim de ficção científica dos anos 1950.

5. Os funcionários exercem demasiada interferência em vez de apoio, geralmente os de RH, finanças, TI e/ou jurídico.
6. Há reuniões demais, que são longas demais e muito direcionadas a compartilhar informações – a pior razão possível para se fazer uma reunião. O talento e a energia da organização estão sendo desperdiçados internamente, em vez de aplicados externamente.
7. As percepções do cliente sobre produtos, serviços e relações da organização são diferentes das percepções da própria organização.
8. Os sistemas de recompensa e *feedback* não estão em sintonia com a estratégia e não estão incentivando os comportamentos adequados nem desincentivando os inadequados.
9. Confundem-se estratégia e planejamento.
10. Desenvolvimento profissional e planejamento de sucessão não estão casados.
11. A organização é burocrática, no sentido de se concentrar em meios e não em fins.

Agora passo à segunda metade deste livro. Depois da primeira, você já está pronto para entender meu interlúdio. Na segunda metade, quero colocar essa filosofia na prática.

Capítulo 10

Propostas à prova de bala

Não diminua o ritmo quando estiver a ponto de cruzar a linha de chegada

❖ Preparando o comprador

O aspecto mais importante ao se elaborarem propostas que são assinadas por compradores é a preparação antes de digitar a primeira palavra. As propostas vencem ou perdem em função do que acontece nos eventos que levam a elas.

Sejamos claros sobre o que é uma proposta. Ela é:

- Uma síntese do acordo conceitual entre você e o comprador.
- Um modelo que vai reger os limites do trabalho proposto.
- Um contrato formal (quando assinada) que protege você e o cliente.
- Uma referência para informações à medida que o trabalho se desenvolve (por exemplo, pode ser mostrada a outros participantes).

Sejamos claros sobre o que uma proposta não é. Ela não é:

- Sondagem do interesse do cliente.
- Um documento de negociação.
- Proteção unilateral.
- Um rascunho ou um resumo a ser alterado

Uma proposta é uma síntese, e não uma sondagem. Ela confirma o acordo conceitual entre consultor e comprador, e demonstra opiniões, acompanhada do retorno sobre investimento.

A maioria das propostas fracassa porque o alicerce ainda não foi terminado. Em vez de se esforçar para estabelecer um acordo conceitual com o comprador, o consultor pega a saída fácil e apresenta uma proposta. Isso equivale a tentar dar um curso de pós-graduação, enviando anotações por correio para que os alunos leiam. Ninguém vai achar a experiência grande coisa e, em pouco tempo, as pessoas simplesmente deixarão de aparecer.

Antes de apresentar a proposta, aqui vão os pontos obrigatórios para maximizar suas chances de vê-la aceita (80% das minhas propostas são aprovadas, embora eu apresente muito menos do que a maioria das pessoas).

Os 10 passos fundamentais

1. *Encontre o comprador econômico.* Se não estiver tratando com o comprador, nada do que fizer importa. Propostas apresentadas para intermediários podem ser jogadas no lixo, que não fará diferença. Determine quem pode assinar um cheque com seu valor específico, mesmo que isso leve mais tempo.
2. *Estabeleça uma relação de confiança com o comprador.* Avance até o ponto em que veja evidências de que vocês estão sendo francos um com o outro, de que você pode avançar e de que o comprador esteja disposto a lhe contar suas ideias e experiências. Ouça bem mais do que fala. Essas relações podem ser instantâneas, mas geralmente demandam tempo para serem usufruídos. Ironicamente, quanto mais paciente você for, mais rapidamente conseguirá desenvolver uma proposta de alta qualidade.
3. *Estabeleça objetivos para o trabalho proposto.* Devem ser resultados concretos em termos de negócios (e não materiais, tarefas ou sua metodologia), que são determinados fazendo perguntas como:
   - Qual resultado final você gostaria que acontecesse?
   - Como as coisas seriam diferentes de agora à conclusão do trabalho?
   - Em termos ideais, quais três coisas devem ser realizadas?
   - Como você gostaria de ser conhecido como resultado desse trabalho?
   - O que deve ser mais modificado, fixado ou melhorado?

A solução de 1%: Uma proposta é uma síntese de um acordo conceitual previamente estabelecido com um comprador econômico. Se você entende essa realidade, dará muito mais tempo e aplicará muito mais disciplina antes de criá-la.

4. *Estabeleça medidas de sucesso para o trabalho.* Esses são parâmetros que comandarão o acordo sobre o avanço e seu papel nesse avanço. Faça perguntas como:
   - Como você saberá que esses resultados foram atingidos?
   - Quais indicadores usará para saber que estamos no caminho certo?
   - Qual é a faixa de melhoria que você gostaria de ver, o que é minimamente aceitável e o que representa imenso sucesso?
   - Quais medidas atuais você está usando que possamos aplicar?
   - Quais medidas únicas para este trabalho devem ser criadas?
5. *Estabeleça o valor para a organização-cliente (e/ou para o comprador, pessoalmente).* Essa é uma nuança fundamental para enfocar valor e não honorários e para demonstrar, posteriormente, o enorme retorno sobre o investimento que você está proporcionando. Algumas amostras de perguntas podem ser:
   - O que os resultados significarão para você e sua organização?
   - Pensando de forma não muito ousada, que nível de melhoria você espera, se o trabalho for bem-sucedido?
   - O que isso vale em base anualizada e no longo prazo?
   - O que isso significa quantitativamente (vendas, fatia de mercado, lucros, retenção, etc.)?
   - O que isso significa qualitativamente (reputação, saúde, conforto, conveniência, ego, etc.)?
6. *Explique as opções disponíveis.* Indicando que sua proposta conterá formas alternativas de abordar o trabalho, você estabelece o fato de que há pacotes de valor diferentes disponíveis em distintos níveis de investimento. Mais importante, contudo, é que você está sutilmente fazendo o cliente passar de "devo contratar o Alan?" a "como devo usar os serviços do Alan?". Essa é uma ferramenta poderosa, que eu chamo de "opções de sim".

As opções de sim levam psicologicamente o comprador a passar da pergunta binária "devo?" à questão pluralista "como devo?". Essa nuança, quando bem usada, aumentará a probabilidade de que sua proposta seja aceita – e por preços mais elevados – em, pelo menos, 50%.

---

7. *Não se concentre em metodologia ou materiais.* O cliente é o especialista em fabricação de automóveis ou medicamentos. Você não teria a pretensão de lhe dizer como instalar sistemas de injeção de combustíveis nem

como criar bloqueadores de enzimas. Você é o especialista em consultoria. O cliente não deve ter a pretensão de lhe dar lições sobre grupos focais, auditorias, reorganizações ou avaliações. Você pode tocar no assunto ("Vamos usar grupos focais, entrevistas e pesquisas"), mas não entre em detalhes ("Usaremos 12 grupos focais, faremos pesquisas com funcionários administrativos e entrevistaremos 10% de seus clientes").

8. *Nunca mencione preços.* Diga a seu cliente curioso, se ele perguntar, que todas as informações, incluindo investimentos e opções, estarão contidas na proposta e que você pode deixá-la na mesa do comprador em 24 horas. Ninguém precisa saber dos preços na mesma tarde. Além disso, é do seu interesse tratar de valor nas discussões e na proposta, para que os honorários surjam no momento certo. Discussões prematuras só levarão a objeções falsas e bloqueios, como "nunca orçamos tanto" ou "talvez tenhamos que esperar até o próximo ano fiscal".

9. *Estabeleça que a proposta será enviada por entregador no prazo mais curto possível.* Esse processo deve ser integrado. Eu prometo a proposta para o dia seguinte. Se você se sentir melhor com mais tempo, use 48 horas. Porém, lembre-se de que quanto mais o tempo passar, mais coisas podem dar errado. Nenhum comprador que eu tenha conhecido decidiu aumentar meus honorários depois de protelar.

10. *Estabeleça uma data clara para dar seguimento.* A pergunta corriqueira é: "Se eu lhe entregar isso amanhã, telefonarei dois dias depois para ter um retorno. Ou você prefere que eu ligue no mesmo dia? Também posso passar no seu escritório, se isso for melhor." (Observe as opções de sim.) Nunca se deixe ficar em uma posição de ambiguidade, em que o comprador possa se perder de você inadvertidamente ou evitá-lo deliberadamente porque não estava esperando sua ligação.

❖ Criando a proposta em duas páginas e meia

Descobri que há nove passos para uma proposta definitiva. Você pode ter 6 ou 12, e não há problemas com isso. Entretanto, nove passos têm funcionado muito bem para mim e os participantes de minhas atividades de *mentoring*. O resultado é de cerca de duas páginas e meia, independentemente do tamanho do trabalho. A maior parte dos consultores faz propostas do tamanho de tomos que poderiam competir com *Em busca do tempo perdido*, de Proust, e que também entediam imediatamente o leitor. Se você for novo no negócio e souber usar um formato ágil para criar propostas ou se for um veterano que entende a necessidade de desaprender maus hábitos, tenho certeza absoluta de que esses nove passos funcionarão para você. [Quanta certeza? Bom, escrevi um livro inteiro sobre o tema, *How to Write a Proposal That's Accepted Every Time* (Fitzwilliam, NH: Kennedy Information, 2002). Ele não para nas prateleiras e é usado tanto pelas grandes empresas quanto por profissionais autônomos e por todo mundo entre eles.

Estudo de caso

Solicitaram que eu trabalhasse com uma empresa de consultoria de Londres que estava tendo problemas para conseguir novos trabalhos. As propostas da empresa eram longas e errantes, mas, pior ainda, ela media a eficácia de seu pessoal com base em quantas propostas eles criavam e enviavam pelo correio.

Consequentemente, um encontro casual em uma confeitaria gerava uma proposta. Quando examinei as taxas de sucesso, descobri que estavam abaixo dos 15%, e ainda assim as propostas estavam absorvendo tempo profissional e administrativo valioso.

Mudei a medida para propostas aceitas e introduzi os 10 passos supracitados. As despesas foram reduzidas imediatamente, e a taxa de sucesso acabou aumentando para mais de 50%; tudo sem investimento de capital. As propostas vencem ou perdem no planejamento.

❖ Os nove componentes de uma proposta explosiva

1. Diagnóstico da situação

Isso significa dois ou três parágrafos sobre a atual situação do cliente e por que a proposta foi buscada. Deve refletir o que você e o comprador já discutiram e estar direcionado ao problema ou melhoria, e não a simplesmente repetir o óbvio.

Mau exemplo

A FedEx é um serviço de entrega rápida altamente inovador de Memphis, Tennessee, que se tornou uma empresa global de encomendas, oferecendo serviços diferenciados e adquirindo empresas do mesmo ramo. (A questão é que a empresa já sabe disso, de modo que não passa no teste do "e daí".)

Bom exemplo

A FedEx teve problemas trabalhistas, sofrendo ações na justiça por parte dos chamados subcontratados independentes que estão provando, legalmente, que deveriam ser tratados como empregados da empresa. A marca já não é mais poderosa o suficiente para criar um fluxo ininterrupto de profissionais de alto nível, a concorrência está mais acirrada do que nunca e as despesas operacionais devem continuar a aumentar como resultado de incertezas em relação a combustíveis e aeronaves que vão ficando velhas. (A FedEx pode saber disso intimamente, mas você acaba de tornar explícito e poderoso.)

O diagnóstico da situação dá início aos acenos positivos de concordância enquanto o comprador lê a sua proposta.

2. Objetivos

Devem ser objetivos pontuais que emanam diretamente do acordo conceitual a que se chegou no trabalho preliminar. Exemplos típicos são:

"Nossos objetivos para esse trabalho são:
- Geração de receita em mais de 50% das novas contas, por meio da venda cruzada de produtos.
- Redução radical do tempo investido pelo diretor-presidente como juiz entre unidades que competem entre si.
- Eliminação das queixas de clientes sobre muitas visitas de parte de pessoas diferentes, que não coordenam seus esforços.
- E assim por diante."

3. Medidas de sucesso

Essas também se originam no acordo conceitual já estabelecido.

"Nossas medições serão feitas da seguinte maneira:
- Relatórios mensais de novos negócios, segundo tipo de produto.
- Um diário pessoal de alocação de tempo para o diretor-executivo.
- Um relatório trimestral do vice-presidente de serviços ao cliente sobre queixas importantes.
- E assim por diante."

4. Valor para a organização

Isso completa a reiteração do acordo conceitual.

"O valor para o State Street Bank será:
- Redução nos custos de venda.
- Maior aquisição de novos negócios, em média.

- Clientes mais positivos dispostos a serem proativos na aquisição de mais serviços.
- Liberação de 25% do tempo do diretor-executivo.
- E assim por diante."

Para enfatizar, o acordo conceitual se torna os pontos 2, 3 e 4 da proposta. A apresentação na forma de itens funciona bem em termos de brevidade e potência.

5. Metodologia e opções

É aqui que você discute de forma *breve* as alternativas (opções de sim) disponíveis ao cliente. Você quer dar ao comprador uma prova suficiente do valor diferenciado – a menor das opções será mais do que satisfatória aos objetivos, mas outras opções oferecerão ainda mais valor.

Exemplo

Opção 1: Entrevistaremos pessoas fundamentais em três unidades da empresa, observaremos operações e monitoraremos as respostas dos clientes. Recomendaremos os melhores e mais rápidos meios para eliminar a duplicação e evitar a contradição. Treinaremos os participantes centrais na coordenação necessária e criaremos e instalaremos medidas e dispositivos de monitoramento para que a administração possa auditar o desempenho diário de forma rápida.

Opção 2: Inclui a Opção 1, mas também entrevistaremos clientes fundamentais, antes de mudanças internas, para usar suas contribuições a fim de fazermos as correções mais direcionadas. Entrevistaremos esses mesmos clientes três meses depois das mudanças para criar mais sintonia e também enfatizar diante deles a forma como a organização seguiu suas sugestões.

Opção 3: E assim por diante.

Observe que as opções são simplesmente "mais do mesmo" (por exemplo, entrevistaremos 100 pessoas em vez de 50), mas são pacotes de valor legítima e claramente diferenciados na *ordem ascendente* de valor (ainda não se mencionou investimento). Os compradores tendem a subir quando têm escolha.

> Todo comprador adora reduzir preços, mas nenhum quer reduzir valor. Quando se dá aos compradores opções de aumentar valor, eles tendem a migrar para cima na cadeia de valor (e, portanto, na cadeia de investimento). Chamo a essa ascensão de "The Mercedes Bends" (A curva do Mercedes).

6. Calendário

Diga claramente quando o trabalho pode começar e sua provável duração. Use datas de calendário, e não datas relativas. Não se comprometa com uma data final certa. Eduque o comprador, nesse momento, de que há uma faixa razoável, baseada em acesso, cooperação, eventos imprevistos e assim por diante.

7. Responsabilidades conjuntas

Esta é outra seção negligenciada pela maioria dos consultores. Diga ao cliente que isso não é algo que "você faz por ele", mas sim algo em que vocês dois colaboram como pares.

Exemplos

Minhas responsabilidades são:
- Cumprimento de prazos acordados.
- Todos os custos administrativos e de escritório.
- Relatórios mensais de avanço entregues pessoalmente.
- E assim por diante.

Suas responsabilidades são:
- Acesso a indivíduos fundamentais em datas mutuamente convenientes.
- Fornecimento de todas as informações que tenham relação com o projeto.
- Pagamento em conformidade com os termos abaixo.
- E assim por diante.

Nossas responsabilidades conjuntas são:
- Alertaremos um ao outro sobre qualquer coisa de que tomemos conhecimento que possa afetar materialmente o sucesso do trabalho (por exemplo, fusões, saída de pessoas fundamentais, etc.).

- Respeitaremos a confidencialidade um do outro e os materiais e abordagens sujeitos a direitos autorais.
- Chegaremos a soluções razoáveis para conflitos, eventos imprevistos e outras prioridades.
- E assim por diante.

8. Termos e condições

Minha parte preferida: essa deve ser a primeira vez em que o comprador vê os preços. Ele vem dizendo que sim com a cabeça durante toda a conversa anterior e, agora, aproveitando o impulso, ele deve seguir com a reação positiva até os honorários.

Os termos e condições devem declarar:
- Os honorários, como:
  - A opção de honorários 1 é de US$ 45 mil.
  - A opção de honorários 2 é de US$ 72 mil.
  - E assim por diante.

- Os termos de pagamento, como:
  - É necessário um depósito de 50% para dar início ao trabalho, com o restante vencendo em 45 dias. (veja orientações sobre isso no Capítulo 14 sobre pagamentos.)

- Os descontos ou pontos especiais, como:
  - Pode-se obter um desconto de 10% fazendo um pagamento integral no início do trabalho.

- Os termos de reembolso de despesas, como:
  - As despesas devem ser faturadas mensalmente, segundo vão acontecendo, e ser pagas na apresentação de nossa nota. Entre as despesas estão viagens de avisão, de trem, aluguel de automóveis, táxi, alojamento, alimentação e despesas relacionadas. Não incluirão *fax*, cópias, telefone, entregas, apoio de escritório e despesas relacionadas.

- As declarações de quaisquer pontos especiais, como:
  - Temos seguro de responsabilidade civil. Por favor, emita todos os cheques em nome de Summit Consulting Group, Inc.
  - Seu depósito, na ausência de sua assinatura abaixo, também indicará aceitação deste trabalho e dos termos e condições da forma aqui declarada.

A solução de 1%: algumas pessoas podem emitir cheques, mas não assinar documentos legais. É melhor do que o contrário! Permita que elas façam aquilo que fazem melhor: assinar o cheque!

Alguém me perguntou certa vez se eu fazia todo o meu trabalho administrativo. Eu respondi que sim, a maior parte, porque digito 60 palavras por minuto e tento manter tudo no mínimo.

"Mas certamente", disse a pessoa, "você não se ocupa da emissão de suas notas".

"Você está brincando?", eu gritei. "Eu vivo para fazer notas. Parafraseando Descartes, 'Emito notas, logo, existo'. Faço uma formatação perfeita daquilo na tela, clico em imprimir e fumo um cigarro!" (Eu fumo um charuto de vez em quando, mas dá para entender a ideia. É uma filosofia muito cartesiana.)

9. Aceitação

Gosto que o cliente assine ali mesmo, naquele pedaço de papel, enquanto continua dizendo que sim com a cabeça. Dessa forma, a última parte de minha proposta é o espaço para aceitação, que já executei. Envio duas cópias, uma para ficar e outra para ser devolvida (sempre pelo mesmo entregador). Sempre envio cópias impressas. O *fax* tem uma aparência horrível, e o material eletrônico fica pior e pode facilmente ser visto pelas pessoas erradas. De um dia para o outro, cópias impressas de boa qualidade são o segredo.

Exemplo

Sua assinatura abaixo indica aceitação dos termos desta proposta, indicada pela opção marcada.

___Opção 1   ___Opção 2   ___Opção 3

Aceitamos a proposta acima e a opção marcada.

Por Summit Consulting Group, Inc.:   Por Acme Company, Inc.:
Alan Weiss, Ph.D.   Joan Martin
Presidente   Vice-presidente executiva
Data:_____   Data:_____

Estudo de caso

Eu tinha enviado uma proposta de US$ 250 mil ao que então era a GRE Insurance, em Nova York, para ajudar a empresa a mesclar culturas depois de uma fusão. O vice-presidente executivo era o comprador e tinha uma clara disposição positiva. Uma semana depois de eu enviar a proposta, recebi um cheque de US$ 125 mil e comecei a trabalhar. Não recebi a proposta assinada, mas imaginei que estava vindo pelo correio. Seis dias depois, como agendado, recebi o segundo pagamento e tinha um quarto de milhão de dólares no banco para o que seria um projeto de trabalho de seis meses. Nunca recebi a proposta assinada! Depois de terminar com sucesso o trabalho, entendi o que havia acontecido – o comprador podia aprovar prontamente dois pagamentos de US$ 125 mil, mas não poderia facilmente aprovar a proposta em seu departamento jurídico sem uma grande quantidade de discussões, confusões e atrasos. Assim, ele optou simplesmente por pagar a conta! É por isso que agora eu declaro nos termos e condições que, de fato, seu cheque vale tanto quanto sua assinatura. Eu já disse que fico impressionado o tempo todo com o quanto eu era burro há duas semanas?

❖ Como acompanhar de perto 88,79% do tempo

O cliente pode muito bem telefonar para você ou retornar a proposta imediatamente e lhe dar sua aceitação. Com exceção do seguinte:

1. Telefone ao comprador na data e hora marcadas, definidas por você antes de apresentar a proposta. (Minha opinião é a de que não há vantagem em se apresentar uma proposta pessoalmente porque o comprador ainda assim pedirá tempo para examiná-la, e deve fazê-lo. Da mesma forma, não há necessidade de acompanhar pessoalmente se tudo estiver bem.)
2. Não pressione, não se comprometa, nem mesmo fale. Apenas diga que está ligando como combinado e deixe que o comprador declare sua posição.
3. Se for positiva, estabeleça uma data para início.
4. Se forem necessários esclarecimentos e o comprador ainda não estiver pronto para se comprometer, estabeleça uma data, muito pouco tempo depois, para a resposta.
5. Se o comprador tiver reservas, lide com elas honestamente. Enfatize o valor. Não reduza preços (veja a seguir).
6. Se o comprador disser não, descubra a razão. Se a objeção for refutável, refute-a. Se não for, aprenda a lição. Nunca implore nem se desespere.

Se o comprador disser que a Opção 3 é desejável a um preço mais baixo, diga que é por isso que você tem as opções 1 e 2. Se ele disse que até mesmo a

Opção 1 é um pouco cara, ofereça-se para reduzi-la um pouco retirando valor ("Não faremos o aspecto internacional" ou "Não daremos retorno individual à administração"). Lembre-se: os compradores adoram reduzir preços, mas detestam reduzir valor.

> Se você reduzir preços sem reduzir valor, o comprador simplesmente vai continuar pressionando, perguntando-se até onde você reduzirá. E você merece isso, porque não acredita em seu próprio valor. Se a discussão for sobre preço e não sobre valor, você perdeu o controle dela.

Algumas propostas não serão aceitas, não importa o quanto você tenha seguido o processo escrupulosamente. Se não fosse assim, eu estaria cobrando US$ 1 milhão somente por este livro. Mas, *se você tiver a paciência e a disciplina de acompanhar o processo*, a maior parte será aceita.

Eu quero reforçar minha "solução de 1%: ferramentas para a mudança". Você pode não achar que este livro como um todo vale a pena, mas isso não importa. O fundamental é extrair seu 1% ao dia. Eu descobri que essa abordagem de elaboração de propostas é uma das mudanças mais importantes que mesmo os consultores veteranos e as empresas conhecidas podem fazer. Para o consultor novo, pode acelerar seu crescimento exponencialmente.

Portanto, lembre-se: é uma questão de preparação, acordo conceitual, uma proposta de nove passos e acompanhamento sistemático. Você não precisa de seu currículo, nem de páginas de declarações de credibilidade, nem de detalhes (em hipótese nenhuma) sobre sua metodologia. Sua relação com o comprador deve cuidar de sua credibilidade, e o comprador não se importa de verdade com sua metodologia – só com os resultados.

Talvez você não consiga elaborar propostas que sejam sempre aceitas, mas pode elaborar uma que seja aceita 80% das vezes. E isso não está mal se você quer ser um consultor de ouro.

❖ Perguntas e respostas

P. *E se o comprador insistir em saber uma faixa de preço antes de discutir detalhes com você e permitir que você elabore sua proposta?*

R. Lembre-se de que nenhum cliente precisa de um número imediato, a não ser para desqualificá-lo, de que os clientes detestam perder valor e de que eles agem em seu próprio interesse. Simplesmente diga: "Seria irresponsabilidade da minha parte lhe dar um preço sem saber exatamente o que será necessário. Mas se eu puder lhe fazer algumas perguntas, posso lhe apresentar uma proposta completa com honorários até amanhã."

P. *O que acontece quando o cliente toma a iniciativa de dizer que há US$ 50 mil (ou o que for) no orçamento para o trabalho?*
R. Percorra os mesmos passos. A seguir, defina se pode oferecer valor por aquela quantidade de dinheiro. Se puder, ofereça opções, se não, diga ao comprador as razões. (*Dica*: Se for possível, sempre ofereça uma opção acima da quantia orçada. Se o cliente gostou de seu valor e consegue encontrar US$ 50 mil, ele provavelmente conseguirá encontrar US$ 65 mil com a mesma facilidade.)

P. *Se você pretende usar o trabalho de outra pessoa, não deve incluir seus dados e informações pessoais na proposta?*
R. Não. Por que faria isso? Se o cliente tem uma relação com você, não deve ser confundido por nomes e credenciais arbitrários. Se vocês não têm uma relação, essa informação ainda assim não vai ajudar!

P. *Quanto você deve esperar antes de fazer contato?*
R. Acerte a data de contato com o cliente antes de apresentar a proposta: "Vou lhe enviar isto por FedEx na quarta-feira e gostaria de ligar para você na sexta-feira, às 10 horas, para ver o que achou da proposta. Podemos deixar isso marcado agora mesmo?"

P. *Qual opção os compradores escolhem com mais frequência?*
R. Minha experiência é de que eles escolhem a Opção 2 em 50% das vezes, e a Opção 3 em 35% das vezes. A Opção 1 vem em terceiro lugar, em 15%, o que é o que você quer.

Reflexão final: quando enviar sua proposta, coloque-a na pasta (duas cópias) e inclua uma breve carta confirmando que está mandando a proposta como combinado. Ofereça para começar com um "aperto de mão telefônico", se o cliente estiver pronto para começar imediatamente. Quando chegar, terá cimentado o acordo.

Capítulo 11

Onipresença

A ausência não faz as pessoas quererem mais; ela faz as pessoas esquecerem

❖ Comunique-se constantemente

Há uma história apócrifa no negócio de vendas sobre um vendedor que vendia 200% a mais que seus colegas todos os anos. Mesmo assim, segundo todos os testes administrados aos vendedores, ele tinha os mais baixos resultados em termos de aptidão e habilidades para vendas. Seu próprio gerente de divisão tinha pensado que o vendedor era apenas sortudo e registrou em sua avaliação que o potencial dele era limitado. Depois do terceiro ano de quebra de recordes de vendas, contudo, a sede central decidiu que deveria descobrir o segredo por trás do sucesso daquele homem e enviou um psicólogo da empresa.

"Mostre-me exatamente o que você faz em frente a um cliente", instruiu o psicólogo.

"Eu coloco o manual do produto entre nós", disse o vendedor.

"Sim, sim, e daí?"

"Bom, eu pergunto ao cliente se ele gostaria de comprar o produto da página 1", disse o vendedor, como se falasse com uma criança inocente.

"E se o cliente lhe disser que não?"

"Eu passo à segunda página e pergunto se ele gostaria de comprar aquele produto."

"E se ele disser que não de novo?"

"Eu vou para a terceira página... "

"Certo", gritou a doutora em psicologia, "eu entendi, mas e se você passar por todas as 147 páginas de produtos e o cliente disser não a todas elas?"

"Eu viro o manual", disse o vendedor, claramente explicando o óbvio, "abro de novo na página um e pergunto ao cliente se ele quer comprar aquele produto".

É impressionante o que pode acontecer se você simplesmente continuar falando com um cliente e pedindo para fazer negócio.

Agora vou contar um dos segredos mais básicos que está por trás do crescimento e da riqueza neste negócio. É barato, simples, além de tática e estrategicamente eficaz. Mesmo assim, a maioria dos consultores o ignora completamente.

Na verdade, segundo minha estimativa, pelo menos metade dos leitores deste livro vai dizer "é claro!" e, depois, seguirá ignorando-o completamente. Um minuto da sua atenção, por favor?

Você não consegue trabalhos que não pedir. Nem vão se lembrar de você se não fizer coisas dignas de lembrança. Se concordamos que 80% dos seus negócios devem vir de clientes existentes e que as relações de longo-prazo que você está buscando – dentro das quais o cliente confia no consultor para tomar decisões importantes sobre aceitar trabalhos – dependem de comunicação permanente, deve conceber uma estratégia para permanecer efetivamente dentro do campo de visão de seus clientes. Essa é a essência da estratégia que eu discuti no Capítulo 2, relacionada a encontrar o momento certo.

Na verdade, é difícil fazer muitos contatos com clientes. É fácil deixar de entrar em contato com eles com a necessária frequência. Se existe alguém, em algum lugar, que já tenha feito um cheque por seus serviços e com quem você não tenha se comunicado nos últimos seis meses, você nunca atingirá seu potencial de crescimento. O segredo é simples: estabeleça um diálogo contínuo com os clientes. No pior dos casos, um monólogo servirá.

Há várias opções disponíveis para comunicação contínua com os clientes:

1. Impressos
   - Cartas
   - Folhetos
   - Boletins
   - Reimpressões de artigos
   - Recursos para o trabalho e listas de itens
   - Cartazes e provérbios
   - Charges
   - Testemunhos e exemplos de trabalhos realizados

- Artigos publicados
- Transcrições de entrevistas
- Resultados e relatórios de pesquisa

2. Telefone
   - Telefonemas para "manter o contato"
   - Um número 0800 e acesso telefônico direto para incentivar o cliente a ligar
   - Informações transmitidas em reuniões ou eventos de interesse
   - Lembretes de responsabilidades de longo prazo ou datas
   - Apresentações a terceiros, ou seja, clientes para seu cliente
   - Mensagens lembrando de atividades de acompanhamento que o cliente deve realizar

3. Eventos
   - Entrevistas com o cliente para publicações do setor
   - Participação em reuniões do setor e em reuniões profissionais, das quais o cliente participa
   - Promoção de conferências periódicas sobre tópicos de interesse
   - Agir como intermediário com outros clientes, para aprendizagem mútua
   - Promover cafés da manhã ou almoços com um pequeno grupo de pares
   - Atividades realizadas gratuitamente como ajuda a causas

4. Internet
   - Atualizações e conteúdos acrescentados em páginas
   - Páginas com "senha", reservada para clientes
   - Contato regular por *e-mail*
   - Inclusão da marca em sua assinatura de *e-mail*
   - *E-mail* com ideias e sugestões
   - Referências e/ou sugestões de páginas relevantes
   - Uma sala de bate-papo em sua página
   - Interatividade em sua página
   - Envolvimento em vários canais de "mídias sociais"
   - Teleconferências e seminários

5. Pessoal
   - Visitar o cliente sem qualquer agenda específica

- Distrair compradores importantes
- Enviar cartões de felicitações ou brindes (segundo o que for permitido)
- Participar de eventos beneficentes mútuos e arrecadação de fundos[1]
- Buscar eventos em comum na comunidade ou na sociedade
- Mandar cartões dizendo que estará na cidade
- Se for viável, envolver-se com produtos e serviços do cliente

6. Outros
    - Escrever artigos em coautoria com o cliente
    - Enviar mensagens e informações por *fax*
    - Anunciar em publicações do setor que o cliente leia
    - Fazer exposições em feiras comerciais das quais participarão clientes importantes
    - Pedir que o cliente *lhe* ajude na função de crítico, conselheiro, editor ou algum outro papel
    - Convidar o cliente para integrar seu conselho consultivo
    - Reuniões de café da manhã ou almoço que você patrocine sobre tópicos relevantes para o setor
    - Buscar uma citação ou um estudo de caso para um livro que você esteja escrevendo

Alguns desses podem ser mais adequados à sua base de clientes do que outros, mas todos podem ser aplicáveis. Você está lendo uma lista destas e concebendo uma estratégia para objetivos de comunicação contínua com cada cliente individual? Quando fizer isso, pode trabalhar nas táticas. Aqui vão alguns exemplos de cada categoria.

De tempos em tempos, eu envio uma charge. Um toque mais leve é importante nas comunicações. Como resultado disso, um dos meus clientes me enviou uma charge sobre consultores que eu mandei a todos na minha lista, com crédito a quem me enviou. Isso cria uma comunidade de clientes que sentem que pertencem a um interesse comum, representado por sua empresa.

Um telefonema é totalmente justificado por sua intenção de informar o cliente de que um evento de seu interesse está para acontecer. Pode ser um palestrante convidado, patrocinado por uma associação de gestão em uma reunião no café da manhã (e é por isso que ser membro dessas associações pode render dividendos para você). Você pode optar por simplesmente informar seu cliente de que um tema que você sabe ser do interesse dele está sendo discutido ou pode escolher convidá-lo para participar.

Usando o que eu chamo de eventos, você pode reunir dois ou mais clientes não concorrentes para discutir problemas inerentes à gestão de uma força de trabalho diversificada, discutir as recompensas de passar a atuar em nível global, comparar abordagens com relação a planos de sucessão ou investigar a eficácia de contratar trabalhadores por meio expediente. Como intermediário, você pode ter participação ativa na reunião, ou não. Entretanto, o simples ato de criar uma oportunidade é importante.

A solução de 1%: há uma proporção inversa entre a distância que você se desloca e a resistência a ver você. Quanto maior a distância, menor a resistência.

Sempre que eu vou viajar, reviso minhas listas para poder enviar cartões ou dar telefonemas para que clientes (e potenciais clientes) saibam que eu vou estar na cidade. É muito comum que essas pessoas convidem para visitá-las porque sabem que suas despesas estão pagas e porque é uma oportunidade de se reunir sem obrigações. Em geral, quanto mais longe você estiver viajando, maior a facilidade de marcar reuniões. Eu trabalho em Rhode Island, então, quando eu viajo a Nova York, que fica perto, a tática de "estar na cidade" não tem muita força porque eu vou lá com frequência e não leva nem uma hora, se o cliente precisar de uma visita especial.

Entretanto, quando estou em Chicago, as pessoas geralmente me veem e, quando eu estou na Califórnia, sempre posso conseguir um encontro se elas estiverem na cidade. Quando vou a Hong Kong, as pessoas costumam mudar a agenda para se ajustar à minha.

Por fim, a categoria "outros" inclui pedir aos clientes que ajudem você. Pode ser na forma de um artigo não publicado que você gostaria que eles criticassem antes de apresentar para publicação. Ou você pode pedir opinião sobre um novo folheto que está desenvolvendo. Muitas empresas estabelecem painéis consultivos de clientes que se reúnem regularmente para discutir tendências em finanças e negócios.[2]

Essas são algumas das táticas que se aplicam dentro das estratégias de comunicação. Elas não são realmente muito diferentes das do vendedor que abria o manual na primeira página e perguntava: "Você gostaria de comprar isso?" Como este é um negócio baseado em *relações*, temos que continuar virando as páginas e passar a métodos de comunicação alternativos para manter e desenvolver a relação, mas, assim como o vendedor, temos que ser persistentes.

Alguns clientes nunca respondem. Contudo, *nenhum* responderá se você não iniciar e mantiver esses canais de contato. Quando o cliente sente a coceira de fazer alguma coisa, você quer que sua empresa esteja na mente dele. Se o cliente necessitar de algo, você quer que ele dependa de você para fornecer esse algo. Quando o cliente pensa em apoio não solicitado e informações valiosas, você quer que seu nome seja associado à solução.

As comunicações contínuas são um investimento modesto. Mais do que qualquer outra coisa, os contatos periódicos com clientes requerem a disposição de se envolver neles e a inovação necessária para torná-los únicos e direcionados às necessidades do cliente. Essa disposição (criar a estratégia de alocar o tempo) e essa inovação (desenvolver táticas personalizadas) constituem um dos segredos fundamentais por trás da consultoria de ouro.

❖ Publicando comercialmente

O maior dispositivo de *marketing* que já encontrei é a publicação.[3] Colocar suas ideias e abordagens no papel tem três resultados imediatos:

1. Seu próprio pensamento é concretizado e suas abordagens são sistematizadas à medida que você trabalha para comunicá-las. Você descobre elementos de seu trabalho que não estavam tão óbvios antes de escrever sobre eles.
2. O valor de suas ideias é confirmado, no sentido de que "vender" a um editor demanda que você apresente ideias originais aos leitores que ele tem. Os editores estão abarrotados de material, de modo que só se consegue superar essa corrida de obstáculos com material valioso.
3. Sua credibilidade vai aos céus. Eu faço oficinas sobre como publicar, voltadas a pessoas que nunca publicaram. O melhor método é o sequencial, que eu chamo de *abordagem da escada*, começando com publicações locais e trabalhando para obter um impacto mais amplo e, se você tiver inclinação, um livro. A ideia por trás de publicar não é fazer autoelogios explícitos, mas sim deixar que o valor de seu trabalho fale por você.

Como eu discuti antes, minha progressão incluiu escrever artigos sem cobrar para publicações (algumas das quais já não existem mais) como *Supervisory Management*, *Manage*, *Training News* e uma dúzia de outras como essas. Passei a fazer uma coluna (por um preço modesto) para a *Training News*, escrevi para o *New York Times* e fui entrevistado por publicações como *USA Today* e a revista *Success*.

A seguir, comecei a escrever para *Success*, *HR Magazine*, revista *Training* e outras, e contribuí com capítulos para dois livros. Quando eu abordei editoras com meu primeiro livro, recebi três ofertas e aceitei uma da Harper & Row (atualmente HarperCollins), que publicou meus dois livros seguintes depois de discussões informais; o terceiro com um adiantamento.

O livro que você está lendo, publicado pela maior editora de negócios do mundo, foi uma solicitação, e esta é sua quarta edição, cobrindo mais de 16 anos. E fui promovido a uma coluna regular sobre negócios e a textos editoriais.

Publiquei meu primeiro artigo em 1969, entrei no negócio de consultoria em 1972, fundei minha própria empresa em 1985 e publiquei meu primeiro livro em 1988.

O período entre 1969 e 1988 é irrelevante. O período entre 1985 e 1988 é o importante porque só depois de abrir minha própria empresa foi que eu vivenciei o crescimento necessário para proporcionar algo que valha a pena ser dito em um livro! Sendo assim, em três anos, consegui reunir material e experiências que me permitiram abordar 18 editoras e receber três ofertas, e desde então publiquei livros em 1989, 1990, 1992, 1995, 1997, 1998, 1999, 2000, 2001, 2002, 2003, 2007, 2008 e 2009, em um total de 30, com mais três já contratados, que apareceram em nove idiomas.

As experiências que rendem livros interessantes – quando você está orientado ao crescimento multidimensional – nunca param. Durante esse período, continuei escrevendo artigos e colunas, fazendo entrevistas e contribuindo com uma ampla gama de publicações. É por isso que meu telefone toca. E embora eu, agora, tenha um agente por questões de agilidade, você não precisa ter.[4]

Publicar por vaidade (quando se paga a alguém para publicar o próprio livro) e autopublicar (quando você imprime por conta própria, muitas vezes com publicidade e distribuição) são péssimas ideias se seu objetivo for credibilidade no mercado. Essas tentativas de "ter um livro" são totalmente óbvias. Os resenhistas as jogam fora, as livrarias não as vendem e os executivos são inteligentes o suficiente para saber a diferença.

Lembre-se, se você não for capaz de convencer um editor a publicá-lo, provavelmente ainda não desenvolveu qualquer coisa que valha a pena dizer. (Autopublicar é uma boa ideia se você quiser criar uma página na internet e fazer vendas informalmente, mas é melhor fazê-lo depois de ter algum sucesso comercial.)

Se você escrever um livro visando à publicidade, ele só chegará à sua cabeça. Se você escrever um livro pretendendo ajudar seus leitores, ele gerará muita publicidade. Escreva um livro quando tiver alguma coisa importante para dizer, e não antes.

Digressão

Em conferências de palestrantes profissionais e alguns grupos de consultoria, você vai ouvir falar de um autor que publicou a si mesmo e vendeu 200 mil cópias de "O que eu aprendi enquanto me curava de um resfriado". Essas afirmações quase sempre são exageros, e um em cada 100 mil livros autopublicados que tenha sucesso não torna isso viável para todos.

Esta é minha fórmula breve para conseguir publicar um artigo. Isso se aplica a qualquer dos primeiros passos da escada. Você pode conseguir pular um ou mais dos passos com um salto, ou pode se encontrar em vários deles ao mesmo tempo. Eu continuo escrevendo colunas mensais sem cobrar enquanto escrevo livros recebendo adiantamentos consideráveis. Geralmente, essas não são atividades excludentes, mas você tem que começar em algum lugar e, se quiser começar do zero e ainda ter muitas chances de ser publicado, é assim que se faz:

Como publicar um artigo

1. Determine sobre que tema quer escrever.
    a. Por que você é a pessoa certa para comentar sobre esse tópico?
    b. Como esse tema vai melhorar seu negócio, sua reputação ou sua posição?
    c. Por que o tema é relevante neste momento (e pelos vários meses seguintes)?
    d. Que ângulo ou ponto de vista você tem para torná-lo atrativo? *Não tenha medo de contrariar.* O mundo não precisa de mais reengenharia.[5]
2. Determine onde quer publicar o artigo.
    a. Quem é seu público e o que ele lê?
    b. Não tenha receio de perguntar a seu público.[6]
    c. Onde é mais razoável você ter sucesso?
    d. Pesquise as publicações e estude o estilo que elas adotam.
    e. Às vezes, publicações muito pequenas, mas altamente direcionadas (por exemplo, boletins setoriais), podem ser mais eficazes para você.

Eu nunca fui publicado no *Times* até lhes enviar um artigo que eu me dei conta de que era exatamente do que eles precisavam!

3. Prepare uma consulta profissional.
   a. Envie-o aos cuidados de um editor específico.[7]
   b. Especifique o que, por que, exemplos, singularidade, tamanho e data de entrega.
   c. Solicite especificações.
   d. Sempre inclua um envelope com porte pago[8] se enviar cópia em papel; inclua sua assinatura digital quando apresentar em forma eletrônica.
   e. Cite credenciais – as suas e as do artigo.
   f. Você pode enviar múltiplas consultas sobre o mesmo artigo a várias publicações. Não se dê o trabalho de acompanhar o processo, pois os editores só respondem se gostarem de algo. Este passo deve ser executado com mais cuidado do que o próprio artigo!

4. Escreva como um profissional.
   a. Use exemplos, nomes e lugares específicos.
   b. Escreva você mesmo o artigo, mas peça críticas.
   c. Escreva segundo as especificações.
   d. Não deixe de incluir seus próprios dados biográficos no final.
   e. Solicite reimpressões gratuitas, permissão para reimpressão ou reimpressões com desconto.
   f. Não faça autopromoção; deixe que o conteúdo faça isso por você.
   g. Se for rejeitado: reapresente, reapresente, reapresente.
   h. Não escreva demais; escreva o que tiver na cabeça sem se preocupar com a "obra definitiva." (Quando editar, vai descobrir que o material é muito bom.)
   i. Dê crédito a informações que tomar emprestado, mas não tente impressionar com referências desnecessárias.
   j. Seja crítico e analítico; os leitores respondem melhor à provocação e à oportunidade de ver as coisas de uma maneira nova.
   k. Na dúvida, comece um novo parágrafo.
   l. Use imagens quando necessário e tente carregar nas metáforas e comparações.
   m. Use estilo e formatação modernos (por exemplo, salte apenas um espaço entre frases, e não dois, e coloque vírgulas e pontos finais dentro das aspas, e não fora) ou parecerá um amador. Use artigos e credenciais anteriores para escrever novos.

Este é meu caminho para fazer que um livro seja publicado, uma vez que você tenha subido a escada. Publicar livros é um pouco mais fácil quando você tem um longo histórico de artigos e colunas para servir de apoio, mas isso não é pré-requisito. O aspecto mais importante é convencer um editor de que seu livro vai vender, e a forma de conseguir isso é fazer seu próprio dever de casa, porque o editor não tem tempo nem inclinação para fazê-lo por você. É difícil fazer que seu livro seja publicado, mas com uma abordagem direcionada e sistemática, é muito mais fácil do que muitas pessoas pensam.

Como publicar um livro

1. Determine o que tem a dizer.
    a. Sua *expertise* específica resultante de educação, experiência, treinamento ou circunstâncias.
    b. Sua capacidade de juntar informações diferentes que os outros não conseguiram.
    c. Suas ideias, conceitos, teorias e inovações. Se não tiver novidades para oferecer, não escreva uma só palavra.
2. Determine quais editores têm mais probabilidade de concordar com você.
    a. Examine os livros no catálogo atual do editor.
    b. Solicite especificações.
    c. Pergunte a pessoas no setor.

Se seu objetivo é credibilidade (e não o puro ego), não faça publicações por vaidade nem autopublicação – é uma perda de tempo, e ninguém vai se impressionar.

3. Prepare uma abordagem (proposta) para a revisão do editor.
    a. Por que você?
    b. Por que esse tópico?
    c. Por que esse tópico tratado desta maneira?
    d. Quais trabalhos concorrentes existem e por que o seu é necessário?
    e. Quem é o público?
    f. Quando estaria pronto?
    g. Quais são as características especiais (ou seja, endossos, autotestes, etc.)?

h. Apresente *pelo menos* a introdução e um capítulo, um sumário e resumos dos outros capítulos. Se você não conseguir convencer o editor, nunca convencerá o leitor.
4. Escreva como um profissional.
   a. Convide clientes e/ou autoridades respeitadas para contribuir.
   b. Use um computador e programas sofisticados.
   c. Não use um *ghostwriter*. Se outra pessoa escrever seu livro, por que alguém precisaria de você?
   d. Sempre assuma o ponto de vista do leitor.
   e. Agende seu tempo para escrever, da mesma forma como faria com suas outras responsabilidades.
   f. Use outras pessoas em quem confie para revisar, criticar e sugerir.
   g. *Sempre* dê crédito de qualquer informação que não seja sua.
   h. Mantenha o texto "atualizado no futuro." Lembre-se, ele será publicado entre oito meses e um ano depois de você apresentá-lo.

O que é publicado representa seus valores: você tem orgulho do que escreveu?

A solução de 1%: ninguém escreve "um livro". As pessoas escrevem capítulos, compostos de páginas, que são compostas de palavras. Comece com as palavras e vai ficar muito mais fácil.

---

5. Faça *marketing* profissional.
   a. Não desperdice quantidades indevidas de tempo procurando um agente, porque a maior parte deles tende a escutar apenas a autores já publicados. Mas veja se consegue ser apresentado a alguém por outro autor.
   b. Não fique desanimado. Continue apresentando e descubra por que foi rejeitado.
   c. Leia os contratos com cuidado, porque eles vão especificar o desconto do autor, planos para promoção, despesas que possam acontecer e assim por diante. Submeta-os a seu advogado. Lembre-se, um livro de negócios bem-sucedido vende cerca de 7.500 exemplares. Não espere estar no programa da Oprah ou Imus na semana seguinte.

Como explorar seu livro publicado

1. Envie-o a todos os críticos que puder encontrar.
2. Estabeleça uma conta com um atacadista, como Ingram, para poder comprar o livro com um bom desconto e receber direitos quando o atacadista comprar da editora. Isso quase sempre é melhor do que um desconto direto do editor a um autor.
3. Mande fazer cópias extras da sobrecapa e a inclua em seu *kit* de imprensa. Você pode imprimir informações promocionais no verso.
4. Poste-o em cores em sua página na internet, com informações descritivas e sobre como fazer pedidos.
5. Peça a colegas que escrevam opiniões em Amazon.com.
6. Quando der palestras, levante-o ocasionalmente e cite alguma pesquisa que tenha feito para escrevê-lo.
7. Envie exemplares de cortesia para seus melhores clientes.
8. Inclua-o em seu *kit* de imprensa para possíveis clientes com grande potencial.
9. Use trechos como artigos de posicionamento.
10. Envie-o a todos os veículos de rádio e TV, e sugira uma entrevista que seria relevante aos telespectadores e ouvintes.
11. Estenda o evento. Por vários meses, você será o autor do "lançamento em breve", e, depois, do "recém-lançado". Isso pode estender sua publicidade e promoção por mais de um ano!

Inicialmente, a publicação vai demandar um investimento substancial de tempo, mas você geralmente consegue encontrar tempo em aviões e em quartos de hotel distantes. Uma vez no campo, você considerará cada vez mais fácil publicar, tanto por suas habilidades estarem se desenvolvendo quanto por sua credibilidade estar crescendo. O método da escada é útil para garantir que você também cresça como autor e evite a "armadilha do sucesso" de publicar repetidamente para um público limitado.

Quando executivos lerem seus livros, eles podem não solicitar imediatamente sua consultoria, mas muitas vezes vão pedir que você dê palestras.[9]

❖ Autopublicando

Tendo chegado a este ponto, contextualizemos um pouco a autopublicação. Criar seus próprios livros, brochuras, gravações, manuais, etc., tem sentido em determinadas circunstâncias.

As 10 boas razões para a autopublicação

1. *Você já está estabelecido em publicações comerciais.* Se você já publicou por uma editora conhecida, então seus livros autopublicados adquirem credibilidade por associação. No momento, cerca de 20% de minha linha de produtos são autopublicados.
2. *Você pediu reversão de direitos.* Quando um livro comercial sai de catálogo, o autor geralmente tem a opção de solicitar o direito de editar mais (os direitos "revertem" para o autor). Você pode publicar um livro praticamente idêntico, mas com sua marca editorial em vez da editora original. Em geral, a editora é obrigada a lhe devolver os arquivos e outros materiais de impressão por um custo razoável.
3. *Você quer criar vendas informais.* Se você faz palestras frequentes, as pessoas vão comprar uma média de 10 vezes mais produtos se eles estiverem fisicamente disponíveis do que se só houver compra por catálogo ou amostra única. Quando ouvem falar de um bom palestrante, as pessoas ficam muito inclinadas a comprar produtos.
4. *Seu mercado é altamente especializado.* Se você está dando consultorias sobre fusão e aquisição de consultórios de fisioterapia pequenos e privados, por exemplo, pode não haver público suficiente para atrair uma editora, mas seu público pode muito bem aceitar um livro direcionado a suas necessidades, independentemente de como for publicado.
5. *Você tem um cliente que vai bancar o livro.* Um importante cliente pode concordar em pagar pela publicação de seu livro por mil exemplares para todos os seus vendedores. O livro pode ser adaptado às especificações da empresa, mas, ao bancar o custo, o cliente lhe possibilita produzir o livro.
6. *Você está combinando elementos diferentes.* Álbuns de material impresso, CDs e/ou vídeos costumam fazer sucesso com compradores que não são receptivos aos formatos tradicionais dos editores. A singularidade do conteúdo diverso pode fazer que o produto tenha bastante sucesso.
7. *Você está proporcionando acesso eletrônico.* Publicar na internet é visto de perspectivas muito diferentes. Grandes romancistas, bem como autores de livros de negócios, já colocaram seu trabalho na internet, seja para *download* gratuito seja pelo sistema de pagamento voluntário (geralmente com maus resultados – muitos deixaram de fazê-lo).
8. *Você tem distribuição garantida.* Amazon.com e outros têm programas para autores autopublicados (Amazon Advantage Program).

9. *Você está tão confiante nas vendas que sabe que um distribuidor ficará bem impressionado.* Muitos livros, desde *A profecia celestina* até *Chicken Soup for the Soul*, foram autopublicados na primeira vez e, quando seguidores fiéis fizeram as vendas estourarem, foram assumidos por grandes distribuidores e, mais tarde, por editores. Não é comum, mas acontece.
10. *Seu ego demanda que você tenha "um livro."* Esta é a pior de todas as razões, mas se você tem passado noites em claro por causa disso, bote para fora.

Esteja ciente de que a grande maioria dos livros autopublicados é simplesmente horrível. Entretanto, quero lhe apresentar uma visão equilibrada, pois pode haver ocasiões que justifiquem a criação de seus próprios produtos dessa maneira.

Estudo de caso

Eu solicitei reversão de direitos de meu livro sobre estratégia, *Making it work*. Eu o republiquei como *Best Laid Plans*. Uma gerente intermediária da Times Mirror Company fez um pedido por minha página na internet. Ela estava no grupo de treinamento, observou que eu tinha um capítulo sobre estratégia especificamente para empresas de treinamento e o repassou para a vice-presidente de seu grupo, que pediu que eu a visitasse em San Jose. O resultado final foi um contrato de US$ 350 mil por três anos. Não tenho certeza se alguma pessoa ali jamais leu o livro. E não me sinto ofendido.

❖ Palestrando

A sinergia perfeita para um consultor funciona assim:

- Um executivo lê seu livro ou artigo e pede que você faça uma palestra para o pessoal administrativo dele.
- Como resultado da palestra, pedem que você faça consultorias em questões pertinentes.

e/ou

- Como resultado da palestra que você fez, executivos que estão entre o público pedem mais informações e você lhes envia artigos e/ou livros.
- Depois de ler o material, eles pedem que você examine a possibilidade de fazer vários trabalhos de consultoria.
- Durante um trabalho de consultoria, você dá cópias de artigos e/ou livros para gerentes-clientes importantes.

- Tendo lido seu material e trabalhado com você, eles solicitam uma palestra em uma das conferências da associação do setor.

Essas sequências podem ocorrer o tempo todo, se você estiver em posição de explorá-las. Se não escreveu coisa alguma, ou se não faz palestras, essa sinergia potencial não terá efeito. Nesse caso, seu *marketing* também será anêmico e sem efeito.

Fazer palestras diante de conferências internas da administração (ou seja, o *New York Times* Regional Newspaper Group), associações de classe (a American Bankers Association), associações empresariais (conferências da American Management Association), grupos por especialidades profissionais (conferência anual da American Society for Training and Development), grupos de desenvolvimento pessoal (a Business Roundtable) e extensões universitárias em administração (Weatherhead School of Management, na Case Western Reserve University) proporciona *marketing* de alto impacto.

A visibilidade é excelente, a oportunidade de promover suas abordagens é ideal e você ganha credibilidade imediata por ter sido convidado a dar uma palestra.

Uma informação valiosa: a Credit Union National Association tem 52 seções estaduais como membros, um orçamento anual de mais de US$ 5 milhões, publica sete diferentes periódicos e faz reuniões uma vez por ano.[10]

A American Chemical Society tem 150 mil membros, um orçamento de US$ 5 milhões, uma anuidade de US$ 99, publica 27 periódicos e faz duas reuniões por ano.

Eu poderia lhe contar coisas parecidas sobre a Broadcast Promotion and Marketing Executives, a National Association of Jai Alai Frontons ou a Shoe Service Industry Council. Posso fazer isso porque os livros de referência apropriados estão disponíveis todos os anos por cerca de US$ 300, e trazem os nomes dos diretores executivos, endereços, números de telefone e informações sobre a história da associação.

Uma vez entrando nesses grupos, você tem a oportunidade de capitalizar sobre a publicidade baseada no boca-a-boca. A melhor estratégia é começar com grupos regionais modestos cobrando pouco ou nada e, depois, ir avançando até as organizações de nível nacional. Outra possibilidade sólida é entrar por intermédio de seus clientes. Um cliente ligado ao setor bancário pode lhe apresentar a contatos na American Bankers Association e até recomendá-lo para dar uma palestra (os membros costumam receber pedidos para que indiquem palestrantes).

Qual é o valor das palestras? Em 1996, eu fiz 50 delas, com durações variáveis entre 45 minutos e 3 horas. *Todas* foram resultado de uma solicitação que me foi feita com base em palestras anteriores, trabalhos de consultoria ou em meus livros e artigos. Os grupos foram desde revendedores Mercedes-Benz até o American Press Institute e a Pharmaceutical Manufacturers Association of Canada. É comum que eu tenha trabalhos de palestra, por exemplo, em Barcelona, de 1 hora, por uma remuneração de quatro dígitos (na qual eu literalmente esbarrei na Princesa Caroline de Mônaco em um minúsculo elevador).

Como resultado de uma estratégia deliberada de dar menos palestras e viajar menos, fiz somente 25 delas em 2008, mas ganhei quatro ou cinco vezes o dinheiro de 1996, apesar da situação da economia. Isso porque minha marca está muito mais forte. É comum eu ganhar US$ 25 mil a US$ 45 mil por um único dia de trabalho *in loco*, e não se esqueça de que eu ganhei a vida e construí a minha marca basicamente como consultor, e não como palestrante.

Um advogado amigo meu recentemente fez a transição para a consultoria em tempo integral, especializando-se na compra de empresas odontológicas, fusões e financiamento de parceiros. Depois de várias semanas esgotado, tentando tomar decisões sobre propaganda e outras opções para atingir seu público potencial, ele veio a mim em busca de aconselhamento. Sugeri que ele abordasse todas as associações odontológicas estaduais e regionais com uma proposta de palestra sobre seu tópico. Depois de suas primeiras iniciativas terem sido aceitas, ele tem agora uma grande demanda e vai palestrar a grupos nacionais com pompa considerável (e honorários consideráveis – as pessoas pagam muito bem para você oferecer seus serviços no circuito de palestras).

Se essa estratégia funciona tão bem para um advogado que está buscando trabalho com negócios odontológicos, até onde pode funcionar para consultores com uma clientela ampla e, consequentemente, mais opções?

Estudo de caso

Eu trabalhei como consultor para a Cologne Life Reinsurance por três anos. Um dia, o diretor-executivo me perguntou se eu conhecia algum bom palestrante. Eu achei que ele estava gozando, mas ele explicou que coordenaria a conferência daquele ano da American Council of Life Insurance e precisava de um palestrante principal para a reunião do conselho de 250 diretores-executivos! Ele simplesmente nunca soubera que eu era palestrante profissional e eu nunca tinha me dado o trabalho de informá-lo!

Comunique a seus clientes de consultoria todo o leque de suas habilidades e competências, e faça isso periodicamente.

Há muitos cursos, livros e seminários sobre como fazer palestras. A tradicional Toastmasters International continua excelente, assim como associações como a National Speakers Association. Empresas privadas também proporcionam desenvolvimento nessa área. Não é meu objetivo aqui ensiná-lo a dar uma palestra, mas espero transmitir a ideia de como conseguir trabalho desse tipo. Este é um bom momento para explicar o que deve constar em seu *kit* de imprensa, que tem várias utilidades, mas que é particularmente útil para buscar oportunidades de falar a um público. [E se você estiver minimamente interessado, veja meu livro *Money Talks: How to Make a Million as a Speaker* (New York: McGraw-Hill, 1998).]

A solução de 1%: você não tem que ser palestrante profissional, mas deve ser bom o suficiente para comandar uma sala ou uma reunião se quiser influenciar outros neste negócio.

A Figura 11-1 mostra os conteúdos de um *kit* de imprensa profissional, voltado a trabalhos de palestrante. (Esse *kit* deve ser montado previamente, mas adaptado a cada cliente e uso específicos, de modo que os artigos, testemunhos e experiência pessoal incluídos podem diferir em cada caso, da mesma forma como aconteceria com diferentes potenciais clientes de consultoria.) Portanto, o *kit* deve ter a forma de uma pasta com apresentação profissional, com envelopes contendo material, espaço para livros ou CDs e um lugar para o cartão de visita. (Os DVDs também são bastante usados.)

- Folheto corporativo
- Foto em preto e branco, papel brilhante
- Experiência pessoal na área temática
- Entrevistas que você concedeu
- Vídeo ou áudio com palestras anteriores
- Lista de clientes
- Exemplos de trabalho específico na indústria
- Artigos de terceiros validando seu trabalho
- Resumo de biografia pessoal
- Testemunho de clientes
- Artigos que você escreveu
- Resenhas de livros ou semelhantes
- Tempo livre para dar palestras
- Lista de referências
- Associações profissionais de que você é membro
- Homenagens ou prêmios que tenha recebido

Figura 11-1 Conteúdos de um *kit* de imprensa. Um *kit* profissional indica um palestrante profissional.

Distribua seu *kit* de imprensa aos executivos das associações nos campos que sejam relevantes a seu trabalho. Envie-o a planejadores independentes de encontros.[11] Forneça-o a clientes que estejam em posição de repassá-lo a seus grupos profissionais. Habitue-se a mandar três *kits* de imprensa por semana a listas direcionadas. (Isso é algo que uma secretária pode fazer, mesmo enquanto você estiver viajando. É a essência da produtividade de *marketing*.) Faça acompanhamento com telefonemas. Envie correspondências repetidamente. Se as pessoas são consideradas dignas de receber um *kit* de imprensa, coloque-as em sua lista de endereços para correspondências enviadas a clientes comuns e envie um *kit* de imprensa uma ou duas vezes por ano.

Há agências de palestrantes que conseguem trabalhos cobrando um preço. Esse tipo de agência geralmente só ajuda quando você não precisa dela, ou seja, desdenham palestrantes sem reputação nacional e assumem os que já são muito conhecidos. Muitas vezes, são exigentes e não razoáveis em suas relações de trabalho, e algumas das histórias mais antiéticas que ouvi em nossa profissão vêm de agências de palestrantes.

Entretanto, existem muitas excelentes, e vale a pena gastar um tempo para encontrá-las e desenvolver relações com os diretores. (Cuidado com qualquer agência que cobre para "avaliar" seus materiais, que queira cobrar para você aparecer em "vitrines" ou para incluí-lo em seu catálogo. É isso que a comissão deve cobrir. Se você já estiver pagando a agência, por que ela vai lhe encontrar trabalho?!)

> Os consultores de ouro são apaixonados pelo que fazem e como o fazem. Não há espaço mais natural do que um palco de palestrante para disseminar essas visões e compartilhar essa paixão. A isso se chama *marketing* sem dor.

Ainda não conheci um consultor de alto nível que não aproveite uma palestra como oportunidade para desenvolvimento. E pode ter certeza, um consultor com experiência prática em melhorar a condição dos clientes é um palestrante valioso e muito necessário. Um palestrante profissional que não seja realmente consultor (lembre-se das definições do Capítulo 1), mas fala de tópicos "inspiracionais" ou repete um desempenho padrão no palco, não é muito procurado hoje em dia por grandes corporações.

Os compradores – e os públicos – estão exigindo, mais do que nunca, aconselhamento empresarial prático e voltado aos resultados. Há uma ótima oportunidade esperando por algum consultor que tenha tempo e energia para aprender a falar bem, organizar experiências e abordagens e buscar as pessoas que possam organizar as audiências que levem a mais trabalho.

❖ Trabalho voluntário

O trabalho voluntário é aquele que você faz sem cobrar. O Capítulo 18 trata desse tipo de trabalho sem remuneração no contexto de contribuições para o meio-ambiente e questões éticas. Aqui, quero tratar dele como investimento em seu sucesso futuro, porque esse tipo de trabalho pode gerar oportunidades de trabalho remuneradas bastantes lucrativas.

E deixemos outra coisa clara: o trabalho voluntário é o que você faz sem cobrar por sua iniciativa ou porque alguém solicita e você decide voluntariamente aceitar. Não é trabalho feito de graça porque o cliente se recusou a pagar seu preço, mas você ainda assim quer fazê-lo (para evitar que um concorrente o faça, para estar em posição para um trabalho propriamente dito ou por alguma outra razão). Essa situação não é voluntária, mas sim desesperadora! Não há capítulos sobre desespero neste livro, porque você sempre tem que lidar a partir de uma posição de força, se quiser ter sucesso e crescer neste negócio.

Como regra geral, nunca trabalhe de graça para uma organização que vise lucro. Não deixe que as empresas o enganem com a palavra "exposição."

Há candidatos óbvios para o trabalho gratuito: o grupo de escoteiros local, a escola de seus filhos (pública ou privada, em qualquer nível), associações empresariais (por exemplo, a câmara de comércio), hospitais, instituições religiosas e assim por diante, dependendo de suas áreas de especialização e das necessidades locais.

Descobri que, ao ajudar uma escola a definir sua estratégia de arrecadação de dinheiro, oferecer um diagnóstico organizacional a um órgão de promoção da arte, criticar os processos de decisão de uma instituição beneficente, ou mesmo discutir habilidades de liderança com membros de associações de voluntários, meu nome e minhas habilidades se tornam conhecidos. Essas entidades costumam ser excelentes laboratórios para aplicar suas habilidades e são oportunidades de aprendizagem igualmente valiosas porque as organizações sem fins lucrativos muitas vezes têm desempenho *mais eficaz* do que as que visam lucro.[12]

À medida que seus talentos e contribuições se tornam conhecidos – e devem se tornar, porque sua contribuição é rara para esse tipo de organização – você vai descobrir que seus colegas voluntários muitas vezes têm cargos importantes em organizações atrativas, que são potenciais clientes. Eles muitas vezes vão solicitar seu aconselhamento em relação aos problemas das organizações *deles* enquanto trabalham com você na atividade voluntária. Isso o coloca na atrativa posição de (1) lhes dar alguns conselhos e incentivá-los a entrar em contato com você para receber mais, (2) enviar-lhes alguns de seus materiais que tratam das questões que eles levantaram e (3) colocá-los em sua lista de correspondências para receber comunicações periódicas. Mais cedo ou mais tarde, chegará o momento de trabalhar, e eles sentirão uma coceira que lhes fará pensar em você. (É difícil recusar convite para almoçar de um ex-colega de diretoria.)

De forma irônica e chocante, o maior impedimento ao trabalho gratuito desse tipo é que muitas organizações optarão por não usar essa ajuda! Já fui recusado por conselhos escolares, conselhos de recuperação empresarial e por grupos voluntários de muitos tipos, apesar de minhas credenciais e referências e apesar de sua clara necessidade de ajuda (e, muitas vezes, apelos). As razões variam, mas geralmente são duas. Em primeiro lugar, um consultor externo pode gerar medo entre os que sabem que têm tido um mau desempenho, mas que têm conseguido ocultar o fato por falta de avaliação. Essas pessoas costumam querer controlar a intervenção do consultor, e isso é eticamente inaceitável para mim.

Em segundo lugar, às vezes existe uma demanda burocrática de um ou outro requisito, que não é interessante ou é impossível de atender (os voluntários devem contribuir financeiramente para a causa; são necessárias 40 horas de formação no tema; você deve residir dentro de uma determinada área geográfica).[13]

Dessa forma, é importante que você seja voluntário com frequência e em diversos espaços até estabelecer uma relação com grupos de sua escolha, na qual ambos os lados tenham a ganhar. Não se desanime por ser rejeitado. É uma realidade ocupacional para consultores que se oferecem como voluntários.

A solução de 1%: concentre-se em trabalho gratuito que o coloque em contato com pessoas que queria conhecer, sejam compradores ou recomendadores. Não aceite cargos em que tenha que atender ao telefone você mesmo ou simplesmente trabalhar a partir de casa.

Ao oferecer seus serviços como voluntário, prometa menos do que pode e faça mais do que prometeu. Ao contrário da relação normal com clientes, aqui é importante ser considerado pelo que você faz *e* pelo que diz. A seguir, as diretrizes que eu considerei úteis para decidir se aceito ou não um trabalho voluntário:

- Acredito inequivocamente na causa?
- Posso comprometer todo o tempo necessário segundo minha promessa e as expectativas da organização? Só porque eu estou oferecendo meu trabalho voluntário não significa que eu não tenha que cumprir o compromisso. Se não puder ir a todas as reuniões e cumprir todas as tarefas, não aceitarei.
- O grupo está organizado de maneira que eu consiga dar a contribuição de que sou capaz? Se um membro com orientação política tiver poder de veto, por exemplo, o grupo provavelmente não poderá fazer o melhor uso de minhas habilidades.
- O grupo está envolvido em alguma boa causa pública? As legiões de voluntários da finada organização EST, que se pareciam com ratazanas, certamente estavam fazendo alguma coisa sem receber nada, mas era para enriquecer os cofres de uma pessoa e sua organização.[14]
- Há algum impacto ou resultado a ser obtido, e minha contribuição pode ser reconhecida nesse sentido? Qualquer evento para arrecadar fundos para uma escola, evento beneficente ou empreendimento de câmara de comércio pareceria se enquadrar nessa categoria. A comissão da Califórnia que estava investigando a autoestima, uma vez parodiada tão bem na tira cômica *Doonesbury*, não se enquadrava.
- Existem outras pessoas envolvidas, direta ou indiretamente, com as quais eu estabeleceria uma relação? Trabalharei lado a lado, duas vezes por mês, com os presidentes de dois bancos estaduais? Apresentarei o relatório ao presidente nas reuniões de avaliação trimestral? Que tipo de redes eu conseguirei estabelecer? Saber "o que eu ganho com isso" não é a razão principal para querer fazer boas ações, claro, mas quando se cogitam trabalhos voluntários dentro do quadro que eu defini nesta seção, é bastante razoável analisar os benefícios que possam advir para você.
- A natureza desse trabalho gratuito específico atrairia um cliente ou potencial cliente que poderia se envolver na causa? Os potenciais clientes do setor de saúde verão com mais simpatia uma empresa que, embora não tenha clientes atuais no setor, já fez trabalho voluntário para definir estratégia ou avaliar

pessoal para projetos de saúde comunitária. Se um dos diretores-executivos que são seus clientes for um diretor da Cruz Vermelha, por exemplo, e você estiver cogitando fazer trabalho voluntário de qualquer forma, essa instituição certamente já tem um atrativo natural.[15]

- Há um caminho claro para encerrar o envolvimento se for o caso (por exemplo, limites de mandato, compromissos com mandato, avanço para outras responsabilidades)?

O trabalho voluntário de consultoria nunca deve ser feito se entrar em conflito com suas responsabilidades para com seus clientes, nem como substituto para uma relação ortodoxa com os clientes. Contudo, acredito que deveria ser uma parte normal e permanente de seu investimento em seu próprio sucesso – uma abordagem de *marketing* discreta que fará bem a você assim como a outros. Ela costuma ser negligenciada.

Eu vejo que quase sempre sou o único consultor envolvido em esforços voluntários entre pessoas dos setores bancário, varejista, educação, seguros e executivos de empresas de energia. É bastante irônico que um caminho produtivo para a consultoria de ouro não pague honorários imediatos, o que pode ser a razão pela qual tão poucos se evolvam nele.

Eu realizei uma sessão gratuita para um abrigo de mulheres e fui contratado imediatamente para fazer a mesma coisa para o departamento de polícia local, um trabalho que normalmente eu nunca obteria. O chefe de polícia estava no conselho do abrigo e me contratou na hora.

Apesar dos melhores investimentos em sucesso e da maior diligência para tentar desenvolver seu negócio e suas capacidades pessoais, eventos fora de controle podem intervir. Vejamos como até mesmo os bons tempos podem se tornar maus tempos se você permitir.

❖ A essência da gravidade de mercado

Mais de uma década atrás, desenvolvi um conceito chamado "gravidade de mercado", que é o universo mais amplo do qual surgem os vários elementos deste capítulo. Você pode vê-lo nas Figuras 2-3 e 13-4.

À medida que você gravita em torno da esfera, pode ver os diversos elementos que lhe estão disponíveis (agora mais do que nunca na era eletrônica) e que são passivos (páginas na internet) e proativos (notas à imprensa e entrevistas). Para um profissional autônomo que busca criar um negócio de sete dígitos, a roda da gravidade é fundamental para garantir que você tenha iniciativas de *marketing* permanentes. Isso desmente a velha ideia de que você é incapaz de vender e prestar o serviço ao mesmo tempo, ou de que é necessário funcionários para realizar tarefas de *marketing*.

Decida quais desses se ajusta melhor à sua zona de conforto, implemente--os e depois escolha os que estão um pouco fora dessa zona e desenvolva-os. Por fim, à medida que ficar mais à vontade e tiver mais sucesso, aplique aqueles que achava que nunca usaria. Eu uso todos, mesmo a esta altura de minha carreira. Você lerá sobre praticamente todos eles em vários momentos deste livro. Deve criar sua própria atração gravitacional. Quando o fizer, os clientes virão correndo até você.

❖ Perguntas e respostas

P. *Que tal publicar um capítulo em um livro com autores "famosos" que me permitam fazê-lo por um preço?*
R. Que tal uma das mais loucas fraudes que existem? Esses autores "famosos" não precisam de você nem do livro; eles fazem isso para gerar receita para si, de pessoas como você, e ninguém compra o livro. Gaste seu tempo e seu dinheiro em iniciativas legítimas, e não em atalhos sem qualquer valor.

P. *Quanto devo pagar a uma agência de palestrantes se obtenho trabalhos repetidos a partir de uma palestra?*
R. Geralmente, as agências exigem sua comissão normal de 25% (ou pior) em negócios "cascata", ou seja, mais palestras no mesmo cliente. Entretanto, minha regra é que, se eu obtenho trabalho de consultoria, dou apenas uma comissão de 10% no primeiro trabalho. A agência não merece 25% de um negócio de seis dígitos, mesmo se me apresentou.

P. *Quanto posso deduzir do trabalho voluntário em meu imposto?*
R. Apenas a milhagem e, mesmo isso, em porcentagem inferior à milhagem de negócios. Você não pode deduzir serviços prestados em circunstância alguma.

P. *Se eu faço autopublicação em conjunto com uma publicação comercial, o que faria com que a primeira ficasse mais parecida com a segunda?*
R. Coloque um número ISBN em seu trabalho (disponível em J. D. Bowker na internet), insira-o em páginas na internet como Amazon, use um

diagramador profissional, use quatro cores na sobrecapa ou capa, faça que seja impresso em gráfica, e não em seu computador, e, em termos gerais, siga a formatação que vê em livros importantes.

P. *Quanto de sua "gravidade de mercado" constitui uma massa crítica para o sucesso?*

R. Eu faço tudo. Sugiro que você realize um mínimo de seis das técnicas em qualquer momento dado, ou mais, se puder. Se nenhuma parecer confortável nem fizer sentido, você está na profissão errada.

Reflexão final: você deve colocar seu nome e sua reputação em frente aos potenciais clientes em todas as oportunidades. Há muitas maneiras de fazê-lo, todas descritas nas páginas anteriores. Se você não tocar seu instrumento, não haverá música.

Capítulo 12

Como ganhar muito dinheiro em épocas de baixa

Saber quando manter e quando deixar

❖ Os primeiros sinais de declínio nos negócios

Esta seção trata de seu negócio, e não da economia geral, que será abordada na seção seguinte. Não estou dizendo que você deva fazer prognósticos econômicos, o que é quase um equivalente da astrologia que mencionei no prefácio, mas considero importante ser prudente ao avaliar as cartas que tem na mão e realista ao decidir quando jogá-las. Muita gente perde a propriedade apostando em uma trinca de ases.

Há uma tendência em nosso negócio de não olhar além do último cheque de cliente. Quem tem muita visão de futuro costuma olhar até o fim, até o mais longo contrato assinado. Porém, você tem que olhar além de tudo o que tem garantido, até o domínio do incerto. Você tem que saber o que tem no final do seu funil *pipeline*.

A abordagem de funil à previsão de vendas e aos alertas precoces do declínio nos negócios é ilustrada na Figura 12-1. No extremo mais próximo do funil estão seus trabalhos atualmente em implementação e, dentro do funil, os contratos esperando para ser implementados, avançando até chegar sua vez no fluxo. No extremo oposto estão os potenciais clientes e alvos que você gostaria de introduzir no fluxo. Ao longo do caminho estão os trabalhos repetidos com clientes atuais e as propostas de curto prazo que são aceitas (essas são maravilhosas, mas raras, como a trinca de ases).

Enquanto escrevo isto, no final de 2008, recebo muitos *e-mails* de colegas que querem entrar em meu programa de *mentoring*. Em geral, tiveram US$ 225 mil a US$ 800 mil no ano passado e, agora, esperam apertar para, talvez, apenas

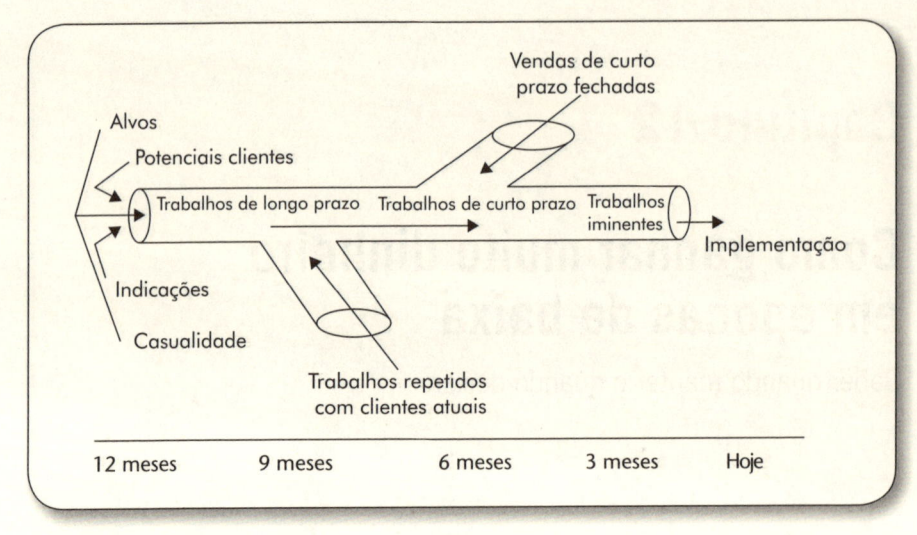

Figura 12-1 O "funil" de vendas.

US$ 75 mil a US$ 200 mil este ano. Três meses atrás, eles tinham dúzias de contratos por fechar em fila e, agora, têm apenas alguns garantidos e vários possíveis. Quantos de nós podem viver com um quarto da renda ou das expectativas do ano passado, principalmente com famílias e obrigações cada vez maiores?

Algumas dessas pessoas têm mais de 50 anos, o que é tarde na vida para continuar preenchendo condutos. (Dois problemas rapidamente revelados: eles cobram por hora, ou seja, precisam cobrar 50 a 80 horas por semana para faturar um quarto de milhão, e não obtêm acordo conceitual antes das propostas, razão pela qual tantas respostas afirmativas por confirmar acabam se transformando em respostas negativas quando o potencial cliente não tem coragem de fechar o negócio.)

Os *contratos de longo prazo* são aqueles cujo prazo de conclusão é de cerca de 12 meses. (Muitas organizações não podem, por suas próprias políticas internas, assinar convênios que incluam vários anos fiscais.) Isso quer dizer que são trabalhos que requerem um período longo para serem completados ou são projetos que você não começaria antes de vários meses por causa da agenda do cliente ou da sua. Em ambos os casos, você sabe que estará trabalhando e recebendo "lá adiante", o que, para meus propósitos, é em torno de 12 meses. À medida que o prazo final se aproxima, esses projetos se transformam em importantes trabalhos de curto prazo, com responsabilidades de implementação de 6 meses ou algo parecido.

A solução de 1%: existem funis de todos os tamanhos e capacidades. As dimensões são todas criadas por você.

Aqui está o galho em que tropeça a maioria dos consultores que tenta prever seus negócios e, consequentemente, seu fluxo de caixa. *Tudo em meu funil está sinalizado e selado.* Em quase todos os outros casos, os consultores usam clientes e trabalhos potenciais como o fluxo em seu funil. (Assim como acontece com os indivíduos que acabamos de discutir.)

Esse "funil potencial" gera vários riscos instantâneos:

1. O funil não será um fator de previsão de trabalhos garantidos, mas sim de *potenciais*. Em realidade, se nenhum dos potenciais se materializar, o conduto pode estar totalmente vazio a qualquer momento. É mais um escapamento do que um funil.
2. Se o potencial se realiza, costuma ser com trabalhos iminentes. Ou seja, o consultor calcula que um negócio potencial demandará 12 meses para ser fechado. Se isso estiver correto, quando for fechado, já estará na hora de ser implementado. E o que acontecerá com os trabalhos de curto prazo, com os trabalhos repetidos e com outros trabalhos iminentes? Como se coordena tudo isso? É para celebrar ou se preocupar?
3. A atividade de *marketing* deve visar ao outro extremo do funil para criar contratos dentro dele. Se ele estiver cheio de trabalhos potenciais, onde devem se concentrar os esforços de *marketing*? Não seria o caso de você também fazê-los *dentro* do funil, já que esses trabalhos estão pendentes e poderiam ter qualquer desfecho?
4. Há uma falsa sensação de segurança em ter uma grande quantidade de trabalhos potenciais na fila. Tende-se a relaxar com o *marketing* na fonte do funil para se concentrar no que está "garantido" dentro dele. Se esses escaparem, há pouca coisa entrando no sistema.
5. Os consultores têm um superotimismo que não se justifica na projeção de negócios potenciais. ("Ele me ligou de volta e disse que gostou da minha abordagem, então isso provavelmente significa US$ 35 mil em alguns meses." Na verdade, não foi nem um verdadeiro comprador econômico, apenas mais um solitário gerente de treinamento, desesperado por companheirismo!)

A área que eu indico para meus potenciais clientes que estão examinando propostas está fora da entrada ao funil. Concentro meus esforços de *marketing* ali (correspondências, palestras, artigos, entrevistas, *blog*, livros e assim por diante) e também coloco ali as indicações. Somente depois de um acordo assinado é que a empresa entra no meu sistema. Isso significa que qualquer efeito adverso – potenciais clientes que rejeitem uma proposta, a concorrência me superando em um trabalho, uma aprovação verbal que não se confirma, etc. – está fora de meu funil.

Dessa forma, posso enxergar um ano à frente (muitas vezes, com o gerente do banco no meu pescoço) e ter uma visão realista do fluxo de caixa e do lucro.[1] E sei que tenho que continuar a cercar e induzir os trabalhos para dentro das aberturas do funil.

Isso é muito mais fácil de fazer no extremo de longo prazo do que no extremo iminente, pois eu tenho tempo de trabalhar com o potencial cliente e não me sinto desesperado tentando fechar o negócio. Quando o funil está seco, aumenta a pressão para criar trabalhos que estejam praticamente prontos para serem implementados, o que geralmente significa trabalhos ruins por honorários baixos.

Digressão

A pergunta mais frustrante que me fazem com frequência quando faço *coaching* com consultores é: "Quais são as melhores formas de levantar caixa de curto prazo?" A resposta é: "Não existe." Você pode e deve telefonar para todas as pessoas que conhece, voltar a clientes antigos e oferecer novas formas de valor e assim por diante. Na verdade, isso não significa "dinheiro rápido", porque mesmo as indicações e informações de contato e os trabalhos dessas fontes levarão algum tempo para serem aprovados finalmente e para que o cheque compense em seu banco. As ações preventivas que estou descrevendo são muito melhores do que as ações contingentes, que são tudo o que permanece se você falhar nas preventivas.

Os 14 sinais de alerta no funil

Esses são os sinais de alerta que indicam que você pode estar diante de alguns problemas econômicos com seu negócio em termos de fluxo, velocidade e volume:

1. O funil está cheio de negócios potenciais, e não de trabalhos assinados.

2. Os trabalhos que estão no funil não estão distribuídos de forma equilibrada, mas sim amontoados em um período.
3. Você não tem ideia de quem são os potenciais clientes e alvos que constituem entradas possíveis no funil.
4. Todas as organizações que estão dentro ou perto do funil são clientes existentes – não há novos potenciais clientes representados.
5. Os trabalhos repetidos de clientes atuais estão ausentes do funil.
6. Não aparecem indicações, ou elas não entram no funil.
7. Todos os trabalhos entram no funil pela mesma entrada, por exemplo, daqui a duas semanas ou três meses.
8. Os trabalhos do funil desaparecem sem aviso.
9. Há alguns aglomerados e lacunas, em vez de um fluxo suave.
10. Alguns dos trabalhos do funil são contratuais, e outros são apenas prováveis.
11. Os trabalhos que realmente se confirmam têm, invariavelmente, preços abaixo do esperado.
12. As entradas ao funil são reduzidas a apenas uma ou duas fontes.
13. Você não revisa fisicamente seu funil semanalmente porque não espera mudanças.
14. Você está recebendo trabalhos que nunca estiveram em seu funil (o que significa que não está controlando bem seu potencial).

Se ocorrerem essas condições, ou outras semelhantes, pode apostar que seu fluxo de caixa e sua estabilidade vão ser prejudicados nos meses seguintes. Embora sempre seja possível lidar com essas condições em termos de contingências – tomar dinheiro emprestado, ir atrás de trabalhos de curto prazo, procurar trabalhos como subcontratado –, é muito melhor prevenir essas medidas desesperadas examinando seu fluxo em busca das condições e sinais de alerta e tomando as medidas preventivas adequadas.

Este é um exercício escrito, que pode ser feito em um avião ou enquanto você espera por um trabalho. Realmente, não há desculpa para se surpreender com a seca de trabalhos. Mesmo assim, muitos de nós, pegos na euforia de trabalhos em andamento e em sua implementação, supomos, tranquilamente, que há mais trabalho onde esses foram gerados. A única forma de saber se há mais é examinar o funil em busca de trabalhos reais e enfileirar potenciais clientes suficientes para entupir suas entradas. *Não quero ver a luz no final deste túnel. Quero tantos potenciais clientes enfileirados que tudo o que eu veja sejam corpos se atropelando para entrar.*

❖ As 5 regras para as épocas de alta

Há uma antiga história apócrifa sobre um palestrante divulgando sua série de áudios, que eu vou chamar de "Como pensar positivo e ficar muito rico". Ele explicou todos os benefícios, citou o custo de inacreditáveis US$ 495 e disse ao público que a série poderia ser comprada ali mesmo com um desconto de 10% sobre o preço inacreditavelmente baixo. Ele finalizou seu discurso: "Alguém pode me dar uma razão para não comprar esse valioso conjunto de áudio?".

Depois de responder a algumas perguntas de rotina, o palestrante notou um homem no meio do público com sua mão levantada. "Acho que sua abordagem é ótima," disse o homem, "mas tenho uma razão perfeita para não comprar: não posso pagar."

Houve um inconfundível murmúrio de concordância no público, que foi interrompido pelo palestrante com uma réplica extraordinária.

"É exatamente por isso que o senhor deveria comprar!" gritou ele. O público ficou confuso.

"Me diga", continuou o palestrante, "que idade o senhor tem?"

"Tenho 31."

"O senhor terminou o ensino médio?"

"Sim."

"Fez faculdade?"

"Fiz uma licenciatura curta."

"E desde então tem estado sempre empregado?"

"Sim. Já trabalhei para três empresas."

"Qual é o seu cargo atual?"

"Sou supervisor de folha de pagamento do hospital local."

"Então", resumiu o palestrante, avançando em direção ao homem, "o senhor tem um curso superior, nunca ficou desempregado e, aos 31 anos, depois de uma década de trabalho contínuo, não pode nem comprar um conjunto de áudios que considera ótimo por US$ 495! É por isso que precisa delas – porque não tem pensado positivamente e, *certamente*, não ficou rico!". Depois da reunião, o público cercou a mesa onde estava o produto, acenando freneticamente com dinheiro e cartões de crédito. É o que diz a história.

A solução de 1%: você é aquilo em que acredita e se comporta da maneira com que fala de si. Isso pode ser assustador ou revigorante, você decide.

Se você acreditar que os tempos são difíceis para si, eles serão, porque suas ações serão baseadas no enfrentamento de tempos difíceis. Se acreditar que os tempos podem ser bons, eles serão, porque suas ações sustentarão constantemente seu crescimento, apesar das condições à sua volta.

Após a tragédia de 11 de setembro de 2001, os consultores ficaram preocupados, pensando se teriam trabalho no futuro próximo. Mesmo assim, há negócios ativos em meio a cataclismos: na Depressão, durante as duas Guerras Mundiais, durante a Guerra do Vietnã e em furacões recentes, durante crises do petróleo, em guerras impopulares e no caos econômico.

Se houver negócios sendo feitos, há necessidade de consultoria. Meu negócio tem sido constante, independentemente da economia, da confiança dos consumidores, do mercado de ações e de vários outros fatores tradicionalmente preocupantes. Meu melhor ano até hoje foi 2008, com mais de US$ 2 milhões em receitas (o que significa um lucro de 90%), e eu não estou só: dei início ao Clube do Milhão este ano, com uma dúzia de nós que estamos vivenciando grande prosperidade. A oferta inicial foi preenchida imediatamente.

Se você achar que é capaz de fazer ou que não é capaz, está certo em ambos os casos.

Regra 1: use épocas de baixa como estímulo para a ação

Muitas vezes, as próprias objeções que as pessoas levantam também contêm o raciocínio para convencê-las de que deveriam agir. Nas épocas de baixa, os consultores costumam se encolher e prever o pior. Às vezes, até saem do negócio (veja o conselho sobre não vender a mesa da sala de reuniões ao final deste capítulo). Porém, há algumas ações claras que possibilitam que você não se limite a evitar tempos de baixa, mas também continue seu crescimento apesar deles. Já estabeleci que a venda conceitual é a chave para fechar novos negócios. Isso é mais importante do que nunca nos tempos de baixa.

Se o cliente diz: "Eu concordo plenamente que devemos fazer esse trabalho, mas simplesmente não podemos pagar", você está na posição do palestrante citado anteriormente, de dizer: "É *exatamente* por isso que você tem que começar agora. Quanto mais você esperar, mais ficará para trás e mais caro sairá correr atrás. Quanto mais rápido fizer o investimento, mais dinheiro vai economizar. Se o dinheiro é a única coisa que está lhe impedindo, vamos formular um calendário de pagamentos que alivie esse problema o máximo possível e vamos começar a gerar o retorno imediatamente."

Se o potencial cliente persiste em dizer que o dinheiro é o problema, depois de dizer que precisa daquilo que você está sugerindo, é porque você não conseguiu fazer a venda conceitual. Quando essa venda for feita, o cliente verá os custos como investimento em um retorno futuro, e os mecanismos de um calendário de pagamentos poderão ser trabalhados facilmente.

Regra 2: diversifique geograficamente

No início da década de 1990, enquanto a maior parte dos Estados Unidos passava por algum grau de recessão, a Nova Inglaterra estava realmente em depressão. Muitos de meus colegas consultores e palestrantes foram gravemente afetados, muitas vezes a ponto de buscar trabalhos tradicionais em vendas e administração, esperando voltar à consultoria quando as coisas melhorassem. (É claro que isso significa que eles não eram realmente consultores, mas sim pessoas cujo *hobby* era a consultoria. Você consegue imaginar um advogado ou um arquiteto indo vender seguros porque o trabalho anda devagar?) Eu continuei a crescer durante aqueles tempos difíceis. As receitas aumentaram em 45% somente entre 1989 e 1990, e observe que eu só tinha cinco clientes em toda a Nova Inglaterra.

O resto do meu trabalho estava espalhado pelo país, com alguma coisa em outros países.[2] Você não pode deixar que seu trabalho se concentre demais geograficamente, não apenas por causa de condições econômicas regionais,[3] mas também porque um forte concorrente regional pode superá-lo.

Na segunda parte dos anos 1990 e no novo milênio, 35% de minhas receitas de consultoria vieram do nordeste dos Estados Unidos, 45% do restante do país e 20% do exterior. Minhas vendas de produtos e outros canais de renda são cerca de 35% internacionais. Em última análise, os negócios devem ser tão diversificados como um bom portfólio de investimentos.

Muitos de nós tiveram ótimos anos apesar do desastre econômico de 2008 por sermos capazes de fazer negócios no mundo todo, física e/ou economicamente.

Regra 3: não seja vulnerável às mesmas condições econômicas que ameaçam seus clientes

A economia é como um sistema hidráulico. Quando algo desce, alguma outra coisa sobe. Mesmo na pior das épocas, *alguém* está se saindo bem. Descobri que alguns setores têm bons resultados independentemente da economia, desde que sejam bem administrados. A indústria farmacêutica é um exemplo. Há outros setores que se saem bem em tempos difíceis – o do "faça você mesmo", por exemplo, porque as pessoas têm mais probabilidades de fazer consertos ou construir algo por conta própria do que comprar novo. E existem os setores que prosperam quando a economia se recupera, como o de viagens aéreas, o de hotéis e o de recreação. O setor de cuidados e saúde de animais de estimação está quase sempre forte.

Se você for especialista em conteúdo, é um pouco mais difícil diversificar em termos de setores da economia, mas meu conselho a todos é diversificar por setor o máximo que for possível. Tente obter clientes que tenham bom desempenho constante, clientes que prosperem em tempos de baixa e clientes que prosperem em épocas de alta. O negócio de recolocação de pessoas demitidas cresce em baixas econômicas, a busca por executivos prospera quando a economia vai bem. Um verdadeiro negócio de consultoria prospera em ambos. Diversifique seu portfólio de clientes e potenciais clientes.

Regra 4: aumente sua produtividade pessoal

Todas as semanas, você tem aproximadamente 40 horas (se você pretende levar uma vida equilibrada) para investir em seu crescimento. Nos piores tempos, não vai usar qualquer dessas horas para implementar trabalhos de clientes, depositar cheques no banco nem fechar negócios. Portanto, na pior das semanas, qual é a oportunidade que você tem?

Atividade	Horas por semana
Telefonar a dois clientes "antigos" por dia para manter a comunicação	5
Telefonar a dois potenciais clientes por dia e saber do andamento de propostas	2:30
Enviar carta/pacote/*kit* de imprensa a cinco alvos por dia	5
Estabelecer rede por telefone com colegas uma vez por dia	2:30
Pesquisar ou escrever um artigo para publicar em uma revista	5
Pesquisar possibilidades de palestras em associações	2:30
Ser voluntário ou fazer trabalho gratuito em nível local	3
Ler literatura profissional para crescimento pessoal	3
Participar de uma reunião ou conferência de uma associação	3
Criar/melhorar seu *kit* de imprensa e examinar outros	2
Planejar conferência para clientes ou escolher membros de conselho consultivo	2
Planejar correspondências avisando que estará na cidade em viagens futuras	1
Telefonar para subcontratados para analisar trabalhos anuais ou planejados	2
Passar tempo com parceiros de alianças ou estabelecê-las	2:30
Planejar a próxima correspondência para toda a sua lista	2
Levar seu gerente de banco para almoçar ou fazer uma visita de cortesia	2
Navegar na internet para encontrar potenciais clientes	1
Examinar e melhorar suas listagens profissionais	1

Figura 12-2 Dezoito ações a serem desenvolvidas em uma "semana de baixa".

A Figura 12-2 mostra uma agenda sugerida para uma semana "de baixa" de 40 horas, que é coerente com a busca de um crescimento multidimensional, apesar das condições ao seu redor. Os mais espertos devem ter notado que há mais de 40 horas representadas. Isso porque alguns itens podem não se aplicar a você (embora, se você estiver seguindo meu conselho, devem se aplicar), alguns consultores vão investir mais de 40 horas e alguns consultores podem conseguir avançar mais rapidamente do que o tempo que eu aloquei. Não importa. A questão é que há muita coisa para fazer mesmo quando não existe trabalho a ser feito para clientes.

Regra 5: cuidado com as companhias

Por fim, sempre tentei trabalhar somente com empresas com as quais tenho orgulho de fazer negócio. Não aceito trabalhos que requeiram profundos cortes de custo nas fileiras inferiores para financiar lucrativos bônus para os executivos, não minto nem engano os funcionários dos clientes, não ajudo uma empresa que esteja tratando seus clientes mal ou vendendo produtos visivelmente inferiores ou serviços fraudulentos e não trabalho com executivos cuja orientação é preconceituosa ou grosseira.

Dito de forma bem simples, os clientes que tratam mal seus funcionários e clientes tratarão mal seus consultores. Em tempos difíceis, vão se recusar a pagar as contas e a honrar seus compromissos. Fazem demandas não razoáveis, assumem crédito por contribuições que você deu e culpam a você por qualquer problema. Empresas e gestores que têm uma atitude ruim nas épocas boas terão uma atitude péssima nas ruins. Minha regra de ouro para avaliar a aceitabilidade de um cliente é muito simples: eu compraria ações dessa empresa? Investiria meu próprio dinheiro e futuro na qualidade da administração de sua empresa, sua estratégia, seus serviços e seus funcionários? Se não tenho certeza – ou se tenho certeza de que não o faria – por que iria querer essa empresa como cliente?

❖ Consultoria do contra: escapando do repuxo

Tempos de mudança costumam ser interpretados como maus tempos. As mudanças podem ameaçar os consultores porque suas preciosas matrizes, fórmulas e modelos podem não ser mais aplicáveis nem aceitos. Ainda existe alguém apaixonado por análise transacional como ferramenta de gestão[4] ou que aplique a hierarquia de necessidades de Maslow como método pragmático para motivar as pessoas? A ideia de pensamento do lado direito e esquerdo do cérebro felizmente ficou para trás, e qualquer moda atual também terá dado lugar a sua sucessora em pouco tempo.

As pessoas não estão mais fazendo elogios à reengenharia, e a gestão de qualidade total não é mais o grito de guerra.

Os consultores de ouro recebem bem a mudança porque ela representa *oportunidade*, e não ameaça. A mudança proporciona a possibilidade de demonstrar novos talentos, de ajudar clientes de maneiras novas e de assumir abordagens totalmente novas. A mudança é essencial para que o crescimento profundo seja possível. E uma forma excelente de explorá-la – na verdade, de *criá-la* – é o que chamo de consultoria do contra.

O palestrante mencionado antes, que partiu de uma objeção e a virou do avesso, usando-a como validação, estava sendo do contra. Depois de "eu não posso" vem "é por isso que você deve fazer". Eu abro muitas conferências para executivos perguntando: "Quantos de vocês acreditam realmente em treinamento?". Todo mundo levanta a mão. Depois de olhar em toda a sala, digo ao público que eu não acredito em treinamento. "Treinam-se animais" explico, "é preciso *educar* as pessoas". (Ouvi o poeta Maya Angelou comentar isso uma vez e nunca esqueci.)

Essa comparação e o questionamento imediato dos clichês tradicionais prendem a atenção e criam muita agitação. Instantaneamente, diferencio-me de outros consultores com quem essas pessoas trabalharam ou cogitaram trabalhar.[5]

O primeiro artigo que eu escrevi para uma publicação (que acabou me pagando para escrever uma coluna por três anos) se chamava "O mito dos CCQ [Círculos de Controle de Qualidade]" e foi escrito no pico da popularidade desses programas de participação de funcionários. (Meu argumento era que a administração costumava usar o programa como substituto de sua própria responsabilidade pela qualidade e não dava seguimento às sugestões dos participantes, tornando a situação pior do que estava antes da implementação do programa. Essa acabou sendo a regra em vez da exceção.)

Meu conselho aos clientes costuma ser reduzir o treinamento e investir mais em educação. A aprendizagem deve estar o mais próxima possível da aplicação do que aprender, e sabe-se que os seminários são aprendizagem estéril que se esquece rápido, porque não pode ser aplicada prontamente. Quantos consultores você acha que dizem a seus clientes e potenciais clientes que há treinamento demais?

Muitas organizações acreditam que qualidade é o que elas acham que é, o que em geral significa "defeito zero." Eu lhes digo que o que elas acham é irrelevante. É o cliente que vai determinar o que é a qualidade, e o que eu posso ajudar a organização a aprender e aplicar é apenas quais critérios os clientes estão usando! Qualidade, explico pacientemente, não é a ausência de algo aos olhos da administração (ou seja, defeitos), mas a presença de algo aos olhos dos clientes (ou seja, valor).

A solução de 1%: "do contra" não quer dizer "errado", e sim "contra o conhecimento convencional predominante". O que me assusta é que o bom senso, atualmente, na verdade é do contra.

Se você não acha que isso receberá atenção, então ainda não tentou sair do caminho comum. A maioria das abordagens à qualidade que eu vi – com investimentos de seis e sete dígitos – são todas retrógradas, por se voltarem para dentro e não para fora.

É necessária uma abordagem singular para que uma pequena empresa de consultoria obtenha os mesmos tipos de importantes contratos lucrativos das empresas grandes. Você não se torna único tentando fazer o que as empresas maiores já fazem. Você se torna único trilhando novos caminhos – um caminho do contra.

Descobri que nos tempos ruins e nos tempos de incerteza e de mudanças (que representam a maior parte do tempo atualmente), os executivos não estão recorrendo ao conhecido. Eles são receptivos a novas abordagens e estão dispostos a nadar contra a corrente, se houver alguém com credibilidade para guiá-los. Não tenho intenção de tentar desenvolver uma matriz estratégica para concorrer com a do Boston Consulting Group, mas fico satisfeito de oferecer uma abordagem estratégica que dá muita ênfase aos valores em dois níveis diferentes na organização (estratégico e tático), nos quais a maior parte deles nem pensou. Não quero concorrer com a Accenture em formular programas de recolocação de pessoal em tempos de redução de quadro funcional. Em vez disso, ganho espaço e atenção explicando como *acrescentar* talento superior durante tempos de baixa, que caso contrário estariam fora do alcance. E não menciono trabalhos de fusão e aquisição para empresas que estejam em excelente forma e busquem se expandir. Entretanto, implementarei um programa para elas reduzirem sua força de trabalho com o passar do tempo, já que a administração inteligente sempre deve buscar ser o mais enxuta possível, e a melhor hora para garantir isso é quando a firma está em posição de força e pode tratar bem as pessoas, e não durante o desespero dos problemas econômicos e demissões indiscriminadas.

Digressão
A maneira de escapar de uma onda de repuxo, que arrasta sem dó os banhistas e até aves ao mar para se afogarem, não é tentar nadar contra a corrente forte. Em vez disso, ao contrário do que se poderia esperar, você nada alguns metros paralelamente à praia e perpendicular ao repuxo. Isso vai lhe tirar da corrente e levá-lo para onde a água está calma de novo. Sua reação normal provavelmente o mataria em uma onda de repuxo. Você tem que pensar e agir de forma diferente.

Você está entendendo a situação? Se não aprender nada mais desse livro, entenda que um elemento central para obter riqueza é conseguir os mesmos contratos grandes que as empresas de consultoria importantes fazem, com despesas gerais de empresas pequenas e melhores economias de operação. Entretanto, é praticamente impossível fazer isso tentando superar as empresas grandes no que elas fazem tão bem para ter crescido tanto.

Você deve buscar caminhos diferentes que nem sempre estão no previsível, mas que possam justificar e se confirmar como sendo de imenso valor agregado para melhorar a condição do cliente. Isso é o que eu chamo de *consultoria do contra*. Ela vai lhe conseguir trabalhos de palestrante, fazer com que seja publicado e notado e vai lhe enriquecer quando você se tornar bom nisso.

Placa na parede do escritório de um dos meus clientes: "Se você não for o primeiro da corrida, a vista será sempre a mesma".

Concluirei esta parte apresentando algumas das minhas opções para essas questões organizacionais que justificam tentar nadar contra a corrente (veja a Figura 12-3). Lembre-se, no entanto, que essas são minhas observações baseadas nas condições atuais. Elas podem ser predominantes quando você ler isto!

Tema	Visão do contra
Administrar a diversidade dos funcionários	Assimilação de funcionários
Cheques para filhos de funcionários	Cuidar de pais idosos (em casa)
Solução de problemas	Inovação
Planejamento de sucessão	Fortalecer o pessoal de alto potencial
Pagamento por mérito para desempenho individual	Pagamento por mérito para desempenho de equipe/organização
Lidar com queixas	Prever queixas
Formular estratégia	*Implementar* estratégia
Gestão de tarefas	Gestão de resultados
Funcionários atendendo a clientes	Funcionários *como* clientes
Solução de conflitos	Incentivo ao conflito

Figura 12-3 Visão do contra sobre temas atuais dos negócios. Muitos consultores simplesmente tentam seguir o grupo.

Já examinamos o que se deve procurar em termos de épocas de baixa nos negócios pessoais, o que fazer para ser produtivo em tempos de baixa na economia e como nadar contra a corrente (e escapar da corrente de repuxo) para criar oportunidade nas épocas de alta e de baixa. Mas o que acontece quando as coisas dão realmente errado? O que você faz quando olha para cima e vê criaturas do mar profundo nadando nas águas acima de você? Não entre em pânico – estou aqui para lhe dizer que todos já passamos por isso e que você deve fazer o que vem fazendo sempre.

❖ O mito do corte de despesas (não venda a mesa de reuniões)

Um dos meus amigos dirige uma empresa internacional de treinamento. Quando ele se reúne com seus sócios de todo o mundo, costuma ouvir lamentações angustiadas vindas de áreas em que a economia está com problemas ou um cliente grande desertou. Invariavelmente, seus sócios recomendam o corte de despesas, corte de pessoal e adoção de um perfil mais discreto.

Depois que as alternativas de corte forem esgotadas, meu amigo me apresenta o que ele chama de "discurso do último dólar".

"Se você só tivesse um dólar", pergunta ele, "você tentaria fazer que durasse o máximo possível para dar à sua família refeições cada vez mais miseráveis todos os dias ou investiria tudo em um plano de *marketing* que possa criar negócios suficientes para alimentar sua família de maneira adequada por um ano ou mais?"

A solução de 1%: você não pode "cortar para crescer". É preciso investir para crescer. Você não pode colher se não tiver plantado. Saia à rua e compre umas sementes.

Fico impressionado com essa lógica sempre que minhas perspectivas são mais sombrias do que eu gostaria – afinal de contas, o dólar vai terminar mais cedo ou mais tarde, mas o esforço de *marketing* pode perpetuar.

Há uma força centrífuga em nossa profissão que atrai as pessoas para o conservadorismo quando os tempos parecem difíceis. Correr riscos é uma coisa quando se tem US$ 100 mil no banco e quando os clientes estão batendo à porta, mas é muito diferente quando seu gerente de banco não quer falar com você e ninguém toca a campainha. Mesmo assim, a última coisa a fazer em tempos de baixa é baixar a cabeça e tentar ir levando com o corte de despesas "até que as coisas melhorem". Na maioria dos casos, as coisas não melhoram até que você faça alguma coisa para que elas melhorem, e você não faz as coisas melhorarem fazendo menos – deve fazer mais.

Você consegue imaginar uma equipe esportiva profissional que tenha terminado uma temporada medíocre com uma desclassificação, anunciando em uma entrevista coletiva: "Em vista da temporada pouco inspirada, decidimos cortar a comissão técnica, reduzir o tempo de treinamentos, eliminar os esforços de contratação e reduzir pela metade a área para condicionamento. Achamos que isso vai melhorar muito nossa posição no ano que vem." A imprensa iria adorar, quem comprou ingressos para toda a temporada abandonaria o time e o público em geral perderia o interesse depois de dar uma boa gargalhada.

Agora substitua a imprensa pela publicidade, quem comprou ingressos pelos clientes e o público em geral pelos potenciais clientes e começará a ver por que mesmo os planos táticos de fazer cortes em sua operação gerarão perda de reputação e relações.

Quando os concorrentes parecem estar recuando...

- Entre em contato com os clientes atuais deles, especialmente os que escolheram a eles em detrimento de você.

- Publique um grande anúncio ou inclua seu nome em uma listagem de mercados importantes.
- Forje alianças com organizações, cortando nos tipos de competências que você pode fornecer em situações específicas.
- Dê palestras em conferências setoriais, de graça se for necessário, para acelerar o reconhecimento de seu nome em um campo fragilizado.
- Assuma posições muito fortes por escrito; não fique em cima do muro ou vacilante.
- Fale com segurança, aja com segurança e garanta às pessoas que pode ajudá-las apesar dos tempos.
- Aumente seus testemunhos e referências para que as pessoas estejam seguras.
- Vá atrás das indicações com dedicação e em todas as ocasiões possíveis.
- Pense em assumir uma posição de liderança, altamente visível, em uma associação de classe ou em um grupo profissional.
- Ofereça artigos "do contra" a jornais, revistas e publicações na internet.

No Capítulo 14, discutirei as linhas de crédito e as relações bancárias em algum detalhe. O importante para nós, agora, é não entrar em pânico quando as coisas parecerem difíceis. Se você reduzir suas despesas eliminando correspondências a clientes, participando de menos reuniões e eventos de sua rede de contatos, colocando uma secretária eletrônica para substituir pessoal de escritório e coisas assim, está entrando em pânico. Não importa o quanto economize, aquele "dólar" um dia vai acabar.

De que forma os tempos difíceis se tornam bons? Para os iniciantes, lembre-se de que os tempos também são difíceis para outros e que eles provavelmente estarão fazendo cortes. Isso quer dizer que o mesmo investimento continuado de sua parte para *marketing* e publicidade *vai dar um retorno melhor porque há menos concorrência percebida*. Além disso, os clientes têm uma boa impressão de consultores (e qualquer profissional ou vendedor externo) que têm a mesma atitude nos bons tempos e nos maus, e cujo serviço e desempenho de qualidade não variam. Terceiro, ninguém conhece seus sucessos e fracassos pessoais, a menos que você decida revelar. Um corte no perfil de mercado e um comportamento que não seja característico (ou seja, recusar-se a ampliar o crédito, exigir reembolso de despesas por coisas triviais e honorários arbitrários) dirão aos clientes e potenciais potenciais exatamente o que você não quer que eles saibam.

> Você nunca está sozinho nos tempos difíceis, mas pode estar para explorá-los em busca de oportunidade. Sua atitude deve ser: "Todos os outros estão com dificuldades. Como posso explorar minha posição?".

Um grupo de sócios que conheço fazia reuniões periódicas para tratar dos tempos difíceis que tinham atingido sua empresa. Dois dos três sempre buscavam mais visibilidade e melhores caminhos de *marketing* e um papel mais agressivo no apoio aos clientes. O terceiro, Carl, sempre defendia cortes de despesas drásticos, com os outros dois às vezes aceitando por razões de "consenso". Por fim, quando as coisas chegaram ao ponto mais baixo, Carl voltou a pedir cortes de custos. Ao lhe perguntarem o que sobrava para cortar, ele sugeriu vender a grande mesa de reuniões feita de madeira nobre, que estava na única área para reuniões da empresa.

"Vale uns 500" explicou, "e paga o aluguel do mês que vem".

"E nossos clientes atuais e potenciais", respondeu um dos outros, "vão sentar no chão ou ficar de pé!?".

A mesa não foi vendida, os sócios deixaram de tentar reduzir despesas e Carl acabou se tornando um subcontratado deles. Ele não era talhado para correr riscos e nunca mais teve algum ganho importante. É uma tentação muito forte em tempos difíceis parar de gastar e tratar cada dólar como se fosse um recurso em extinção que nunca mais vai ser visto. Há muitas coisas erradas com essa filosofia.

Digressão

O produtor artístico Mike Todd (um dos maridos de Elizabeth Taylor) foi pressionado certa vez por seu pessoal financeiro para reduzir despesas porque tinha uma dívida de US$ 13 milhões. "O quê?", gritou ele. "Você quer que eu compre charutos mais baratos?!". Em outras palavras, alguns cortes não fazem diferença no esquema geral das coisas.

Se você não investir nos tempos difíceis...

1. Vai fazer cortes em seu *marketing* exatamente quando ele pode lhe dar o maior retorno, porque a concorrência o está cortando.

2. Os clientes detectarão imediatamente qualquer redução nos compromissos de serviços, colocando em risco as relações que demandaram anos para construir.
3. Os clientes não têm boa impressão de umas empresas que economizam no processo de aquisição; mas sim das que mandam várias pessoas para reuniões iniciais e não tentam cobrar despesas de reuniões exploratórias.
4. Seu banco não tem a mesma preocupação com controle de despesas quanto tem com renda. Na verdade, os bancos emprestam dinheiro se tiverem alguma compensação razoável. Uma campanha de *marketing*, um produto novo ou uma viagem de divulgação podem ser essa compensação. Uma redução de despesas não dá incentivo ao investidor.
5. Você vai efetivamente enfraquecer seu trabalho multidimensional. Trabalho em rede, participação em associações, trabalho voluntário e atividades relacionadas são muito atingidos quando reduzem as despesas.
6. Você não será atrativo a funcionários a serem recrutados, subcontratados ou parceiros para alianças. Ninguém fica confortável com alguém que está tentando trabalhar quase sem dinheiro ou que paga as contas com atraso ou não investe os recursos adequados para realizar um trabalho com alta qualidade. Essas fontes de renda e assistência à sua empresa vão evaporar.
7. Você se tornará totalmente reativo, pois sua capacidade de investir em medidas proativas desaparecerá. Consequentemente, você chegará muito atrasado, com muita frequência e com muito pouco. É praticamente impossível praticar a consultoria do contra, por exemplo, em um modo reativo de perfil discreto.
8. Você perderá o ímpeto obtido por crescimento anterior ao reduzir até parar. Pode-se saltar muito mais longe correndo de uma distância do que saltando de uma posição fixa.
9. Você tem uma chance com potenciais clientes e, se eles detectarem uma operação inferior, rapidamente se afastam. Isso se aplica à qualidade de seu material timbrado, se seus sapatos estão engraxados, seu tempo de resposta e qualquer número de pequenas coisas que indicam se uma operação está forte ou em dificuldades.
10. Por fim, você está correndo os riscos de um empreendedor, seja ousado, e morda pedaços grandes. Você não está nisso para molhar a ponta do dedão, mas sim para fazer ondas.

> A solução do 1%: "Sem cruz, não há coroa" (William Penn). Se você não assumir riscos, nunca colherá as recompensas que estão disponíveis a um empreendedor.

No Capítulo 3, falei sobre a armadilha do sucesso. Aqui, estou falando sobre a armadilha do fracasso. Você só fracassa neste negócio caso se deixe fracassar, e uma das formas mais seguras de fazer isso é adotar uma mentalidade de fracasso quando os tempos são difíceis.

Cortes e reduções de custos são sintomas de fracasso e desistência e representam uma mentalidade de pobreza. Relações e atividades constantes, em todos os tempos, são sinais de uma mentalidade de sucesso. Você estabelece a imagem que transmite ao cliente, e sua imagem é visivelmente transparente. Nunca conheci um consultor cujos negócios não estivessem "fantásticos". Todo mundo que eu conheci no setor me conta como está se saindo bem. E isso é engraçado, pois eu conheci muitos consultores que cobram despesas duplicadas dos clientes,[6] andam mal vestidos, não têm qualquer literatura atual, nunca participam de conferências setoriais ou profissionais e que há anos não experimentam qualquer coisa nova ou ousada. São muito óbvios e, se acham que seus clientes e os potenciais clientes não são capazes de ver o que o resto de nós vê, sua inteligência é inversamente proporcional à sua obviedade.

Os tempos difíceis podem ser tempos especialmente bons se você permitir que sejam – se você se afastar da manada e das respostas baseadas em pânico. O que você aconselharia a um cliente em um setor altamente competitivo quando as condições econômicas parecem ruins? Aconselhando o cliente qualquer coisa que *não* seja explorar as oportunidades que os outros estão despreparados para abordar, você carece não apenas da coragem para este negócio, mas também da inteligência.

❖ Perguntas e respostas

P. *Um funil não é apenas uma previsão em andamento que provavelmente mudará?*

R. Não, se você deixar as suposições e potenciais de fora das entradas do funil e incluir apenas contratos. Nesse caso, muito pouco vai mudar, com exceção de sua conta bancária.

P. Você não aconselha pelo menos alguns cortes prudentes quando o negócio fica devagar?
R. O que é prudente para você e prudente para mim? Meu conselho é conduzir os negócios como sempre, o tempo todo: buscar agressivamente os compradores e obter acordo sobre propostas.

P. *Qual é a utilidade de uma boa relação bancária e boas linhas de crédito em tempos difíceis?*
R. É bom tê-los, mas eles podem significar um veneno. Os bancos tendem a aumentar as taxas de juros, seu crédito vai ser reduzido se você tomar muitos empréstimos e gerar dívidas nunca – nunca – é bom. Não deve ser um recurso prioritário.

P. *Como me disciplino para fazer as coisas certas nos "tempos de alta"?*
R. Use sua agenda. Anote os passos e tarefas de cada semana e trate-os como compromissos sérios, e não eventos menores e flexíveis. Você terá sua melhor alavancagem quando você estiver forte e os tempos forem bons.

P. *E os meus sócios que acham que deveríamos recuar, baixar a cabeça e deixar passar a tempestade protegidos no porão?*
R. Uma metáfora bastante complexa, mas uma reação muito simples: deixe-os no porão e saia por conta própria (ou encontre novos sócios). Não deixe que o peso deles o afogue.

Reflexão final: quem tem tido mais sucesso na vida são os que não apenas aproveitaram a onda de bons tempos, mas conseguiram nadar pelas águas agitadas dos tempos difíceis. Como empreendedor, você só deve ter uma marcha para a frente: velocidade total.

Capítulo 13

A tecnologia é um instrumento, não um sacramento

Como usar a tecnologia e ainda ter uma vida própria

❖ Sinais dos tempos

Nos últimos anos, participei de provavelmente umas 20 sessões sobre o impacto das novas tecnologias em nossas vidas pessoais e profissionais. Cada uma das apresentações foi caracterizada por, pelo menos, um problema tecnológico.

Assim é a vida moderna. Entretanto, eu não sou nenhum luddita oculto nas trevas com medo da linguagem mitraísta de *downloads*, ciberspaço, e-tudo, redes sociais, twitter (o twitter faz de você um twit, ou seja, um pateta?) e *firewalls*. Eu estou com o pessoal bacana, que está por dentro, tenho minha própria página na internet, muito dinâmica, quatro endereços eletrônicos diferentes, o *blog* do Alan em contrarianconsulting.com, os fóruns do Alan (um destino global para consultores interagindo 24 horas por dia), registro em mecanismos de busca e toda a parafernália da informática suficiente para ter que ir à academia regularmente e me manter em forma apenas para carregar os cabos e baterias sobressalentes quando eu viajo. Todo este capítulo era inconcebível quando eu escrevi o manuscrito original deste livro em 1991. Agora, é indispensável.

Comecei a apreciar o poder da tecnologia e seus requisitos políticos quando a Merck começou a pedir constantemente acesso a *fax*, em meados da década de 1980, e a Hewlett-Packard me integrou ao seu sistema de correio de voz em meados de 1990. Primitivo, é verdade, mas mesmo assim representava uma mudança nos ventos, que precedia o tsunami. Alguns de meus clientes se comunicam exclusivamente por *e-mail*, revistas querem que os artigos sejam apresentados em formatos eletrônicos, meus computadores Apple desdenham a possibilidade de aceitar qualquer coisa que não seja sem-fio ou telepática e os gráficos gerados em computadores são onipresentes nas apresentações visuais de hoje.

Essa não é uma questão de decidir usar as proezas tecnológicas mais do que seria uma decisão voluntária de usar o telefone, uma calculadora ou uma copiadora. Você não está (isso eu aprendi enquanto conversava com Walter Mossberg, o excelente colunista de tecnologia do *Wall Street Journal*) mais conectado ao ligar o computador do que quando liga a torradeira.

É uma condição onipresente.

Hoje, reza a lenda urbana, um leitor casual da edição de dia de semana do *New York Times* está processando mais informações do que um habitante do século XVI processava durante *toda a vida*. O século XVI não foi exatamente pouca coisa – foi a época de Lutero e Erasmo, do Renascimento, da exploração e das descobertas. Mesmo assim, temos que assimilar (ou pelo menos examinar) enormes quantidades de dados hoje em dia. Na profissão de consultor, como alguém se mantém atualizado e conectado aos eventos não apenas em sua disciplina, mas também no domínio de nossos clientes? A única resposta é usar a tecnologia como catalisador, *mas não como companheira constante que suga toda a nossa energia*.

Estudo de caso

Uma mulher que eu não conhecia deixou um recado solicitando minha lista de recursos (uma lista de pessoas dispostas a trabalhar como subcontratadas) para selecionar pessoas para um escritório de advocacia ao qual estava prestando consultoria. Eu telefonei e pedi seu endereço eletrônico. A lista é estritamente eletrônica e teria 40 páginas se fosse impressa. "Ah, eu não tenho *e-mail*", ela disse, "então simplesmente imprima e me mande por *fax*".

"Ah, não" eu lhe respondi.

"Você é tão superior que não faria isso por mim?"

"Não, é só que eu não trabalho com amadores."

Ela acabou se revelando uma faz-tudo das horas vagas que pegava todo o dinheiro que podia, prometendo o mundo, mas não era capaz de implementar o que quer que fosse. Se você não quiser usar correio eletrônico, pode arrancar o telefone da parede.

Quando iniciei minha carreira de consultor, em 1972, eu frequentemente (sendo o menor na hierarquia) ficava em volta de fábricas de papel no sul. Essas usinas imensas empregavam centenas de trabalhadores de baixa qualificação, que mantinham em funcionamento as máquinas monstruosas com o manual do fabricante no bolso e com anos de conhecimentos práticos e intuição na cabeça. Eles usavam com frequência a força bruta e sabiam inventar gambiarras para resolver problemas na hora.

Hoje, as novas gerações dessas máquinas demandam um punhado de pessoas para cobrir todos os turnos. Elas trabalham sentadas em salas de controle e cabines de observação, monitorando informações em computadores e reprogramando segundo a necessidade. A força bruta é aplicada apenas à máquina de refrigerante, se ela não cuspir uma Coca-Cola no turno da noite. É um admirável mundo novo, e é melhor nos acostumarmos com ele.[1] Ah, e tem também o fato de que a indústria de papel (junto com a do aço, a da borracha e a de tecido) já não é mais a grande indústria nos Estados Unidos que foi quando eu era mais jovem.

A solução de 1%: invista em boa tecnologia, mas não se preocupe em ter a mais recente e melhor versão de tudo. O único teste é: funciona para você?

Minhas conexões de internet são capazes de desenhar um mapa detalhado com instruções para chegar a praticamente qualquer endereço comercial nos Estados Unidos. E isso só no iPhone. Os carros de locadoras agora contêm GPS, usando satélites – completos com alertas do tipo "copiloto" – que conduzem você a cada esquina, saída alertam sobre mudanças na estrada.

Simplesmente não podemos nos dar o luxo de assistir a esse desfile passar por nós. A internet e tudo o que vem com ela não mudaram a cara da consultoria, como muitos gurus querem que acreditemos, mas ofereceram maneiras maravilhosas de melhorar nossa eficácia e nossa eficiência.

❖ Cibermarketing

Estou convencido de que o *marketing* agressivo na internet é semelhante a fazer visitas de vendas, na vida real, sem marcar horário – poucas pessoas comprarão serviços de consultoria de alguém de quem nunca ouviram falar ou que as aborda do nada, seja pelo telefone seja por *e-mail*. Entretanto, o *marketing* e a visibilidade passivos são eficazes na internet, não menos do que artigos, entrevistas, anúncios e listagens podem ser eficazes em outros meios.

A solução de 1%: a página de um consultor na internet não é uma ferramenta de vendas, mas sim de credibilidade. Os compradores econômicos vão a ela depois de terem ouvido falar de você, e não antes. Isso dita como deve ser a aparência e o jeito da página.

Aqui vão 10 técnicas rápidas para o sucesso do *marketing* na internet. Escolha as que forem melhores para você. Não há duas que sejam mutuamente excludentes, e conheço pessoas que usam todas.

1. *Entre em contato com clientes e potenciais clientes por e-mail.* Eu não quero dizer que você deva ficar pedindo, mas sim que deve fazer um contato periódico que tenha alguma utilidade. Você pode usar o correio eletrônico em vez do tradicional (embora não deva abandonar totalmente as malas diretas, porque elas permitem anexos substanciais). Envie *e-mails* aleatórios às pessoas com itens de interesse e/ou oportunidade. Um de meus "parceiros" de *e-mail* me manda sempre fontes de entrevistas, e eu apareço cerca de 12 vezes por ano em publicações que ele me enviou.
2. *Monte uma página interessante na internet.* Observe a palavra de referência: *interessante*. A internet está abarrotada de páginas sem importância e que são simples depósitos sem conteúdo. Crie uma que faça que as pessoas a visitem repetidamente. Encontre um *designer*/profissional de *marketing* com os talentos demiúrgicos necessários. Por exemplo:

   - Poste um artigo que possa ser baixado todos os meses.
   - Arquive artigos passados para acesso e *download*.
   - Faça um sorteio ou distribua algo todos os meses para pessoas que se registrem.
   - Ofereça um boletim gratuito a quem solicitar.
   - Ofereça um *link* a seu endereço eletrônico, para que as pessoas possam se corresponder com você.
   - Use imagens e sons que mudem periodicamente.
   - Ofereça produtos para venda.

   Quem visita minha página pode escolher áreas temáticas especiais (como livros ou oficinas) ou acessar dicas quentes. Além disso, são oferecidos vários serviços, incluindo licenciamento e pedidos especiais.
3. *Use marcadores para estabelecer links diretos com fontes de referência.* Essas citações *on-line* economizam o trabalho de buscar fontes continuamente. Você pode acessar obras de consulta, consultar associações, horário de voos, condições do tempo, biografias, localização de empresas e uma série de outras informações valiosas.
4. *Promova uma sessão de bate-papo.* Eu costumo fazer regularmente *"chats"* e entrevistas interativas pela internet, muitas vezes com *slides* e gráficos. Você pode direcionar as pessoas para outros trabalhos seus, e a credibilidade não é diferente de ser entrevistado no rádio ou em mídias impressas.

5. *Entre para grupos de troca de informações.* Há grupos que se reúnem formalmente em determinados momentos, ou informalmente, segundo a demanda, para discutir consultoria, palestras, empreendedorismo, finanças, e qualquer tópico relacionado que se possa imaginar. Pode-se aprender, contribuir, construir relações e crescer muito alocando até mesmo uma hora por semana. Eu promovo os Alan's Forums (http://www.alansforums.com), que abrigam cerca de 40 mil *posts* e discussões globais permanentes sobre ética, honorários, política e dúzias de outros tópicos.
6. *Pesquise seus clientes e potenciais clientes.* Há muita informação sobre grandes empresas disponível nos principais mecanismos de busca, que lhe ajudarão a se preparar para sua abordagem, reunião, proposta e telefonema. Você também pode enviar notas por *e-mail* a suas redes, pedindo informações de qualquer pessoa que possa ajudar. As pessoas respondem de forma admirável na internet. Uma vez deixei uma mensagem em um lugar, em um grupo limitado, perguntando se alguém conhecia alguém que intermediasse palestras na Austrália, e recebi três dicas diferentes em 48 horas. Quando pedi ajuda para criar um certo tipo de arquivo eletrônico, 17 pessoas responderam em 20 minutos![2]
7. *Faça seu próprio boletim.* Dei início ao *Balancing Act* sete anos atrás, com nomes de 40 pessoas que eu achava que não se incomodariam de receber meu boletim sem ter solicitado. Agora, tenho cerca de 8 mil assinantes, praticamente sem promoção. O boletim pode ser obtido – e está arquivado – em minha página. Um dos participantes de meu programa de *mentoring* lançou com sucesso um boletim semanal sobre dicas de vendas, que lhe rende trabalhos em todo o país porque é repassado muito além da lista de assinantes. Isso é um *marketing* muito eficaz e praticamente gratuito.
8. *Assine um serviço de entrevistas.* Há serviços que oferecem atualizações diárias sobre repórteres que estejam trabalhando com prazos e tópicos sobre os quais eles querem mais informações. Você pode encontrar alguém do *San Francisco Examiner* que trabalhe em uma matéria expondo a futilidade do *downsizing* ou uma repórter da *BusinessWeek* em busca de informações sobre por que o telhado de vidro ainda não quebrou. Se for da sua seara, você pode responder por *e-mail* e possivelmente marcar uma entrevista. Com um mínimo de disciplina, isso pode fazer que você seja mencionado em algum lugar do país semanalmente. Você também pode se associar a Expertclick.com ou PRleads.com. Às vezes, encontro seis dos participantes de meus programas de *mentoring* citados em uma única coluna da edição dominical do *New York Times*.

9. *Faça links de sua página a outras.* Muitas organizações aceitam um arranjo recíproco, em que sua página tem *links* para a delas e vice-versa. Isso aumenta a exposição e os acessos potenciais exponencialmente, desde que você garanta que a conexão tenha sentido. Por exemplo, tem sentido você ter interação com uma faculdade de administração, mas nem tanto ser listado em um revendedor de automóveis (ou com um concorrente).
10. *Use seu arquivo de assinatura de forma inteligente.* Você está enviando milhares de *e-mails* por ano. Inclua sua informação de contato, um testemunho, informações sobre um livro ou oficina e assim por diante. Nunca se sabe quem vai ler e responder. É um espaço livre com um enorme retorno potencial.

A internet pode ser tão tediosa quanto qualquer outro meio de comunicação. Você é que tem que atrair as pessoas e seduzi-las para que queiram saber mais a seu respeito. A novidade tecnológica foi substituída pelo tédio tecnológico.

Se você usar um pouco de criatividade e dedicar algum tempo livre para navegar na internet, vai descobrir todos os tipos de oportunidades únicas que tem. Por exemplo, eu soube que a Amazon.com também vai incluir meus livros autopublicados, de modo que os incluí e assim recebo pedidos mensais da página e, mais importante, cheques mensais. (É o Amazon Advantage Program.)

Você também tem que estar preparado para o sucesso. Colegas que têm um "instituto de humor" felizmente foram escolhidos como um dos melhores sites do mês, mas, infelizmente, não estavam preparados para essa dádiva. Eles nada tinham a oferecer para venda, não tinham como acompanhar os visitantes (houve mais de 20 mil visitas em poucos dias – assim é o poder desse meio) e não conseguiam acompanhar as solicitações que foram feitas. Se você vai fazer alguma coisa, parta do princípio de que vai ter sucesso e se prepare para o melhor, e não para o pior.

❖ As mídias sociais e outras falácias

A problemática expressão *mídias sociais* tem sido aplicada a plataformas como YouTube, Facebook, LinkedIn, Twitter e muitas outras. Preste atenção: os compradores corporativos não encontram consultores nessas plataformas *porque não olham essas plataformas*.

Quem tem interesses específicos nessas plataformas (ou não tem vida própria) e está afundado até o pescoço nelas certamente se ofende com a minha opinião. As mídias sociais são interessantes (se você puder desculpar a futilidade e, muitas vezes, a obscenidade que encontrará em lugares como YouTube). Se você acessar TED, por exemplo (http://www.ted.com/), vai encontrar pensadores excelentes apresentando ideias em menos de 20 minutos. É ótimo. Não considero uma mídia social, mas sim mais um exemplo de comunicação poderosa. Mas não entremos em minúcias semânticas.

Você não faz *marketing* no LinkedIn, embora possa encontrar um velho colega de escola que colava de você nos exames finais. Não se consegue fama corporativa no Twitter, embora se possam atrair alguns desempregados que estão honestamente curiosos sobre como você lava o cabelo ou dá partida no carro.

A solução de 1%: use as mídias sociais para socializar. Use mídias de *marketing* para fazer *marketing*.

O que quer que você compre em termos tecnológicos estará obsoleto antes de você tirar da embalagem. E daí? Certifique-se de comprar algo que possa usar de forma inteligente nos próximos vários anos, e não algo que gere a inveja de quem não tem habilidades tecnológicas. Você deve pensar em utilidade, e não em estar na ponta.

Faça a si mesmo três perguntas ao considerar qualquer tipo de equipamento, de computadores a telefones celulares e aparelhos de *fax*:

- *Qual é o resultado final que espera desse equipamento?* Isso vai lhe ajudar a determinar os recursos avançados de que precisa. Por exemplo, um aparelho de *fax* de papel simples, que lhe permita preservar cópias e manter as transmissões na memória, pode ser bom para suas necessidades de comunicação básicas. Um aparelho de *fax* com capacidade de armazenar cem números na memória ou um que funcione como copiadora pode não ser. E se estiver usando programas que possam fazer de seu computador um *fax*, porque está guardando um aparelho de *fax* em seu escritório?
- *Com quem você vai se comunicar?* Se é um grande número de pessoas, todas com a mesma mensagem, algum tipo sistema de rede ou *listserv* pode ajudar. Se é para indivíduos, cada um com comunicações diferentes, será necessária alta qualidade.
- *Quais são as demandas de volume?* Descobri que é bom planejar com pelo menos três anos de antecedência. Alguns anos atrás, eu disse a meu forne-

cedor de informática que queria um aparelho com uma capacidade de lidar com o volume que previa para depois de cinco anos. Ele sugeriu um Mac Quadra 840av, com *scanner*, impressora a laser, impressora colorida e modem de alta velocidade, junto com um HD Iomega para *backup*. Isso durou por quase cinco anos antes de ser substituído por um *desktop* G3. A seguir, comprei um *laptop* Titanium G4. Meu plano para essas compras era ter entre três e cinco anos de serviços excelentes. (Sei que muitos de vocês estão surpresos, mas eu considero os Mac à prova de idiotas, intuitivos e muito fáceis de usar. Com os programas de hoje em dia, posso me comunicar facilmente com os PCs de meus clientes sem qualquer dificuldade, de modo que não há problemas de compatibilidade.) Atualmente, tenho *desktops* e *laptops* Mac com processadores Intel, telas de cinema de 30 polegadas, uma casa com conexão sem fio com Airport Express, etc. Conto tudo isso porque, quando você estiver lendo isto, tanto eu quanto você estaremos usando dispositivos ainda mais modernos.

- *Que tendências você espera capitalizar?* Se você vai usar o computador em viagens, não compre simplesmente um *laptop*, mas um que seja compatível com seu equipamento de escritório (eles podem acessar um ao outro de forma remota e transferir arquivos por dispositivos infravermelhos) para maximizar a eficiência e minimizar a duplicação dos esforços. Por exemplo, eles podem sincronizar com a tecnologia Palm Pilot (ou seu PDA)? Eu uso um *flash drive* para manter todos os meus arquivos na minha pasta e usá-los onde quiser.

Estudo de caso

Eu uso um iPhone para relatórios de despesas e para minha lista de contatos, com números de telefones, mas não o uso para agenda, anotações nem arquivos. Um cliente enlouqueceu tendo que reagendar minha reunião – que envolvia um voo de 5 horas – quando sua secretária mostrou que ele estava agendando com o calendário de 2012. Já vi consultores desesperadamente tentando usar o primitivo stylus para fazer anotações complexas em reuniões com clientes. Use o que fizer sentido como ferramenta, mas não confunda meios com fins. É melhor usar com eficácia 20% do potencial de uma tecnologia do que ficar totalmente atrapalhado tentando usar os outros 80% que são impróprios, inadequados ou indecifráveis.

Meu padrão é retornar todos os telefonemas dentro de 90 minutos em horário comercial. Isso é muito mais fácil do que parece, embora os clientes e potenciais clientes fiquem impressionados com a agilidade da resposta. Nunca tive problemas para retornar telefonemas em função de falta de equipamento ou acessibilidade. As ligações são caras? Cada vez menos. Em pouco tempo, poderemos usar telefones celulares em aviões e eu já consigo enviar e receber *e-mails* em alguns deles. Vale a pena? Inquestionavelmente. Minhas contas de telefone costumavam ser de US$ 2.400. Um ano inteiro dessas contas – US$ 30 mil – foram pagas por um contrato pequeno ou algumas palestras. Hoje, meu telefone do escritório, os três telefones do carro e os telefones pessoais que eu e minha mulher usamos custam cerca de US$ 450 por mês.[3]

Outro tipo de assistente pessoal é um gerenciador de contatos (*contact manager*). Esses *softwares* possibilitam que você acompanhe clientes, clientes em potencial, veículos de visibilidade e muitos outros, dão a opção de desencadear contatos em intervalos definidos e acompanhar discussões e acordos importantes. Também vêm com recursos de discagem automática, modelos de cartas e outras opções que ajudam a economizar tempo.[4]

❖ *Blogs* e marcas

Segundo as melhores estimativas, há cerca de 200 milhões de *blogs* no mundo. Você leu direito. (Há apenas 30 milhões de canadenses vivos e cerca de 28 milhões de australianos, então pense nisso.) E a maioria dos *blogs* é pura bobagem e imbecilidade, porque

- O autor não tem qualquer especialização, credibilidade ou experiência.
- Não se pode identificar quem o está escrevendo.
- É escrito em nível escolar.
- É mal formatado e mal apresentado.
- É irrelevante.
- É movido pelo ego.

Em termos gerais, se alguém tem uma marca, terá um *blog* de sucesso:
- Empresas pessoais: David Meister
- Vendas: Jeff Gitomer
- Inovação: Seth Godin
- *Coaching*: Marshall Goldsmith
- Consultor autônomo: Eu

Observe que as marcas atraem as pessoas. Mas há aqueles (incluindo o estimado, acima mencionado, Seth Godin) que poderiam afirmar que os *blogs* criam marcas. Sim, uma vez em 100 mil, assim como o romancista estreante que recebe um milhão de dólares como adiantamento. Não aposte nisso.

O meu *blog* (http://www.contrarianconsulting.com) contém texto, *podcasts*, vídeos, comentários e todos os tipos de recursos que aparecem a cada semana. Minha marca faz que as pessoas o acessem, e a qualidade faz que elas continuem vindo em busca de mais. Se você quiser ter um *blog* eficaz, crie uma marca forte.

A tecnologia pode agilizar seu negócio ou pode homogeneizá-lo a ponto de não ser reconhecido. A escolha é sua.

Assim como há papéis e materiais timbrados disponíveis nas livrarias que dão aos consultores uma aparência profissional sem a despesa de um *designer* e um toque pessoal, há tecnologias que podem fornecer uma abordagem de massas para o profissional solitário que tem que depender da gentileza de estranhos. (Muitos livros são parecidos, sendo semelhantes em sua diagramação horrível e em sua péssima apresentação.) Entretanto, essas letras padronizadas podem ser uma denúncia óbvia de que você está operando com poucos recursos, se o potencial cliente reconhecer o *design* (e as opções são finitas). E ele pode sentir um toque impessoal se sua tentativa de eficácia superar sua necessidade de singularidade.

Por exemplo, a maioria dos sistemas de correio eletrônico permite anexar arquivos que criem uma "assinatura" automática em sua carta, para identificá-lo além do nome que aparece na tela. É o equivalente ao papel timbrado. É apropriado – na verdade, necessário – anexar isso a seu *e-mail*, porque o correspondente pode querer lhe enviar alguma coisa pelo correio regular, *fax* ou pode querer lhe telefonar. Não há motivos para trocar mais correspondências para obter essa informação, de modo que é simplesmente lógico incluí-la em toda a correspondência enviada pela rede. (*Observação*: Muitos consultores não usam arquivos de assinatura e sua imagem grita "antiprofissional.")

O meu é assim:

Alan Weiss, Ph.D.
President
Summit Consulting Group, Inc.
Box 1009
East Greenwich, RI 02818
401/884-2778 Fax: 401/884-5068
http://www.summitconsulting.com
Alan@summitconsulting.com
Member:
Professional Speaking Hall of Fame®
Recipient:
American Press Institute Lifetime Achievement Award
Recipient:
New England Institute of Management Consultants
Lifetime Contribution Award

"One of the most highly respected independent consultants in the country."—
The New York Post
"One of the top motivational speakers in the country."—
The *Providence Journal*
Visit Alan's Blog: http://www.ContrarianConsulting.com

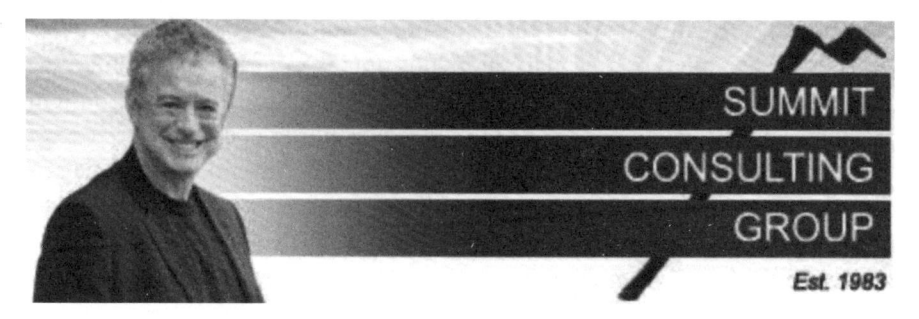

Optei por incluir credenciais breves e uma ligação para meu boletim, junto com minhas informações para contato.

É fácil configurar isso com ampla variedade de fontes pessoais de letra cursiva hoje, em qualquer computador. Mesmo que escreva seu nome em fontes convencionais, isso ainda melhora a informação que vem depois com o timbre formal. Clientes já me disseram que faz muita diferença, e cada pedacinho conta.

Use a ajuda da tecnologia para aumentar sua personalização, e não para reduzi-la. Assim como seus materiais não devem ser parecidos com os de todo mundo, tampouco deve ser a sua presença tecnológica.

Outro problema da correspondência eletrônica é a propensão a estender-se para sempre. Afinal de contas, você só tem que clicar em "responder" para mandar uma resposta rápida, não importa o quão vazia ela seja. O problema é que também estamos tomando o tempo precioso de alguém ao fazer isso.

Não se corresponda só porque é fácil. Se alguém lhe envia uma resposta leve, absorva-a como uma resposta, e não reaja a ela como uma mola. Não faça tentativas de venda no escuro pela internet. Assim como os compradores legítimos não vão comprar serviços de consultoria por telefone ou por correio, eles não vão responder a *e-mails* genéricos, principalmente porque os *e-mails* de propaganda na rede têm o sabor daqueles anúncios classificados na contracapa da revista *Popular Mechanics* ("sim, você pode ganhar zilhões de dólares em casa, olhando a tinta secar!").

Não obtenha mais parafernália do que precisa. O mais novo computador não é necessariamente o melhor para seus propósitos. O provável é que você precise de algo para *e-mail*, processamento de texto, planilhas, gerenciamento de arquivos, talvez gerenciamento de projetos e algum trabalho leve com imagens (a menos que você seja um *designer* profissional que cria seus próprios programas). A maior parte dos equipamentos médios dá conta disso. Eu descobri que usava meu *scanner* mais ou menos uma vez por trimestre, então me livrei dele quando troquei de equipamento. Minha impressora colorida tem pouco uso, mas custou pouco e vai me servir por muitos anos.

Você provavelmente vai usar menos de 35% da capacidade total de seu equipamento em termos de proezas tecnológicas. O mesmo em termos de memória de grande escala, armazenagem e melhor preço. Eu nunca compro o mais recente sistema operacional para meus Macs, a menos que eles proporcionem melhorias significativas e problemas mínimos.

❖ O cliente e a tecnologia

Há algumas vantagens visíveis a serem exploradas ao se desenvolverem e alimentarem relações com clientes usando a tecnologia. Embora nada substitua a credibilidade das reuniões pessoais, da amplitude intelectual, da escuta empática e das respostas inteligentes, há contribuições disponíveis usando-se a tecnologia como recurso. Então, aqui vai uma lista de amostras de opções, dependendo de suas inclinações, seu conhecimento e sua inovação:

- Sugira que você se torne parte do sistema de correio de voz do cliente, para que pessoas da empresa possam lhe acessar prontamente de maneira que lhes seja familiar. Por outro lado, você pode deixar mensagens de maneira que seja coerente com o formato preferido da empresa. Eu fiz isso com a Hewlett-Packard durante anos, o que me tornou parte da equipe e alguém a ser naturalmente incluído no próximo projeto que surgisse.
- Incentive as pessoas a entrar em contato por *e-mail*, e certifique-se de que todos os contatos tenham o seu endereço. Isso possibilita que você envie e acesse a qualquer momento. Outro benefício é um fator psicológico sutil: as pessoas que estão desconfortáveis ou que não revelam muito no telefone tendem a ser bem mais acessíveis por *e-mail*.

Se você não acredita nisso, tente deixar mensagens de *e-mail* e voz e veja em qual delas recebe a melhor resposta. As pessoas respondem mais rápida e sinceramente a um *e-mail* do que a uma mensagem de voz.

- Dê a clientes importantes um número de acesso de *pager*. Sugiro que você limite isso a seus melhores clientes e a seus contatos mais importantes. Pode ajudar a dar-lhes uma sensação de acessibilidade a você. (*Posição do advogado do diabo:* Eu não tenho *pager* e nunca vou ter. Verifico minhas mensagens com frequência suficiente e associo *pagers* a pessoas de nível inferior. Nenhum diretor-executivo que eu tenha conhecido usava *pager*, e nem eu farei. Mas é a minha opção.) Pode funcionar melhor quando você já estiver nas instalações do cliente.
- Mude suas fontes e estilos para se ajustar aos do cliente, de modo que possa fornecer cópias master prontas para uso e que se encaixem imediatamente nos manuais e na literatura dele.
- Faça uma imagem em *scanner* dos logos e/ou grafismos de seu cliente para seu sistema, para poder incorporá-los aos trabalhos que fizer com ele, tornando-os peças altamente customizadas e específicas. (Não se esqueça de que há requisitos legais que têm que ser cumpridos quando se usa o logo de outros, suas marcas registradas e outros materiais desse tipo; portanto, obtenha a devida permissão.)
- Crie recursos de discagem direta em seu telefone e aparelho de *fax*, e faça que os contatos importantes no comprador incluam os seus dados no equipamento deles, para que assistentes e secretários possam fazer conexões rapidamente na ausência deles.

Por fim, pense em criar valor já desde o princípio, usando a tecnologia como recurso. Aqui vai um típico cenário:

Você está finalmente diante do comprador depois de algum esforço, tentativas prolongadas ou simples casualidade. Não importa. Esta é sua chance. Você está tão nervoso – ou tão decidido a provar o quanto é bom – que está à beira de destruir a reunião nos primeiros 5 minutos?

O que a maioria de nós não entende é que há três resultados possíveis dessa reunião, e dois deles são bons. Um é que o comprador compre – e ponto final: você vai enviar a fatura. Um segundo é que o comprador queira dar continuidade à relação, o que pode ir desde um "me envie uma proposta" até "você tem que falar com meu pessoal sobre isso". Mesmo esta última relegação a subordinados tem potencial de retornar ao comprador. Afinal de contas, ele o enviou a eles, de modo que você tem algum poder nessa posição. Somente o terceiro resultado, "não apareça mais por aqui" (leia-se: "Obrigado por seu tempo, nós entramos em contato"), é fatal. As chances estão a seu favor, a menos que você não faça as apostas certas.

Portanto, o que você faz para melhorar as chances de que uma das primeiras respostas aconteça (lembre-se, você deve estar com o comprador econômico, ou tudo isto é formalidade)? Meu conselho é oferecer valor imediato. De graça. Na hora. Você quer que o comprador pense: "Se já estou ganhando tanto em uma reunião exploratória, o que eu terei se realmente contratar essa pessoa?" A tecnologia pode lhe salvar.

❖ O valor dos recursos visuais

Um dos melhores dispositivos para fornecer muito valor é o uso de um recurso visual. Eu chamo isso de "recursos visuais de processo."[5] Os critérios para esse tipo de recurso durante uma reunião exploratória são captados por minha *teoria SIGN*:

- *Simples*: A outra pessoa se conecta imediatamente.
- *Interativo*: O comprador está interessado em ver onde se encaixa.
- *Genérico*: Aplica-se a qualquer negócio.
- *Natural*: Mescla-se bem com o seu estilo, e você "se apropria" dele.

O benefício desse tipo de recurso visual é que direciona o foco do comprador a um ponto comum que vocês dois estão compartilhando, sugere valor e o força a pensar sobre o que você disse conceitualmente, em vez de refletir sobre quanto custarão seus honorários, se há orçamento disponível, a que horas é o próximo compromisso, etc. Em outras palavras, você quer que a agenda do comprador esteja associada à sua. Esse alinhamento cria um foco maravilhoso.

Os recursos visuais são perfeitos para a tecnologia de hoje. Você pode criar uma planilha, uma transparência, um cartãozinho – uma grande variedade de recursos que pode ter na pasta. (Eles também podem ser desenhados ali mesmo, em um cavalete ou em um bloco de papel. Sei que isso parece pouco formal e arrisca parecer desleixado, mas a capacidade de produzir um recurso visual que se ajuste à condição do comprador em um determinado momento tem uma força enorme.) Se você conseguir dar um exemplo concreto de um problema abstrato – um processo conhecido como *exemplificação* – o comprador vai reagir imediatamente de forma positiva à sua capacidade de ilustrar sua condição. Dessa forma, é importante que os recursos visuais girem em torno de processo em vez de conteúdos. Isso significa que não lhe interessa criar uma imagem de alguém que está vendendo computadores, mas sim do processo de venda, independentemente de produto ou serviço. A Figura 13-1 oferece um exemplo de um desses recursos visuais.

Eu uso esse recurso para demonstrar aos compradores que têm preocupações com a produtividade de vendas que três condições básicas refletem sua relação com os clientes. Se a utilidade (o valor daquilo que eles fornecem) for considerada alta e a penetração na conta do cliente for alta, eles estão em uma condição de "lealdade" que provavelmente não será afetada por dificuldades econômicas nem ação de concorrentes. Se a utilidade for alta, mas a penetração for baixa, eles estão perdendo uma oportunidade valiosa, não apenas financeiramente, mas também em termos de longevidade. Se a penetração for alta, mas o valor for percebido como baixo, então o cliente está simplesmente comprando por hábito. E se nenhum for alto, a conta é apática.

A solução de 1%: um processo visual possibilita que você envolva o comprador potencial no diagnóstico, o que é um mecanismo de vendas muito poderoso.

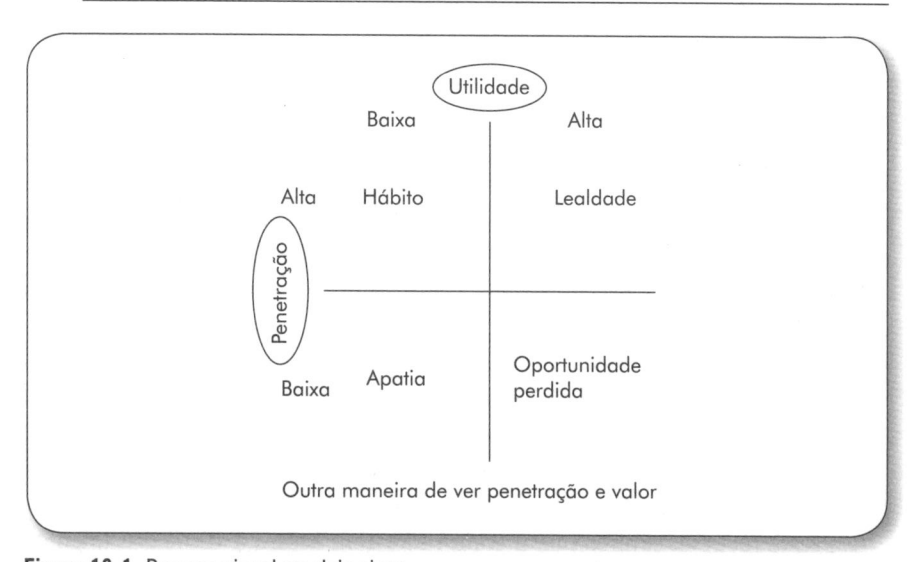

Figura 13-1 Recurso visual em dois eixos.

Observe que esse recurso pode ser alterado prontamente em um computador para se usar terminologia diferente, incluir a organização do cliente ou usar cores. E pode ser adaptado a todas as reuniões com clientes, se você assim escolher, inclusive dentro da mesma organização. Como você provavelmente supôs, nesta hora eu peço que o comprador identifique onde está a maior parte de suas contas, o que a equipe de vendas está sendo educada para fornecer, a forma como as pessoas são recompensadas e outras informações desse tipo. Esse gráfico simples, de dois eixos, fascina o comprador porque ele não havia olhado as coisas dessa maneira antes. O sinal de compra nesse exemplo é a pergunta: "Então, como fazemos para que nossos clientes passem para o quadrante superior direito?" Está feito.

Tenho uma centena desses dispositivos que posso criar de um momento para outro, que envolverão o comprador e que acelerarão meu valor percebido por ele. Não importa se for desenhado em um bloco ou mostrado em um cartão de quatro cores ao qual vocês dois estejam olhando. Cheguei a pedir a um comprador para que escrevesse porcentagens em cada quadro refletindo a quantidade de clientes em cada condição. Nesse momento, esse comprador está usando ativamente meu modelo.

É importante que os consultores tenham uma postura de diagnóstico no processo de venda e uma postura prescritiva no processo de implementação. É impressionante a frequência com que eles estragam tudo.

As pessoas que não entendem muito bem a consultoria costumam me perguntar: "Que modelo você usa?" A consultoria não é um modelo, mas um processo. Esse processo usa modelos segundo as necessidades e condições do cliente. Se você tiver apenas um modelo, estará preso a um só recurso e não poderá variar.

Scott Adams produziu um cartum de *Dilbert* mostrando "Ratbert, o consultor", desenhando matrizes que não conseguia explicar muito bem, mas que prometia transformar em círculos concêntricos e setas. Vê-se o comprador pensando: "É o truque do consultor." Assim como a maioria do humor de alta qualidade, está baseado na realidade, embora minha abordagem não seja enigmática nem tortuosa. Você tem mesmo que fazer que o comprador entre no seu "truque", ou seja, a atração de seu valor e o pragmatismo de sua abordagem devem compensar a inércia tradicional que vai contra a compra.

A Figura 13-2 é mais um exemplo de recurso visual para ganhar credibilidade e envolvimento. Este é ainda mais simples do que o anterior.

Neste recurso, explico que o comprador tem acesso a 100% dos talentos da organização. As pessoas têm apenas 100% de sua energia e capacidade de dar. ("Me dê 110%" é um aforismo bacana, mas não quer dizer absolutamente nada.)

Pergunto ao comprador quanto dessa energia e talento está sendo aplicado *externamente* em direção a produto, serviço e relação, e quanto está sendo

```
                Para onde estão indo estes recursos?

        100% dos talentos
        e energias da organização
                                        Direcionados
                                        externamente


                        Direcionados
                        internamente
```

Figura 13-2 Um recurso visual técnico.

desgastado *internamente* em política de escritório, insatisfação com o sistema de compensação, ressentimento com vantagens concedidas aos executivos e assim por diante.

Digo que as melhores empresas conseguem 90% de foco externo. Inevitavelmente, o comprador admite que sua organização está muito abaixo disso. Às vezes, chega a ter mais energia direcionada para dentro.

Deixe-me apresentar mais dois recursos visuais de processo e aguçar seu apetite para criá-los e usá-los você mesmo. A Figura 13-3 é a "gravidade de mercado" do Capítulo 2, e a Figura 13-4 é um exemplo dos filtros que devem ser superados para chegar a um comprador econômico. São exemplos de baixa tecnologia, talvez, no sentido de que são representações gráficas relativamente simples, mas são extremamente poderosos para transmitir sua mensagem.

A tecnologia não é capaz de fazer uma venda, mas seu uso com discernimento pode aumentar o valor que ela tem para o comprador. Uma área óbvia para esse potencial está nos recursos visuais iniciais para criar valor.

Mais uma vez, esse recurso visual pode ser adaptado ao cliente específico, empregar diferentes termos (ou seja, tempo dos funcionários, tempo de executivos e assim por diante) e usar várias alternativas visuais. Sugiro que essa relação esteja no centro da produtividade, diferentemente de *downsizing*, treinamento e programas de qualidade. Essa dinâmica pode ser administrada, mas tem que começar de cima. O comprador inevitavelmente pergunta: "Como seria no nosso caso?" Está feito, mais uma vez.

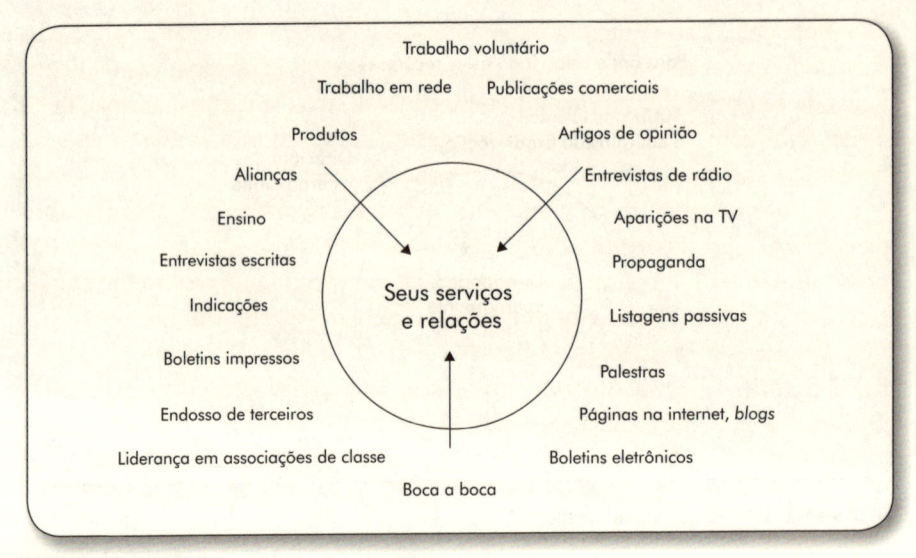

```
                    Trabalho voluntário
            Trabalho em rede    Publicações comerciais
                Produtos              Artigos de opinião
          Alianças                       Entrevistas de rádio
          Ensino                            Aparições na TV
     Entrevistas escritas                   Propaganda
          Indicações         Seus serviços  Listagens passivas
                              e relações
     Boletins impressos                     Palestras
       Endosso de terceiros                 Páginas na internet, blogs
  Liderança em associações de classe        Boletins eletrônicos
                        Boca a boca
```

Figura 13-3 Criando gravidade de mercado.

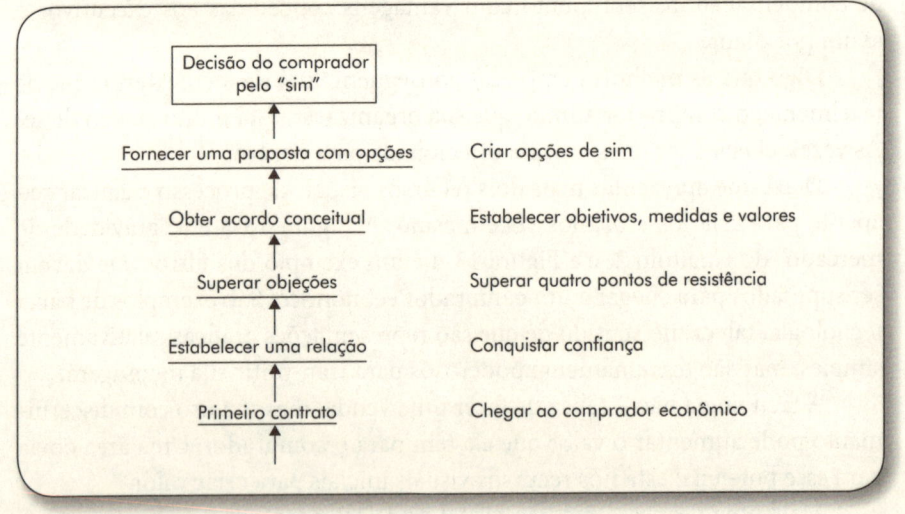

```
                    Decisão do comprador
                         pelo "sim"
                              ↑
         Fornecer uma proposta com opções      Criar opções de sim
                              ↑
              Obter acordo conceitual     Estabelecer objetivos, medidas e valores
                              ↑
                Superar objeções          Superar quatro pontos de resistência
                              ↑
             Estabelecer uma relação      Conquistar confiança
                              ↑
                Primeiro contrato         Chegar ao comprador econômico
                              ↑
```

Figura 13-4 Filtros que devem ser superados para chegar ao comprador econômico.

❖ Administrando a dinâmica de compra

Você é que tem que administrar a reunião inicial com o comprador. É claro que é importante praticar a escuta reflexiva e ouvir as preocupações que estão na mente dele. Entretanto, só isso não basta. Você tem que usar o que ouviu para demonstrar seu valor, e seu valor nunca está nas características ou benefícios de seu produto, serviço ou conhecimento, mas sim em sua capacidade de *conectar* com os desejos e necessidades do comprador; e muitas vezes será necessário acentuá-los muito além das palavras dele.

É por isso que um recurso visual que crie envolvimento, acordo sobre princípios, foco nos resultados e sugira valor é tão importante. Esse é um passo fundamental no *acordo conceitual*, e quem leu meu trabalho sabe que é o núcleo da aquisição de grandes trabalhos e relações duradouras.

Comece com uma dúzia desses recursos visuais de processo usando meus critérios SIGN. Construa outros, segundo sua experiência e necessidade. Ande com eles desde já, para não esquecer. Em pouco tempo, eles se tornarão uma segunda natureza. Pratique a forma como vai apresentá-los; eles devem vir naturalmente como resposta à questão levantada pelo comprador, e não acrescentando uma nota dissonante e discordante à conversa. Se você desenhar seu recurso visual, pergunte ao comprador se ele gostaria que você enviasse uma cópia posteriormente ou, de preferência, trouxesse na próxima reunião para incluí-la em sua proposta. Usando sua tecnologia, pergunte ao comprador qual forma seria preferida: em disco, como um cartaz, em um *slide*, com o logo da empresa etc.

Já vi muitos consultores sentarem-se na preciosa primeira reunião com o comprador e agirem como se nunca tivessem feito isso. Embora seja verdade que eles nunca estiveram com esse comprador específico, certamente já estiveram nessa posição. De que vale a experiência se não aprendermos com ela? Podemos administrar a dinâmica de compra, mas só se optarmos por fazer isso. A posição que se tende a assumir retira esse poder e o coloca nas mãos de alguém cuja inclinação é não comprar.]

Use a tecnologia para se preparar, implementar e dar seguimento ao valor que pode criar com recursos visuais. Use a tecnologia e esses recursos para acelerar seu ritmo com um cliente potencial ou atual, e nada mais. Faz sentido, não?

Ou vou ter que desenhar?

❖ Perguntas e respostas

P. *Todos os meus amigos têm contas em LinkedIn, Plaxo e assim por diante. Se eu não estiver lá, não estarei perdendo alguma coisa?*

R. Talvez socialmente, mas estamos falando de negócios. É impressionante como as pessoas que adoram estabelecer redes socialmente confundem realização pessoal (participar de grupos) com utilidade nos negócios (encontrar compradores).

P. *Recebo e-mails demais. Não vou estar simplesmente incentivando mais spams que me façam perder tempo?*
R. Pode ser, se você não for cuidadoso. Use filtros de *spam*, remova rigorosamente seu nome de listas e delete rapidamente o que for irrelevante. Nunca dê seu endereço eletrônico em redes ou salas de bate-papo, a menos que as conheça minuciosamente.

P. *Os webinar vão substituir o treinamento e as palestras em sala de aula?*
R. Não, agora não, nem nunca. O instrutor talentoso e interativo não vai perder essa posição para uma imagem distante. As pessoas sempre vão querer "apertar a sua mão", principalmente se isso significar uma viagem a Rancho Santa Fe ou às Bahamas.

P. *Muitas pessoas estão conseguindo trabalhar apenas com um telefone celular e sem qualquer linha fixa. É uma boa ideia?*
R. Cada um sabe de si, mas eu acho que um telefonema longo se faz melhor de um telefone fixo, com os pés sobre a escrivaninha, então veja se consegue fazer isso em qualquer dos casos. Também é difícil fazer conferências, usar viva voz e várias linhas em todos os celulares que eu já vi. Se você tem um escritório em casa, por que não teria uma linha fixa nele?

P. *Vale a pena ter materiais físicos?*
R. Muitos compradores ainda preferem sentar-se em uma cadeira confortável, virar páginas e ler da maneira antiga. (E isso não tem a ver com a idade.) Além disso, eles gostam de fazer circular esses materiais. Você realmente quer que eles tenham que esperar até estarem perto de um computador para ler ou ver seu material?

Reflexão final: a tecnologia deve tornar sua vida e seu trabalho mais fáceis, e não mais difíceis. Se você estiver consumido por problemas tecnológicos, *bugs*, consertos e pesquisas, cogite mudar todo o seu sistema para alguma outra coisa que seja mais fácil de usar e lhe ajude mais. Critérios importantes: Sua tecnologia está ficando mais barata, menor e mais fácil de usar? Se não, obtenha alguma ajuda humana e não tecnológica.

Parte III

A autorrealização do consultor de ouro

Capítulo 14

Os sócios de ouro

Tome emprestado mil dólares e eles serão donos de você, mas tome um milhão e...

❖ Estabelecendo linhas de crédito

Quando você tiver criado o que pode chamar de "negócio sólido", é hora de começar a agir de acordo com isso. Trate seus bancos como trataria seus clientes – como parceiros em uma relação de negócios. A fonte de crédito mais fácil e mais prática para ser usada em sua empresa em crescimento é a que usa sua casa como garantia. Entretanto, as linhas de crédito que você conseguir devem ser linhas empresariais, em nome de sua empresa.[1] Eu sou muito favorável a esse tipo de crédito porque:

1. A maior parte dos bancos permite pagamentos apenas de juros, o que significa que você pode pagar o principal como quiser. Esse é um benefício considerável em termos de fluxo de caixa nos tempos mais difíceis.
2. Seu dinheiro fica acessível imediatamente, seja na forma de cheques a serem descontados da linha de crédito seja por meio de um telefonema para transferir fundos na conta empresarial. Isso lhe dá a flexibilidade de atender a necessidades imprevistas de curto prazo (por exemplo, pagar um subcontratado para lhe ajudar com um trabalho inesperado, mesmo que o cliente só vá lhe pagar em 30 dias).
3. À medida que você toma emprestado e paga esse empréstimo, sua situação de crédito vai melhorando. Os bancos desprezam pessoas que não pagam suas contas, mas não morrem de amores pelas que nunca tomam empréstimos. Suas pessoas preferidas são os *clientes* – pessoas que fazem empréstimos e pagam fielmente com juros. Essa relação existe apenas há cerca de 2 mil anos.

Digressão

Todos já vimos tempos de caos econômico. Em alguns casos, o crédito é difícil de obter. Portanto, é fundamental ter uma reserva de dinheiro. Você deve pensar em economizar, colocando 10% de suas receitas em uma conta separada.

Suas prioridades devem ser:
1. Criar uma reserva de seis meses para despesas pessoais.
2. Pagar integralmente os planos de aposentadoria pelo ano todo.
3. Criar reservas para pagar faculdade, futuras compras de grande impacto (carro novo), férias e assim por diante.
4. Uma "caixinha" para despesas imprevistas ou compras de impulso.

Observe que pagar dívidas é tão importante quanto economizar, e você deve tentar reduzir a zero sua dívida em cartões de crédito a cada mês.

4. Proporciona-lhe paz de espírito, e isso é muito valioso. Se você estiver preocupado com como pagar as contas a cada dia, estará deixando de desenvolver os negócios. Todas as empresas profissionais têm crédito com bancos. Um sinal absoluto de seu crescimento e profissionalismo é o acesso a um ou mais gerentes de banco a quem possam telefonar a qualquer momento.
5. Você não está abrindo mão de qualquer aspecto da propriedade ou controle de sua empresa ao fazer empréstimos e pagá-los dessa maneira. Pressupondo que você use o crédito somente como deve e de forma responsável, e que suas práticas pessoais gerais de gestão do dinheiro sejam sólidas (ou seja, você não compra um Mercedes depois de cada venda que faz), continuará no controle completo de seu destino.

Um importante precursor do sistema apresentado a seguir é construir referências de crédito adquirindo os cartões de viagem padronizados que as empresas aéreas e locadoras de automóveis oferecem, bem como cartões de telefone e cartões de crédito comerciais, *cobrados de sua empresa*. Até mesmo o crédito em postos de gasolina ou lojas é útil. Também estabeleça contas de crédito locais com papelarias, gráficas, lojas de material de escritório e outros comerciantes com quem lida regularmente. Tudo isso ajudará no banco. Use o crédito – mesmo que não precise – e pague prontamente para estabelecer um histórico de pagamentos.

Vou sugerir um processo para estabelecer ou aumentar seus recursos de crédito usando o capital de sua casa ou empresa. Isso deve funcionar para o profissional que não tenha linhas de crédito com algum banco, e também aumentará as oportunidades de crédito (talvez ainda mais profundamente) para quem já tem mecanismos modestos.

(Tudo o que segue pressupõe que os conselhos nas duas primeiras partes deste livro tenham sido levados a sério, ou seja, que você está passando de profissional solitário para uma grande equipe. Se você não tiver a confiança em si mesmo e em sua empresa para usar sua casa para financiá-la, está no negócio errado.)

Passo 1: coloque em dia as finanças de sua empresa

Você deve se organizar para ter um balancete mensal e um livro contábil. Há programas de computador excelentes que produzem documentos profissionais se você optar por fazer isso. Eu decidi usar uma contadora paga por mês, porque:

- Ela tem iniciativa de sugerir melhorias nos meus relatórios.
- Ela é mais uma fonte para identificar erros e corrigir problemas.
- Posso usá-la como referência independente se precisar.
- Seus serviços compensam, porque são necessários menos de 30 minutos de meu tempo por mês. (Meu gasto mensal é de cerca de US$ 250.)
- Ela contribui com minha consultoria financeira em termos de declarações de impostos e outros propósitos de auditoria durante o ano (e seria ridiculamente caro pedir que uma empresa realizasse essas tarefas comuns).

Pesquise contadores, pedindo referências a colegas e clientes. Minha contadora busca e entrega meus documentos todos os meses. Segundo a minha experiência, pode-se conseguir profissionais excelentes por até US$ 30 por hora (embora outros possam cobrar 50 ou mais), e seus assuntos podem ser tratados em 5 a 15 horas por mês, dependendo do número de funcionários e da complexidade de suas transações.

Contrate um serviço de folha de pagamento, como Paychex ou ADT, que vai lhe fornecer contracheques e descontos de impostos e documentação. Mesmo que a única pessoa na folha seja você, a facilidade e a precisão do sistema fazem dele uma necessidade. Você receberá cheques em sua conta bancária, será notificado com relação a cobranças de impostos e quantias retidas e terá uma excelente conexão com seu contador. Esses serviços estão disponíveis em todo o país e podem sair até por US$ 35 por mês, o que é mais do que compensador pelo tempo que você economiza. Os serviços ligam para você semanal ou mensalmente para saber quantias de pagamentos e, geralmente, fazem entregas de cheques no dia seguinte, usando as contas que você tem. Os pagamentos de impostos são descontados eletronicamente segundo os requisitos da receita dos Estados Unidos, e contracheques podem ser depositados automaticamente em sua conta pessoal.

Por fim, encontre um excelente consultor financeiro. Com isso quero dizer alguém que não vai lhe vender mais do que sua *expertise*. Em termos ideais, o consultor deve ter uma gama de clientes profissionais diversificados para que suas circunstâncias não sejam encaixadas em uma abordagem de modelo financeiro[2]. Não deve ser autônomo, mas parte de uma empresa, e, de preferência, ser um dos dirigentes. Esse tipo de consultor está em posição empática à sua! Deve lidar com os impostos e os assuntos de sua empresa e com os seus assuntos pessoais, porque eles são muito interligados quando você tem uma empresa de prestação de serviços pessoais. O melhor é, além de um entendimento empático de sua empresa e sua estratégia, que seu consultor tenha os seguintes atributos:

- Fortes vínculos com bancos locais para ajudá-lo a obter linhas de crédito.
- Fortes vínculos com empresas locais para ajudá-lo a conseguir informações de contato e publicidade.

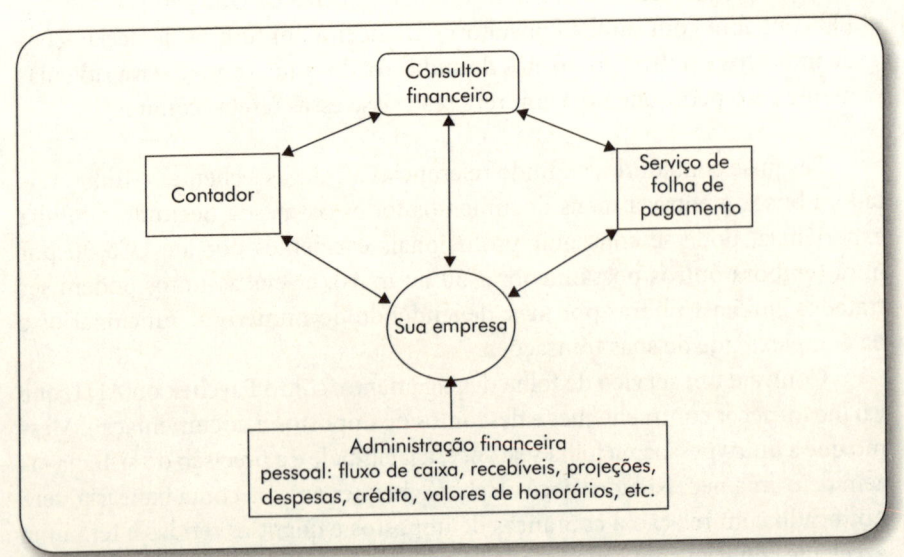

Figura 14-1 Sistema de gestão financeira – o profissionalismo financeiro de um negócio sólido.

- Uma equipe suficiente para que suas perguntas sejam respondidas imediatamente.
- Relatórios fiscais e guias de planejamento informatizados.
- Um conhecimento contemporâneo profundo de regulamentações fiscais de pequenas empresas.
- Um histórico inventivo e inovador, protegendo a renda dos impostos.
- Benefícios periféricos como, por exemplo, um escritório vazio para usar se você tiver que se reunir com um cliente.

> A solução de 1%: ao escolher um consultor financeiro, as credenciais profissionais são um requisito secundário. O mais importante é a química. O consultor aprecia seu negócio e pretende ter empatia com seus planos de crescimento e desafios?

Se você for agressivo em termos de impostos, encontre um consultor que tenha a mesma disposição; se for conservador, encontre uma cara-metade. Você deve pagar algo entre US$ 3 mil a US$ 10 mil por ano por ajuda de primeira linha, dependendo do tamanho de sua empresa e de suas demandas pessoais.

A combinação de um consultor financeiro profissional, um contador e um serviço de folha de pagamento criará um quadro financeiro de sua empresa que seja abrangente e cause boa impressão. A Figura 14-1 mostra como eles se relacionam entre si e com seu negócio.

> Observação: é importante que você escolha alguém que esteja dando assessoria, e não vendendo produtos. Todos os corretores de seguros que eu conheci insistem que o seguro de vida é uma parte fundamental de planejamento de propriedades, investimentos anuais, poupança, diversificação, o que for. E para a maior parte de nós, não é.

Passo 2: produza os dados financeiros você mesmo

Quando o sistema estiver instalado, você deve ter dados de alta qualidade para trabalhar. Consequentemente, mantenha registros detalhados de recebíveis, contratos, potenciais clientes e outros itens importantes que tenham relevância para sua saúde fiscal. (O sistema do funil no Capítulo 12 pode ser uma boa contribuição.) Eles devem ser colocados em computador e atualizados semanalmente, segundo a necessidade. Há excelentes programas disponíveis para essa finalidade (como Quicken, ou as simples planilhas de Excel que eu crio). O objetivo é demonstrar que você tem finanças empresariais bem administradas e sob controle. Os bancos não gostam de resolver problemas. Eles gostam de trabalhar com pessoas que já estejam em excelente condição.

Use esses documentos para construir uma previsão contínua de um ano. A previsão inclui trabalhos contratados, pagamentos adiantados, pagamentos agendados, propostas apresentadas, alvos de oportunidade e probabilidades de sucesso com cada uma deles. Essas não são questões a delegar a seu contador, ou consultor, pois são avaliações qualitativas que dependem de seu conhecimento sobre sua base de clientes e seu discernimento sobre os potenciais clientes.

Se o gerente do banco puder ver a documentação financeira preparada por seu consultor para o ano anterior (ou mais, se estiver disponível), ele vai ter muito mais inclinação a acreditar em suas projeções para o ano seguinte. Sem essa sustentação profissional e sem um crescimento razoável baseado nela, é difícil convencer alguém de que as previsões sejam qualquer coisa mais do que aspirações.

Por fim, construa uma declaração financeira pessoal que mostre seus bens, dívidas e valor líquido atuais, incluindo o valor de seu negócio e seus potenciais clientes. Se bem feito, esse pode ser o documento mais poderoso para convencer o banco a lhe dar crédito. Os bancos adoram duas cosias, uma junto com a outra: capacidade de pagamento, ou seja, fluxo de caixa e dívidas razoáveis, e valor líquido adequado, ou seja, sustentação para o caso do fluxo de caixa sofrer interrupções temporárias.

A solução de 1%: crie o "quadro" mais positivo possível em termos de valor líquido. Por isso, reduzir dívidas é muito importante.

Passo 3: corteje o gerente do banco como parceiro

Trabalhando com seu assessor, referências de colegas e conhecimento de sua comunidade empresarial, você deve buscar os bancos que:

- Oferecem linhas de crédito com base no valor de sua casa ou empresa.
- Prestam serviços personalizados a clientes fundamentais.
- Têm relações semelhantes com profissionais.
- São sólidos, estáveis e convenientes.[3]
- Oferecem uma relação personalizada, do tipo "cliente especial".

- Cancelam a maioria das cobranças para os melhores clientes.
- Dão acesso aos funcionários relevantes prontamente, em pessoa e/ou por telefone.

Em uma comunidade mais ampla, isso é bastante fácil. Por exemplo, em Providence, com população de 400 mil pessoas, encontrei três excelentes candidatos. Em comunidades menores, você pode ter que procurar mais longe e sacrificar o aspecto da conveniência.

Fale com a pessoa certa. Geralmente, é um gerente-geral (todas as outras pessoas em um banco são gerentes, um título que parece ser distribuído em lugar de aumentos) em um setor como "serviços pessoais", "empréstimos profissionais" e etc. Uma apresentação por parte de seu assessor atrapalharia o processo. Se você não tem esse luxo, encontre o nome específico, escreva uma carta explicando que gostaria de se reunir para discutir seu negócio e uma possível relação bancária e complete com um telefonema para marcar a reunião.

Sua atitude deve ser a de um comprador cuidadoso. O banco terá sorte de contar com você, então você deve ter certeza de escolher o mais adequado. Forneça a documentação de seu assessor e suas próprias projeções e declarações financeiras. Deixe claro que pretende transferir *pelo menos* suas contas empresariais ao banco que escolher e, provavelmente, uma grande quantidade de seus negócios.[4] Exponha detalhadamente sua estratégia de negócios, de preferência por escrito. Mostre ao gerente os artigos que escreveu, os clientes com quem trabalha e exemplos de seus trabalhos. Forneça referências específicas de clientes e um *kit* de imprensa, como faria com um potencial cliente. E leve as devoluções de impostos dos últimos anos, suas e de sua empresa. Ilustre o crescimento que já teve e o que projeta para os próximos anos, sustentado em cifras e projeções. A seguir, ajeite-se na cadeira e pergunte o que o banco pode fazer por você. Não fique ansioso.

Explique que está explorando várias alternativas. Pergunte sobre serviços importantes, como limite de cheque especial, compensação de cheques estrangeiros se e quando você fizer negócios no exterior, envio de dinheiro, autenticação de documentos, etc. *Você não está pedindo um empréstimo, mas buscando uma relação que dê sustentação a seu crescimento.* Deixe que o gerente lhe convença.

Você deve se esforçar para estabelecer essa relação tanto quanto faria com um cliente. Depois de fazer isso, inclua seu gerente na lista de correspondência que usa para promoção. Almoce com ele a cada dois meses. Forneça declarações anuais de devolução de impostos e financeiras, bem como atualizações de suas projeções contínuas, sem que lhe seja pedido.

Dependendo do tamanho de seu negócio e da natureza de suas garantias, tente começar com um mínimo de US$ 50 mil específicos para sua linha de crédito.

Vise sempre ao limite mais elevado. Lembre-se, você não tem que usá-lo, mas é difícil aumentá-lo em circunstâncias de desespero. Todos os anos, ao apresentar a atualização de finanças a seu gerente, explore as possibilidades de elevar o limite.

Quando você está tentando tomar emprestado mil dólares de uma vez, os bancos vão lhe considerar um evento burocrático menor e fazer muitas exigências, mas se você tiver capacidade para fazer um empréstimo de centenas de milhares de dólares do dinheiro deles, representando um risco razoável, assim como um bom negócio, você e o gerente estão no mesmo barco. Ironicamente, quanto mais você tomar emprestado, mais controle terá.

A primeira coisa que eu fiz quando recebi uma linha de crédito de US$ 100 mil foi retirar US$ 25 mil por um mês e pagar com juros. Eu queria que minha empresa e meu banco se acostumassem com o processo.

Estudo de caso

Eu caí em um hábito ao lidar com meu banco principal por 10 anos e pressupor que estava recebendo serviço de primeira. Eu tendia a considerar inevitáveis as inconveniências que vivenciei. Por fim, quando tive um problema de grandes proporções durante uma transação, pedi que meu consultor financeiro me ajudasse a procurar outro banco. Ele encontrou um banco grande que estava ávido por ter minha empresa como cliente, e não apenas me deu um negócio melhor, mas também refinanciou minha hipoteca a uma taxa melhor, forneceu um cartão de crédito melhor e melhores juros sobre minhas aplicações, tanto pessoal quanto profissionalmente. Moral da história: não se torne complacente. Continue procurando negócios melhores. A lealdade é boa, mas o lucro é melhor.

❖ A hidrodinâmica do fluxo de caixa

As regras do fluxo de caixa que entra na empresa são as seguintes:

Regra 1: o dinheiro deve fluir *para dentro* mais do que flui *para fora*, e isso deve representar fundos suficientes para cobrir todas as suas necessidades profissionais e pessoais, como explicado anteriormente, e até as da "caixinha".

Regra 2: se você cumprir minuciosamente a Regra 1, não há outras regras relevantes.

Alguma pergunta? Sim, deve haver, porque as pequenas empresas falham em ritmo alarmante, e as empresas de consultoria não são diferentes.

A forma mais direta de administrar a porção que entra de sua equação é monitorar os recebíveis meticulosamente. Um *recebível* é, falando em termos bem simples, um pagamento devido pelo qual o cliente já recebeu a fatura, mas ainda não pagou. Em 23 anos e milhões de dólares em negócios, lidando com as maiores empresas do planeta em relações de consultoria de longo prazo e com empresas minúsculas que compram meus livros e *downloads*, nunca tive uma fatura não paga de qualquer tipo ou quantidade. Nenhuma. Nem uma única. *Nadinha.*[5]

❖ Cobrando recebíveis

Esta é a faixa de tempo possível para a cobrança de recebíveis em ordem de prioridade:

- Antes de iniciar o trabalho
- Pagamento integral no início do trabalho
- Parte no momento de iniciar e o saldo em seguida
- Durante o trabalho
- Durante o trabalho e na conclusão
- Apenas na conclusão
- Em algum momento depois da conclusão
- Condicionada a certos resultados
- Nunca

Antes de iniciar o trabalho

Em capítulos anteriores, já mencionei os benefícios de oferecer um desconto para pagamentos integrais adiantados. Se você estiver assinando um contrato que requeira cerca de nove meses para implementação, por US$ 100 mil, por exemplo, um desconto de 10% lhe dá US$ 90 mil 30 dias antes do início. Os juros compostos que se ganham sobre esse dinheiro em um ano, mesmo a 2%, seriam de cerca de US$ 1.800, sem falar na flexibilidade muito maior de sua gestão de caixa e menos trabalho administrativo de cobrança e acompanhamento.[6] Por fim, se o dinheiro está em sua conta bancária, não há perda de clientes, saída de compradores ou dificuldades da economia que possam ameaçar seus pagamentos. *Simplesmente, é sempre sábio agir assim.*

> *Observação:* Muitas organizações têm políticas internas que exigem que seja aceita qualquer oferta de descontos. Você deve dar essa opção para desencadear o sistema.

> A solução de 1%: você não será pago adiantado se não pedir. Sugira a seu comprador que o trabalho não poderá ser cancelado se as verbas já estiverem comprometidas e pagas. E lembre-se, se estiver cobrando por hora ou outra unidade de tempo, deve deixar de lado este livro e se afastar disso. Você é amador e pode se machucar aqui.

Pagamento integral no início do trabalho

Este é um sistema muito interessante, que pode valer um desconto de 5% sobre seus honorários. Você está perdendo um mês de juros em relação à fórmula anterior e, se o cheque não estiver pronto, provavelmente terá que começar a implementação de qualquer forma, porque seu tempo e seus recursos estão comprometidos. (Quando você é pago antes de começar, tem pelo menos 30 dias para comunicar ao cliente que os honorários não foram recebidos como especificado no acordo, e o desconto será suspenso.) Há clientes que pagam assim, sem um desconto, porque é mais fácil para sua administração financeira e por ter excesso de orçamento no final do ano ou projetos cancelados que viraram uma sobra orçamentária. Você não saberá a menos que pergunte. Muitas vezes, pediram que eu aceitasse pagamentos integrais ou parciais como favor ao cliente. Em sempre dei um jeito de aceitar.

> No final do ano fiscal, muitas organizações têm sistemas que forçam as unidades a gastar verbas não alocadas ou enfrentar uma redução no orçamento do ano seguinte. Nesses casos, você pode receber com muita antecipação sem qualquer desconto, porque está fazendo um favor ao comprador. Conheça sempre o ano fiscal e o orçamento que resta a seu cliente.

Parte no momento de iniciar e o saldo em seguida

Essa é, de longe, a opção de pagamento mais comum. Você deve pedir pelo menos 50% no início, pois suas despesas terão que ser bancadas por seu fluxo de caixa (você só cobrará despesas no fim do mês, e o cliente provavelmente demorará mais 30 dias para pagá-las). Eu prefiro cobrar o restante em um pagamento único, em 45 dias, ou em duas porções de 25% cada, em 30 e 60 dias ou em 45 e 90 dias.

Sempre que possível, é melhor evitar pagamento no final do serviço, porque muitos eventos fora de seu controle podem interferir na finalização. (Certa vez, tive um incêndio em uma operação inteira.) Use datas de *calendário*, e não datas de *atividades*, para determinar o calendário de pagamentos. Explique ao cliente que você tem que administrar fluxo de caixa da mesma forma que ele, que podem ocorrer eventos imprevistos e que você tem certeza de que o cliente não quer estabelecer um incentivo para terminar rápido em vez de fazer o trabalho minuciosamente.

Durante o trabalho

Agora entramos na parte da faixa que representa risco para a gestão de fluxo de caixa. Se você cobrar seus honorários apenas durante o trabalho, tente receber uma parte grande o mais rapidamente possível. Além disso, não estabeleça datas *relativas*, como "em 30 dias". Sempre defina datas *absolutas*: "A ser pago em 9 de julho ou antes." Caso contrário, alguém do departamento de contas a pagar inevitavelmente vai afirmar que a conta vencia 30 dias a partir de algum momento dois meses depois do que o que você considerava. Se você for forçado a receber durante o trabalho, tente evitar que qualquer porção seja paga no final, pelas razões mencionadas. Mantenha o número de pagamentos no mínimo (seis pagamentos de US$ 20 mil cada é muito melhor do que dez pagamentos de US$ 10 mil cada) e sempre mande suas faturas com 30 dias de antecedência em relação à data de vencimento.

Durante o trabalho e na conclusão

Esse é um duplo problema – o pagamento final está sujeito aos problemas de estabelecer a finalização. O risco com pagamentos durante o trabalho, ou durante e na finalização, é que há muitas variáveis que podem mudar dentro da empresa do cliente e ameaçar seus pagamentos devidos. Tente estabelecer datas de calendário, se só tiver essa opção.

Apenas na conclusão

Nunca, jamais, aceite esse tipo de contrato para um trabalho de consultoria. Mesmo se você confiar no cliente implicitamente, é antiprofissional e antiético para a relação de colaboração nos negócios que acabamos de expor. Esses pagamentos acabam por se transformar em contratos de contingências (veja a seguir), que não têm lugar na gestão de fluxo de caixa inteligente.

A única exceção a isso é quando você está fazendo uma palestra, uma oficina, um seminário ou algum serviço de curta duração. Nesses casos, pode muito bem cobrar depois do evento, incluindo suas despesas em uma fatura com seus honorários. Entretanto, isso não é trabalho de consultoria; tente receber antecipadamente mesmo por esses trabalhos breves.[7] (Quanto mais breve o trabalho, mais fácil será para o cliente cancelá-lo devido a outras prioridades, o que significa que você sacrificou dias de seu tempo em preparação e alocação para implementação.) Como regra, se o trabalho é de mais de US$ 5 mil, vale a pena construir um calendário de pagamento favorável.

Digressão

Existe a famosa (e burra) pergunta: "E se você morrer?" (Chamo isso de "pergunta do caminhão de cerveja": E se você for atropelado por um caminhão de cerveja?) Geralmente eu respondo: "E se você morrer?" O fato é que seu espólio vai cuidar de todas as reclamações de pagamentos por trabalhos não prestados. Você tem seguro. Por que não tratamos do futuro e não do improvável? (A pessoa que faz a pergunta geralmente é de nível inferior ou alguém com quem você não estabeleceu uma relação muito boa.)

Em algum momento depois da conclusão

Isso sugere que o cliente quer ver "como as coisas estão funcionando" ou tem graves problemas de fluxo de caixa. Não aceite isso para *tipo algum* de trabalho. Na melhor das hipóteses, é um acordo de contingência.

Condicionada a certos resultados

Os preços de contingência têm se tornado mais comuns ultimamente. Os proponentes afirmam que esses honorários são simplesmente pagamento por desempenho. Eu acho que é resultado do desespero. Essencialmente, um honorário de contingência significa que você receberá, se alguns parâmetros acertados mutuamente forem atingidos. Isso pode ser algo tão objetivo e mensurável como um sistema de avaliação escrita ou subjetivo e nebuloso como uma redução em rotatividade controlável. Embora haja quem afirme que os honorários de contingência sejam mais elevados do que os normais porque possibilitam que o consultor tenha uma participação nos resultados, eu acho que eles são inevitavelmente mais baixos e mais difíceis de cobrar, além de causarem graves prejuízos ao fluxo de caixa. A aceitação de honorários condicionados significa que o consultor nunca fez a venda conceitual e nunca demonstrou como a condição do cliente melhorou. Contudo, o ciente está disposto a aceitar um risco que pode não custar nada, e o consultor quer muito o trabalho. Sendo assim, não há um trabalho conjunto, mas um confronto potencial. Não apenas você deve mostrar que os resultados foram atingidos, mas também deve convencer o cliente que você foi o responsável ("Convenhamos, teria acontecido de qualquer forma!"). Sempre que eu vejo advogados anunciando que assumem causas pessoais sem qualquer custo "a menos que vençam" (porque os honorários baseados em valor são estranhos a esses profissionais que cobram por hora), vejo soldados mercenários. Não é esse o meu negócio.

Estudo de caso

A pior parte dos honorários de contingência é que eles invariavelmente apresentam conflitos de interesse e dilemas éticos. Um colega se deparou com o seguinte problema: a demissão de um vice-presidente de vendas se torna uma clara necessidade de longo prazo, mas mantê-lo por mais seis meses cobriria o período em que o condicionante de meu amigo estava baseado, então, o que fazer? O longo prazo do cliente inevitavelmente vai sofrer pelo curto prazo do consultor na cobrança condicionada. É por isso que os advogados que trabalham assim costumam trabalhar em casos sem esperança e/ou desaconselham seus clientes a aceitar um acordo no início do processo. Fique longe da cobrança condicionada, principalmente no início de sua carreira.

Nunca

Se você não está recebendo e seus sistemas de cobrança pedem um pagamento adiantado ou durante o trabalho, você certamente tem a margem para interromper o projeto e resolver a situação. É melhor para você perder o trabalho do que perder o trabalho junto com seu tempo e suas contribuições. Porém, quando seu pagamento está agendado apenas para a parte final ou para depois do trabalho, você pode descobrir que está arriscando perder tudo. (Se seu pagamento está 90 dias atrasado, trabalhe com a ideia de que não vai receber. Essa é uma avaliação difícil – você está sendo tratado de forma antiprofissional.)

Como você nada mais tem a perder, jogue pesado:

- Dê a seu comprador uma última chance, deixando claro que vai falar com o diretor-executivo no dia seguinte.

- Fale com o diretor-presidente de toda a organização diretamente ao telefone ou por *e-mail*. Solicite uma resposta imediata e diga que você pretende recorrer à justiça e divulgar o problema.
- Se o contrato for grande o suficiente para justificar isso, peça que seu advogado pelo menos mande um sinal ao departamento jurídico do cliente e, mais uma vez, ao diretor-executivo.
- Se o contrato justificar, processe. Em minha opinião, se puder processar por uma quantidade maior do que a conta não paga, faça isso. Se o cliente desejar acertar simplesmente pela quantidade devida, aceite, mas insista que ele pague as despesas de processo.

Nunca estive em litígio com clientes. Isso se deve principalmente à qualidade de meus clientes e à qualidade de meu trabalho. Entretanto, em alguns casos, pelo menos parte disso se deve a meus procedimentos de cobrança e calendários de pagamento claros e escritos.

Se você construir opções inteligentes de cobrança e trabalhar com o cliente em parceria, pode evitar as principais armadilhas que colocam em risco o fluxo de caixa. A forma como você estabelecer a relação determinará quanto dinheiro sobrará e quando. Muitos consultores são seus próprios piores inimigos. A única coisa pior do que não ter trabalho é ter trabalho que não paga as contas.

Algumas palavras sobre honorários fixos por um tempo determinado (*retainers*). Diferentemente de advogados, que usam esse tipo de sistema como depósitos contra futuras cobranças por hora, para os consultores, isso representa acesso a suas habilidades. Não deve representar trabalho, simplesmente acesso. Como já discutimos, há três variáveis principais:

1. Quem tem acesso (o comprador, a equipe do comprador ou outros)?
2. Qual é a duração (um mês, um trimestre ou um ano)?
3. Qual é a abrangência (somente telefone, disponibilidade durante os horários comerciais em todos os fusos horários, *e-mail* ilimitado, reuniões pessoais)?

Quando souber as respostas, desenvolva um contrato desse tipo a ser pago no primeiro dia de cada trimestre. Em outras palavras, com um contrato de US$ 10 mil mensais, US$ 30 mil devem ser pagos no primeiro dia de cada trimestre.

Você poderá descontar isso para trabalhos mais longos, por exemplo, seis meses para US$ 50 mil. Lembre-se, isso representa acesso a suas habilidades. Não comece a se sentir culpado se não for chamado! Ninguém se sente culpado por não ter que usar sua apólice de seguros.

Lembre-se, você não desenvolve o negócio reduzindo despesas, mas sim maximizando renda. O ritmo ou a velocidade com que recebe renda é tão importante quanto o volume que gera. Nunca tolere um cliente que lhe deva dinheiro além dos termos acordados, e sempre defina esses termos da forma mais favorável a você possível. Você é consultor e não um banco.

Nunca dê ouvidos a desculpas de clientes relacionadas a "tempos difíceis". Seu banco não vai dar ouvidos às suas.

❖ Os 12 caminhos para o dinheiro

Embora você não desenvolva o negócio tendo uma postura mesquinha com relação a despesas, você pode aumentar a capacidade de investir em estratégias de crescimento evitando drenagens desnecessárias de seu capital. O melhor momento para examinar controles de despesas é nos *bons* tempos, a partir de uma posição de força, e não nos maus, em uma posição de desespero.

O mantra é: vender a mesa da sala de reuniões nunca é uma boa decisão.

Montei 12 técnicas para ajudá-lo a transformar a gestão de despesas em uma espécie de fundos para crescimento para suas estratégias empresariais. Algumas podem parecer manjadas e outras, inatingíveis, mas à medida que você cresce, todas se aplicarão em algum momento ou outro.

1. Maximize o número de contas que paga com cartões de crédito ou contas empresariais

Isso lhe possibilitará recusar pagamentos se os bens ou serviços não forem entregues como prometido ou se os itens cobrados não puderem ser usados. As leis de cartão de crédito nos Estados Unidos são excelentes: você tem direito legal de não pagar o American Express ou Visa se a empresa que aceitou seu cartão não fornecer seu produto ou serviço de maneira satisfatória.

Até onde isso pode ser drástico? Bom, qualquer pessoa que tenha comprado passagens de uma companhia aérea moribunda e não conseguiu usá-las quando a empresa faliu não precisou pagar *se elas foram cobradas em um cartão de crédito*. Contudo, quem pagou em dinheiro, pagou à agência de viagens ou usou alguma outra forma de pagamento ficou na mão. Muitas vezes, eu devolvo passagens aéreas que já foram cobradas em minhas contas de cartão de crédito porque meus planos mudam subitamente e é mais fácil comprar outras passagens. Quando a cobrança por passagens não usadas aparece em minha fatura, eu simplesmente as ignoro (e informo a empresa do cartão da devolução). Mas, se eu tivesse pago pelas passagens, teria que solicitar uma devolução e esperar pelo dinheiro, o que pode levar mais de 90 dias.

Não deixe ninguém lhe convencer da "sabedoria" de pagar com dinheiro, a menos que pretenda vender serviços de consultoria em um carrinho na rua. Estabeleça contas com gráficas, lojas de material de escritório, agências de viagem e qualquer outra pessoa com quem faça negócios regularmente, e tenha pelo menos três cartões de crédito importantes. No final do ano, a maioria fornece um resumo completo das despesas do ano, o que pode ser muito útil na hora dos impostos.

A solução de 1%: qualquer cobrança de cartão de crédito emitida, mas que você não pagar no ano corrente, ainda pode ser deduzida como despesa nesse mesmo ano. Certifique-se de poder vê-las em seu acesso pela internet à sua conta, mesmo que não tenha a fatura de papel na mão.

---

2. Pague todos os comerciantes locais prontamente

Já falei disso: se você se encontrar apertado de dinheiro, não deixe de pagar os fornecedores locais. Essas são as pessoas que menos podem suportar problemas de fluxo de caixa e de cuja ajuda apressada muitas vezes você vai precisar para algum trabalho de última hora. Muitas vezes me dizem que é um prazer trabalhar comigo não por causa de qualquer charme especial, mas sim porque eu pago as contas rigorosamente em dia. Como resultado disso, costumo conseguir furar a fila na gráfica local para obter um trabalho às pressas ou uma data especial de uma produtora de vídeo. Simplesmente pagar em dia se tornou uma característica de ouro hoje em dia. Se precisar, postergue o pagamento da Hertz ou pague apenas uma parte de sua fatura do MasterCard, mas sempre pague rapidamente quem está perto de casa. (E não há nenhum mal em enviar um presente no aniversário.) É por isso que você tem as linhas de crédito do banco, não? (*Alerta:* Faça pelo menos os pagamentos mínimos em dia, para não colocar em risco seu crédito.)[8]

3. Faça um orçamento para despesas e compare com as despesas reais a cada trimestre

Use categorias gerais como viagens, material de escritório, seguros, telefone, associações, etc. Depois de dois ou três trimestres, você deve conseguir chegar a suas despesas médias nessas áreas. Depois, a comparação de suas saídas reais com essas médias pode lhe dar informações fundamentais para a gestão de despesas. Por exemplo, você pode muito bem descobrir que sua renovação ou sua mensalidade na categoria clubes são indevidamente altas e se dar conta de que entrou para cinco clubes promocionais de companhias aéreas (que estão em cerca de US$ 300 a US$ 500 cada um hoje em dia). Quantos deles você usou nos últimos seis meses? Se você nunca voa em duas dessas companhias, abandone-as. Da mesma forma, pode encontrar seguros redundantes, despesas de viagem que deixou de cobrar ou gastos com *fax* que não são seus.[9]

Se não tiver um orçamento, realmente está em desvantagem quando tentar comparar as despesas reais com critérios razoáveis. Quando está crescendo, é fácil descuidar do inchaço do orçamento, então faça questão de incluir esse tipo de avaliação em suas atividades trimestrais. (Os erros mais frequentes que eu encontro estão em faturas de autolocadoras, despesas locais com limusines e qualquer cobrança que cubra um período de mais de um mês.) Há vários programas de computador excelentes que lhe permitem acompanhar e comparar despesas com mínimo esforço, muitas vezes vinculados a seu talão de cheques.

Seu contador deve fornecer um relatório mensal sobre receita e despesas correntes, e as comparar com as do ano anterior, por mês e anualmente até o momento.

4. Use uma agência de viagens e deixe claras as suas preferências

Não desperdice US$ 500 de seu tempo pessoal tentando economizar US$ 25 em uma diária de hotel. Diga à agência como prefere viajar (primeira classe, primeira classe com apenas algumas melhorias gratuitas, melhor tarifa econômica sem restrições, melhor tarifa econômica de todas ou o que quer que prefira) e onde prefere se hospedar (hotel mais próximo do cliente, somente na rede Marriott, no lugar mais barato num raio de cinco quilômetros ou o que for). Dê à agência todos os seus números de sócio de clubes e vá cuidar de seu negócio. A agência está sendo paga para ser útil a gente como você. Você não apenas deve poder dar a ela um itinerário geral, mas deve esperar vantagens periódicas que ela seja capaz de proporcionar, como melhorias gratuitas, oportunidades de descontos em viagens e assim por diante. Use apenas uma agência, e espere receber serviços excelentes. Vá trocando até encontrar uma com a qual sua química seja perfeita. Minha agência de viagens me faz economizar milhares de dólares do meu tempo e dinheiro a cada ano, e me dá um presente nas férias. (Ninguém é dono das suítes no navio de cruzeiro *Norway*. Eu gastei US$ 4 mil a menos do que o sujeito que ocupou a outra porque minha agência sabia o suficiente para me registrar no Norwegian Cruise Lines Club e aproveitar o desconto instantâneo que é dado aos membros.)

As agências de viagens estão sendo muito espremidas pelos setores aéreo e hoteleiro. Elas precisam de clientes constantes.

Digressão

Os serviços na internet, como Orbitz, mostraram estar abaixo do ideal para encontrar boas ofertas e simplesmente não respondem a problemas e perguntas. As agências de viagem geralmente fazem o mesmo e, se você está preocupado com a comissão de US$ 50 que elas cobram, não está no caminho para se tornar um consultor de ouro. A Amex oferece um excelente serviço de viagens, disponível 24 horas por dia, que é ótimo para alterações de emergência em todo o mundo.[10]

5. Pague suas contas duas vezes por mês, juntas

Se pagá-las com mais frequência como, por exemplo, quando recebe, você tende a perder a visão do quadro geral em termos de quanto sai todos os meses. (Empresas como UPS e FedEx cobram cada vez que você usa seus serviços, de modo que você pode ter várias faturas de cada uma a cada 30 dias. É bom saber o *total* que está pagando, e dá menos trabalho pagar duas vezes por mês, em vez de cinco ou seis.) Se pagar com menos frequência, provavelmente perderá algumas datas de vencimento, principalmente se seu calendário de viagens o afastar durante seus dias normais de pagamento de contas. Além disso, uma sessão única pode ser onerosa caso se acumulem várias contas.

Confira os recibos do cartão de crédito com a fatura (Já encontrei uso não autorizado de um cartão de crédito comercial e de cartões de crédito para telefone). Minimize seu trabalho para pagamento de contas: se as empresas aceitarem transferências bancárias diretas, você pode reduzir sua burocracia com papelada; pelo menos, tenha etiquetas com endereço preparadas para as que não oferecerem envelopes de retorno; quanto mais você puder colocar despesas em um único cartão de crédito, mais fácil será de fazer um cheque único em vez de dúzias.

É claro, muitas pessoas pagam diretamente na internet.

6. Tente comprar equipamentos (em vez de *leasing* ou aluguel) e recuse contratos de serviços de longo prazo

Se você comprar um computador, um aparelho de *fax*, telefones e outros equipamentos importantes, pode fazer algumas deduções pela empresa (ou depreciação, dependendo da quantia e de seu contador) imediatamente e evitar pagamentos de longo prazo que comem seu fluxo de caixa. (Se puder, use a linha de crédito de seu banco para comprar aquela copiadora cara que vai aumentar sua produtividade, e pague da maneira como o fluxo de caixa permitir.)

Faça contratos de serviços ou seguros somente nos casos em que houver uma razão. Por exemplo, minha balança de postagem calcula os valores com base no tipo de serviço, peso e preços em vigor. Tenho seguro contra mudanças de preços no qual a Pitney Bowes me envia novos programas de computador para cobrir qualquer alteração em troca de meu desconto anual. Caso contrário, o custo seria excessivo no caso de várias alterações. Entretanto, não tenho um contrato de manutenção sobre o medidor de postagem porque as chances de haver problemas são pequenas, em minha experiência, e os custos de reparos não são altos.[11] Evite uma procissão de contas mensais de prestações de uma dúzia de equipamentos de escritório.

7. Solicite pagamento adiantado de despesas, assim como dos honorários

Com determinados sistemas definidos (por exemplo, você vai fazer seis oficinas por ano, no mesmo lugar e exatamente da mesma maneira), pode-se predeterminar as despesas e solicitar pagamento antecipado. Embora as tarifas aéreas possam variar, uma agência de viagens alerta geralmente pode lhe proteger, e se o cliente paga adiantado, você tem o luxo de comprar antecipadamente e evitar juros no banco. Diferentemente dos honorários, você pode chegar a um acordo com o cliente, segundo o qual qualquer cancelamento de trabalho gerará um retorno da despesa pré-paga.

Você não terá ideia de quais termos de cobrança são aceitáveis a um cliente se não perguntar. A resposta pode surpreendê-lo. Com esse tipo de trabalho com "sistemas definidos," mais da metade dos meus clientes paga os honorários e as despesas de viagem antecipadamente, principalmente se eu tornar minha tarifa com descontos dependente também de pagamento integral das despesas.

Você simplesmente não sabe o que o cliente vai aceitar se não perguntar. (Recomendo que você deposite todas as despesas pré-pagas em uma conta separada, que renda juros e que você não acessa para nada mais. O sucesso nessa técnica tem um risco: você pode gastar milhares de dólares de despesas reembolsadas antecipadamente, meses antes de ter o gasto real, resultando em uma saída desproporcional mais tarde.)[12]

8. Não esqueça de perguntar: "Qual é, absolutamente, o melhor preço (ou negócio) que você pode me oferecer?"

Não apenas as companhias aéreas, hotéis e autolocadoras têm ofertas muito ocultas que você pode escavar com uma boa pá, mas os comerciantes locais também costumam negociar se você simplesmente fizer a pergunta. Nos casos em que você não usa uma agência de viagens, pergunte ao funcionário de reservas qual é a tarifa absoluta – e não a que você pode estar qualificado para conseguir. Depois, trabalhe com esse funcionário para determinar como você pode se qualificar para ela. Já liguei para a mesma companhia quatro vezes, falei com diferentes funcionários e recebi – você adivinhou – quatro tarifas diferentes. Aceitei a melhor oferta.

Se você simplesmente perguntar "quanto" à gráfica local ou ao diagramador ou ao gerente da loja de informática, ele compreensivelmente vai lhe dar o melhor preço *para ele*. Contudo, se perguntar "qual é o melhor preço que você pode me fazer", ele tenderá a dar o preço que é melhor *para você*. Quanto mais você usar o serviço, melhor negócio pode esperar.

Em uma viagem, fui de primeira classe na American Airlines, fiquei em uma suíte em um hotel Hyatt e usei um carro de luxo da Hertz, tudo com programas de fidelidade. A passagem aérea e o hotel não me custaram mais do que a tarifa econômica integral e a tarifa integral em um quarto comum. Apenas o carro custou mais do que um carro menor, mas veio com um sistema de navegação, sem custo adicional.

9. Não pague suas próprias contas antecipadamente

Algumas instituições que, no mais, são excelentes, cobram com meses de antecedência. Embora eu admire sua intenção, não tenho intenção de lhes ajudar. Por exemplo, a American Management Association e a American Society for Training and Development cobram sua renovação cerca de quatro meses antes.

Coloque a conta numa pasta do mês correspondente ou jogue fora. Pode ter certeza de que receberá outra. As publicações empresariais também cobram muito antes para garantir "serviço sem interrupção". Minha experiência é que mesmo as publicações que eu deixei de assinar continuam me mandando exemplares depois de expirada minha assinatura para me atrair a voltar.

Você pode querer suspender uma associação (como os clubes de companhias aéreas mencionados antes) ou mudar algumas disposições. É difícil fazer isso depois que o cheque for descontado. Pague suas contas em dia, e não antes do dia.

10. Estabeleça uma política de despesas clara, escrita e assinada com seus funcionários e subcontratados

Especifique o que pagará por tipo (Holiday Inn ou acomodação equivalente), quantia (cobranças de refeições diárias, máximo de US$ 60) e política (táxis do aeroporto, a menos que as tarifas de autolocadoras sejam mais baratas). Exija que as despesas sejam apresentadas mensalmente (ou com mais frequência) com recibos completos, e prometa reembolso em um período razoável. Embora seja útil usar seu cartão de crédito corporativo e sua agência de viagem para isso, também é bom evitar cobranças indevidas nesses cartões, então garanta que existam critérios para o uso do cartão (sempre para viagens aéreas; nunca para extras). Uma subcontratada ligava permanentemente do meu telefone para seu namorado e, quando brigavam, minha conta telefônica triplicava.

Minha opinião é que os subcontratados e funcionários raramente são desonestos, mas que pode haver grandes áreas de mal-entendidos. Ao especificar a política sobre telefonemas, serviços locais de secretariado, viagens de fim de semana, etc., você está protegendo todas as partes. Minha prática é fazer que qualquer pessoa que viaje em meu nome assine uma breve declaração de políticas de reembolso de despesas e sua concordância com ela. Em troca, pago imediatamente e sempre dou o benefício da dúvida ("As ligações pessoais foram para o meu marido, pois eu esqueci de lhe falar que a babá tinha sido trocada de horário, então...").

11. Planeje o seu futuro

Como explicado antes, planeje sua aposentadoria, suas despesas pessoais, compras por impulso, etc. A melhor maneira é separar as contas bancárias com objetivos diferentes.

É como colocar o dinheiro do aluguel ou das férias em contas diferentes, mas funciona no mesmo princípio e direciona o dinheiro para os propósitos certos. Também vai permitir que você saiba se está no caminho certo.

12. Examine o que está dando de presente

Comecei meu programa de mentor de sete dígitos em 1996, quando me dei conta de que estava distribuindo muito serviço de graça na onda da publicação da primeira versão deste livro! Eu me perguntava se as pessoas pagariam. Experimentei. Elas ainda pagam. Alguns de vocês que estão lendo isto vão participar de meu programa.

Revise tudo o que distribui: conselhos, produtos, *downloads*, serviços, respostas, etc. A seguir, pergunte a si mesmo: "Alguém pagaria dinheiro por isto?". A primeira venda é a você mesmo.

Ao gerenciar capital, não se trata de quanto você ganha, mas de quanto consegue manter consigo. Se conseguir ficar com a maior parte, pode investir em acelerar muitíssimo seu crescimento.

❖ Perguntas e respostas

P. *Posso ter um contrato de plantão e também cobrar por trabalhos na mesma conta?*

R. Claro. Apenas tenha claro que cada um representa um valor diferente, um é para acesso a você e o outro para trabalho com o cliente propriamente dito.

P. *É inteligente investir em certificados de depósitos ou títulos que dão um retorno mais alto, mas requerem períodos de investimento mínimos?*

R. Apenas se você não tiver outro uso para o dinheiro. A diferença em retorno é desprezível em muitos casos, a menos que você esteja falando em centenas de milhares de dólares. Você não está no negócio de gestão de dinheiro. Não perca o sono só porque alguém está ganhando US$ 250 a mais em juros.

P. *E se o cliente tiver políticas sobre não pagar até determinados momentos?*
R. Você também pode ter políticas. Enfatize para seu comprador que você é uma empresa pequena que depende muito de fluxo de caixa, e garanta a qualidade de seu trabalho (não os resultados, que dependem de muitas variáveis independentes).

P. *O que eu faço com clientes que tendem a reclamar para pagar tanto dinheiro antecipadamente só porque é da natureza deles não fazer isso?*
R. Você sempre pode ceder nos termos de pagamento (mas nunca no valor dos honorários), mas se você começar com termos que são ideais para si, qualquer compromisso provavelmente será muito favorável em qualquer caso.

P. *Faz sentido postergar dinheiro em alguma circunstância?*
R. Sim, no fim do ano, se o seu consultor financeiro recomendar fazer isso. Nesse caso, peça ao cliente para postergar pagamentos até janeiro, já que você não quer mais renda no ano fiscal atual. Tenha cuidado: se você recebeu o cheque, mas não descontou, ainda é renda.

Reflexão final: basta ser minucioso com relação ao fluxo de caixa para acrescentar dezenas de milhares de dólares a seu resultado final, sem atrair novos trabalhos. Não fique tão feliz por ter obtido o trabalho a ponto de esquecer que está no negócio. Isso significa maximizar seus termos de pagamento e fluxo de caixa. O cliente não vai fazer isso por você.

Capítulo 15

Crescimento ordeiro

Crescimento nem sempre é igual à expansão

❖ Aumente sua presença

Algumas pessoas me questionaram ao longo dos anos por não escrever o livro que *elas* queriam que eu escrevesse – sobre como passar de autônomo a uma empresa maior que, com o tempo, possa ser vendida a uma empresa ainda maior. O fato de esse modelo nunca ter sido minha intenção não parecia influenciar as poucas pessoas desavisadas que pareciam não entender. (Assim como alguns leitores sempre pedem que eu corrija "imediatamente" alguma coisa impressa. Claro, envie o livro que eu faço a correção.)

Estou escrevendo para profissionais autônomos, para possibilitar que cheguem a um ponto fundamental e pouco comum: um milhão de dólares ou mais em faturamento anual em seu trabalho. É muito importante que nesta *quarta* edição deste livro, 17 anos após o original, a consultoria de um milhão *ainda* seja um objetivo grandioso, e eu não tenha mudado o nome do trabalho para *A consultoria de dois milhões de dólares*.[1] Também é importante entender que um milhão de dólares *é* o que costumava ser um grande ganho para um profissional autônomo com poucas despesas gerais. Na verdade, essa renda colocará você nos 2% superiores de toda a população dos Estados Unidos.

A menos que você tenha um objetivo pessoal de construir uma empresa, de cercar-se de volume e massa e de construir o capital da empresa até ter um negócio valioso (ou parte dele), não há qualquer benefício financeiro pessoal intrínseco no crescimento linear. A mais alta receita por profissional que já vi em listas publicadas pelo setor de pesquisa da Kennedy Information foi a de US$ 760 mil, do First Manhattan Consulting Group, no final dos anos 1990. Muitas empresas estavam abaixo dos US$ 200 mil por profissional.

Como você recompensa adequadamente as pessoas por seus talentos nesse nível de produtividade, e mais ainda, pelas viagens incessantes e as longas jornadas de trabalho, depois de deduzir despesas gerais e custos relacionados? Sempre fui da opinião de que a única razão para ter uma grande empresa de consultoria seria a oportunidade de estabelecer sociedade e obter capital. Se isso é seu objetivo pessoal e profissional, vá em frente, mas não se esqueça de que esse não é o meu modelo, e nem o tema deste livro, e pode não ser a melhor maneira de ficar rico.

A solução de 1%: se você está de acordo com a ideia de que o tempo livre é a verdadeira riqueza, poderá entender facilmente que apenas maximizar a renda, apesar dos sacrifícios pessoais e familiares, pode até reduzir sua riqueza. Tenha cuidado com isso.

Se seus objetivos forem ganhar uma renda elevada enquanto ajuda os clientes a melhorar sua condição – em outras palavras, sustentar sua família e suas aspirações ao mesmo tempo em que faz um trabalho construtivo e valioso –, suas chances de atingir esse objetivo são muito maiores se você estiver dirigindo sua própria pequena empresa (*pequena*, aqui, quer dizer apenas você e algumas pessoas apenas). Você não precisa esperar anos por uma parte da propriedade, pois já é dono de tudo, não depende da produtividade dos colegas nem das decisões estratégicas da administração e controla totalmente quanto dinheiro fica para você.

Pergunte a praticamente qualquer profissional – médico, contador, arquiteto, maestro, escritor, etc. – e ouvirá a mesma coisa: é muito melhor ganhar US$ 100 mil trabalhando para si próprio do que US$ 150 mil trabalhando para outras pessoas. E quando você começar a ganhar US$ 300 mil, US$ 500 mil ou um milhão e meio de dólares trabalhando por conta própria, as oportunidades aumentam geometricamente, em função da enorme renda que sua empresa e você têm à disposição.

Digressão

Como profissional autônomo, com despesas reembolsadas pelo cliente, sua renda bruta é a mesma renda líquida. Ou seja, com exceção de algumas despesas modestas de *marketing* e escritório, você fica com o que ganha. Isso representa um problema em termos de impostos, mas é um problema maravilhoso, e é melhor do que um problema com os negócios. Se você não vê seu negócio assim, por que está correndo os riscos de trabalhar como autônomo?

A comunidade empresarial como um todo provavelmente não ouviu falar de você, mas tudo o que você está interessado de momento é crescer 2 ou 3 milhões de dólares.[2] Como você poderá intensificar o perfil da empresa a ponto de esse objetivo de receita ser realista e seus principais compradores potenciais começarem a lhe perceber como uma empresa de um milhão?

Aqui estão os principais métodos que eu descobri para intensificar seu perfil. Seu perfil percebido inevitavelmente será uma diminuição daquilo que sua empresa realmente é, a menos que você administre e intensifique ativamente sua imagem. Você pode chamar isso de relações públicas, construção de imagem, *marketing* ou exposição. Eu chamo de Arranjo para a Consultoria de um Milhão: se você não tocar seu instrumento, não há música.

1. Faça pesquisa acadêmica como autor ou coautor

Já discuti, em capítulos anteriores, os méritos de publicar artigos. Neste caso, estou mais preocupado com trabalho acadêmico que vai validar suas abordagens e sancioná-lo como autoridade. Um dos métodos que eu usei foi fazer doutorado em psicologia organizacional (tardiamente na vida, sem utilidade direta em termos de *marketing* – mas com utilidade indireta), recrutar vários clientes importantes como "laboratórios" e manter meus clientes informados sobre meus avanços e a finalização. Partes de minha tese foram publicadas ou citadas na imprensa comum e eu deixei cópias dela disponíveis para qualquer cliente ou potencial cliente que tivesse interesse (ou cujo interesse eu pudesse gerar).[3]

Há outros métodos, talvez menos exaustivos, de produzir trabalho nessa arena. Geralmente, é muito atrativo aos professores universitários colaborar com consultores em artigos de pesquisa. Na verdade, costuma ser um casamento perfeito. O professor tem que publicar de qualquer forma e tem muitas teorias e opiniões acumuladas em anos de leituras, pesquisas, discussões em sala de aula e – Deus me livre – consultoria nas horas vagas. Você, por outro lado, não é bem versado nos rigores da pesquisa acadêmica, mas tem os clientes que servem como laboratório e banco de dados, bem como observações e teorias baseadas em experiências pragmáticas reais e o tempo e a motivação para colaborar com o professor. Essas colaborações costumam produzir trabalhos que aparecem em publicações submetidas a avaliadores, que constituem um dos veículos de publicação mais sérios e mais validados.

O propósito desse tipo de publicação, seja individual seja em parceria, não é estabelecer seu nome como acadêmico – você não quer que o perfil seja de teoria monástica sem aplicação prática –, mas sim estabelecê-lo como fonte reconhecida e com credibilidade dentro de uma comunidade com padrões rígidos de honestidade intelectual e pesquisa disciplinada. Esse tipo de perfil atrairá e impressionará executivos, e também é útil para conquistar o acadêmico ocasional que também é executivo sênior de um potencial cliente.

2. Apresente artigos, teorias e conclusões em conferências

Isso também é diferente das palestras públicas que eu defendi antes. Aquelas eram palestras pagas diante de grupos que incluíam compradores de alto potencial para seus serviços. Neste caso, falo de conferências profissionais que podem não ter um comprador potencial em um raio de 50 quilômetros.

Milhares de conferências importantes são realizadas a cada ano em nome de todos os grupos profissionais imagináveis.[4] Eles geralmente pagam muito pouco ou nada à maioria dos apresentadores, e muitas vezes você também vai ter que pagar as despesas de viagem. Entretanto, a oportunidade de apresentar o trabalho de sua empresa em "Planejamento estratégico para o setor bancário em tempos de recessão" ou "Motivação da força de trabalho por meio de gestão não participativa" (lembre-se da consultoria do contra no Capítulo 12) vai melhorar seu perfil em muito. Esses eventos geralmente produzem artigos, reimpressões, resumos, novas contas e resumos semelhantes de sua produção.

Você vai ter que apelar para os comitês organizadores desses eventos até um ano antes. É uma boa ideia colocar todos os que forem relevantes em sua lista geral de correspondência (veja o Capítulo 6) para que possam lhe chamar quando verem que seu trabalho se presta para um futuro tema de sua conferência. O trabalho vale bastante a pena porque dá muita credibilidade citar essas apresentações nos materiais de sua empresa e porque os vários resumos de seu material podem ser reproduzidos e distribuídos como parte de seu pacote de imprensa, segundo o caso. Além disso, há uma força centrífuga em funcionamento, que tenderá a retê-lo na órbita dessas conferências quando você tiver apresentado uma resposta consistente. Você estará nas listas de correspondência dos grupos em suas solicitações de artigos e em futuras apresentações.

3. Apareça em programas de entrevistas no rádio (e na televisão, se puder)

Aparecer, neste sentido, é um termo incorreto. Há empresas de relações públicas, mídia e construção de imagem que podem lhe colocar em programas de rádio com muito mais facilidade do que você imagina e por um preço baixo, que pode ir de US$ 200 para um programa de alcance local a US$ 2.500 ou mais para um programa nacional transmitido em rede. A empresa vai providenciar uma entrevista breve (5 a 20 minutos), que também pode incluir algumas perguntas dos ouvintes. Na maioria dos casos, você entrega uma sinopse do tipo de trabalho que faz (ou seja, o que quiser promover na época: seu trabalho de estratégia com grandes empresas, seu trabalho de motivação com pequenas empresas, seu mais recente livro sobre liderança ou o que for) e cerca de uma dúzia de perguntas que o apresentador deve lhe fazer. Isso cumpre o duplo propósito de fazer que o apresentador pareça conhecer o tema de seu trabalho e suas abordagens e que dirija a conversa ao perfil mais elevado possível.

E agora, a parte referente à *aparição*. A maioria desses programas faz a entrevista – não importando onde estão localizados a estação e o apresentador – pelo telefone, com você sentado em seu escritório (ou na piscina). Pela mágica das comunicações modernas, sua entrevista e quaisquer perguntas e respostas com os ouvintes são realizadas sem necessidade de muito deslocamento de automóvel.

Embora muitos desses programas possam ter apenas apelo local e/ou atingir pessoas com pouca relevância para seu trabalho, escolhendo uma boa empresa de mídia, escolhendo cuidadosamente os programas e sendo muito paciente, você pode conseguir alguma entrada em mercados relevantes.[5]

Contudo, o benefício mais importante é a capacidade de citar sua aparição no programa de rádio *Minneapolis Today*, que especificamente discutiu seu trabalho na condução de grupos focais, e sua entrevista na rádio WWXR em Chicago, que tratou de sua atividade no aumento da produtividade da equipe de vendas. Esses são casos altamente benéficos se incluídos em sua literatura e mencionados educadamente em conversas com potenciais clientes.

Essas empresas também podem lhe colocar em programas de entrevistas na televisão. O investimento ainda é menor do que você espera – talvez em torno de US$ 1 mil por inserção –, mas o segredo é que você deve ter uma história intensa e única para contar. Não se desespere. Se você assistir aos programas de entrevistas durante qualquer semana, vai descobrir que eles precisam desesperadamente de pessoas com boas histórias para contar, e não há razão para que a sua não possa ser uma dessas.

Outra fonte excelente é PRLeads.com, que lhe possibilita adaptar os tipos de perguntas de repórteres que recebe todos os dias.

Atenção: deixe-me dizer que você não deveria pagar para "apresentar" um programa de TV, "apresentar um programa de entrevistas no rádio" ou aparecer em um livro "com autores famosos". Isso são fraudes, muitas vezes de autoria de nomes conhecidos. Afaste-se delas. Elas nada valem, a não ser para os parasitas que se alimentam dos egos de quem se sente atraído por 10 segundos de "fama".

Estudo de caso

Eu anuncio todos os anos em Expertclick.com, tanto na internet quanto na versão impressa. Sou entrevistado com frequência porque essas fontes são acessadas por editores, produtores, repórteres, etc.

Depois do primeiro programa de TV Survivor, em 2000, um repórter do *New York Post*, que me achou nessa fonte, pediu que eu comentasse as técnicas de gestão que o vencedor, Richard Hatch (que se dizia *"corporate trainer"* e mais tarde foi para a prisão por sonegação de impostos sobre o dinheiro que recebeu no Survivor), tinha usado para ganhar seu prêmio de US$ 1 milhão.

Não apenas minha fala foi muito citada na edição dominical, mas também fui chamado de "um dos mais respeitados consultores independentes do país". Da mesma forma, a revista Success uma vez me chamou de "especialista mundial em educação de executivos". Essas citações entraram em meu *kit* de imprensa em cerca de 9 segundos e são atemporais em sua aplicabilidade de credibilidade. É assim que você pode superar qualquer empresa maior nas telas de radar de compradores, tornando-se um sinal mais visível que do contrário seria.

4. Faça "não propagandas"

Eu não defendo a propaganda como ferramenta promocional útil para uma empresa de consultoria, embora acredite em aparecer fazendo endossos ou dando apoio. ("Summit Consulting Group, Inc., orgulhosamente apoia os esforços da organização *Salve a Baía*.") Contudo, há ocasiões em que a propaganda de "não propaganda" pode ter sentido.

Considero esses esforços como informativos, e não como promocionais. Na verdade, você está informando os leitores de que "esse é o perfil da minha empresa". Um bom exemplo ocorre nos aniversários: "A Delpha Consulting Company deseja agradecer a seus clientes e amigos por seu apoio permanente neste nosso décimo aniversário". Um anúncio desse tipo em revistas mais relevantes para seus públicos-alvo ajuda a criar a percepção sobre seu perfil. Esse tipo de anúncio costuma ser acompanhado por uma lista de clientes e exemplos de trabalhos realizados ou campos de especialização. Você pode incluir uma foto de sua equipe ou de você trabalhando nas instalações do cliente. Outra razão adequada para um anúncio é fazer alguma comunicação. Você pode comunicar:

- Que recebeu um determinado prêmio ou homenagem.
- Que um profissional conhecido passou a trabalhar com você.
- Que estabeleceu uma aliança com outra organização.
- Que tem um novo número de telefone gratuito ou um escritório em novo endereço.
- Que dá os parabéns a um cliente por uma determinada realização ou homenagem.
- Que sua empresa está promovendo uma conferência ou reunião anual.
- Que está patrocinando um evento beneficente ou sem fins lucrativos.
- Que ampliou ou criou uma nova página na internet.

Esses tipos de propaganda não devem ser frequentes, ou serão percebidos como anúncios promocionais, apesar de seu conteúdo. Geralmente, são mais eficazes quando feitos uma ou duas vezes por ano e com padrões diferenciados. Você está simplesmente sendo seu próprio agente de imprensa, de forma discreta, e influenciando a percepção sobre sua empresa.

5. Procure e se candidate a prêmios e homenagens

Se você pesquisar ativamente, verá que existe uma grande quantidade de premiações e homenagens em nossa profissão, de intervenções com clientes a artigos publicados. Fora dos famosos MacArthur Awards (US$ 500 mil para pessoas indicadas sigilosamente, em vários campos), não conheço órgãos que premiem proativamente o campo. Toda premiação requer que o candidato se apresente para ser considerado.

Dessa forma, ao ler uma chamada para publicação, trate de determinar se seu trabalho pode se prestar a esse tipo de artigo. Se encontrar um concurso de "qualidade de serviços ao cliente", investigue se pode trabalhar com um cliente para apresentar algo. Afinal de contas, esse é o cenário em que todos têm a ganhar.

Outros profissionais da técnica provavelmente farão "propaganda" de seus esforços vencedores, de modo que você tem que estar alerta para saber quem ganhou o que e em que condições. Como você pode competir no futuro? E vencer não é o único resultado saudável. Simplesmente competindo, você conseguirá examinar suas próprias práticas, melhorar seus próprios padrões e aumentar seu perfil no processo. Você pode ganhar uma "menção honrosa" ou um prêmio especializado, que podem constar de "propagandas". Pode divulgar o simples ato de *concorrer* a um prêmio de prestígio. (Por exemplo, durante vários anos, minha empresa foi indicada na categoria das "pequenas empresas que mais crescem" da revista *Inc.*)

Não há um árbitro superior que examine todas as empresas em termos de todas as práticas e conceda títulos com base em puras evidências empíricas e méritos absolutos. Nem as Olimpíadas, (você já viu os juízes de mergulho ou patinação?) nem o Oscar (quantas comédias ganharam melhor filme?) são imparciais. Você tem que entrar, concorrer e seguir tentando. Se for diligente e seu trabalho valer a pena, vai acabar levando para casa um ou dois prêmios, e seu valor de "bilheteria" aumentará.

6. Seja diligente no envio de notas à imprensa

A cobertura da imprensa sobre suas atividades vale seu peso em ouro, porque uma fonte independente e objetiva achou importante comentar sobre sua pessoa ou o que você faz. Tenha uma lista de correspondência separada para editores de revistas e jornais (geralmente é o editor de negócios, mas isso pode variar dependendo de sua inclinação) e os avise sempre que:

- Estiver fazendo uma palestra em sua região.
- Tiver um de seus clientes realizando um projeto importante com sua ajuda.
- Receber um prêmio ou homenagem.
- Tiver publicado algo digno de nota.
- Tiver uma publicação interna que seja de relevância para a publicação deles.
- Fizer alguma descoberta de relevância para os leitores deles.
- Houver um evento significativo na história de sua empresa (por exemplo, décimo aniversário).
- Produzir um novo produto ou oferecer um novo serviço.
- Enviar uma de suas correspondências regulares aos clientes.
- Houver algum novo evento em suas páginas na internet.

Uma vez tendo conhecido os editores e as publicações, você pode começar a customizar o material para que seja mais adequado às personalidades e aos leitores deles. Por exemplo, alguns podem preferir relatórios em estilo acadêmico, ao passo que outros podem publicar pesquisas empresariais[6] e outros, na verdade, enfatizarão observações de diretores-executivos. Essa técnica requer perseverança. A maioria dessas notas não recebe muita (ou alguma) atenção, na maioria das vezes. Com o tempo, entretanto, por você ter chegado à combinação certa, ou porque é um dia de poucas notícias (às vezes, é melhor ter sorte do que qualidade), você atinge o alvo e seu perfil chega aonde deve.

Dica: Inclua uma foto nas notas à imprensa. As fotos muitas vezes podem servir para preencher um "buraco" no texto ou na formatação, fazendo que o editor fique mais inclinado a usar o material. (O editor sempre pode usar o texto e não a foto, de modo que não há mal em mandar.)

Expertclick.com, citado anteriormente, possibilita que os membros enviem uma nota de graça todos os dias. A empresa afirma ter 10 mil repórteres, editores, pauteiros, produtores de programas de entrevistas e similares em sua lista de contatos, e você pode acompanhar os "acessos" se for especialmente obsessivo em relação a esse tipo de coisa.

7. Faça pesquisas independentes

Esse é um método simples e muito negligenciado de melhorar a reputação. Tudo o que você tem que fazer é determinar um assunto em relação ao qual os clientes gostariam de ter informações, providenciar uma pesquisa adequada para obtê-la e divulgar os resultados.

Imaginemos que seus clientes e clientes potenciais estejam preocupados com a rotatividade entre recém-contratados com curso superior, acreditando que exista um prazo para a lealdade à empresa entre esse grupo e que eles devam tomar medidas extraordinárias para manter essas contratações. Você pode enviar uma pesquisa por correspondência a sua base de clientes (se ela não for grande o suficiente, envie a organizações semelhantes escolhidas aleatoriamente) fazendo perguntas sobre as experiências delas com novos contratados, seus esforços ou falta de esforços para mantê-los, comparações com a rotatividade entre funcionários que estão há mais tempo e assim por diante. Essa não é uma pesquisa específica, mas uma baseada em casos (a menos que você escolha usar rigor científico), e os resultados podem ser expressos como tal.

Em qualquer caso, você será visto como um elemento avançado em seu campo. Muitas vezes, as organizações vão cooperar se você oferecer compartilhar seus resultados em troca de sua participação e se mantiver a pesquisa simples. Muitas publicações estão ávidas para publicar esses resultados, e a maioria delas os examina com prazer, porque eles oferecem uma perspectiva às abordagens já existentes. Você é perfeito para intermediar a informação entre organizações desse tipo.

As pesquisas podem lhe custar algumas centenas de dólares para serem criadas e interpretadas (e muitas vezes são abertas a sistemas automatizados, funcionando pela internet), mas você não tem prazos, e o trabalho pode ser encaixado segundo a disponibilidade de tempo. Essa técnica é ótima para estabelecer reputação e um perfil que possa ser muito maior do que seu trabalho prévio na área. (Por anos, eu só conhecia a empresa Wyatt Associates porque nada menos do que o *Wall Street Journal* publicava vários trechos de suas pesquisas na capa.)

8. Lance-se no ciberespaço

Você tem que ter uma página profissional na internet, completa, com imagens, texto, *links* para *e-mail* e vários recursos, testemunhos, áudio, vídeo, artigos de opinião, etc. Isso pode custar de US$ 3.500 até mais de US$ 10 mil. (A página pode ser mantida com algumas centenas de dólares por ano no servidor de alguém.) Se você for consultor de tecnologia, provavelmente fará o serviço você mesmo e economizará dinheiro. Se não for, pague alguém para fazê-lo, porque tentar aprender e fazer por conta própria vai lhe custar US$ 25 mil de seu tempo. Além disso, você sugeriria aos clientes que eles fizessem a consultoria por conta própria? Não, então chame um especialista.

Tente manter dois endereços eletrônicos, um para os *e-mails* corporativos, em que você coloca sua literatura e cartões de visita, e um *e-mail* pessoal, que dá a pessoas especiais. Isso ajuda a superar a impessoalidade do correio eletrônico e a estabelecer uma prioridade quando você estiver com pouco tempo.

Não deixe que sua presença na rede simplesmente seja parecida com a de todo mundo. (E, a propósito, ninguém gosta de percorrer páginas de textos tediosos falando sobre o quanto você é bom, nem de esperar aparecer uma página cheia de elementos gráficos até surgir sua cara sorridente. Menos é mais.) Por exemplo, eu tenho centenas de *downloads* gratuitos em minha página, que podem ser lidos e baixados por qualquer pessoa que a visite. Os artigos passados são arquivados e podem ser prontamente acessados.

Meu boletim mensal, *Balancing Act*, também está arquivado ali. Quero que as pessoas recebam valor na visita, tenham uma razão para voltar no mês seguinte e comentem com outras. Algumas páginas têm autotestes, outras têm resenhas de livros e outras, ainda, quebra-cabeças.

Se você quiser visitar minha página para ver alguns exemplos ou solicitar meu boletim, *Balancing Act: Blending Life, Work, and Relationships*, o endereço é http://www.summitconsulting.com. Você pode enviar um *e-mail* a Alan@summitconsulting.com. Meu *e-mail* pessoal? Desculpe, mas realmente é só para clientes importantes e amigos íntimos.

❖ Buscando ativamente a renda passiva

O crescimento multidimensional é um elemento fundamental do crescimento financeiro, o que, por sua vez, sustenta os objetivos de vida que uma carreira em consultoria pode sustentar. Como chegamos a um ponto, neste livro, que lida com explorar o sucesso e capitalizar esse crescimento, examinemos por um momento fontes passivas de renda. Eu as chamo de fontes alternativas porque elas não são resultado direto de trabalhos de consultoria. Por exemplo, falei sobre o valor dos livros e palestras e sobre o fato de que eles são lucrativos por si sós, além do valor de *marketing* mais imediato. Essas são fontes diretas ou ativas de renda.

Uma fonte crescente de renda passiva são os CDs e, ainda mais, os *downloads* em MP3, *podcasts* e produtos semelhantes. Há um enorme mercado do tipo "faça você mesmo", que é devoto do iPod, devorando ofertas de áudio em áreas temáticas que vão desde *automotivação* e aparência pessoal até administração do tempo e gestão da diversidade cultural. Os consultores que trabalham em praticamente qualquer área de gestão – que têm seus clientes como laboratórios práticos – e que podem publicar suas abordagens em vários meios impressos estão em posição ideal para criar ofertas em áudio, que são alavancadas por meio dos recursos apontados anteriormente.

Digressão

Os *blogs* são muito úteis se você tiver uma marca ou alguma forma de reputação, mesmo em um nicho restrito. Entretanto, a maioria dos *blogs* é horrível, mal escrita e mal construída. Plataformas de mídias sociais como Twitter, LinkedIn, Facebook ou o que for são simplesmente isso: mídias sociais. Para consultores que estejam tentando atingir compradores econômicos corporativos, são uma perda de tempo.

Como teste, tenho atualmente 1,5 milhão de contatos em minha conta no LinkedIn (um experimento que teve início há seis meses), e 99,9% da comunicação têm sido informações sobre como vão as pessoas, procura de emprego, perguntas bobas e tentativa de obter minha ajuda por parte de gente que não tem intenção de me pagar. Pior ainda, pode ser um grande desperdício de tempo que poderia ser usado em gravidade de *marketing* real e importante. Esqueça.

A seguir, uma ótima maneira de alavancar (e fortalecer) sua marca usando áudio e tecnologia moderna:

1. Marque uma teleconferência. Você pode fazê-la com baixo custo por meio de fontes como http://telephonebridgeservices.com/. Elas podem ser cobradas, se você tiver uma marca e uma lista de contatos suficiente, ou podem ser de graça, se estiver construindo ambas (portanto, é um benefício de dois lados, não importa em que ponta da carreira você esteja).
2. Registre simultaneamente a teleconferência como *podcast*, usando programas como GarageBand, que está incluído na maioria dos Macs.
3. Crie uma versão para *download* (MP3) da teleconferência e uma versão em MP4 do *podcast*.
4. Venda-as em sua página na internet e/ou *blog*.
5. Crie CDs a partir delas e coloque-os à venda.
6. Quando tiver um número suficiente de CDs (por exemplo, 6 a 12), ofereça-os em um álbum ou os *downloads* como conjunto.
7. Agregue, aos produtos em áudio, texto, imagens, *slides*, *coaching*, acesso por *e-mail* ou o que for. Você pode contratar um *designer* gráfico para criar as versões eletrônica e impressa.

Os *podcasts* podem entrar facilmente em iTunes ou páginas semelhantes. Para ser bem sincero, aqui vão alguns problemas a ter em mente:

- Promoção é difícil. Este negócio é altamente competitivo e mala direta é uma ciência que pode drenar seu tempo, foco e recursos. Essencialmente, você precisa de excelentes bancos de dados de pessoas que conheçam você e seu trabalho.
- Criar programação pode ser difícil e demorado. Você tem que organizar ideias por escrito e depois torcer para que elas se traduzam bem em gravações. Se não estiver acostumado com isso, precisa praticar até fluir bem.
- Seus tópicos podem se tornar datados rapidamente, fazendo que algum fique obsoleto. O "empoderamento" de hoje em dia pode facilmente se tornar a "análise transacional" de ontem. Tente ser atemporal em seus conselhos e seus exemplos.
- Não existe endosso além de sua credibilidade. Não importa o quanto suas credenciais sejam sólidas, está claro que você publicou o trabalho em seu nome porque queria criá-lo e vendê-lo. Portanto, certifique-se de embalá-lo e promovê-lo com vistas a fornecer valor para o cliente.

> A solução de 1%: nunca se esqueça de que você está no negócio de consultoria, e não no de publicação ou áudio. Essas abordagens de renda passiva pretendem basicamente fazer que você obtenha mais trabalhos de consultoria. Não se concentre no rabo e esqueça do cachorro.

Isso nos leva a minha receita especial. Acredito em sinergias entre seus vários focos no negócio de consultoria, e aqui vai um exemplo que funcionou maravilhosamente para mim. Sempre que você falar a um público grande, há uma chance de 50% de que seja gravado. Associações e convenções, por exemplo, quase sempre tem um serviço profissional de gravação para registrar todas as sessões (mesmo as menores e simultâneas) e depois vender as gravações aos participantes durante a própria convenção.[7]

Essas empresas geram uma cópia master excelente, mesmo a partir de microfones de lapela sem fio. Em convenções menores ou em conferências internas de administração, muitas vezes há um engenheiro de som disponível para fazer gravações profissionais.

No contrato de sua palestra com a organização-cliente, sempre estipule que sua fala poderá ser gravada sem custo adicional, desde que você receba duas cópias de cortesia de qualquer gravação que seja feita. Muitos palestrantes proíbem a gravação de suas falas, e outros cobram preços altos pelo direito de fazê-lo. Consequentemente, sua compensação é bastante razoável. Afinal de contas, sua palestra é trabalho autoral e você sabe que as gravações vão parar em outras organizações e no material de outros palestrantes. Nenhuma organização jamais contestou essa cláusula em meu contrato, e muitas vezes eu as incentivei a gravar a sessão quando elas próprias não tinham pensado nisso!

> Se o cliente não pensou em gravar sua apresentação, sugira que ele faça isso para alavancar o investimento que fez. Tudo o que você quer em troca da permissão é uma cópia das gravações.

Observação: tudo isso também se aplica ao vídeo.

O que você levará consigo é uma gravação ao vivo de seu trabalho e as reações de um público ao vivo. Você não pode deixar de fazer o seguinte:

- Dar à pessoa que vai lhe apresentar uma introdução escrita e pedir que ela seja lida exatamente como aparece. (Ou, na edição, insira-a com uma locução profissional).

- Preparar cuidadosamente seu material sabendo que aparecerá na gravação. (Por exemplo, se você costuma usar um recurso visual em um ponto importante, ele não será apreciado em um áudio a menos que você o explique ou traduza em um exemplo oral.)
- Investigar se as reações do público serão captadas pelo equipamento de gravação e, se não forem, ver se consegue providenciar um sistema para melhorar. (Isso é especialmente relevante se as perguntas e respostas forem parte importante de sua apresentação – sempre repita as perguntas antes de respondê-las)
- Retirar todas as referências que tornem o áudio datado (evento da época, programas de televisão, filmes, etc.)

Para o vídeo:

- Ter duas câmeras, sendo uma no público, para inserir imagens de suas reações.
- Ser cuidadoso com o fundo – já critiquei vídeos com o palestrante em frente a um espelho, a uma saída de emergência e/ou a uma entrada de piscina com gente de maiô.
- Vestir-se de forma coerente com o vídeo – sem listras e xadrez gritantes, e azul é melhor do que branco para blusas e camisas. Pense na possibilidade de usar profissionais de iluminação e maquiagem. E, por favor, arrume o cabelo.

Leia mais sobre técnicas de vídeo neste capítulo. Descobri que 15 minutos com os engenheiros de tecnologia ou com o gerente máximo que estiver presente da empresa de gravação é um tempo bem gasto. Eu digo a eles que uma boa gravação resultará em compras de grande escala para mim e especifico o que estou procurando. Isso sempre resulta em uma atenção cuidadosa e em excelentes resultados. Quando a gravação tiver sido feita, escute-a (assista) e decida como editá-la, o que pode incluir todos ou alguns dos pontos a seguir:

- Uma locução profissional apresentando o áudio, seu tema e o contexto. Por exemplo, "Você vai ouvir o consultor de gestão, autor e palestrante Alan Weiss fazer a conferência principal na convenção anual da Associação Nacional de Revendedores de Automóveis, gravada ao vivo no..." (Omita quando a palestra foi feita porque não quer datar a gravação.) No caso de vídeo,

inclua uma tela com título. Pense na possibilidade de música de fundo, que você pode comprar.[8]
- Remover os problemas que ocorrem quando você, inadvertidamente, bate no microfone ou derruba um copo d'água (ou arrota).
- Intensificar aplausos, risadas ou perguntas do público, se for necessário.
- Uma locução profissional, ao terminar o áudio, lembrando ao ouvinte quem você é e fornecendo meios de contato para mais informações.
- Música de fundo antes e depois de locuções.

A seguir, peço ao *designer* gráfico ou ao da empresa de vídeo que prepare uma etiqueta simples com minha logomarca, e escolho uma caixa própria para CDs, em que caiba a quantidade que eu pretendo incluir naquela série. (Elas geralmente têm lugar para 2 a 12 CDs, DVDs, etc.) (Minha parceira nas oficinas *The Odd Couple* para palestrantes profissionais, Pat Fripp, e eu temos um álbum de 12 CDs e 100 páginas de exercícios que vendemos a US$ 150.)

O uso dessas gravações ao vivo reduz em muito os riscos. Primeiro, você terá as reações do público, o que ajuda a definir as reações posteriores dos ouvintes. Assim como a música que acompanha o filme, o público ajuda o ouvinte a saber quando rir, quando dizer "oh" e "ah" e quando refletir. Segundo, o caráter ao vivo ajuda a manter a atenção, independentemente do tópico. Terceiro, a promoção que diz "gravado ao vivo" dá muita credibilidade às gravações. Essas não são gravações feitas por um guru que acha que o mundo deveria prestar atenção à sua mensagem, mas sim gravações de uma palestra ao vivo, feita por um especialista, para pessoas que pagaram para escutar o que ele disse. Você está simplesmente fazendo um favor aos ouvintes potenciais ao disponibilizar a mensagem a quem não estava presente.[9]

Por fim, essas gravações ao vivo estão entre as mais poderosas de todas as ferramentas que você vai desenvolver (infinitamente mais do que os produtos de autopublicação).

Você pode fazer cópias por muito pouco dinheiro (diferentemente do álbum completo). Esses "compactos" dão muita credibilidade a potenciais clientes quando eles aparecem no correio como parte rotineira do seu *kit* de imprensa.

Eu soube que estava no caminho certo quando um participante de uma palestra veio me dizer que estava feliz por finalmente me ouvir em pessoa. "Meu predecessor", disse ele, para minha alegria, "deixou um dos seus CDs na escrivaninha, e eu ouvi meia dúzia de vezes no ano passado". A melhor parte foi que ele continuou contando essa história a todo mundo à sua volta.

❖ Construa sua marca ou marcas

Nunca é cedo demais para começar a pensar em marcas e construção de marcas. Uma *marca* é simplesmente a percepção pública com a qual os potenciais clientes (e atuais) identificam você. [Para conhecer detalhes e estratégias específicas, veja meu livro *How to Establish a Unique Brand in the Consulting Profession* (San Francisco: Jossey-Bass/Pfeiffer, 2001).]

> A solução de 1%: uma marca é uma representação de qualidade uniforme.

- Uma marca pode ser um nome: "Me traga a McKinsey & Co."
- Uma marca pode ser uma abordagem: "Me traga o cara da gestão de qualidade total".
- Uma marca pode ser uma marca registrada: "Me traga o Telephone Doctor".
- Uma marca pode ser um atributo: "Me traga a abordagem do Consultor de Ouro".

As marcas podem ser muitas coisas, mas o objetivo de todas as técnicas é estabelecê-lo como uma proposta de valor específica aos olhos do cliente: confiável, experiente, relevante, constante, etc. Pense nas grandes marcas: Google, Coca-Cola, Levis, Nike, Kleenex, Mercedes. Elas evocam confiança e qualidade, e seus proprietários também as estão constantemente reforçando e protegendo.

A Procter & Gamble, para dar um exemplo famoso, tem várias marcas (a empresa controladora não é realmente uma marca) que ela deixa competirem entre si por espaço nas prateleiras. A Mercedes-Benz é uma das grandes marcas ("Somos a Mercedes-Benz das floriculturas"), mas quase ninguém sabe que a controladora foi, por muitos anos, a Daimler-Benz.

Por outro lado, os executivos prontamente gritam em seus viva-vozes: "Me traga a McKinsey!"

O moral de tudo isso é que uma marca é o que você fizer dela, e essa marca pode ser você, seus serviços, seus atributos ou uma combinação de fatores. No entanto, não importa qual seja sua marca ou quantas você desenvolver, aqui vão algumas diretrizes importantes para a construção eficaz de marca.

As 11 técnicas para que sua marca não seja apagada nem esquecida

1. *Use-a repetidamente.* Quando escrever um artigo, fizer uma palestra, conversar com um potencial cliente, criar uma página na internet e/ou realizar qualquer outra forma de comunicação de trabalho, sempre incorpore sua marca. Se a marca for "O estrategista financeiro", escreva ou comente de forma causal que você é "chamado de 'O estrategista financeiro' por causa de [sua] abordagem única a..." (Se você não tocar seu instrumento, não há música.)
2. *Torne-a visual.* Mesmo que a marca só seja usada em textos e impressos, destaque-a em seus materiais auxiliares e eletrônicos. Se ela conduzir a um logo ou imagens, use esse caminho para gravá-la na mente de leitores ou espectadores.
3. *Registre a marca se for possível.* Seu nome é, por definição, único. Entretanto, se você for o "Solucionador de conflitos", explore uma marca registrada e a use constantemente. *The Telephone Doctor* é um exemplo disso. A mulher por detrás dele é Nancy Friedman, mas seu apelido é sua singularidade.
4. *Use-a como título de um livro ou artigo.* Praticamente nada solidifica tanto uma marca quanto um livro baseado nela. É só olhar os "guias do idiota" sobre vários temas. Ou meu livro *The Million Dollar Consulting Toolkit*. Não custa usá-la também como título de uma palestra.
5. *Insira-a em seu arquivo de assinatura no e-mail.* Isso é automático depois de ser configurado e não dá trabalho para manter, mas o número de pessoas que associarão a marca a você vai crescer muito.
6. *Crie um produto em torno da marca.* Pode ser um CD, panfleto, folheto, manual ou mesmo um jogo. Já vi pessoas usando canecas, camisetas e adesivos de carro (embora eu deteste essas coisas).
7. *Faça que os clientes a endossem.* Obtenha cartas de testemunho e resumos que digam especificamente, "*Como ganhar negociações* foi a melhor experiência pela qual nossa equipe administrativa passou junta".
8. *Construa um boletim em torno dela. Balancing act* é um termo de domínio público usado por muitas pessoas que trabalham na área de equilíbrio de vida e até mesmo o nome de um ou dois livros (não se podem registrar nomes de livros nos Estados Unidos). Porém, eu montei um boletim único com esse título, que adquiriu enorme popularidade, reforçando essa marca para mim.

9. *Seja excessivo.* Minha amiga Patricia Fripp, com quem faço os seminários de *marketing The Odd Couple*, tem sido um grande exemplo para mim de *marketing* exagerado. Como resultado, divulguei que tenho Ferraris, Aston Martins e Bentleys e uso esses nomes de carros em meu endereço de *e-mail* privado. Consequentemente, desenvolvi uma "marca Ferrari" associada a minha consultoria: alta qualidade de alto desempenho (e muito cara). Tem me servido mais do que eu poderia imaginar.
10. *Experimente e mude de marca.* Poucas marcas duram para sempre em épocas de transformação, e as novas épocas criam novas marcas. Não há roteiro pronto para seu sucesso com marcas. Continue experimentando e mudando as que não parecem chamar a atenção. Procter & Gamble, Coca-Cola e Mercedes-Benz (e eu) introduzimos constantemente novas marcas. O que você tem a perder?
11. *Use a internet e os mecanismos de busca para promover a marca em nível global.* Use a expressão em todos os artigos, colunas, boletins, postagens e outras fontes que puder. Use *Google alerts* para saber quantas vezes sua marca (e seu nome e o de sua empresa) é identificada e mencionada em outros lugares (e para ter certeza de que ninguém a está usando).

❖ Tornando-se uma estrela

Existe uma progressão lógica do áudio para o vídeo. Para aqueles que vão saltar esta parte porque está muito distante da sua realidade, recomendo permanecer. Há 20 anos, não era comum um consultor em áudio, há 10 anos, fazer uma videoconferência e, em outros 20 anos, será comum estar em várias mídias que hoje são desconhecidas. Se você não for capaz de considerar a mudança como oportunidade, como vai fazer que seus clientes considerem?

Estar em um vídeo, (DVDs, vídeo na internet, YouTube, etc.) cumpre vários propósitos, e um deles pode se aplicar a você:

- É um dispositivo de *marketing* ou "audição" para obter trabalhos como palestrante.
- Pode ser uma fonte de renda passiva: "Tom Jones on Leadership in the New Millennium."
- Pode ser um material a "deixar" em intervenções de consultoria adequadas.
- Pode ser um meio de transferência de habilidades para consultores internos dos clientes.
- Dá muita credibilidade referir-se a "meu vídeo sobre o tema de..."

- Pode cumprir o papel de um livro publicado.
- Pode criar repetição e seguidores "cult" e, portanto, boca a boca viral.

Convencido da utilidade? Se estiver, continue lendo para saber como se tornar uma estrela. A melhor maneira de criar um vídeo é análoga à criação de um áudio: tente ser gravado diante de um público, ao vivo. Tenho visto algumas convenções e associações que sempre gravam os apresentadores, mas muitas organizações-clientes também têm capacidade de fazer isso. Já fui gravado por tantos clientes diferentes com estruturas que vão desde um funcionário da empresa com uma câmera em um tripé no fundo da sala até uma equipe de produção contratada para esse fim e até um palco profissional com vídeo gravado de uma cabine e projetado em telões.[10]

Sua melhor aposta para vídeos é fazer que o cliente grave a apresentação. Assim como acontece com áudio, muitos clientes estão dispostos a fazer isso, embora simplesmente a ideia não lhes tenha ocorrido. Sua tarefa é ajudá-los a entender o valor de criar essas gravações para mostrar às pessoas que não puderam participar da sessão, que estejam em locais distantes, que entrarem para a organização no futuro e como ponto de referência posterior para as que participaram. Você pode acrescentar mais razões, em função da natureza de sua palestra e/ou trabalho de consultoria. Essas justificativas simples, mas verdadeiras, costumam ser muito influentes. Você deve preparar sua apresentação para aproveitar a mídia do vídeo.

A solução de 1%: grave em vídeo seus clientes dando seus testemunhos sobre você e coloque em sua página na internet. É a ferramenta de *marketing* em vídeo mais intensa que conheço.

Monte sua palestra para aproveitar a mídia. Isso é muito mais complicado de fazer do que no áudio, embora mesmo naquele você tenha tido que fazer alguns ajustes (por exemplo, sem demonstrações não verbais muito longas). O pior pecado do vídeo é a síndrome da "cabeça falante". Nada gera letargia mais rapidamente do que assistir a alguém na tela, parado em um lugar, falando por meia hora ou mais. Um aliado próximo desse horror é uma pessoa em vídeo, que é uma mídia bastante sofisticada, usando um cavalete ou quadro negro, que são meios de comunicação bastante primitivos, para ilustrar pontos para o público. Problemas semelhantes surgem com *slides* e transparências de retroprojetor em função de problemas de iluminação.

Trabalhe com o cliente para melhor explorar o formato do vídeo. Já que você sugeriu (ou mesmo que o cliente tenha sugerido) a gravação, invista algumas horas no telefone com a pessoa que está controlando o equipamento. Descubra quantas câmeras serão usadas, onde estarão situadas, se podem fazer *zoom*, se há pontos mortos na sala, qual será o sistema de som, etc. Informe o operador de seus planos de movimentação, recursos visuais e participação do público, e planeje cuidadosamente o que pode ser coberto efetivamente e o que não pode. Aqui vão algumas diretrizes para eficácia das gravações em vídeo da perspectiva do palestrante:

- Organize para que a pessoa que lhe apresentar esteja incluída na gravação, e prepare essa pessoa cuidadosamente para a introdução que deseja.
- Tente se movimentar na parte da frente da sala e use gestos físicos. Isso significa que você não pode estar preso a anotações, que devem permanecer no suporte. Certifique-se de que a câmera possa ser movimentada dessa forma e que o operador esteja preparado para mover-se com você, e não para "alcançá-lo". (Dependendo da iluminação, você pode precisar de um canhão seguidor.) Alterne *close-ups* e tomadas longas.
- Repita todas as perguntas do público para a câmera e o sistema de som.
- Tente ter microfones para captar as reações do público. Ou use microfones centrais até os quais as pessoas caminhem (ou circule microfones de mão).
- Não use camisa ou blusa branca nem terno estampado. Uma roupa conservadora é melhor porque o vídeo exagera um pouco as cores. Azul-marinho é sempre uma opção segura. (O preto sempre tem estilo e emagrece, além de que todos os acessórios combinam com ele. O que há de errado com o preto?)
- Pratique até estar bem acostumado, mas não se preocupe com a perfeição. Corrija quaisquer erros de forma natural e fluida; não sobrecarregue os ouvintes nem tente humor improvisado. O benefício da gravação em vídeo de uma apresentação ao vivo é que o público não se surpreende com erros menores, normais, mas será distraído por alguém que esteja visivelmente brincando com a câmera.
- Finja que a câmera não está lá enquanto fala. Isso melhorará os aspectos naturais da apresentação.
- Faça uma apresentação relativamente curta. Minha tendência é de uma duração de 30 a 45 minutos. É difícil editar esse tipo de gravação, pois os pontos anteriores dependem de uma base anterior.

- Mantenha os recursos visuais simples e sensíveis ao vídeo. Por exemplo, segurar um objeto na mão é ideal, desde que ele seja grande o suficiente para ser captado pela câmera. Tente ficar longe de *slides* que requeiram ajustes de luz. (Muitas vezes, é possível inserir posteriormente uma imagem ou diagrama na edição, especificamente para o vídeo, se algo na apresentação não aparecer bem na gravação.) Apresentações em PowerPoint aparecem bem, mas estão sendo usadas demais e geralmente são tediosas. Tente não usá-las.
- Revise suas anotações para evitar qualquer referência a calendários ou eventos que indiquem a data, e abstenha-se de improvisações que a façam.
- Ofereça-se para permanecer depois da apresentação, para regravar qualquer parte que o técnico ache que pode não ter sido bem captada. Mesmo com a sala vazia, você pode apresentar um exemplo de 5 minutos ou explicar de novo algo que tenha ficado distorcido antes. Na maioria dos casos, você poderá ver toda a gravação imediatamente.

Quando tiver obtido uma cópia master do vídeo, você pode trabalhar com uma produtora para criar um pacote que seja do seu interesse. Recomendo os seguintes aspectos essenciais:

1. Inclua uma locução no início, com música de fundo genérica.
2. Acrescente algum título com o tópico, seu nome e o cliente ou grupo. Não inclua a data.
3. Retire, na edição, algum material estranho (juntar papéis derrubados, uma interrupção no fundo da sala) e melhore as reações do público se for necessário.
4. Muitas vezes, é melhor terminar a gravação durante o aplauso e/ou enquanto o apresentador está agradecendo a você. Corte para uma legenda final.
5. Conclua com uma locução explicando o que acaba de ser visto, acompanhado de uma legenda mostrando para onde escrever para pedir mais informações. Esse é o lugar para um número 0-800, se você tiver. Use música genérica para encerrar.
6. Coloque o vídeo em uma caixa simples, com uma etiqueta, incluindo seu nome, empresa e logomarca, e o título do trabalho.
7. Coloque também a produção acabada em um DVD (custa o mesmo preço para copiar e é até mais comum de usar). A maioria das minhas demonstrações em vídeo é solicitada em DVD.

Esses vídeos não precisam ser colocados em álbuns, podendo estar em caixas individuais. Em grande quantidade (mais de cem), você poderá facilmente encontrar lugares que os copiam por menos de US$ 10 a unidade e às vezes por até US$ 5. Os custos de produção para editar e colocar locuções geralmente ficam em menos de US$ 300, dependendo do grau de complexidade de suas necessidades. (Meu conselho: mantenha-os simples e profissionais.) Sendo assim, por algo em torno de mil dólares, você pode ter cem DVDs copiados segundo suas especificações, e eu acho que você pode reduzir isso a US$ 500 se pesquisar com cuidado. (O cliente tem uma produtora que costuma usar e possa recomendar?)

Por fim, e se seus clientes não gravarem vídeos? A melhor alternativa é buscar permissão para que sua própria produtora grave a sessão. Você pode facilmente encontrar empresas locais (ou seja, no local de sua apresentação – não lhe interessa pagar por despesas de viagem), muitas vezes a partir de indicações dos clientes, que gravem profissionalmente esse tipo de apresentação por preços razoáveis. Em minha experiência, pode-se ter uma apresentação gravada com duas câmeras por um grupo externo por menos de mil dólares, e isso costuma incluir a edição posterior. Mas tome cuidado com os requisitos mínimos de tempo; algumas empresas exigem que você as contrate por um dia, já que elas não podem fazer nada além de seu trabalho. A vantagem de uma empresa externa é que você sabe que o vídeo vai ser bem feito e coordenado com seus esforços porque *você* é o cliente.

O único risco é a sensibilidade do cliente em relação a questões confidenciais, políticas da empresa, etc. Se quiser trazer uma empresa de fora, sempre ofereça para abrir mão de algum honorário que esteja recebendo por essa palestra em especial ou proporcione alguma coisa ao cliente – uma redução no valor do trabalho total, cópias gratuitas do vídeo para distribuição, uma apresentação extra em outro lugar, etc. Faça valer a pena para o cliente, pois certamente vale muito a pena para você. Com frequência, associações e convenções profissionais aceitam prontamente que você traga equipamento para gravação de vídeo, principalmente se você abrir mão de cobrar pela palestra para esses grupos para quem o orçamento é importante.

Fique alerta. Em uma conferência internacional de gestão, observei que a câmera que projetava os apresentadores nos telões tinha capacidade de gravação. Os operadores concordaram gentilmente em gravar minha apresentação principal de 2 horas, que teve o benefício de uma reação sensacional do público. Com a permissão do cliente, usei a gravação para meu vídeo demonstrativo, meu vídeo do escritório e um produto que custava US$ 199. Apropriadamente, meu tema naquele dia foi "Capturando a oportunidade!". Esteja sempre preparado para aproveitar o momento. (Meu atual DVD também é uma apresentação principal ao vivo, gravada nas instalações de um cliente. Teve custo de produção zero.)

Sua empresa está bem, seu crescimento está acelerando e seu perfil pessoal está melhorando. Mesmo assim, estabelecemos que este é um negócio baseado em *relações*. Tratemos, então, das relações de alto nível.

❖ Perguntas e respostas

P. *Qual é o passo fundamental na construção de marca?*
R. São três. Primeiro, estabelecer uma marca que tenha sentido, seja seu nome, um traço (Eu tenho sido o "do contra") seja uma analogia. Segundo, alimente-a usando-a constantemente na internet, em conversas, em impressos, em introduções, etc. Por fim, realize o valor da marca cobrando mais para que o cliente tenha o "do contra" em pessoa ou o "mundialmente famoso Alan Weiss."

P. *E se eu realmente quiser construir um negócio com pessoas e infraestrutura?*
R. Mais poder para você. Lembre-se de que vai ter que investir anualmente em seus bens, na esperança de vender a empresa por seu valor em algum momento futuro, de modo que vai tirar muito menos dela pessoalmente. Simplesmente não fique parado entre dois modelos, e não crie um "estado de bem-estar social corporativo" em que sustente os funcionários. Eles é que devem sustentar *você*.

P. *Posso imaginar palestrantes profissionais em áudio e vídeo, mas tem sentido para um consultor?*
R. O *marketing* tem sentido para todo mundo, e esta é uma época cada vez mais visual, principalmente na internet. Pense em vídeos de seu trabalho com um cliente e/ou no cliente dando um testemunho.

P. *Não é manipulação pintar uma imagem demasiado grandiosa de minha empresa e minhas realizações?*
R. Isso depende de até onde você acredita que pode oferecer valor aos clientes. Se você não estiver convencido, entusiasmado e cheio de exemplos,

eles certamente não ficarão. Eu não quero um cirurgião, um entrevistador, um contador, um *designer* ou um consultor que não esteja cativado pelo trabalho e que não ache que é muito bom no que faz.

P. *Qual é o mecanismo de construção de marca mais eficaz que existe?*
R. O seu nome. Afinal de contas, não há outro "você".

Reflexão final: a percepção é realidade. Aja como um "negócio sólido" e uma empresa grande, e os outros lhe verão assim. A autoimagem se torna uma imagem geral. A primeira venda é sempre para você mesmo.

Capítulo 16

As relações baseadas em gravidade de mercado

Quando os potenciais clientes lhe telefonam procurando ser seus clientes e os atuais não querem deixar de sê-lo

❖ Contratos de longo prazo

O crescimento administrado com inteligência cria sua própria força motriz. Aos poucos, você vai vendo que as chances que nunca se apresentavam quando você estava começando viram a seu favor. "Onde elas estavam quando eu realmente precisava delas?" é a pergunta que tendemos a fazer. O fato é que construímos nossas próprias chances, e o simples ato de desenvolver seu negócio gera uma força mais nova e coloca melhores oportunidades em seu caminho.

O grande gerente-geral do Brooklyn Dodgers, Branch Rickey, respondendo a críticos que diziam que ele tinha apenas sorte ao encontrar os melhores jogadores, disse: "A sorte é o resíduo do *design*". E como observou o mestre da ficção científica Robert Heinlein, com muitos livros e prêmios na bagagem: "'Sorte' é o termo usado pelos medíocres para explicar que a genialidade não é importante".

A solução de 1%: o simples ato de crescer cria uma força motriz que gera oportunidades extras que não tinham sido previstas.

Uma dessas oportunidades está nos contratos de longo prazo. Embora eu tenha defendido trabalhos finitos, de prazos mais curtos, com início e fim claros, também enfatizei as relações de longo prazo, das quais surgem periodicamente esses contratos. Ocasionalmente, um cliente terá uma situação legítima e atrativa que justifique uma colaboração duradoura.

Com "longo prazo" quero dizer relações de consultoria que cumpram os dois critérios a seguir:

- O período acertado é de pelo menos um ano.
- Os objetivos são dinâmicos, e não fixos.

Um ano é minha própria avaliação arbitrária daquilo que constitui longo prazo. Na maioria dos casos, isso vai envolver dois anos fiscais do cliente, mesmo que todos os pagamentos sejam feitos apenas em um deles.[1] Envolverá a finalização dos resultados de um ano a serem comparados com o plano e a criação do plano para o ano seguinte. E envolverá mudanças suficientes normais na operação – rotatividade, ações competitivas, novos produtos e serviços, clientes adquiridos e perdidos, etc. – para proporcionar uma oportunidade realista de avaliar o impacto de sua assistência. Em outras palavras, você pode saber muito claramente se sua presença está melhorando a condição do cliente.

O segundo critério significa que o cliente pode dizer: "Vamos nos reunir duas vezes por mês para fazer um *brainstorming* sobre o que eu deveria estar fazendo para melhorar a operação em vista dos resultados que estamos tendo. Nesse meio-tempo, ande pela empresa e me diga o que acha que eu não sei ou não avalio bem."

O cliente não está procurando sua participação para instalar um sistema ou procedimento, realizar uma oficina, nem para ajudar a redefinir relações hierárquicas, embora qualquer dessas atividades possa acontecer se as condições assim demandarem. Sua relação baseia-se em estabelecer objetivos para melhorar a organização, e não em cumprir objetivos predefinidos. Você está funcionando como o "especialista independente" no gráfico de possíveis intervenções do Capítulo 1. (E esse é um trabalho ideal para ser feito em sistema de plantão, como dissemos antes: acesso a suas habilidades.)

Esse tipo de contrato é a maior demonstração de confiança. O cliente não está esperando tarefas específicas a serem cumpridas, nem há um objetivo particular que precise ser atingido. Em vez disso, está confiando em você para lhe dar, durante um tempo, aconselhamento e assistência que melhorarão a organização, e acredita que isso será feito com sinceridade, precisão e pragmatismo.

Demitir todos os vice-presidentes nem sempre resolve alguma coisa. Estabelecer declarações escritas de responsabilização, que todos os executivos ajudam a escrever, com as quais se comprometem e segundo as quais concordam em ser avaliados, geralmente resolve. Nas relações de plantão de longo prazo, o cliente não precisa ter objetivos específicos cumpridos, mas sim ter acesso garantido a suas habilidades.

Trabalhei com a divisão de gerenciamento de águas da Calgon Corporation por cinco anos. O presidente recém-nomeado e eu combinamos de fazer um trabalho de seis meses, que levou a um segundo trabalho de seis meses e a quatro outros, de um ano cada um. Durante esse longo período, realizei oficinas, coordenei reuniões, acompanhei o presidente, entrevistei todos os principais executivos e gerentes, visitei locais de prestação de serviços, participei de atendimentos, elaborei programas, recomendei movimentações de pessoal, avaliei programas externos e ajudei a estabelecer responsabilidades fundamentais.

Nenhuma dessas atividades foi especificada no início. A necessidade delas surgiu à medida que a relação continuava. Na maior parte do tempo, o presidente e eu concordamos, e às vezes, não. Não importa. Eu cumpri o papel de consultor da equipe de administração e proporcionei ajuda na medida que foi solicitada ou quando eu achava que deveria. Parte desse trabalho era feita por projetos específicos, com objetivos, medidas e valor claros (por exemplo, elaboração de programas), enquanto outra parte era simplesmente acesso a mim (por exemplo, como para a discussão sobre a criação de políticas).

Esse continua sendo um dos mais gratificantes trabalhos de consultoria que eu já tive. No decorrer de cinco anos, vi minhas recomendações implementadas, observei os resultados em termos de objetivos empresariais da organização e consegui fazer os ajustes que eram necessários. Eu conhecia praticamente todos os gerentes na sede e os de campo, e provavelmente nenhum deles hesitaria em me ligar se achasse que eu poderia ajudar. Eu fazia parte da equipe.

Depois do primeiro ano, a divisão atingiu (e superou) seu plano pela primeira vez em vários anos. Foi aí que o presidente do grupo observou: "Você deve ter ficado muito satisfeito por ter sido parte de nosso sucesso nesse ano que passou." E era exatamente assim que eu me sentia.

Os contratos de longo prazo[2] são extremamente valiosos porque dão a máxima oportunidade para o crescimento multidimensional. (Veja, na Figura 16-1, os elementos essenciais de um contrato de longo prazo.) Você consegue testar constantemente os limites em um contexto que é conhecido, de confiança e que aceita a mudança (caso contrário, você não estaria lá). Essas relações são exatamente o oposto daquilo que a maioria das pessoas na profissão de consultoria busca.

Com muita frequência, os consultores externos ajudam as empresas a implementar mudanças programáticas. Eles elaboram e participam da imple-

> **Um contrato de longo prazo**
>
> - Geralmente é estabelecido com o diretor-executivo ou chefe da unidade.
> - Requer mais tempo *in loco* e com os clientes do cliente.
> - Nunca deve incluir concorrentes do seu cliente, já que se costumam compartilhar muitos dados confidenciais.
> - Geralmente se estabelece por solicitação do cliente, e não como resultado de uma proposta sua.
> - Demanda que você estabeleça credibilidade e confiança com a administração em vários níveis. (Se você for considerado como ameaça ou inimigo, seu valor de longo prazo será zero.)
> - Exige uma quantidade muito maior de inovação e iniciação de sua parte, já que você terá que reagir e prever a mudança para os clientes. Sua atitude não deve ser a de *fixar*, mas sim a de *melhorar*.

Figura 16-1 Um contrato de longo prazo tem seis características, além da duração e dos objetivos dinâmicos já citados.

mentação de programas de treinamento corporativo, formulam importantes declarações de missão, montam programas de participação nos lucros e implementam círculos de qualidade. Esses programas são ideais para o papel dos consultores externos. São fáceis de explicar a potenciais clientes e, justamente por serem programáticos, podem ser replicados de uma empresa a outra. Como os clientes estão comprando um produto conhecido, os consultores podem estimar precisamente o tempo e o custo de implementação do programa.

Programas que não demandem mudanças duradouras no comportamento cotidiano dos funcionários geralmente não são ameaçadores, mas, embora sejam fáceis de vender às empresas, não promovem revitalização por si sós.

Há dois métodos básicos de avaliar honorários nesses contratos. O melhor dos dois é coerente com a orientação já dada em termos de honorários fixos baseados em valor (Capítulo 9). Qual é o valor, para o cliente, de sua ajuda pessoal no longo prazo para entender a operação e seu pessoal intimamente e para fornecer assistência específica a fim de melhorar a condição do cliente? Até onde ter prioridade no seu tempo tem valor para o cliente?

Minha preferência é estabelecer seus honorários para o ano (ou seja qual for o período) e fixar os termos de pagamento, mais uma vez dando um desconto para o pagamento único. (Isso costuma ser altamente atrativo nessas situações e lhe proporciona uma quantia substancial de dinheiro de uma só vez.) Outra possibilidade é pedir seu depósito normal de 50% e estabelecer datas de cobrança periódicas. As despesas devem ser cobradas no final de cada mês do calendário.

O primeiro método é um contrato de plantão de longo prazo. É importante acelerar a agenda de pagamentos porque, mesmo com um contrato rígido, os clientes tenderão a cancelar esse tipo de consultoria quando houver mudanças na administração, quando a economia estiver mal e/ou quando a organização sofrer outro tipo de trauma (mesmo que nesse caso o consultor seja mais necessário do que nunca). Esse é o tropismo em relação ao corte de custos que ocorre em organizações ameaçadas.

E isso é que torna a segunda alternativa tão perigosa para seu fluxo de caixa.

Lembre-se dos critérios dos preços do plantão: quem está envolvido na relação, qual é sua abrangência e qual é sua duração?

A segunda alternativa é um contrato mensal. Se o cliente preferir isso, sempre estabeleça em seus contratos uma das duas disposições (ou ambas) seguintes:

- O contrato é pago antecipadamente, um trimestre de cada vez.
- Há uma garantia contratual de seis meses.

Dessa forma, você se protege, até onde é possível, de eventos imprevistos, como ser vítima de um mês de vendas ruim. Os contratos de longo prazo garantem que você seja um negócio sólido. Também aliviam preocupações com fluxo de caixa e, mais importante, proporcionam o crescimento multidimensional que é vital aos consultores de ouro.

Em um contrato feito por dois anos e meio com uma divisão da Times Mirror Company, que envolvia muitos projetos interconectados, o cliente pagou quase um quarto de milhão de dólares em uma soma única em 1º de janeiro. Ambos achamos que fizemos um ótimo negócio – assim como o meu banco.

Considerando que o cliente geralmente lhe chama para esse tipo de contrato, como você pode ajudar para que eles aconteçam? Como criar a gravidade para plantões de longo prazo?

Critérios para trabalhos bem-sucedidos em sistema de plantão

1. Estabeleça o calendário mais longo possível.
2. Aproxime todos os pagamentos do início do trabalho e incentive o pagamento integral adiantado em troca de um desconto.

3. Garanta um acesso ilimitado em ambos os sentidos: o cliente pode falar com você a qualquer hora razoável, mas você também deve poder falar com ele da mesma forma.
4. Limite muito o número de pessoas que têm acesso a você ou aumente muito o valor do contrato à medida que esse número cresce.
5. Se o cliente insiste em que você não trabalhe para empresas concorrentes, aceite essa condição em troca de um aumento em seus honorários – quanto mais longas as disposições relacionadas à concorrência, maior o aumento.
6. Crie propostas separadas para projetos específicos que o cliente possa pedir que você faça, que envolvam mais do que sua assessoria. Se lhe pedirem recomendações sobre um sistema de avaliação, sem problemas, mas se o pedido for para formular e implementar um sistema desses, isso é um trabalho separado que demanda uma proposta e honorários separados.
7. Reúna-se com o comprador pelo menos uma vez por mês e fale com ele ao telefone pelo menos uma vez por semana, mas não se sinta na obrigação de ter uma agenda de aconselhamento proativo. Simplesmente expresse sua disponibilidade.
8. Ofereça uma opção de renovar o contrato bem antes de o atual expirar, ou seja, em outubro do ano em andamento para o ano seguinte, se for um contrato anual. Você tem que planejar seu tempo, e o cliente, o orçamento.
9. Não se sinta na obrigação de aparecer para justificar o contrato. O valor neste caso é sua assessoria permanente e sua assistência quando for necessária, e não suas aparições. Estas irão limitar seus negócios em muito, sem proporcionar qualquer valor extra e discernível ao cliente.
10. Ofereça ideias provocativas. Você está lá para estimular e romper paradigmas, e não simplesmente para reforçar o cliente em seu rumo conservador.
11. Nunca se sinta culpado se não for usado "com a frequência suficiente". Veja a si mesmo como uma apólice de seguros, se isso ajudar.

❖ Possibilitando que o comprador compre

As relações de alto nível significam que você apenas deve tornar o ato de comprar simples e prazeroso ao comprador. Isso é mais fácil do que você pensa, e aqui vão algumas técnicas a serem empregadas.

Conferências com clientes

Um amigo meu é especializado em consultoria de estratégia, principalmente na etapa de formulação. Ele cobra US$ 100 mil ou mais por trabalho, praticamente não faz propaganda, não faz exposições em feiras comerciais e nunca o vi em listas de profissionais. Mesmo assim, somente no primeiro semestre da maioria dos anos, ele agenda mais de uma dúzia de trabalhos de estratégia. Durante muito tempo, ele vendia, implementava e acompanhava esses trabalhos por conta própria.

Como ele consegue esse nível de trabalho? Bom, em 1991, quando começou (durante a Guerra do Golfo, nada menos que isso; uma lição para todos nós que estamos lidando com estes turbulentos tempos globais), ele deu um simpósio para clientes. Ele convidou alguns de seus clientes de estratégia, na época, que estavam satisfeitos, alguns prováveis clientes e alguns palestrantes externos para alguns dias em um *resort* fino. Os cônjuges foram incentivados a comparecer.

O evento não era cobrado, mas todos pagaram suas próprias passagens aéreas e alojamento. O resultado? Em junho, ele já tinha vendido uma formulação de estratégia para todos os potenciais clientes que participaram, menos um. Há muito ele aprendera a lição de investir dinheiro para ganhar dinheiro. Ele considerava o simpósio como uma ferramenta de *marketing* estratégica e empregava uma tática que é uma das mais poderosas em nossa profissão: a influência dos pares. Ele vendeu pouco durante o encontro e deixou que seus clientes vendessem por ele durante os coquetéis, nos corredores e na quadra de golfe.

Esses são exemplos de relações de alto nível: clientes atuais vendendo a potenciais clientes por meio de canais de comunicação que você estabelece. Ele nunca hesitou em gastar US$ 50 mil ou mais em um palestrante principal (Henry Kissinger apareceu um ano) porque sabe que o investimento paga um grande retorno, e apenas uma venda extra recupera mais do que os simples custos. Não há maior influência e nenhum estratagema de vendas mais poderoso do que fazer que um executivo tenha a oportunidade e motivação de dizer a outro: "Use esse consultor, agradeço aos céus por ter feito isso".

As conferências de clientes são um método excelente para obter a interação que resulta na influência dos pares. O fator central do uso eficaz da influência dos pares é garantir que você convide mais do que apenas clientes! Se você estiver fazendo um simpósio, como fez meu amigo, ou uma conferência geral sobre um determinado tema de gestão, faz sentido ter uma composição coerente de pessoas – incluindo clientes atuais e potenciais.

A solução de 1%: o máximo em *marketing* é quando um comprador recomenda seus serviços a outro pelo nome.

Se você estiver promovendo uma conferência orientada aos clientes, a maior parte dos participantes vai estar nessa categoria, mas alguns podem ser potenciais clientes de alta prioridade e alta qualidade. Você pode até decidir pagar o transporte, se a organização deles não proibir a prática. Todas as conferências que você promover representam uma valiosíssima oportunidade de *marketing*.

A seguir, uma lista de itens a serem garantidos para uma conferência bem-sucedida. (Com "bem-sucedida", quero dizer que os participantes achem que o tempo foi bem investido e que os potenciais clientes se aproximem mais de uma posição de compra.)

- Participantes avisados pelos menos com dois meses de antecedência, de preferência mais.
- Uma relação de, pelos menos, três potenciais clientes de alta qualidade para cada cliente presente (se não for uma conferência só de clientes).
- Um excelente palestrante externo por dia – um nome reconhecido/de prestígio no campo.[3]
- Uso de ótimas instalações, com ampla variedade de oportunidades recreativas.
- Uma agenda formal limitada (ou seja, somente manhãs ou um dia inteiro de folga), com muito tempo para convivência.
- Entrevista coletiva organizada de antemão, durante a conferência, ou divulgação pela imprensa depois do evento.
- Fornecimento de exemplares de cortesia de livros, artigos ou exemplos que sejam de uso durante a conferência.
- Fornecimento de um relatório posterior e materiais resumidos, e oferta de ajuda permanente depois da conferência.
- Promoção na internet e resumos da conferência.
- Providenciar para que os participantes continuem em contato entre si por sua própria iniciativa.
- Página especial na internet, protegida por senha, ou sala de bate-papo para uso pós-conferência.
- Atualizações sobre os temas discutidos por meio de boletim eletrônico.

Observe que essas conferências visam a *compradores* atuais e potenciais de seus serviços. Muitas empresas promovem *reuniões de grupos de usuários*, englobando os facilitadores, instrutores e outros elementos internos que participaram da implementação de seu trabalho. São eventos valiosos que fortalecem a relação que você está tentando formar com seus clientes, mas não representam a importante ferramenta de *marketing* por influência de pares que são as conferências e os simpósios em nível de comprador.

Além disso, as reuniões de grupos de usuários geralmente podem ser feitas internamente ou regionalmente entre vários clientes, usando instalações dos próprios clientes. Seu objetivo é aumentar a aplicação técnica de seu trabalho. A reunião de compradores é uma oportunidade valiosíssima de *marketing*, o que justifica um grande investimento. Porém, não confunda os dois, e *nunca misture executivos e implementadores* na mesma conferência. Não apenas o quadro de referência deles vai ser diferente, mas a intenção que você tem em relação a eles também será radicalmente diferente.

Estudo de caso

Muitos dos consultores dos quais eu fui mentor lançaram reuniões-almoço e cafés da manhã como miniconferências. Eles convidam 25 compradores potenciais, tanto clientes atuais quanto potenciais clientes, para uma sala de reuniões de hotel. Geralmente, entre 15 e 20 realmente comparecem, em função de compromissos de última hora.

As sessões não duram mais de 90 minutos, para não sobrecarregar o dia. O consultor paga pela sala de reuniões e pela refeição, e coordena uma discussão informal sobre um tema único: retenção, *marketing* global, regulamentação dos negócios, gestão de inventário, etc. Em geral, há um palestrante convidado, que pode ser um professor local de economia ou alguém de um órgão do governo.

O custo total é de cerca de US$ 1 mil, incluindo os convites. O principal é que o convite seja intransferível. (Os executivos não gostam de se misturar a pessoal de níveis inferiores nesses eventos.)

Alguns colegas viram tanto sucesso nessas sessões que criaram mesas redondas empresariais, nas quais o mesmo grupo se reúne todos os meses para compartilhar temas comuns sob a égide do consultor. É raro essas relações não levarem a mais trabalhos de consultoria.

Grupos consultivos de clientes

Os grupos consultivos de clientes são outra técnica usada para construir relações de alto nível. Tenho um cliente do setor de seguros cujo diretor-executivo pediu que quatro de nós – todos consultores externos – participassem de um conselho consultivo informal, que se reúne duas vezes por ano em *resorts* sem receber, mas com todas as despesas pagas e com os cônjuges incentivados a participar. Geralmente, passamos um dia trabalhando, aconselhando o diretor-executivo em questões que estejam em sua lista de prioridades e, muitas vezes, discutindo entre nós sobre nossos conselhos. O resultado foi que exploramos todas as questões minuciosamente, e os consultores aprenderam tanto quanto o executivo. O segundo dia era passado em convivência, na praia, em um barco de pesca ou o que fosse.

Esse diretor-executivo recebeu muita assistência de consultoria nesses poucos dias por ano. Isso não substituiu o que fazíamos para ele de forma independente, trabalhando em projetos claramente definidos, mas ampliou todo o nosso trabalho e lhe deu uma caixa de ressonância valiosa (e única) que não estava disponível dentro de sua organização. Nenhum de nós recuou, nenhum jamais disse: "Espera aí, esse tema realmente deveria ser tratado em um trabalho profissional!"

Da mesma forma, é uma boa ideia você formar grupos consultivos entre seus clientes e não clientes (que podem vir a se tornar clientes). Esses consultores externos informais *não* devem incluir seu advogado nem seu assessor financeiro. Essas pessoas dão assessoria em campos restritos e importantes que não devem ser incluídos em um conselho consultivo. Mantenha seu conselho ou grupo consultivo pequeno – não mais de oito membros, mas mais do que apenas um punhado, porque as agendas vão interferir na participação individual nas reuniões – e reúna-os frequentemente. Considero duas vezes por ano uma boa frequência.

Você não tem que levar todo mundo para Antigua, mas deve pagar a conta de dois dias em um bom lugar, incluindo tempo social suficiente. Isso serve para permitir que a boa influência dos pares opere, entre outros benefícios. Lembre-se, tente incluir pelo menos dois ou três não clientes que tenham potencial para se tornar clientes, e mantenha todos os membros em nível executivo.

Entre as questões que você pode pedir que seu grupo consultivo discuta e lhe dê consultoria estão:

- Sua estratégia no mercado.
- Grandes ações/investimentos: alianças, ampliação de escritórios, novas contratações e assim por diante.
- Grandes planos de *marketing*.
- Planos de publicação.
- Tendências econômicas.

- Trabalho gratuito em nome de causas.
- Prioridades de gestão que surjam.
- Concorrência.
- Crescimento da empresa e/ou infraestrutura.
- Necessidades de crescimento pessoal.
- Novas tecnologias relevantes.
- O que abandonar.
- A continuidade da utilidade de seu modelo de negócios.

> Os grupos consultivos de clientes servem para cimentar relações existentes com clientes ao formar um esforço colaborativo em nome de sua empresa. Também desenvolvem relações potenciais entre membros não clientes e contato entre membros.

Os grupos ou conselhos consultivos de clientes não são conselhos diretivos, os quais eu não recomendaria que você formasse. Como você está assumindo o risco e proporcionando o talento, um grupo com caráter diretivo cumprirá qualquer papel que um grupo consultivo não cumpra. Nesse meio-tempo, o primeiro tem alguns inconvenientes importantes em termos de restrições sobre suas atividades e divulgação de assuntos profissionais de caráter pessoal. O conselho consultivo tem todos os elementos de apoio de uma diretoria e nenhuma das desvantagens. (Também é consideravelmente mais fácil de formar, alterar e encerrar quando for necessário.)

Não importa como você chame seus esforços para criar relações e fóruns – simpósios, conferências, reuniões, diretorias, comitês, encontros, sessões, forças-tarefa, conselhos ou alguma outra coisa –, seu objetivo deve ser o mesmo: criar oportunidades de influência entre pares para vender seus serviços a potenciais clientes e criar oportunidades de solidificar as relações permanentes que formou com os clientes atuais. Essas alternativas lhe dão muita alavancagem nesses empreendimentos de *marketing*.

❖ O princípio de valor agregado baseado em nunca perder clientes

Todos os livros necessitam de um acrônimo inteligente. Talvez este seja o meu: PVABNPC. Pensando melhor, talvez eu deva explicar.

O princípio de valor agregado baseado em nunca perder clientes (PVABNPC) é simplesmente minha maneira de enfatizar que, quanto mais longa for a relação, mais longa ela provavelmente será. Não, isso não é um truísmo. No nascimento, a expectativa de vida de um indivíduo pode ser de 77 anos, mas quando ele chega aos 40, sua expectativa provavelmente é de cerca de 80. E quando você chega aos 79, o provável é que você tenha ainda alguns anos.

Em outras palavras, quanto mais você viver, mais provavelmente viverá. As relações com clientes seguem muito de perto essas realidades estatísticas, mas não pelas mesmas razões.

Como você certamente já se deu conta, meu caminho aos milhões nos negócios passa por estabelecer relações de longo prazo. A criação dessas relações, por sua vez, baseia-se na construção e implementação das qualidades de valor agregado que lhe possibilitam melhorar a condição do cliente.

A sustentação dessas qualidades e essa melhoria, com o passar do tempo, criam um vínculo que é muito difícil de romper, pois seu valor aos clientes aumenta geometricamente à medida que você avança de um projeto para outro. Você não é apenas a soma do sistema de avaliação de desempenho que implementou, da pesquisa com clientes que fez, da criação de estratégias para a área de recursos humanos. À medida que se envolveu nesses projetos, a organização-cliente lhe forneceu informações que lhe tornaram conhecedor do funcionamento e da cultura dela.

Seu valor agregado não é mais simplesmente os talentos que você traz ao cliente; também é a sabedoria que você pode agora aplicar por conhecê-lo intimamente. E sabedoria é fundamental porque não é prontamente substituível.

A solução de 1%: uma vez que o cliente tenha educado você sobre sua cultura e seu negócio, você tem mais valor e pode cobrar mais e, portanto, é mais difícil dispensá-lo. E não vai muito além disso. A maioria dos trabalhos de consultoria começa com a coleta de informações e a aplicação de conhecimento. Essas atividades são substituíveis e indiferenciadas. A obtenção e o uso de sabedoria são um valor intrínseco que é difícil e demorado para qualquer outra pessoa recriar.

Os clientes podem encontrar muitas alternativas para implementar sistemas de planejamento de sucessão, elaborar oficinas sobre inovação e mesmo ajudar na formulação de estratégia. Em todas essas, e em muitas outras atividades de consultoria, há um processo educacional conjunto ocorrendo. O cliente aprende processos, métodos e habilidades que melhoram a sua condição.

Contudo, como preparação a esse resultado, o consultor deve ser educado em relação à organização do cliente. Quanto menos ele souber sobre o cliente e seu setor, mais educação será necessária, mais longo será o processo de aprendizagem e maior a chance de erros, concepções errôneas e avaliações equivocadas iniciais.

Quanto mais o consultor souber acerca da organização e do setor do cliente, menos educação corretiva será necessária, mais curto será o processo de aprendizagem e menores as chances de erros, concepções errôneas e avaliações equivocadas. Eu costumo começar um trabalho com um cliente novo incluindo o que chamo de *tempo de perambulação* em meus planos. Enquanto perambulo, eu tento:

- Reunir-me com todos os gerentes seniores para conhecer suas responsabilidades e suas percepções sobre a organização.
- Reunir-me com vários gerentes de níveis intermediário ou inferior para conhecer suas percepções.
- Reunir-me com várias pessoas entre os funcionários administrativos e horistas para conhecer suas percepções.
- Acompanhar pessoal de campo em visitas a clientes e em vendas, e comparecer a reuniões de vendas.
- Observar as rotinas normais de trabalho, incluindo a forma como se lida com queixas e crises.
- Inserir-me na cultura, nos costumes, nas crenças (reais e percebidas) e nas atitudes da organização em relação a seus clientes.
- Reunir-me com os clientes, se possível, na empresa e fora dela.
- Entender como o conhecimento é usado (está realmente disponível quando é necessário?)
- Aprender como a tecnologia é usada (ela tende a ajudar ou a atrapalhar?).

Estudo de caso

Enquanto eu perambulava em uma organização que tinha me garantido que tinha um "grupo de funcionários muito diversificado e integrado", vi a cafeteria voluntariamente segregada em hispânicos, afroamericanos e brancos, e mesmo esses grupos estavam estratificados por hierarquia.

Meu comprador me disse que "eu não estava descrevendo sua empresa". Eu lhe perguntei quando fora a última vez que ele perambulara por "sua empresa".

Essa perambulação nunca termina de verdade, mas é mais intensa no início de um trabalho, quando eu tento coletar informações no tempo mais curto possível, para poder ser o mais produtivo possível para o cliente.[4]

Em trabalhos posteriores para o mesmo cliente, minhas necessidades básicas de educação já foram atendidas, meu conhecimento está intacto (embora a educação continuada nunca termine) e eu começo a ser uma fonte de sabedoria para o cliente. Ou seja, minha consultoria tem agora a dimensão agregada de um profundo entendimento das crenças, objetivos, cultura, zonas de conforto e problemas únicos do cliente. Sou um sábio.

Na Austrália (minha décima-quinta viagem se aproxima), tive uma recepção muito calorosa, como costuma acontecer com os consultores norte-americanos em geral. Somos cordialmente (quero acreditar) chamados de "sábios do Leste". Acho que essa citação significa mais do que parece.

Os dados podem ser intercambiados. As informações podem ser intercambiadas e comunicadas. O conhecimento é prontamente compartilhado. Todas essas coisas são baseadas em fatos e circunstâncias que podem ser facilmente *exemplificados* – transferidos do abstrato ao concreto por meio de palavra escrita, exemplos, discussões e trocas. Essa é uma das razões pelas quais as organizações fazem tantas reuniões. Estão freneticamente tentando compartilhar informações para que sua base de conhecimento possa aumentar. A informação, por si só, não tem valor. É apenas um pré-requisito para o conhecimento, que é a aplicação dessa informação para melhorar o funcionamento da organização.[5]

Por exemplo, você pode ter dados sobre rotatividade que incluam o fato de que 5% estão em *marketing*, 7% em vendas, 6% em administração e 22% em produção. Ao investigar e coletar mais dados, você aprende que o gerente geral de produção tem um plano de remuneração diferente, estritamente voltado a objetivos de produção trimestrais. Ao combinar esses dados, as informações sugerem que a rotatividade de funcionários tem pouca importância para a gestão de produção e que o sistema de remuneração, na verdade, incentiva a rotatividade se os objetivos de produção forem alcançados. Se os objetivos da empresa forem reduzir as despesas de rotatividade e gerar funcionários de longo-prazo, seu conhecimento do problema e das intervenções eficazes na organização oferece essa solução: modificar o sistema de remuneração e educar o gerente-geral sobre as necessidades que a organização tem de reduzir a rotatividade, assim como atingir objetivos de produção.

Até aqui, você aplicou a informação para criar conhecimento e melhorar a condição do cliente. Agora, suponhamos que o cliente pediu seu aconselhamento sobre a reorganização da sua equipe de campo para reduzir camadas desnecessárias de gestão. Durante esse processo, você aconselha o cliente (dada sua experiência com movimento de vendas) que a reorganização tem que incluir uma reestruturação da avaliação de desempenho da gestão de campo e dos critérios de remuneração, pois a organização tem tendência a administrar tarefas em vez de resultados. Na verdade, a ênfase correta nos objetivos empresariais de longo prazo para a gestão de campo será o fator fundamental no sucesso da reorganização da equipe de vendas. O cliente reflete sobre você por um momento, e diz: "Isso é muito sábio. Me fale mais."

> Já ouvi muita gente dizer sarcasticamente: "Não seja tão esperto". Mas nunca vi alguém dizer: "Não seja tão sábio".

Quando você tiver adquirido a sabedoria que vem com a implementação bem-sucedida de vários trabalhos com clientes, com as relações próximas com gestores importantes, com a exposição à "alma" da organização e com o estabelecimento de credibilidade e confiança por meio de seus avanços, você será uma pessoa sábia.

Essa sabedoria vale muito para o cliente porque substituí-la custaria uma fortuna. Para substituir seu nível de sabedoria por uma nova fonte de consultoria, a nova pessoa teria que realizar vários trabalhos bem-sucedidos, desenvolver as relações necessárias, entrar em contato com os mecanismos internos da organização e construir a credibilidade e confiança que você já adquiriu.

Mesmo se outro consultor cobrar menos, o custo de fazer que ele adquira o seu atual nível de sabedoria seria proibitivo. Sendo assim, chegamos à relação de alto nível. Você se tornou tão valioso para o cliente – tão sábio em relação a seu funcionamento – que substituí-lo é muito mais caro do que possam custar seus honorários. E se você lembra de nossa discussão (no Capítulo 9) sobre estabelecimento de honorários, a forma melhor e mais lucrativa de fazê-lo é baseando-se em valor percebido.

> A solução de 1%: seu valor percebido nunca é mais alto do que quando você atinge uma relação de longo prazo na qual o cliente considera sua sabedoria insubstituível.

Um executivo da Merck me contou uma história sobre um de seus mais brilhantes auxiliares, que estava visivelmente destinado a se tornar uma das principais pessoas na organização. Um dia, esse subordinado informou que havia cometido um grande erro de julgamento e que sua má decisão custaria US$ 1 milhão para corrigir. Depois de fazer uma exposição sincera, o subordinado apresentou sua demissão.

"Por que é que você acha que eu aceitaria?" perguntou o meu cliente.

"Depois desse desastre, você não tem escolha que não seja me demitir, e eu quero tornar isso o mais fácil possível para você", respondeu o subordinado.

"Você enlouqueceu?", perguntou o chefe. "Eu acabo de investir US$ 1 milhão em sua educação. Você é muito valioso para ser perdido depois disso. Agora vá trabalhar!"

Seu trabalho não é cometer erros de US$ 1 milhão, claro, mas sim realizar melhorias e dar contribuições de US$ 1 milhão. Se fizer isso com constância, você se tornará demasiado valioso para ser perdido – nos bons e nos maus tempos – e seus honorários literalmente não serão problema. Em épocas econômicas difíceis, é fácil cortar despesas de consultoria externa. Se você for pouco conhecido ou simplesmente estiver implementando programas, provavelmente terá chegado a hora de partir. Mas, se seu executivo diz: "Temos que tomar algumas decisões difíceis. Chame o Alan Weiss para a nossa próxima reunião e lhe diga que vamos precisar de muita ajuda ...", provavelmente não há muito mais com que se preocupar do que com reservar o avião.

Como você pode ver, eu não sou uma despesa de consultoria para meus clientes. Sou Alan Weiss, uma pessoa que deu uma ajuda substancial no passado e tem sabedoria em relação à operação para continuar a fazê-la. Em tempos difíceis, os clientes cortam despesas, e não sabedoria.

As relações de alto nível com clientes são aquelas em que você é a pessoa sábia cujas contribuições são uma síntese de talentos pessoais, conhecimento organizacional e relações interpessoais estabelecidas com a administração superior.

Nessas relações de alto nível, você simplesmente é valioso demais para ser perdido, e o custo de sua substituição é proibitivo em função dos investimentos que o cliente já fez em sua educação. Consequentemente:

1. Você não tenderá a perder clientes em condições econômicas difíceis.
2. Seus honorários serão baseados em valor e não serão uma questão importante.

3. O cliente lhe chamará regularmente para obter ajuda.
4. Você estará imune a incursões de outros consultores.
5. Você desenvolverá um modelo e uma referência inestimáveis para outros trabalhos.

O que eu tenho chamado de relações de alto nível [Veja uma discussão detalhada sobre essas questões em meu livro e série *The Ultimate Consultant* (San Francisco: Jossey-Bass/Pfeiffer, 2001)] não é apenas um fator de longevidade. Simplesmente conviver com um cliente por um tempo não serve, você tem que adquirir sabedoria por meio de aprendizagem contínua sobre o cliente e sobre os objetivos de negócios da organização, e tem que aprender constantemente sobre novas intervenções, refletindo sobre seu uso. É por isso que um modelo único de consultoria, ofertas programáticas limitadas e uma abordagem centrada em modas passageiras nunca resultarão nesse tipo de relação.

Eles não representam qualquer síntese singular entre o cliente e você, e são prontamente substituíveis por outras alternativas sem muitas despesas. Já vi consultores serem mandados embora de organizações-clientes depois de cinco anos de relação porque o único recurso de que dispunham finalmente esgotara. (As oficinas e os seminários são famosos por isso. Eles lhe identificam com uma única e estreita intervenção – processos de decisão ou negociação, por exemplo – e depois que você treinou a todos na disciplina, o que você faz? Treina todo mundo de novo?)

O princípio de valor agregado baseado em nunca perder clientes significa que:

1. Se você se tornar suficientemente valioso aos olhos do cliente, será chamado continuamente para trabalhar.
2. Esse valor baseia-se em você se tornar conhecedor do funcionamento do cliente e combinar essa relação íntima com seus próprios talentos e sua busca interminável de novas intervenções e soluções para melhorar a condição dele.

❖ Equilíbrio na vida: SEUBM (Sempre Existe Um Barco Maior)

À medida que minha prática crescia com o passar dos anos, fui entendendo que precisava gerenciar a trajetória de meu negócio. Em outras palavras, pegar aviões todas as semanas e ter apenas os fins de semana para mim e minha família era uma coisa aos 20 anos, mas era totalmente inaceitável quando eu cheguei aos 40 e, depois dos 50 e (nem vou falar) depois disso, eu queria poder planejar minha própria agenda. Não estou sugerindo que você adapte a si o meu modelo de vida, mas recomendo que crie *algum* modelo para a sua.

Fiquei intrigado pela questão do equilíbrio da vida ao crescer pessoal e profissionalmente. O que eu descobri é que uma vida holística e completa faz da pessoa um consultor melhor e que uma vida estreita e voltada aos negócios a torna, ironicamente, pior nos negócios.

A solução de 1%: o tempo livre é a verdadeira riqueza. Correr atrás de dinheiro demais pode acabar desgastando sua riqueza.

Estudo de caso

Eu estava realizando uma oficina à noite, na Boston University, para um seleto grupo de empreendedores altamente bem-sucedidos, sob os auspícios do departamento de administração da universidade. Quarenta de nós discutíamos sobre os méritos do equilíbrio da vida e da flexibilidade. Um advogado perguntou se poderia fazer uma objeção. "Eu trabalho provavelmente 80 horas por semana para meus clientes, mas adoro meu trabalho. Não tenho outros interesses," ele disse, "então, porque eu não deveria mergulhar no que eu adoro fazer? Esse trabalho dá uma boa contribuição à vida da minha família. Assim, e se isso for só o que eu sei fazer e eu não tiver atividades variadas com a minha família? Eles se beneficiam financeiramente mais do que a maioria."

"Eu lhe perguntaria", eu disse, "quanto eles estariam se beneficiando de um pai e um marido que está 'ausente' na maior parte do tempo e que não pode lhes dar qualquer sustentação que não seja sua base financeira?"

Em última análise, a posição do *"workaholic"* é egoísta e muito autolimitadora. Esse homem provavelmente era um bom advogado, mas não excelente, porque não se dava tempo para aprender e crescer. Simplesmente fazia a mesma coisa repetidamente.

Se você tiver sucesso no caminho para a consultoria de ouro, terá a oportunidade de diversificar sua vida por meio de viagens, recreação, interesses pessoais, família, filantropia, serviços à comunidade, aprendizagem formal e informal contínua, etc. Eu lhe sugiro que essas atividades fazem de você uma pessoa melhor, o que lhe torna um consultor melhor.

Você tem que se ajudar se quiser estar em posição de ajudar verdadeiramente os outros. (Coloque primeiro sua mascara de oxigênio, como dizem as companhias aéreas.) Busque com dedicação uma vida equilibrada. Não compartimentalize sua vida em trabalho e não trabalho. Nada há de errado em assistir a seus filhos jogarem futebol às duas da tarde, tampouco em levar um telefone celular e um *laptop* nas férias para verificar como vão os clientes durante uma hora por dia. Você não precisa de uma pureza de propósitos na vida – você precisa de flexibilidade.

Nietzsche escreveu: "O dia tem cem bolsos se você souber o que colocar neles". Como estamos nos aproximando das partes finais deste livro, permita-me sugerir algumas técnicas para garantir que você use sua boa sorte e seu trabalho duro para criar uma vida integral e enriquecedora para você e para quem está perto.

As 12 técnicas para um equilíbrio de ouro na vida

1. *Elimine limites de tempo arbitrários.* Faça as coisas quando o espírito lhe disser (o que também resulta em mais qualidade). Se você quiser ir à praia na segunda-feira e completar um documento de um cliente no sábado de tarde, faça isso.
2. *Acentue a aprendizagem externa continuada.* O famoso psicólogo Albert Bandura fez estudos demonstrando que as pessoas que acreditam poder adquirir habilidades prontamente de fontes externas são resilientes e tendem a perseverar em momentos difíceis. As que acreditam que as habilidades são intrinsecamente inatas são derrotadas mais facilmente por problemas, porque não têm outra fonte para adquirir habilidades.
3. *Teste os limites.* Experimente coisas novas. Aprenda a pintar ou a tocar um instrumento musical. Experimente bons vinhos ou culinária. Amplie suas capacidades e explore novas paixões. Reinvente-se constantemente.
4. *Mantenha a perspectiva.* Nada que você faça vai afetar os rumos da civilização ocidental amanhã. Não se confunda em relação às prioridades. Fazemos um trabalho importante, ajudando indivíduos e organizações a melhorar. Nada mais, nada menos.
5. *Recompense-se regularmente.* Já vi muita gente se convencer de que uma vida de sacrifícios levará a uma boa aposentadoria, apenas para descobrir que o sacrifício nunca tem fim. Compre presentes para você ou para sua família apenas por impulso. Faça um feriadão. Como empreendedor, você tem controle de seu tempo e de sua vida. Não sacrifique esse controle a um carinha antropomórfico sentado em seu ombro que lhe grita ao ouvido: "Você não merece isso!"

6. *Evite o isolamento.* Você precisa de alguém de confiança a quem contar seus medos, triunfos e incertezas. Pode ser um cônjuge, um parente, um amigo íntimo ou um terapeuta (temos que superar a ideia de que usamos a terapia apenas quando estamos com problemas graves). Você só será um solitário caso permita ser. Crie seu próprio sistema.
7. *Ajude os outros.* Você ficará impressionado com o quanto consegue orientar e aconselhar os outros (que estão onde você estava há um ou dois anos) e com o quanto essa ajuda vai retornar para lhe ajudar em sua própria aprendizagem e crescimento. Dê uma contribuição à profissão e à sociedade.
8. *Use a indignação saudável.* Há momentos em que vão lhe tratar mal. Não procure neuroticamente onde errou. Às vezes, você faz tudo certo e ainda perde o negócio ou a oportunidade. Canalize sua frustração para aplicações saudáveis.
9. *Mantenha-se em forma.* Estou convencido de que, física, mental e emocionalmente, exercícios e dieta adequada podem construir confiança, sustentar uma diversidade de interesses e combater pressões na vida. O estresse é fatal. Cuide-se e faça disso sua prioridade máxima.
10. *Nunca tenha medo de falhar.* O medo é um amortecedor de talento. Se não estiver falhando, é porque não está tentando.
11. *O dinheiro é um meio, e não um fim.* É combustível para nossas vidas. Sempre há alguém que tem um barco maior. Não deixe que outras pessoas controlem sua vida competindo com elas. Cumpra e supere apenas suas aspirações e não as de outras pessoas.
12. *Desfrute.* Seja em relações amorosas, espirituais, com a natureza, com a meditação ou o que for, energize-se. Você é um empreendedor que tem controle de sua vida e de seu destino. Há perigos e riscos, mas também há grandes recompensas e realizações. Concentre-se no copo meio cheio.

Você precisa de relações fortes, de longo prazo, com apenas alguns clientes para ganhar – e manter – US$ 1 milhão por ano. Quando escrevia a última página deste capítulo – juro – fui interrompido por um cliente com quem trabalhei continuamente por seis anos. Ele me disse que preparasse minha agenda e minha alocação de tempo para o ano seguinte, pois a empresa tinha acabado de apresentar um orçamento me chamando para, no mínimo, dois trabalhos, somente em uma divisão. Eu nunca apresentei uma proposta, e um dos trabalhos me era totalmente desconhecido. Os dois renderão uma quantia líquida de cerca de US$ 200mil.

Digressão

Em 2008, o melhor ano que eu já tive – bem mais do que os sete dígitos – 75% ou mais de minha renda vieram de serviços e atividades que eu não estava prestando – que não existiam – três anos antes.

Você deve buscar se reinventar constantemente, porque os tempos, a tecnologia, a sociedade e as economias têm uma forma curiosa de estar constantemente se transformando. Se você se habituar a fazer isso, nunca terá que planejar "correr atrás" e vai estabelecer relações de alto nível que serão constantemente renovadas.

❖ Perguntas e respostas

P. *E se um cliente mencionar que não usou muito meus serviços em um contrato de consultoria em sistema de plantão e quiser obter algum crédito futuro?*

R. A ação preventiva é incluir, em seu contrato, que não há limite para o uso do seu tempo e que esse uso expira em um certo momento, independentemente do uso. A ação de contingência é dizer no momento: "Você não usa sua apólice de seguros se não houver emergência, e não lhe ouvi gritando 'fogo!'"

P. *O que acontece se o comprador souber de alguma coisa desagradável em uma reunião com clientes anteriores ou quiser um negócio diferente?*

R. Tenha cuidado com quem vai colocar na sala! Mas isso é um sinal de compra, então lide com ele. Apenas não esqueça que os clientes *anteriores* sempre recebem as melhores ofertas, e não os novos.

P. *Você está dizendo que eu não deveria estar ciente e concorrendo com os padrões estabelecidos por outros consultores que respeito, como você?!*

R. Sim, estou. Não posso ser você e você não pode ser eu. Concentre-se nos objetivos de vida e nas pessoas que sejam importantes para você. Este livro se chama *O consultor de ouro*, mas não é mercenário. Não há um subtítulo que diga "a qualquer custo". SEUBM, e eu nem tenho barco!

P. *Os clientes não vão ficar confusos por eu estar constantemente oferecendo novos serviços?*

R. Isso é evolucionário, e não revolucionário, mas oferecer novos serviços (e produtos) a clientes existentes (com quem já se tem uma relação) é um aspecto básico do *marketing* inteligente. Seus clientes não estão sempre tentando melhorar suas ofertas aos clientes deles?

P. *Em que momento eu devo prever que "preparei os compradores para comprar" e posso reduzir minhas viagens e meu trabalho?*

R. No momento em que sua marca (ou suas marcas) estiver funcionando extremamente bem, geralmente quando a necessidade de mercado, sua competência e sua paixão estiverem mais fortes e/ou quando as pessoas estiverem fluindo até você!

Reflexão final: a velocidade de escape é muito difícil de atingir e demanda uma alta despesa de combustível. Vale muito mais a pena em termos de custos e é menos desgastante em sua vida atrair os clientes até você. Se estiver fazendo isso, você poderá também atraí-los para o longo prazo. Transforme sua gravidade em magnetismo.

Capítulo 17

Acelerando a repetição de trabalhos e a indicação

Pensando primeiro na quarta venda

❖ O fator velocidade

Um dos principais fatores nos negócios em constante crescimento é aumentar a velocidade das vendas. Com *velocidade*, quero dizer a rapidez na qual você avança desde que obteve a informação sobre um possível trabalho e uma primeira reunião até um acordo conceitual e uma proposta assinada. Pense na capacidade de um Toyota Camry de ir de 0 a 100 km/h em cerca de 12 segundos, de um BMW 650 de fazer a mesma coisa em 6 segundos e de um Bentley GTC, em 4,4 segundos. O segundo carro leva metade do tempo e o terceiro, um terço. Mesmo assim, eles são todos fabricados em linhas de produção que usam tecnologias muito semelhantes.

Somos todos consultores, parte da mesma profissão, mas alguns de nós montaram seus negócios para avançar muito mais rapidamente e chegar muito antes ao destino. Você pode argumentar que o tempo que leva para chegar a 100 km/h em um carro não é importante (embora pareça fazer muita diferença ao entrar em uma rodovia cheia de outros consultores), mas o tempo que você leva para fechar um negócio é de importância vital.

A solução de 1%: o que importa não é quanto ganhamos, mas sim com quanto ficamos. Mas, neste negócio, se você seguir políticas de preços consistentes, deverá ficar com a maior parte do que ganhar.

Quando maior a sua velocidade para fechar negócios, maior será o seu lucro, porque o que ganhamos geralmente estará próximo daquilo com que ficamos.

Os 12 fatores para fechar negócios lucrativos em alta velocidade

1. O dinheiro entra mais rapidamente em sua conta bancária.
2. Você gasta menos dinheiro em aquisição, de modo que suas margens serão maiores.
3. Há menos probabilidades de as coisas darem inesperadamente errado.
4. Você completa o trabalho mais rapidamente.
5. Você pode alocar seu tempo de forma mais eficaz (e com segurança).
6. A repetição de trabalhos vai acontecer mais rapidamente.
7. Você pode obter indicações e testemunhos mais rapidamente.
8. Há menos compradores envolvidos e menos pessoas com potencial para dizer não.
9. Quando o cliente estiver inclinado a avançar rapidamente, os compromissos geralmente serão maiores.
10. Você conquista a conta com muito mais credibilidade (sem decisões difíceis).
11. Você pode planejar muito mais adiante em termos de alocação de dinheiro e tempo.
12. Você pode suportar tempos difíceis com mais facilidade, porque recebeu adiantado por trabalhos que ainda estão por ser feitos.

Se você considerar uma venda como uma série de pequenos consentimentos por parte do cliente, poderá examinar quais partes da sequência tendem a reduzir sua velocidade e como você pode lidar melhor com o "carro" naquele "trecho de estrada".

O combustível fundamental para acelerar sua velocidade de fechamento é conhecer bem o carro e a sinalização da estrada – em outras palavras, conhecer intimamente seu modelo de negócio e saber exatamente onde você está nele no momento. Por exemplo, este é o meu modelo de negócio do primeiro passo até ao fechamento (detalhes desses passos estão em vários lugares anteriores deste livro):

1. Fazer contato inicial (telefonema, pesquisa, *e-mail*, carta, indicação, etc.). Isso pode ser desencadeado por você (iniciativa de contato) ou pelo potencial cliente (gravidade de mercado).
2. Garantir que o contato seja o comprador econômico.
3. Se não for, obter acordo para ser apresentado ao comprador econômico.
4. Se for, obter acordo para reunir-se com ele pessoalmente.
5. Estabelecer uma relação de confiança com o comprador econômico.

6. Obter acordo conceitual (objetivos, medidas, valor para a organização e para o comprador, pessoalmente).
7. Apresentar proposta.
8. Começar o trabalho a partir da aprovação.

Você pode ter um modelo diferente, com um número de passos maior ou menor. Contudo, a questão é que eu sempre sei onde estou em meu modelo. Por exemplo, não apresento uma proposta a alguém que não seja o comprador econômico, e ponto final. Nem tento me reunir com outra pessoa, a menos que seja a única forma de obter acesso. Sei que não conseguirei obter acordo conceitual a menos que tenha estabelecido antes uma relação de confiança. (Um dos grandes pecados no *marketing* de consultoria é desperdiçar tempo com pessoas que não têm como dizer sim, mas que podem dizer não. Acabar com esse hábito bizarro, por si só, aumenta muito a renda.)

Consequentemente, meu modelo é formado por uma série de opções de sim. Cada sim é relativamente pequeno – não entro na organização de um potencial cliente pela primeira vez esperando sair com um contrato assinado, mas espero avançar em direção a meu próximo pequeno sim. Dessa forma, meu objetivo é acelerar essa sequência, entendendo a sinalização da estrada, a minha própria máquina e como elas interagem. Quero o carro funcionando a toda velocidade para essa viagem, então preciso de muita visibilidade – o conhecimento claro de qual será meu próximo passo e como conseguir meu sim.

Digressão

Recomendo aos membros de meu programa de *mentoring* que apliquem a regra do "mínimo/máximo", que quer dizer que você deve ter uma expectativa mínima e uma máxima para cada visita a um potencial cliente. A mínima pode ser garantir que ele seja, de fato, o comprador, e a máxima, obter acordo conceitual ou o que for. Depois da visita, você pode avaliar se pelo menos cumpriu seu objetivo mínimo e como está se saindo.
Se você nunca atingir o mínimo, pode estar sendo muito ambicioso ou pode ter uma abordagem fraca. Se você sempre atinge o mínimo, sua expectativa pode estar baixa demais ou você pode ser um dos melhores!

Quanto mais rapidamente alguém assinar sua proposta, melhor é sua situação. Porém, se você acreditar em uma sequência semelhante à que eu uso, sua velocidade é, na verdade, um fator para se certificar de que atingiu corretamente os pontos intermediários.

Ignorando-os e acelerando cegamente – enviando uma proposta depois de uma primeira visita superficial – simplesmente vai fazer que você entre pelo caminho errado ou perca o controle em uma curva e caia em uma vala. Velocidade é uma função do ritmo *controlado*.

A maior parte dos consultores com quem trabalhei ignora os passos iniciais e acelera feliz na direção errada, tendo que dar volta e começar de novo ou destruir suas chances.

❖ Como lidar com as curvas na estrada (independente de aonde elas levem)

Aqui estão os maiores erros que um consultor pode cometer ao ignorar a sequência adequada de vendas e entrar por desvios e buracos, e como os evitar.

Reunir-se com as pessoas erradas

Às vezes, é necessário reunir-se com guardiões e pessoas ligadas à viabilidade (geralmente em recursos humanos, treinamento, compras, controle de qualidade e outros departamentos desse tipo) para ter acesso ao comprador econômico. Mas nem sempre. Não aceite essa reunião como se fosse o padrão. Pergunte quem é o comprador econômico (por exemplo, "quem está patrocinando este trabalho?" ou "quem está financiando esta iniciativa?") e declare que seu procedimento é se reunir com essa pessoa para ter certeza de que o trabalho tem sentido.

Reunir-se com as pessoas erradas terá dois efeitos adversos. Primeiro, você será adiado, talvez de forma fatal, por pessoas que não estão dispostas a permitir seu avanço. Segundo, você pode muito bem ser considerado como igual àquelas pessoas, mesmo se acabar se reunindo com o comprador econômico, o que pode fazer que você seja relegado ao *status* delas. Ambas as condições são fatais em termos da vida de um trabalho de consultoria.

Medo de magoar os sentimentos das pessoas erradas

Esse erro é explicavelmente crônico. O consultor, tendo se reunido com pessoas de nível inferior (talvez por necessidade – era a única porta de entrada) agora acha que afastá-las ao tentar passar ao nível seguinte é antiético, ilegal, imoral ou algum outro tipo de infração desportiva. Dê tempo para que essas pessoas, em sua reunião inicial, indiquem sua disposição de fazer as devidas apresentações. Se elas não estiverem inclinadas a isso, force a questão (por exemplo, "estou feliz por trabalhar com você durante toda a implementação deste trabalho, mas, eticamente, devo me reunir com a pessoa que vai realmente aprovar as despesas, para que eu possa ter certeza de que suas expectativas são realistas e de que eu tenho recursos para atendê-las").

Já vi mais vendas atrasadas e aceleração interrompida completamente pela falta de disposição – e não incapacidade, mas falta de disposição – dos consultores de simplesmente passarem corajosamente por guardiões do que por qualquer outra razão.

Estudo de caso

Recebi uma chamada de uma planejadora de eventos do Fleet Bank que tinha obtido meu nome de um colega de outra instituição. Ela me perguntou se eu tinha *expertise* em uma determinada área e eu disse que sim.

"Ótimo", ela disse. "O senhor poderia apresentar materiais para que nós examinássemos? Estamos procurando alguns consultores nessa área."

"Não," respondi, "mas gostaria de me reunir com a pessoa que está patrocinando isso para determinar mutuamente se tem sentido para ambos."

Ela ficou incrédula. "Nenhum outro consultor pediu isso e, de qualquer forma, a Martha é muito ocupada."

"Bom, é por isso que eu posso ser sua melhor opção, e eu também sou ocupado, mas tenho certeza de que ambos podemos encontrar tempo para uma reunião inicial de 20 minutos. Aqui estão algumas datas em que eu posso estar em Boston. A senhora pode verificar a agenda dela enquanto eu estou no telefone?"

Eu fui o único consultor a me reunir pessoalmente com Martha, que me pediu uma proposta no final da reunião, depois da qual chegamos a um acordo conceitual. O trabalho, no ano seguinte, totalizou quase US$ 265 mil. Eu poderia facilmente ter colocado o material no correio para a planejadora de eventos, com esperança de uma palestra de US$ 15 mil. Mas essa é a estrada lenta, que leva a lugar nenhum.

A propósito, o medo de que um subordinado ressentido venha a sabotar seu trabalho mais tarde é mais uma desculpa para não afastá-lo. Na maioria das organizações saudáveis, os subordinados estão subindo a bordo das iniciativas patrocinadas por seus superiores. É impressionante a rapidez com que essas pessoas lhe apoiarão quando o chefe delas o fizer. Seja firme. Seja corajoso.

Falha em estabelecer uma relação de confiança

A maior parte dos consultores (na verdade, a maior parte do pessoal de vendas) acha que está acelerando quando lança imediatamente um discurso sobre características e benefícios, jogando um *show* de luzes e som sobre o comprador. (Um desvio semelhante é o processo de vendas amador de "encontrar onde dói". Não apenas a maioria dos compradores não tem dores – suas operações estão em muito boa situação – mas a busca de novos níveis, em vez de coisas fixas, é muito mais valiosa.)

Na verdade, essas abordagens significam que o pessoal de vendas está simplesmente derrapando na lama que criou. Demonstre seu tino para os negócios ao comprador. Esteja preparado para discutir eventos atuais e seus efeitos sobre o ambiente de negócios. Saiba alguma coisa sobre a concorrência. Determine quais podem ser os interesses pessoais do comprador (a decoração do escritório muitas vezes lhe diz isso). Essa construção de confiança pode levar 1 hora ou um mês, mas sempre é a via expressa para chegar ao acordo conceitual. *Os compradores não compartilham necessidades importantes e íntimas se não confiarem em você.* Ponto final. É por isso que você tem que ter muito clara a sequência de passos em seu modelo de negócios.

Falha em avançar com entusiasmo rumo ao acordo conceitual

Se foi estabelecida a confiança, é hora de:

- *Estabelecer objetivos*. Qual vai ser o alcance do projeto e quais resultados vão agradar ao comprador?
- *Estabeleça medições*. Como o comprador vai saber se estão fazendo progressos que podem ser atribuídos especificamente ao trabalho que fazem juntos?
- *Estabeleça o valor à organização*. Se as medições indicarem que os objetivos foram atingidos, qual é o retorno para a organização e o comprador?

Quando tiver essas respostas, você poderá apresentar uma proposta com alta probabilidade de aceitação. Minha experiência indica cerca de 80%, o que não é pouca coisa.

Veja meu livro *How to Write a Proposal That's Accepted Every Time*, 2nd ed. (Fitzwilliam, N.M.: Kennedy Information, 2002), que inclui um disco e exemplos de propostas que podem ser usadas como modelos.]

Obter acordo conceitual sobre o valor do trabalho para a organização garantirá praticamente que seus honorários sejam considerados um investimento inteligente (retorno sobre o investimento) e não como um custo fora do orçamento. Isso é uma nuança, mas é o equivalente a turbinar o trabalho, porque a resistência ao preço não vai impedir o avanço.

Apresentar uma má proposta

Por fim, um grande fator de aceleração, uma vez que você tenha chegado até aqui, é apresentar uma proposta enxuta e clara. A maioria das propostas sofre de inchaço e reduz a velocidade do veículo com sua pomposidade. Se você obteve acordo conceitual, não precisa de biografias dos consultores, de longas descrições de metodologia, de tabelas de dados e outros elementos esotéricos com que os consultores costumam encher o trabalho. Minhas propostas têm duas páginas e meia. Isso porque uma proposta baseada em um acordo conceitual obtido previamente é uma *síntese, e não uma exploração.*

Os consultores de ouro aceleram o ritmo desde o primeiro contato até o fechamento. E eles também fazem outra coisa para garantir negócios de baixo custo e margens altas.

❖ Pensando primeiro na quarta venda

Sempre que estiver lidando com um comprador econômico, tenha em consideração a relação de longo prazo, e não o trabalho imediato. Sei que isso pode parecer o contrário do razoável (ou totalmente maluco quando há uma hipoteca esperando para ser paga), mas me escute.

Um cliente novo representa o seguinte potencial:

- Trabalho imediato.
- Trabalhos sucessivos para aquele comprador.
- Trabalhos para outros compradores no mesmo cliente.
- Trabalhos para os clientes do cliente.
- Trabalhos para os vendedores e fornecedores do cliente.
- Trabalhos para as organizações de classe e para as organizações profissionais do cliente.
- Indicações a amigos do comprador em organizações não relacionadas.
- Indicações e testemunhos a serem usados com compradores não relacionados.
- A marca de qualidade e a credibilidade para usar unilateralmente em sua relação com o cliente.
- Um comprador em trânsito, que sai e leva você à nova organização dele.

Dessa forma, o trabalho imediato é apenas um aspecto de todo o potencial representado por essa ótima nova relação. Acho que você entende meu ponto de vista. Não fique ansioso demais para simplesmente explorar o primeiro trabalho. Acho que os consultores não apreciam totalmente a dinâmica de minha lista. Uma relação com um comprador econômico e o poder que vem de um trabalho bem implementado e de resultados que sejam bem documentados (objetivos/medidas/valor) representam um enorme potencial.

Ao sugerir que você pense primeiro na quarta venda, quero dizer que esses trabalhos criam benefícios que se acumulam com o tempo. Sempre é melhor aceitar um trabalho inicial de US$ 50 mil que seja claro, discernível e facilmente realizável para poder construir a partir dos passos seguintes (e seu potencial de US$ 400 mil) do que tentar esticar a oportunidade inicial a US$ 70 mil (prometendo muito ou tentando algo para o qual você não está preparado) e certamente sacrificar US$ 380 mil.

Em outras palavras, US$ 400 mil em três anos sempre ultrapassam US$ 70 mil em seis meses. Quero que você acelere o fechamento da venda, mas depois relaxe, adotando uma visão estratégica do potencial geral. São noções compatíveis, e não contraditórias. Você acelera sua trajetória até o acordo conceitual e, depois, formula uma proposta que está montada para maximizar o potencial inteiro da relação.

Estudo de caso

Recebi uma solicitação para ajudar no *coaching* de um presidente de divisão em suas habilidades de delegação. Quando me reuni com ele pela primeira vez, achava que seria um trabalho de US$ 15 mil a US$ 25 mil. Depois de estabelecer uma relação de confiança, ele me contou o quanto tinha se esforçado para delegar, embora sem sucesso. Também contou as dificuldades de seu antecessor e por que ele foi substituído. Eu usei sua confiança para mostrar a necessidade real: a cultura era demasiado autoritária e avessa ao risco até para quem tivesse excelentes habilidades de delegação. Tínhamos que modificar a cultura, o sistema de recompensas, os dispositivos de comunicação, etc., para que a delegação e o empoderamento funcionassem. Isso tirou o fardo dos ombros do diretor-executivo, e ele concordou com minha abordagem, que resultou em um trabalho de US$ 65 mil. Quando isso funcionou de forma excelente, entramos em uma série de cinco trabalhos em sistema de plantão, de um ano cada um, a US$ 100 mil por ano, atacando cada problema até chegar à venda da empresa a uma nova controladora.

Acelerando o fechamento, mas depois olhando o quadro mais amplo, aumentei o negócio, passando de US$ 15 mil em *coaching* a US$ 565 mil em desenvolvimento organizacional. Como consultores – como motoristas de nossos carros – controlamos essa dinâmica muito mais do que pensamos ou agimos.

Quando você está naquele momento profundo de acordo conceitual e vai embarcar em sua proposta, use a oportunidade para assumir uma visão estratégica de sua relação potencial de longo prazo e aja de acordo com isso. A consultoria de ouro baseia-se na premissa de que cerca de 80% dos seus negócios anuais virão da repetição. Ninguém (que eu conheça) gera esse tipo de receita a partir de novos negócios a cada ano. Em vez disso, você precisa do impulso de clientes atuais satisfeitos, que passaram rapidamente à venda inicial e que estão sempre lhe proporcionando uma segunda, terceira, quarta e até mais oportunidades de trabalho.

❖ A arte secreta das indicações

Já mencionei um dos pecados básicos dos consultores neste capítulo: ficar preso a relações com guardiões e intermediários. Mas o maior dos pecados, pelo menos em termos de repetição de trabalhos, é não pedir indicações. Posso identificar a origem de cerca de 90% de meus negócios atualmente em quatro fontes comuns – que surgiram entre 1985 e 1990! É possível ver a linhagem melhor do que qualquer antropólogo tentando traçar nossas origens. O DNA é muito claro. Isso porque os clientes falam com os potenciais clientes de forma suficientemente natural. No entanto, você pode acelerar isso mil vezes ampliando as comunicações.

Estes são os termos que eu uso com qualquer cliente (ajuste-os a seu próprio conforto e à relação): "As indicações são a fonte do meu trabalho. Ambos ficamos satisfeitos com os resultados que este trabalho gerou, e eu pergunto se você faria a gentileza de me dar três ou quatro nomes de colegas ou contatos que acredita que poderiam se beneficiar de um valor semelhante."

Pronto. Aí você fica quieto e espera. A seguir, algumas orientações:

1. Encaminhe isso no início de sua relação, mencionando a seu cliente que você costuma pedir indicações quando os resultados do trabalho começam a aparecer.
2. Preveja a política ou as preferências pessoais da empresa, oferecendo três opções:
   a. Uma apresentação pessoal seria excelente.
   b. Seria ótimo poder usar seu nome.
   c. Eu terei prazer em não mencionar seu nome se você puder me sugerir as melhores pessoas para entrar em contato.

Agora seu comprador pode decidir *como* é melhor fazer isso por você, e não *se* o fará.

A solução de 1%: você precisa pedir indicações a todo mundo que conhece pelo menos duas vezes por ano, e trimestralmente está bem.

3. Use a abordagem e a filosofia de que todo mundo tem a ganhar. Seu contato deve ficar entusiasmado por poder ajudar os outros.
4. Use reciprocidade. Você provavelmente indica gente ao seu médico, seu contador, seu advogado e assim por diante. Seria razoável esperar que eles lhe indiquem pessoas (razão pela qual você sempre deve ligar seu nome a indicações que fizer de outros e acompanhar o andamento.)
5. Pratique fazer isso de forma suave.
6. Não se deixe enrolar. Se a outra pessoa diz "me dê um tempo para pensar", responda: "Claro, vou lhe telefonar amanhã às 14 horas".[1]

Hal Mapes foi um corretor de seguros que visitava a mim e a minha mulher quando eu tinha 22 anos e trabalhava na Prudential. Ele vinha a cada seis meses e *sempre* pedia e recebia três indicações. Se tinha 220 clientes, isso significa que ele fazia 400 visitas e recebia 1.200 nomes por ano. Se fechasse 20%, seriam 120 novos clientes por uma comissão de cerca de US$ 3 mil no decorrer da apólice. E no ano seguinte, claro, ele tinha 320 clientes a quem pedir.

Ainda me lembro do nome dele, e ele se aposentou como um homem muito bem-sucedido. Você está pedindo três nomes?

❖ O talento é você, então cobre por isso

Eu não quero terminar este tema sem o lembrete de que *você* é o talento. Quero dizer que você não deve cobrar mais quando usa outras pessoas ou subcontratados, mas sim quando faz tudo por conta própria. Você é o talento.

A solução de 1%: não se venda por pouco. Venda-se por um bom dinheiro.

Se você conseguir aceitar que é o talento verdadeiro e que, portanto, merece receber mais, poderá:

1. Reduzir sua carga de trabalho ou, pelo menos, direcioná-la aos potenciais clientes mais lucrativos.
2. Garantir repetição de trabalhos suficiente, por meio de promessas de intervenção pessoal continuada.
3. Maximizar os trabalhos por indicação, por meio de "posso fazer que ela entre em contato com você *pessoalmente* e trabalhe com você".

4. Aumentar muitos as suas margens.
5. Construir sua marca enfaticamente.
6. Implementar com muito mais facilidade porque adquiriu *status* de "especialista".

Estudo de caso

Um cliente da lista *Fortune 50* me pediu para propor como lançar uma nova iniciativa de comunicações estratégicas. Eu expliquei que o trabalho no exterior poderia ser feito pelo seu próprio pessoal, mas isso era inaceitável ao cliente, porque ele não teria credibilidade.

Eu expliquei que poderia usar colegas em cidades importantes em outros países, mas o cliente achava que isso faria que esses lugares se sentissem como o "primo pobre", já que eu tinha lançado pessoalmente o trabalho nacional.

Eu expliquei que poderia fazer o trabalho global, mas essa seria a opção mais cara de todas. O cliente disse que não havia problema. Minha mulher e eu passamos a viajar o mundo em um trabalho de US$ 350 mil.

Repita comigo: "Eu sou o talento e valho muito. Quais colegas você acha que melhor apreciariam e usariam meu valor?"

❖ Perguntas e respostas

P. *Qual é a média de tempo que eu devo considerar desde o primeiro contato até fechar a venda?*

R. Não sei. Às vezes, pode-se obter acordo para a aceitação de uma proposta em uma reunião; outras vezes, não se avança muito, mas o comprador telefona um ano depois e diz que agora é o momento perfeito. O segredo é ter muita coisa no funil, como discutido anteriormente.

P. *Com essas porcentagens de trabalhos repetidos, isso significa que estou trabalhando com clientes por muito, muito tempo?*

R. Significa que, fora das pequenas empresas, da área de educação e do governo (embora haja exceções em todas as partes), é razoável você esperar fazer vários trabalhos no decorrer de vários anos com clientes, pressupondo duas coisas:
1. Que você tenha feito um trabalho excelente.
2. Que você seja diversificado o suficiente para conseguir trabalhar em uma série de questões do cliente.

P. *Não é um pouco arrogante pensar que eu sou o talento e mereço mais do que se eu trouxer outras pessoas excelentes?*

R. Confiança é a crença honesta de que você é muito capaz de ajudar os outros. Arrogância é a crença honesta de que você não tem mais nada que aprender. É uma linha tênue, mas você deve ultrapassá-la. (Presunção é arrogância sem talento – essas são as pessoas que estão fazendo "*coaching*" de outras, mas nunca praticaram o que estão aconselhando.)

P. *Alguns clientes vão pedir ou esperar uma porcentagem por indicação ou alguma outra remuneração por isso ou por servirem como referência?*

R. Não os clientes corporativos ou de organizações, e você nem deve oferecer. É antiético.

P. *Posso oferecer uma taxa de indicação a um terceiro independente?*

R. Claro, e minha fórmula é:
- 5 a 10% por um nome de comprador válido.
- 10 a 15% pela apresentação a um comprador.
- 15 a 20% por ter feito a venda e eu só ter que comparecer.

Tenha cuidado: se for alguém que trabalhe com ou para esse comprador, você deve deixar clara sua relação financeira para que o comprador não pense que esta é uma indicação objetiva, em igualdade de condições.

Reflexão final: você precisa de novos trabalhos para mantê-lo renovado e substituir os que inevitavelmente acabarão. Mas a porcentagem predominante de suas receitas do ano deve vir de clientes já existentes. Se você está fazendo apenas um trabalho para a maioria dos clientes, provavelmente tem estado implementando mal ou, mais provavelmente, não está se associando o suficiente aos resultados (objetivos/medidas/valor).

Capítulo 18

Para além do sucesso
O dinheiro é só um meio para um fim

❖ Questões éticas

À medida que você atinge um crescimento multidimensional e sua empresa prospera, a natureza dos problemas e desafios que enfrenta evolui. No início de sua carreira como consultor, você está geralmente preocupado com fluxo de caixa, *marketing* e desenvolvimento da *expertise* necessária para realizar diversos trabalhos. Em meio de carreira, durante o crescimento intenso da empresa, as questões passam a estar relacionadas a encontrar os parceiros certos para alianças, desenvolver relações de longo prazo e definir honorários adequados. Quando você tiver um negócio sólido, as prioridades passam a ser as questões únicas relacionadas exatamente ao seu sucesso.

A consultoria de um milhão de dólares gera alguns desafios éticos de um milhão de dólares. Como você responderia aos 11 seguintes?

1. Eu posso simplesmente cobrar o preço mais alto possível e nem me preocupar com o valor percebido? Se há demanda pelo meu trabalho, a orientação não é cobrar o que for possível?
2. Eu escolho viajar de primeira classe, ficar no andar especial dos melhores hotéis e pegar limusines em vez de táxis. Esse é meu estilo de viajar, e eu valho isso. Desde que eu seja honesto em relação a essa questão, o cliente não deve ser cobrado por minhas preferências de viagens normais?
3. Nada há de novo sob o sol, e eu sou um nome reconhecido e uma figura muito procurada. Nada há de errado com pegar algumas ideias defendidas por outros consultores e autores e usá-las em meus trabalhos e escritos, desde que lhes dê meu toque pessoal. Não se podem registrar ideias, de forma que eu posso usar o que quiser, certo?

4. Estou visitando três clientes nesta viagem. Sei que se eu tentar ratear despesas, seus sistemas de contabilidade vão questionar as cobranças. Entretanto, se eu simplesmente cobrar de cada um deles todo o transporte aéreo e acomodação, não haverá uma única pergunta. Eu não deveria facilitar as coisas para mim e cobrar 100% de cada um deles, já que tenho que visitar todos de qualquer forma?
5. Ao fazer minha pesquisa em uma organização-cliente, um gerente de nível intermediário me conta, *de forma estritamente confidencial*, sobre um vazamento interno a concorrentes e roubos repetidos por parte de funcionários. Se eu disser isso ao presidente, vai ficar claro que eu fui a fonte, e meu valor ao cliente dentro da organização pode ser desgastado. Não seria melhor – e mesmo eticamente necessário – manter a confidencialidade e continuar a ser um valioso recurso dentro da organização para o cliente?
6. Um cliente me oferece uma passagem aérea de primeira classe para visitar seus escritórios na Europa. Posso usar minha milhagem para levar toda a minha família e, embolsando o dinheiro das passagens de primeira classe, pagar por toda a comida, o alojamento e o lazer. Não há razão para explicar tudo isso ao cliente, já que é meu assunto pessoal, certo?
7. Um concorrente de um de meus maiores clientes quer me contratar porque minha reputação foi associada ao sucesso do meu cliente. Há algum problema em aceitar organizações concorrentes?
8. Um cliente me pede para fazer uma pesquisa anônima com funcionários por correio, mas pede que eu use um código oculto para diferenciar por unidade – embora não por pessoa – a fonte das respostas. Isso porque o cliente está sinceramente interessado na qualidade dos gerentes de unidades e quer isolar aqueles cujas pessoas estão insatisfeitas com seu tratamento. Esse é um objetivo legítimo para justificar o subterfúgio?
9. Pedem-me que escreva discursos e artigos para o presidente da organização, que é meu cliente. Ele se reúne comigo para discutir tópicos e critica o trabalho final, mas o texto real é totalmente meu. O presidente não faz qualquer atribuição, publica alguns dos artigos na imprensa especializada e faz palestras em conferências empresariais, muito aclamadas. Esse é um serviço que eu devo continuar prestando?
10. Por meio de um parceiro de aliança, desenvolvo um contato com cliente, com a benção do parceiro. Depois de um trabalho de três meses, muito bem-sucedido, o cliente me pede que assuma um trabalho de longo prazo em lugar do parceiro, com o qual ele já está insatisfeito há algum tempo. Posso aceitar eticamente esse trabalho?

11. O potencial cliente é a antítese do que se chama de "verde" ou com boas práticas ambientais. A empresa cumpre as leis em teoria, mas não na prática. Posso usar minha oposição a suas práticas destrutivas como justificativa para não trabalhar com essa empresa?

A solução de 1%: sempre pergunte a si mesmo: "Eu ficaria orgulhoso se isso aparecesse na internet amanhã?"

A maior parte dessas situações aconteceu comigo, e o restante aconteceu com colegas. Não há respostas mágicas para dilemas éticos. Ernest Hemingway observou que "moral é aquilo que nos faz sentir bem depois de fazer, e imoral é o que nos faz sentir mal depois." É claro, ninguém jamais registrou que Hemingway tenha experimentado consultoria, caso contrário, o livro *Por quem os sinos dobram* poderia ter se chamado *Um relatório analítico sobre a cacofonia dos sinos, causação e probabilidades demográficas*.

Não se pode muito mais do que tentar fazer a coisa certa com constância. Eu prefiro ficar com a visão que ouvi praticamente todos os gerentes na Merck & Co. expressarem quando lhes foi perguntado o que fazer em situações ambíguas em que não se aplicam as políticas nem os precedentes: fazer a coisa certa. A seguir, o que eu considero a coisa certa em cada caso.

1. Você deve cobrar os honorários mais altos que puder?

Certamente não há proibição moral, que eu conheça, que lhe desaconselhe cobrar o máximo possível. Se você está cobrando por honorários e o cliente está ciente e aceita o valor, ele obviamente decidiu que o preço vale o investimento. Entretanto, eu faria dois alertas:

- Nunca é aconselhável prometer mais e fazer menos. Consequentemente, se você estiver justificando o alto investimento com promessas extravagantes e prestando um serviço limitado, é certo que não está construindo um potencial de longo prazo. O que é melhor: um único trabalho de US$ 150 mil que não resulte em mais trabalhos ou uma série de trabalhos de US$ 75 mil, cujos resultados fazem o cliente ter ataques de êxtase?

- Se está cobrando por dia ou com base em algum outro padrão fixo, apesar do que está escrito no Capítulo 9,[1] nunca haverá desculpa para cobrar por qualquer outra coisa que não as horas realmente trabalhadas, *in loco* e externamente. Encher de dias já é mais do que transgressão ética – é roubo.

2. Você deve viajar de primeira classe e cobrar do cliente?

Você pode argumentar que, se o cliente aprovar uma viagem luxuosa, não há problema. Entretanto, seu plano fundamental é melhorar a condição do cliente. Você ajuda em termos fiscais por meio desse tipo de despesa (que não tem nada que ver com seu valor ou *expertise*) e ajuda a credibilidade com o pessoal do cliente por meio desse tipo de imagem? Tenho minhas dúvidas. Há algumas organizações de altíssimo nível em que esse tipo de viagem é o normal, e em tais circunstâncias, o luxo tem sentido. Também descobri que a maioria dos clientes oferece viagens de primeira classe para o exterior, e muitos o fazem entre as duas costas dos Estados Unidos (mas tendem a interromper logo, em uma economia em más condições.)

No entanto, minha regra é simples: se o cliente não oferecer, eu não abuso. Eu viajo de primeira classe, uso limusines e os melhores hotéis, mas cobro dos clientes a tarifa econômica, táxis e diárias normais, do tipo Marriott. E não vou usar limusines e outros luxos, se a visibilidade desses levantar questões sobre a "ajuda externa de alto preço", mesmo que esteja pagando por eles do meu bolso. E não dê uma de esperto: tire a diferença no custo de viajar com mais luxo de seu bolso, com redução da margem; não aumente seu preço para compensar a diferença.

3. Você deve tomar emprestadas as ideias de outros e apresentá-las como suas?

É verdade que não se podem registrar os direitos sobre conceitos (não se podem nem registrar títulos de livros) e que existem poucas ideias revolucionárias, mas seus clientes são espertos, e as pessoas reconhecem as ideias que foram formuladas por outros. Visto que o novo é a sua *aplicação* da ideia a seu cliente, por que não dar o devido crédito? É a marca de um consultor bem-sucedido, autoconfiante, dizer: "Esta é uma técnica desenvolvida por Sally Smith, que escreveu sobre ela em *McGoo Review of Management*. Eu fiz uma adaptação para sua situação, que eu acho que você deve implementar."

Não se espera que você seja um cientista espacial nem diretor de uma fábrica de pesquisa e desenvolvimento. Você é contratado para fornecer intervenções de consultoria pragmáticas, usando as melhores ideias que existem. Visto que você é pago para isso, faz sentido revelar as fontes de todas as ideias e técnicas.

4. Você deve cobrar mais de um cliente pela mesma despesa básica?

Nunca cobre dobrado (ou, neste caso, triplicado). Eu já vi todas as desculpas possíveis para fazer isso, e nenhuma delas me parece ser "a coisa certa a fazer".

Envie uma carta anexa a seu relatório de despesas explicando que está cobrando apenas um terço da quantia total em alguns dos recibos (por exemplo, passagem aérea) e a quantia integral em outras (por exemplo, refeições no dia em que estava trabalhando exclusivamente para aquele cliente). Transforme o procedimento em uma oportunidade de demonstrar sua responsabilidade fiscal para com o cliente.[2]

5. Você deve repassar ao cliente informações confidenciais que lhe foram dadas no decorrer de seu trabalho?

Quem é o cliente neste caso? Você foi trazido para ajudar a melhorar a condição do cliente, e ele é que tem que determinar qual é o seu papel mais útil. Neste caso, você tem obrigação de informá-lo sobre o que descobriu e permitir que ele decida se deve agir imediatamente ou preservar seu papel atual, não agindo.

Você não pode tomar essas decisões morais *pelo* cliente, apenas em colaboração *com* ele, e só *com* ele, reservando a prerrogativa de tomar decisões.

A propósito, eu nunca peço informações em troca de uma promessa de não revelá-las, e *nunca* concordo em aceitar informações sob a condição de que não as revele. Ao fazer isso, estará imediatamente comprometido do ponto de vista ético. Quando alguém lhe disser, "isso é confidencial, mas...", você é livre para ouvir e usar a informação, já que não disse que respeitaria a confidencialidade. Os bons consultores descobrem o que precisam por meio de questionamentos inteligentes e observação arguta. Depender de informantes não é consultoria, mas espionagem.

Estudo de caso

Recebi um pedido para fazer *coaching* com o presidente da divisão de empréstimos ao varejo de um banco. Um de seus subordinados diretos tinha enviado relatórios alarmantes sobre seu comportamento ao chefe corporativo.

À medida que eu realizava o trabalho, o subordinado continuava a mandar mensagens confidenciais ao executivo corporativo e a mim, relatando transgressões, mas exigindo que a informação e a fonte não fossem reveladas. Eu pus um fim rápido a isso dizendo ao executivo corporativo e ao subordinado que ele estava comprometendo a organização. Você não pode dizer "eu sei onde você está perdendo dinheiro, mas você não pode fazer nada a respeito". O subordinado ficou furioso por ter sido "entregue", mas eu simplesmente indiquei que seu comportamento era tão destrutivo quanto o de seu chefe, e talvez pior, por ser premeditado. As confidências não são mais importantes do que a saúde da organização. Ponto final.

6. Você deve usar passagens fornecidas pelo cliente para levar junto seu cônjuge?

Isso pode ser problema pessoal seu, mas as passagens são do cliente. Não há problema em fazer isso se você informar o cliente acerca de seus planos. Nunca é demais ser sincero e não existe honestidade exagerada.

> Falsidades "inocentes" podem evoluir para questões complicadas e desnecessárias com relação a seus padrões éticos. Diga ao cliente o que está fazendo ou não o faça. (Se estiver desconfortável contando ao cliente, há muitas chances de que você está fazendo algo inaceitável.)

Eu já levei minha esposa em muitas viagens usando as toneladas de milhagens que eu e ela adquirimos, e digo ao cliente que vou fazer isso e que simplesmente vou lhe cobrar o equivalente a uma tarifa econômica. Também pago qualquer diferença na diária de hotel. Jamais um cliente disse qualquer coisa que não fosse "sempre é uma boa ideia levar sua esposa junto quando puder; eu também sempre tento fazer isso." E sobre o "problema pessoal", veja o que aconteceu a meu médico, que faz consultoria sobre aplicativos de computador para a área médica. O cliente forneceu uma passagem de primeira classe para Paris pela British Airways. O médico pegou o dinheiro e pagou por duas passagens de classe executiva para férias posteriores com sua esposa, e reservou uma tarifa econômica em outra companhia. Pouco antes de sua partida, ele recebeu um *fax* informando que a limusine do cliente o esperaria na área de chegadas especial para primeira classe!

O médico teve que admitir, e é por isso que ele é médico em tempo integral e consultor apenas ocasionalmente.

7. Você deve aceitar um trabalho do concorrente de um cliente?

Esta é difícil, e eu concluí que os critérios a seguir são consistentes para determinar a aceitação ou não de um trabalho:

- Não farei nada que revele informações confidenciais, direta ou indiretamente. Uma revelação direta: "Conte como eles planejam fazer promoção na região X." Uma revelação indireta: "Elabore um processo de planejamento de sucessão que seja semelhante ao deles." Condições aceitáveis: "Avalie nossos gestores de pessoal de vendas e nos diga qual é o trabalho de desenvolvimento necessário à luz de nossos objetivos empresariais." (Não há necessidade de qualquer revelação competitiva.)
- Tentarei designar pessoal diferenciado para cada trabalho. Se eu for necessário pessoalmente, deixarei as disposições do primeiro critério claras desde o início.
- Informarei meu cliente atual da solicitação do concorrente e do trabalho experimental e perguntarei se ele deseja que eu decline da oferta.
- Se o novo trabalho for aceito sob os critérios acima, não divulgarei qualquer coisa que souber durante o trabalho com o cliente atual.

Nada há intrinsecamente errado em trabalhar para vários clientes dentro do mesmo campo. Afinal de contas, muitos compradores usam a "experiência dentro de nosso setor" como condição para contratação. A consideração ética fundamental é: você está sendo contratado por sua *expertise* e sua capacidade de melhorar a condição do cliente ou pelo que sabe sobre a concorrência? Revelar dados confidenciais nunca é, por si só, um processo confidencial, e quando isso acabar sendo descoberto, você vai ser mandado rapidamente de volta a um emprego comum.

8. Você deve aceitar usar códigos secretos de identificação em uma pesquisa confidencial?

Desculpe, mas os fins não justificam os meios. Apesar das ideias puras do cliente sobre o tema, a ação é antiética. As pesquisas anônimas devem ser exatamente isso. Você está se comprometendo com um ato antiético ao dizer às pessoas que as respostas delas são confidenciais e depois lhes dar um documento que as expõe por área.

Se as necessidades de informação do cliente tiverem sentido, como têm neste caso, há outras opções. Você pode contar às pessoas que as respostas são organizadas por unidade ou fornecer um campo para registrar a unidade por opção do respondente ou, ainda, sugerir outras alternativas totalmente diferentes, como grupos focais ou observações diretas.

Sempre há razões pragmáticas para fazer a coisa certa. Descobri que qualquer tentativa de expor respostas por unidade ou pessoa, apesar de promessas em contrário, sempre é descoberta pelas pessoas em níveis inferiores da hierarquia. Não há segredos em organizações. Simplesmente há fatos que levam mais tempo para vir à tona do que outros.

9. Você deve continuar a escrever por um cliente que apresenta seu trabalho como se fosse dele?

Não há problema nisso. O presidente está lhe pagando por sua *expertise*, você concordou com o mecanismo e o presidente está agindo com sua permissão. (Supostamente, esse serviço também está especificado em seu contrato de consultoria com o cliente.) O problema com o plágio surge quando não há permissão. Se você não gosta que outra pessoa receba crédito por suas pérolas de sabedoria, não aceite esse tipo de trabalho.

10. Você deve aceitar substituir um parceiro de aliança que lhe apresentou ao cliente?

Bom... sim e não. Melhorar a condição do cliente certamente justifica o trabalho, já que esse cliente, tendo trabalhado com o parceiro e com você, está convencido de que você pode melhor atender as suas necessidades atuais. Entretanto, você também tem a obrigação, para com qualquer um que o tenha apresentado a um cliente, de não roubar sua receita.

Nesses casos, digo ao cliente que só posso aceitar depois de falar com o parceiro, explorando minhas obrigações e minhas preocupações éticas. Isso geralmente eleva minha estima aos olhos do cliente. A seguir, explico a situação a meu parceiro, incentivando-o a procurar o cliente e falar a respeito, e ofereço garantias de que essa iniciativa foi do cliente e não minha. Tendo feito isso, aceito o trabalho. O cliente fez uma escolha objetiva, minha *expertise* é considerada adequada e eu fui muito honesto com a organização-parceira.

É claro, qualquer iniciativa sua para substituir um parceiro é indiscutivelmente antiética. Se você se sente confortável informando a seu parceiro sobre a situação e convidando-o para discuti-la com o cliente, você provavelmente agiu bem. Se aceitar sem dar essa oportunidade, sem dúvida agiu mal.[3]

11. Tenho justificativa para rejeitar trabalhos de uma empresa cujas práticas considero repreensíveis?

Absolutamente sim. Não há lei que exija que você aceite todos os potenciais clientes. Você não presta um serviço público e pode recusar trabalhar com pessoas segundo seus critérios, desde que:

a. Não esteja sendo caprichoso nem preconceituoso ("Não trabalho com homens!").

b. Suas extravagâncias não prejudiquem sua renda. (Extravagâncias não são valores.)

Um dos benefícios de construir uma empresa de consultoria bem-sucedida é a oportunidade – e a necessidade – de refletir sobre critérios, estabelecê-los e agir com relação a questões éticas com clientes e colegas. Já apresentei uma lista de 11 das mais comuns que já encontrei, mas você sem dúvida encontrará alguns dilemas próprios.

Portanto, como conclusão, aqui vão algumas diretrizes que considero úteis para determinar se estou fazendo a coisa certa:

1. A atividade melhora a condição de meu cliente ou apenas a minha?
2. A atividade é algo que eu me sinto bem explicando ao cliente?
3. A atividade é algo de que eu tenho orgulho e divulgaria como uma característica minha?
4. Alguém é prejudicado sem saber e/ou sem poder responder?
5. Esse tratamento é algo a que eu estaria disposto a me submeter?

Não existem respostas positivas ou negativas que sejam simples. Na verdade, o próprio fato de colocar a questão ao cliente pode ser suficiente para ajudá-lo a evitar comprometer sua ética. No final das contas, o cliente ficará agradecido se você pedir.

❖ A comunidade global

As únicas razões para não buscar clientes durante sua carreira estão relacionadas a problemas de falta de foco e falta de fundos. É necessário mais dinheiro e certamente mais investimento para desenvolver relações em outros países. Porém, descobri que as organizações estrangeiras são muito receptivas a assessoria de consultores, principalmente se você direcionar bem seus esforços. Uma vez que sua empresa esteja bem estabelecida, com grande oferta de reputação e recursos, a expansão internacional é uma consideração lógica e prática.[4]

Há uma hierarquia de requisitos ao se escolherem alvos no exterior (veja a Figura 18-1). Esses critérios se aplicam independentemente de você estar buscando um alvo de oportunidade ou de uma organização estar buscando você. Já vi muitas situações nas quais o que parecia ser um trabalho lucrativo no exterior acabou sendo exatamente o contrário, ou porque o dinheiro não podia ser tirado do país ou porque um gerente importante do cliente exigiu um

> **Idioma**
> 1. Inglês como primeira língua (p. ex., Reino Unido, Austrália)
> 2. Inglês como língua de trabalho (p. ex., Hong Kong, Cingapura)
> 3. Inglês falado normalmente (p. ex., Alemanha, Suíça)
> 4. Inglês falado apenas pela elite (p. ex., Espanha, Tailândia)
>
> **Sofisticação**
> 1. Sociedade baseada na informação e orientada para o conhecimento (p. ex., Japão, França)
> 2. Emergindo de uma base fabril para o conhecimento (p. ex., Brasil, Coreia)
> 3. Fabril, com mão de obra intensiva (p. ex., Indonésia, Nigéria)
>
> **Política monetária**
> 1. Estável e relativamente fácil de converter e fazer câmbio (p. ex., Alemanha)
> 2. Um pouco instável, fácil de converter e trocar (p. ex., Itália)
> 3. Difícil de fazer câmbio (p. ex., Filipinas, Brasil)
> 4. Muito instável (p. ex., Europa do Leste)

Figura 18-1 Prioridades a ter em mente ao escolher um alvo estrangeiro para se concentrar.

suborno (o que costuma aparecer na contabilidade como "comissão" na América Latina) ou porque o cliente, depois de ouvir todas as ideias do consultor durante o processo de apresentação de proposta, decidiu tratar dos problemas internamente.[5]

A melhor maneira de adquirir clientes no exterior é por meio de alianças estratégicas. Já trabalhei com pessoas, em Cingapura e no Reino Unido, cujas habilidades e abordagens são complementares à minha. Com frequência, elas pagavam uma viagem, durante a qual fazíamos visitas de vendas conjuntas depois de eu as ajudar com um determinado projeto. Dessa forma, trabalhei com a Shell Cingapura, o Citibank em Cingapura e o *Singapore Straits Times*, e com Case Communications, Lucas Engineering e o British Standards Institute no Reino Unido. Essas alianças são extremamente produtivas porque combinam trabalhos remunerados e atuais com oportunidades de desenvolver outros negócios.

> A solução de 1%: a globalização da economia, combinada com a tecnologia que está sempre avançando, faz desta a melhor e mais fácil época para trabalhar em nível global, seja em pessoa ou à distância.

Um segundo método eficaz é buscar trabalho internacional por meio de clientes multinacionais já existentes sediados nos Estados Unidos (ou com base em outros lugares, mas tendo uma operação nos Estados Unidos como o cliente mais importante). Por meio de uma divisão internacional da Merck, tive oportunidade de trabalhar e desenvolver uma reputação no Reino Unido, Costa Rica, Hong Kong e Brasil. (Observe que, quando você busca esse caminho, algumas das dificuldades envolvidas com os alvos de menor prioridade são atenuadas. Por exemplo, não me preocupo com as restrições monetárias e a instabilidade do Brasil, porque sou pago nos Estados Unidos pela empresa controladora.)

O State Street Bank me enviou pelo mundo, em primeira classe, porque não queria dar à sua equipe de administração global a impressão de que ela estava recebendo menos do que aquilo que a sede central (eu) recebeu.

Outra forma de fazer *marketing* internacional é escrever para publicações internacionais. Há revistas de gestão na maioria dos países, e elas geralmente aceitam artigos em inglês. (Muitas também publicam em inglês.)

Já gerei muitos contatos escrevendo para publicações desse tipo no Reino Unido, no Brasil, no México, em Cingapura, na Suíça, na Alemanha e em Hong Kong.

Como regra geral, os clientes estrangeiros dão muito mais valor a artigos escritos e pesquisas do que os norte-americanos. Publiquei recentemente em uma importante revista em alemão com sede na Suíça. Fui procurado pela internet, escrevi e enviei o artigo por *e-mail*.

Por fim, você pode fazer *marketing* em outros países buscando oportunidades de fazer palestras em conferências internacionais. Isso não é diferente de buscar trabalhos de palestrante no seu país, exceto pelo fato de que muitas vezes vão pedir que você pague seu transporte. E essa é a única razão para eu defender essa tática somente depois de você ter se estabelecido. Quanto maior a sua reputação, mais provável que suas despesas e honorários sejam pagos, mas mesmo que não sejam, quanto maior o seu crescimento, mais você será capaz de bancar por conta própria essas oportunidades de *marketing*.

Considerando a globalização dos negócios, pode muito bem haver mais oportunidades de grande crescimento no exterior do que no país para consultores empresariais. A consultoria de ouro tem a mesma lucratividade quando os componentes são libras, euros, ienes e pesos. E uma vez tendo trabalhado internacionalmente, você tem uma enorme oportunidade de *marketing* em seu país para sua literatura sobre negócios, propostas, entrevistas, palestras e artigos.

Estudo de caso

Talvez a forma mais eficaz de adquirir clientes no exterior seja por meio de um livro de publicação comercial, mesmo que esse livro só seja vendido em inglês. Meus livros sobre aquisição de vendas, propostas e estrutura de preços atraíram clientes em 20 países, somente nos últimos cinco anos. Vários de meus livros também foram traduzidos para o alemão, italiano, espanhol, coreano, árabe, japonês, russo e chinês.

Como observado anteriormente neste livro, há poucos dispositivos de *marketing* tão poderosos quanto um livro que promova seu negócio de consultoria (e/ou de palestras) pela força de sua autoridade como especialista. A atração de ter o autor em pessoa trabalhando com o cliente supera quaisquer problemas em termos de despesas, câmbio, honorários e assim por diante.

Agora você é um consultor internacional que trabalhou em um número x de países. Se não acha que isso tem credibilidade instantânea, experimente você mesmo.

A primeira vez em que um cliente me perguntou qual a contribuição que eu poderia oferecer a seus planos de *benchmarking* e eu lhe respondi: "Vou lhe dar um exemplo do meu trabalho com o British Standards Institute antecipando os planos da União Europeia", não houve outro som na sala além do da caneta do cliente saindo do bolso para assinar o contrato.

Digressão

A internet e seus periféricos – comunidades, telefones celulares, Skype, *e-mail*, *webinars*, teleconferências, grupos de discussão, etc. – tornaram a consultoria global não apenas disponível, mas obrigatória. Ao diversificar sua carteira de clientes, os negócios internacionais são praticamente uma necessidade. Torne-se conhecido publicando artigos, criando *blogs*, boletins, dando entrevistas, etc. Nenhum consultor que aspire a um *status* de sete dígitos – em qualquer lugar do mundo – deve se concentrar simplesmente em potenciais clientes em seu país.

❖ Elaborando seu próprio futuro

Minhas experiências na profissão de consultoria me levaram a estabelecer uma filosofia muito simples:

1. Este é um negócio baseado em relações.

2. O crescimento multidimensional proporciona relações duradouras e de alta qualidade.
3. Não há limites para a renda da empresa – a sua – obtida a partir dessas relações, e você deve se ajudar se quiser ajudar aos outros.

A estas alturas, você deve estar se perguntando: "Como pode ser tão simples? Afinal de contas, se todo mundo estiver tentando estabelecer essas relações, não teremos voltado ao velho jogo da mercadoria competitiva, tentando provar que uma relação comigo é superior, de alguma forma, a uma relação com outros consultores?"

"E todas as outras pessoas que estão lendo este livro? Não ficaremos todos parecidos ao tentar fazer a mesma coisa?"

> A solução de 1%: não é uma questão de o que a vida lhe dá, mas de como você lida com a vida. É extraordinariamente difícil, se não impossível, romper os paradigmas quando outra pessoa define os paradigmas.

Eu gostaria de responder a essas preocupações servindo-me de um trabalho de consultoria como referência. Tenho trabalhado com uma grande empresa de produtos químicos especiais que se viu reduzida ao "número três" entre seus concorrentes. Depois de ter esperanças de superar seus dois rivais muito maiores, deparou-se com a possibilidade de organizações menores conquistarem alguns de seus negócios tradicionais. A equipe de estratégia da empresa ficou dividida: investimos os recursos substanciais necessários para disputar com os líderes ou solidificamos nossa posição como número três, enfrentando os desafios a essa colocação? Nenhuma posição era muito atrativa. Afinal de contas, superar as líderes levaria anos, demandaria um desempenho impecável e muita sorte. Entretanto, permanecer como a empresa número três também era gerenciar uma derrota, e é difícil atrair, reter e motivar as pessoas em uma "perdedora" reconhecida.

A resposta, é claro, era impressionantemente simples: ser número um, segundo os critérios da própria empresa. Ela se redefiniu em termos daquilo que fazia melhor do que qualquer outra no setor – incluindo seus concorrentes maiores – e estabeleceu uma visão e uma missão de ser a empresa número um no mercado sob condições que havia definido para si. Chamo isso de "guinada para a direção certa".

Estrategicamente, é muito simples: você não deixa que a concorrência defina o campo de jogo nem escreva as regras. Você se redefine e se reinventa.

Quando eu dei início a meu próprio negócio, que levou à minha empresa atual, disseram com certeza que eu não poderia gerar mais de US$ 300 mil em renda e que eu teria que acrescentar pessoas e instalações, provavelmente usando investidores externos. Também fui alertado de que seria engolido inteiro, a menos que me especializasse em algum segmento de mercado como forma de proteção contra os "grandões".

Agora escute: esses conselhos provavelmente estavam corretos para alguém que optasse por jogar pelas regras existentes, convencionais. Contudo, eu defini o que queria me tornar. Sob minhas regras, como as três listadas no início desta seção, as condições tradicionais não se aplicavam. Eu não estava competindo com quem quer que fosse porque eu ia ser o número um como uma empresa de consultoria única, especializada, que trabalhava com organizações da lista *Fortune 1000* e suas coirmãs.

Se você usar equipamentos de outra pessoa, jogar no campo dela, usar as regras dela e empregar pessoal dela, vai perder o jogo.

O segredo *não* é querer superar seus concorrentes, porque conseguir isso é improvável e extremamente desgastante. O segredo é *não ter* concorrentes porque você definiu seu próprio campo e fez suas próprias regras (deu uma guinada na direção certa). A empresa de químicos fez isso, evitando o sofrimento de tantas organizações com traços semelhantes que têm tentado, em vão, jogar pelas regras dos outros. Eu fiz isso, ganhei uma fortuna e escrevi este livro porque eu determinei como jogar o jogo. No entanto, a ideia em si não é minha. É praticada pelos mais bem-sucedidos homens e mulheres de negócios e empreendedores do mundo.

> Não se preocupe com ser mais esperto que seus concorrentes, porque qualquer concorrente competente também estará fazendo o mesmo esforço para ser mais esperto do que você. O truque é não ter concorrentes.
>
> – Warren Buffett, CEO da Berkshire Hathaway[6]

Quando tiver estabelecido quem é e como vai jogar, as preocupações do tipo "será que todo mundo não está fazendo isso?" evaporam. Você sempre precisará saber o que seus concorrentes estão fazendo, mas nunca estará *preocupado* com isso.

Um outro consultor e eu estávamos com o diretor-executivo de uma empresa que é cliente de nossas duas empresas. Estávamos voltando de um dia de pescaria perto de Montauk, Long Island, com dois de nossos filhos. Havíamos pescado cinco atuns, e Bob e eu estávamos refletindo, muito satisfeitos, sobre as vidas que construímos a partir deste negócio. Eu observei que as relações com clientes não podiam ficar melhor do que estavam. Ele apontou uma coisa que nunca deixa de me impressionar: "A relação é uma coisa, mas é a exploração da oportunidade que ela apresenta que diferencia gente como nós. A maioria dos consultores que eu conheço é muito boa em se virar e superar reveses, o que lhes permite sobreviver. Mas poucos, muito poucos, sabem como explorar o sucesso e sabem como prosperar."

Talvez, lá na plataforma continental, estivéssemos sofrendo de vínculo masculino terminal. Seja o que for, as observações de Bob continuam tendo sentido para mim aqui em terra firme.

Cada um de nós tem que transcender o simples reflexo de sobrevivência e entender que a questão não é sobreviver. *Prosperar*, para mim, é a capacidade de atingir objetivos pessoais e familiares por meio de renda, sabedoria e experiências geradas por um negócio que prospera. O crescimento multidimensional que eu tenho adotado não diz respeito apenas à sua vida profissional, razão pela qual eu defendi o equilíbrio na vida com tanta veemência no Capítulo 16. À medida que cresce pessoalmente, você cresce profissionalmente, e ao crescer profissionalmente, cresce pessoalmente. É por isso que este negócio é tão maravilhoso. Ao prosperar, você vai começar a criar o que chamo de *corpo de trabalho*.[7] Com isso, quero dizer apenas que a combinação dos tipos de trabalhos pelos quais você é mais conhecido, suas publicações e/ou palestras, suas iniciativas de trabalho gratuito e sua visibilidade geral vão representar aquelas facetas de seu negócio nas quais você se tornou mais hábil. Próximo ao início de sua carreira, você teve que estabelecer deliberadamente sua marca e sua estratégia singulares e número um no campo. À medida que sua carreira floresce, seu corpo de trabalho falará por você. Pela própria natureza daquilo que conseguiu, você será considerado o melhor no que faz, e seus clientes e potenciais clientes vão vê-lo por esse prisma diferenciado.

Assim, o futuro da empresa passa a ser o que você quiser que seja. O que acontecerá com a Summit Consulting Group, Inc.? Ainda não tenho certeza. Meus filhos não vão entrar neste negócio, aparentemente, porque um deles é produtor da MTV indicado para o Emmy depois de se formar em jornalismo de rádio e TV, e o outro está a caminho do palco depois de se formar em artes cênicas e também obter um mestrado em artes para lecionar. Eu não planejo me aposentar, porque posso fazer o que faço – consultoria, palestras, escritos – sem limitações de idade, embora possa me tornar mais seletivo em um futuro indefinido.

Uma empresa maior vai me comprar? É possível – tenho certeza de que existe uma quantia em dinheiro em algum lugar que constitui uma oferta que eu não posso recusar. Talvez pessoas com quem eu trabalho, ou mesmo clientes, venham a assumir a empresa. Francamente, isso não tem qualquer importância para mim.

Minha empresa é e sempre foi um meio para um fim. Esse fim tem sido o bem-estar de minha família, a busca de nossos interesses e o que Maslow chamou de "autorrealização". Como você vê, o futuro da empresa não é muito importante; o crucial é o futuro do fundador! Seu corpo de trabalho define mais do que os trabalhos e o posicionamento de sua empresa; ele define seus valores e sua contribuição ao ambiente ao seu redor.

Desde então, perdi completamente a fonte, mas me lembro de Peter Drucker dizer uma vez: "Uma organização não é como uma árvore ou um animal que tem êxito simplesmente por perpetuar a espécie. Uma organização tem êxito em função da contribuição que dá ao ambiente externo."

A solução de 1%: lembre-se de que o dinheiro é o combustível para a vida e de que a verdadeira riqueza é o tempo livre.

Para um indivíduo, estabelecer uma empresa de consultoria que contribua para a melhoria das condições de seus clientes, para a maior produtividade e qualidade de seu pessoal, para a crescente lucratividade de suas operações e, portanto, para o maior bem-estar de seus clientes e acionistas, é uma contribuição ao ambiente externo. E se, ao fazer isso, você tiver pessoalmente sucesso por meio da realização de seus objetivos de vida, está mesmo em terreno raro.

Quantos de nós estão em posição de atingir seus objetivos pessoais e profissionais – e acumular a verdadeira riqueza – por meio de um processo constante de ajuda aos outros para que atinjam os objetivos pessoais e profissionais *deles* e aumentem a riqueza *deles*? A consultoria profissional não é apenas uma profissão maravilhosa; é uma maravilhosa forma de vida. E se, nessa atividade, você ganhar milhões, quem pode ter objeções?

❖ Dicas da comunidade da consultoria de ouro

Em vez de perguntas e respostas, encerro com dicas coletadas nos Million Dollar Consulting Colleges, Grad Schools, Million Dollar Club e dos membros do Mentor Hall of Fame (muitos dos quais você viu contribuírem ao longo deste livro).

Sobre nós como consultores e autoestima:

1. Uma alta porcentagem dos participantes (cerca de 75%) se sentia "só" quando muito jovem, seja por se perceber como diferente de outros seja por não estar em uma família "tradicional," amorosa. E onde estamos agora? Em uma profissão que requer alguma força para estar sozinho!
2. Os profissionais "solitários" não têm muitas oportunidades para explorar questões emocionais com colegas de confiança. A vida e o trabalho giram apenas em torno do trabalho, e a maior parte das conversas está centrada em desafios de trabalho, e não em questões pessoais.
3. O que não mata, fortalece. A maior parte das pessoas bem-sucedidas aprendeu com reveses e os transformou em fontes de força e autoestima.
4. O perdão é fundamental. Se não perdoar àqueles que você acha que lhe magoaram, vai ficar permanentemente escravizado por eles (mesmo que eles nem se dêem conta disso). Se você deixar que as feridas reais e percebidas infeccionem, sua autoestima vai ser prejudicada.
5. Eficácia e autoestima são coisas separadas. Você pode ser excelente em uma determinada atividade, mas não se sentir bem consigo mesmo e vice-versa.
6. As relações pessoais são um alicerce fundamental da autoestima. Se você puder se envolver de forma positiva e construtiva em suas relações pessoais, sua autoestima aumenta. Sendo assim, más relações têm que ser melhoradas ou abandonadas, e não simplesmente mantidas como más relações.
7. Você pode considerar a autoestima como um *verbo* – uma ação, que leva a uma condição – ou como um *substantivo* – autoconfiança.
8. As pessoas carregam demais suas velhas "bagagens" por aí, e não basta apenas largá-las. Você tem que jogá-la para "fora do trem" para que elas não fiquem simplesmente aos seus pés, viajando na mesma direção e à mesma velocidade que você. Entretanto, não jogue tudo fora. Algumas bagagens positivas são boas para a viagem.
9. Ter um discurso positivo para si mesmo é uma das ferramentas mais poderosas para construir autoestima. Pare de se desculpar e seja honesto com relação a seus próprios talentos e capacidades. Não generalize a partir de um elemento específico: só porque não entendeu uma peça de teatro não significa que seja ignorante sobre arte.
10. Não é uma questão de como a vida lhe trata, mas de como você trata a vida.

Sobre crescer em consultoria

Se não entender algo, faça duas coisas: primeiro, questione imediatamente porque, caso contrário, a estrutura a seguir terá um alicerce frágil; segundo, tente aplicar a suas circunstâncias para integrar a aprendizagem. As pessoas aprendem de diversas formas, de modo que não vejo nenhum problema em anotações, gravações, mapas mentais e telepatia holográfica. Mas se não tiver três coisas (ou menos) a partir das quais avançar na síntese de tudo, pode ter quantidade, mas não qualidade.

"A solução de 1%" diz que, se você melhorar 1% por dia, em 70 dias, será duas vezes melhor. Mas, se não aprender cuidadosamente e, em vez disso, ficar confuso, o que pode acontecer é o contrário. As pessoas podem ficar mais burras.

Ao criar representações pragmáticas de imagens conceituais, sejam marcas, imagens ou elementos visuais de processo, é *sempre* melhor trabalhar com uma equipe pequena na qual você confie para obter resultados de alta qualidade. Fracassar, e aprender como resultado disso, entre pares é melhor do que ter sucesso de forma irrefletida entre inferiores.

A emoção é tão importante quanto o intelecto para integrar a aprendizagem. A vantagem feminina na aprendizagem é: menos investimento em ego e mais abertura. A vantagem masculina: menos tendência a tomar a discordância em nível pessoal e mais tendência a se concentrar na questão, e não na pessoa.

Os grupos não estabelecem vínculos por meio de exercícios bobos para quebrar o gelo, mas por compartilhar desafios, contribuições, discordâncias e convivência.

Todos os grupos afirmam que querem continuar em contato e reconectar. Os que melhor fazem isso são os que têm um ou mais organizadores que assumem essa responsabilidade.

Se não estiver aprendendo constantemente, o facilitador deve mudar de trabalho. Simplesmente fazer alguma coisa bem feita e receber aplausos por isso é como assistir as pessoas aplaudirem um filme que você fez há muitos anos.

Sobre as questões organizacionais mais frequentes

A liderança é inepta porque as pessoas importantes não estão servindo como referência do comportamento que buscam em outras.

Busca-se a construção de equipes quando, na verdade, a organização tem comitês e precisa de comitês, e não de equipes.

Há feudos chefiados por pessoas poderosas que estão defendendo seu terreno.

Valoriza-se a solução de problemas em detrimento da inovação, e as bobageiras mágicas tomam conta da cabeça das pessoas, como um filme ruim de ficção científica dos anos 1950.

Os funcionários exercem demasiada interferência em vez de apoio, geralmente os de RH, finanças, TI e/ou jurídico.

Há reuniões demais, que são longas demais e muito direcionadas a compartilhar informações – a pior razão possível para fazer uma reunião. O talento e a energia da organização estão sendo desperdiçados internamente, em vez de aplicados externamente.

As percepções do cliente sobre os produtos, serviços e relações da organização são diferentes das percepções da própria organização.

Os sistemas de recompensa e *feedback* não estão em sintonia com a estratégia e não estão incentivando os comportamentos adequados nem desincentivando os inadequados.

Estratégia e planejamento são confundidos um com o outro.

Desenvolvimento profissional e planejamento de sucessão não estão casados.

A organização é burocrática, no sentido de que se concentra em meios e não em fins.

Reflexão absolutamente final: concluí que cerca de 10% das pessoas que entram em contato voluntariamente com novos pensamentos – em uma oficina ou em uma livraria – acabam por agir de forma afirmativa rapidamente. Mesmo assim, você só precisa de 1% de melhoria por dia para duplicar continuamente sua eficácia. Ao chegar a esta reflexão final, você vai entender a força motriz necessária para se tornar um consultor de ouro: você.

Notas

1. O que é um consultor

1. Fontes como a Kennedy Information, em Peterborough, New Hampshire, meu próprio trabalho com IMC, Society of Advancement for Consulting® (SAC®) e outros dão uma estimativa de cerca de 200 mil pessoas trabalhando em tempo integral em consultoria individual. Duplique esse número se considerar os que não estão trabalhando no momento, os que trabalham em meio-expediente, terceirizados e assim por diante.

2. Observe que esses termos se sobrepõem consideravelmente. O ex-regulador também pode ser considerado especialista no conteúdo ou especialista em contatos. A chave, e a razão para qualquer separação, é que a percepção do cliente sobre o que está contratando (comprando) e a percepção do consultor do que está sendo oferecido (o valor) são ambas fundamentais para sucesso do *marketing*.

3. Ver Edgar Schein, Process *Consultation* (Reading, Mass.: Addison-Wesley, 1987), e meu próprio livro, *Process Consulting* (San Francisco: Jossey-Bass/Pfeiffer, 2002).

4. Estamos tratando de novas empresas, e não da continuação de empresas existentes nem da expansão das atuais com clientes existentes. A noção de repetição de negócios será abordada no Capítulo 4.

5. E, mesmo neste caso, há exceções. Por exemplo, se você puder se qualificar como "única fonte" para um determinado serviço, poderá evitar todo o processo cansativo de concorrência.

6. Para mim, a AOL, como domínio para se receber uma correspondência profissional deveria significar "amador on line."

7. O finado guru da consultoria Howard Shenson afirmava em suas propagandas que há mais de 450 mil pessoas envolvidas na profissão, das quais apenas 11% ganham mais de US$ 50 mil por ano. Ele citava cifras do imposto de renda como sua fonte. Algum número entre "centenas de milhares" também é confirmado por um revisor de um de meus manuscritos, John Young, diretor dos programas Executivos da Universidade do Colorado.

8. *In Search of Excellence,* Thomas J. Peters and Robert H. Waterman, Jr.: *In Search of Excellence: Lessons from America's Best-Run Companies* (New York: Harper & Row, 1982).

9. A *Florida Power and Light* desmontou suas equipes de qualidade depois de vencer o prêmio Baldrige porque um novo diretor-executivo entendeu que o foco estava mais em cumprir as regulamentações da equipe do que em resultados para o cliente. E a Cadillac venceu

o prêmio em 1990, mesmo que sua qualidade estivesse abaixo da dos concorrentes, por ter feito *melhorias* profundas de qualidade. Em outras palavras, se você deixar as coisas decaírem por tempo suficiente, sua imagem fica boa quando você finalmente faz alguma coisa a respeito e, se estiver atento a cada dia, não há espaço para melhorias profundas.

2. Propulsão e volição

1   O senso comum, até onde consegui determinar, não é popular e não é realmente sabedoria. Na verdade, é uma descrição de clichês desgastados para explicar o fracasso antes que ele ocorra.

2   Michel Robert and Alan Weiss, *The Innovation Formula: How Organizations Turn Change into Opportunity* (New York: Harper & Row, 1988).

3   Embora não seja o tópico deste capítulo, uma palavra sobre honorários ou comissões de intermediários: se você aceita ou não uma porcentagem do pagamento pela indicação, é uma questão de estratégia individual. Se o fizer, acho que tem mais responsabilidade ética pela qualidade dos resultados. Mais do que isso, está recebendo uma quantia relativamente pequena para si e uma relativamente grande para seu colega. Minha preferência é criar uma situação em que todos os três ganhem, não esperando qualquer consideração além da inclinação de seu colega de deixá-lo participar de projetos que sejam grandes demais para ele no futuro.

3. Em fuga

1   Richard N. Foster, *Innovation: The Attacker's Advantage* (New York: Summit Books, 1986).

2   Esta é uma área fundamental em que eu divirjo do "senso comum" que você ouvirá por aí: sua página na internet serve para ter credibilidade e não para vendas. Ou seja, os verdadeiros compradores econômicos não ficam navegando na internet em busca de recursos de consultoria, *mas podem visitar sua página para verificar sua expertise e suas realizações quando lhe conhecerem.*

3   Todos os custos são preços no varejo. Você pode encontrar preços muito melhores em uma das lojas de descontos gigantes que trabalham com produtos de marca, mas a vantagem de negociar com um comerciante local é a proximidade do serviço e a atenção pessoal. Eu considero que, para itens menores e menos complexos, como um aparelho de *fax* ou um telefone, as lojas de descontos servem, mas eu compro em nível local e pago um pouco mais para equipamentos de informática e copiadoras.

4   Uma observação aos leitores demasiado atentos a detalhes: nem eu nem o editor podemos atualizar este livro a cada duas semanas, de forma que peço que você nos dê um desconto em relação a ofertas tecnológicas e preços mais recentes. Meus exemplos pretendem ser um guia usando informações contemporâneas. Não consigo ler o futuro como você lê este livro.

5   Não me refiro aos enormes esforços de transformação organizacionais, nos quais mudanças quase traumáticas são exatamente o que o cliente tem que suportar, mas sim à ampla maioria dos trabalhos de consultoria, nos quais o consultor intervém para melhorar uma condição específica do cliente.

6   Para uma boa crítica dos testes e avaliações de personalidade, ver Steve Salerno's SHAM (New York: Crown, 2005).

4. Rompendo paradigmas

1   Os números estão em ordem alfabética, ou seja, *dois* começa com d e *zero* começa com z.

5. Corrida de obstáculos

1   "Mesmo que você esteja no caminho certo," disse Mark Twain, "se ficar sentado, alguém vai lhe ultrapassar."

2   Fazer palestras depois de jantares é difícil, porque geralmente ocorrem depois de copa livre, de uma refeição grande servida com vinho ilimitado, de uma cerimônia de premiações e de discursos arrastados de gestores seniores. Não é para os tímidos. Uma noite, na Nissan, entrei depois de três brindes consecutivos nos quais todo mundo teve, por solicitação dos executivos japoneses que estavam visitando, que engolir um copo de saquê. Nem precisa dizer que todos fizeram isso com um prazer raramente visto ao se obedecerem ordens de cima.

3   Alan Weiss, *Managing for Peak Performance (and Pitfalls) of Personal Style* (New York: Harper & Row, 1989; Las Brisas Research Press, 1995).

4   Em todas as sugestões que faço ao longo deste livro, estou valorizando muito o *seu tempo*. Por exemplo, enquanto há um programa de computador que calcula seus impostos ou confere suas contas, o custo que você tem para tirar o tempo de usá-lo é proibitivo porque esse tempo não está sendo usado em *marketing*, desenvolvimento profissional, prestação de serviços propriamente dita e outras ações vitais que o seu programa não consegue fazer. Por essa mesma razão, você deve terceirizar todas as necessidades audiovisuais e de impressão.

5   O seguro invalidez costuma ser negligenciado, mas você tem um risco muito maior de ficar incapacitado do que de morrer. Da mesma forma, o seguro de responsabilidade civil por erros e omissões profissionais – conhecido comumente como "erros e omissões" (E&O) – às vezes é exigido pelos clientes antes de assinar um contrato.

6   A capacidade de fazer empréstimos varia com os ciclos econômicos, e como a primeira versão deste livro é de 1992, os mercados variaram muito. Entretanto, um bom consultor financeiro pode lhe ajudar a garantir fundos em praticamente quaisquer circunstâncias econômicas, desde que seus potenciais clientes, plano de negócios e reputação pessoal sejam todos sólidos.

7   De Benjamin B. Tregoe and John W. Zimmerman, *Top Management Strategy: What It Is and How It Works* (New York: Simon & Schuster, 1980).

6. Se você não tocar seu instrumento, não haverá música

1   Não, eu não aumento meus preços para que o desconto seja uma redução "fantasma". Meus descontos são legítimos e saem da minha margem. O valor que tem para mim o

dinheiro na mão, sem recebíveis ou cobranças periódicas, e a "atenção total" do cliente a alguém que já foi pago é monumental.

2   Fuja correndo de títulos como "Profissional Certificado de Gestão em Consultoria" por uma "taxa de participação" de US$ 250. Eles são fraudes, e todo mundo sabe. Da mesma forma, não pague por "serviços" que "fornecem 50 dicas de possíveis clientes por mês" ou que "dão todos os materiais de que você precisa para estabelecer uma operação de consultoria". Você ganha mais investindo seu dinheiro nas mesas de Las Vegas.

3   O IMC é o Institute of Management Consultants, que oferece participação para indivíduos. É o único órgão com credibilidade para certificar consultores, exigindo evidências de trabalho com clientes, aprovação em um exame de ética profissional, etc. O problema é que ele não teve qualquer sucesso em promover o nome da designação, de forma que os compradores não o conhecem. A SAC® é a organização que eu fundei, a Society for Advancement of Consulting®, que se destina a consultores bem-sucedidos e oferece "aprovação por conselhos" em especialidades quando os clientes dos consultores assim testemunhem.

4   Publicado por Columbia Books, 1350 New York Avenue, N. W., Suite 207, Washington, D.C., ou na internet em Columbiabooks.com.

5   Estou trabalhando com o pressuposto de que você deu ouvidos aos alertas do Capítulo 3 sobre folhetos e material timbrado e de que suas correspondências incluem esses itens básicos.

6   Comunicações periódicas com clientes/potenciais clientes, publicações, palestras e trabalho voluntários serão discutidos em detalhes posteriormente, porque são os veículos de *marketing* mais intensos disponíveis para crescimento, e alguns leitores desejam técnicas explicadas passo por passo.

7   Com *cliente atual*, eu quero dizer uma organização para a qual você tem feito trabalhos nos últimos 12 meses. O termo *cliente* sem essa qualificação se refere a qualquer organização para a qual você trabalhou, independentemente do tempo.

8   Não se acanhe para cobrar por sua fala com a mesma agressividade que deve usar ao cobrar seus preços de consultoria. Psicologicamente, os compradores acreditam que recebem aquilo pelo que pagam.

9   Visite minha página na internet (http://www.summitconsulting.com) e poderá baixar centenas de artigos, áudios e vídeos de graça, solicitar um catálogo ou comprar centenas de livros ou CDs. Você encontrará oportunidades semelhantes em meu *blog*: http://www.contrarianconsulting.com.

10 Estou defendendo aqui a eficácia de usar a publicação de livros como alternativa promocional. A técnica de como escrever um livro já é tema para um livro. Ao leitor interessado, eu indicaria a revista mensal *Writer's Digest* e a lista anual *Writer's Market*, ambas publicadas por Writer's Digest Books, 1507 Dana Ave., Cincinnati, OH 45207 (800/888-6880), para ideias específicas, fontes e editores. Além disso, há um mar de gravações, seminários e guias sobre publicação de livros oferecidos por meio dessas fontes, que é a razão pela qual defende-se a participação nesses grupos em uma seção anterior deste capítulo. Ver o Capítulo 11 para mais sobre opções de publicação.

11 Publicado por Kennedy Publications, Templeton Road, Fitzwilliam, NH 03447.

12 Broadcast Interview Source, 2233 Wisconsin Ave., NW, Washington, DC, 20007 (202/333-4904). Visite a página na internet: http://www.expertclick.com. Alistar-se no livro também faz que você se aliste na página.

13 Recentemente, telefonei à presidente da seção local de uma associação de palestrantes. Sua secretária eletrônica emitiu a seguinte mensagem inacreditável: "Você ligou para Sarah Smith, autora, palestrante, consultora e presidente da Global Beliefs... ." Suponho que ela dê consultoria, escreva e faça palestras sobre modéstia. Quanto maior a sua operação, menos você deve alardeá-la. Nenhuma secretária eletrônica, que eu saiba, jamais fez uma venda.

14 Essas táticas são muito eficazes se você faz sua lição de casa. Por exemplo, enquanto tentava convencer um fabricante de computadores a fazer negócios comigo, descobri que a General Motors era a principal fabricante de computadores dos Estados Unidos porque muitos deles vão em cada carro produzido. Eu tinha trabalhado com a GM, e usei isso para sustentar minha familiaridade com a fabricação de computadores.

15 Razão pela qual o papel do "especialista em conteúdo", como descrito no Capítulo 1, não é o mais lucrativo nem promissor em termos de fazer crescer o seu negócio.

7. Recursos em expansão

1 Digo isso no sentido figurado de um sócio igual, não no sentido jurídico da forma da empresa. A empresa pode continuar sendo individual e não precisa ser uma parceria legal. Médicos, advogados e contabilistas cada vez mais têm abandonado parcerias formais.

2 Muitas fontes incluem subcontratados como forma de aliança. Eu os separei porque acredito que eles diferem fundamentalmente em aspectos de controle, alavancagem e acesso.

3 Veja o Capítulo 1 para uma gama pragmática de intervenções.

4 Esta é uma dinâmica interessante e importante: ainda que as referências possam ser inúteis em condições padrão de contratação, as referências de clientes em trabalhos de consultoria quase sempre são muito úteis. Não existem problemas jurídicos, e os clientes podem ser muito francos se você fizer as perguntas certas como, por exemplo: "Por que a Joan é melhor do que outras pessoas que você já contratou para o mesmo tipo de trabalho?" Se o candidato não for capaz de lhe dar referências de cliente, ele não tem experiência ou não teve bom desempenho.

5 Não leve isso na brincadeira. Certa vez, eu estava concluindo um "negócio fechado" quando o comprador me perguntou se eu queria um refrigerante. Depois de pedir educadamente por uma bebida *diet* – o que demandava procurar – eu dei um gole que foi diretamente às minhas vias respiratórias e cuspi refrigerante por toda a escrivaninha dele. Minha última lembrança é a dele limpando a bebida de sua agenda de capa de couro e da foto de formatura de sua filha. Não aceito mais bebidas de pessoas cujos cheques ainda não estejam compensados em minha conta bancária.

6 Implementação, em meu sistema, inclui atividades de *follow-up*.

7 De onde saiu esse número? Veja a estrutura de preços do Capítulo 9.

8   Apenas uma estrutura de preços que não esteja baseada em tarifas por dia lhe dará essa oportunidade, razão pela qual eu acho os preços baseados em tempo muito restritivos e pela qual a estrutura de preços influencia mais do que simplesmente a quantidade de dinheiro que lhe pagam. Veja o Capítulo 9 para uma discussão detalhada de estruturas de preços.

8. Ganhando dinheiro quando eles "não têm"

1   Observe que serviços doados *não* são dedutíveis dos impostos.

9. Deixe de achar que tempo é dinheiro

1   Trabalhando em consultoria estratégica com uma ampla gama de organizações, descobri que muito poucas são movidas pelo lucro. Quase todas as empresas são movidas por seus produtos, serviços, mercados, tecnologia ou áreas estratégicas relacionadas, com o lucro sendo um derivado do sucesso naquele quesito. As empresas de consultoria não são exceção. Uma excelente discussão sobre essas forças motrizes pode ser encontrada em Benjamin B. Tregoe e John W. Zimmerman, *Top Management Strategy: What It Is and How to Make It Work* (New York: Simon & Schuster, 1980).

2   Se você tiver uma empresa classificada sob o Capítulo C do Código Fiscal dos Estados Unidos, deve sempre empatar ao final do ano ou demonstrar prejuízo ou lucro *pequeno*. A preponderância de lucro deve ser descontada como salário, caso contrário, pagará um imposto de pessoa física sobre ganhos e depois um imposto de pessoa jurídica quando acabar descontando esses ganhos. Qualquer empréstimo grande que lhe seja feito será interpretado como dividendos, o que também pode estar sujeito a dupla taxação. Empresas para prestação de serviços individuais desse tipo não devem demonstrar grandes lucros. Seu banco ficará suficientemente satisfeito de ver as cifras de vendas que se traduzem em renda pessoal. Contudo, empresas do Subcapítulo S e LLC possibilitam que a receita venha em sua devolução de imposto de pessoa física, de modo que não são necessárias muitas maquinações – outra vantagem dos dois últimos tipos de empresa.

3   Ben Tregoe, um dos primeiros mentores e membros do "Hall of Fame" da revista *Training*, certa vez disse à sua equipe, durante uma discussão acalorada sobre benefícios que a empresa oferecia: "Somos todos refugiados de grandes organizações – é por isso que adoramos esta profissão." Sempre fico impressionado com gente que parece disposta a assumir riscos importantes, mas que reluta a desfrutar da recompensa adequada. Certa vez, eu disse a um cliente de estratégia que, se seu objetivo era obter apenas 5% de retorno sobre sua empresa, ele deveria fechá-la, investir o capital em títulos do governo e dormir melhor à noite.

4   Nem pense em cobrar por meio dia ou por hora. Supondo que você esteja viajando, não poderá usar a outra metade para outras coisas, e seus cálculos financeiros para o ano estarão baseados em um preço de um dia integral trabalhando com o cliente. Além disso, pode-se ver um alto executivo dizendo: "Precisamos de consultoria, me encontre alguém que tenha um preço por hora razoável". Os consultores de tecnologia, particularmente, caem na "armadilha das horas."

5   Como já discuti as fragilidades de ter uma orientação para atividades, não deve ser surpresa que eu não seja favorável ao sistema de demanda de mercado para definir honorários. Contudo, essas comparações devem se mostrar úteis para comparar suas atuais práticas de preço.

6   Um dos sinais mais evidentes de que um consultor está simplesmente cobrando o que o mercado aceita é quando clientes novos pagam menos do que os já existentes. Quando esses ficam sabendo dessas diferenças, relações que levaram anos para serem construídas podem ser destruídas em um instante. Essa é outra razão pela qual os honorários baseados em demanda de mercado podem ser antiéticos para relações de longo prazo.

7   Para conhecer mais de 70 maneiras de aumentar seus preços, consulte meu livro *Value Based Fees,* 2nd ed., (San Francisco: Jossey-Bass/Pfeiffer, 2008).

8   "Quantas reuniões forem necessárias", como "uma política de portas abertas" é uma oferta que praticamente nunca sofre abusos. Nunca tive um cliente que solicitasse reuniões desnecessárias, pois o tempo dele é tão valioso quanto o meu. Sendo assim, essa é sempre uma boa oferta a se fazer, e eu sempre a faço por escrito.

9   Essa é uma consideração estritamente pragmática. Você tem todo o direito de cobrar por material intelectual e por abordagens que criou cada vez que os aplicar, assim como se pagam direitos autorais sobre uma música cada vez que ela é tocada comercialmente, ou por um livro, cada vez que é vendido.

10 Como regra geral, as distinções que estão atreladas a produtos ou disciplina estrita tendem a diminuir de valor porque as condições mudam, chegam novos concorrentes e as abordagens se tornam ultrapassadas. As distinções vinculadas a talento e relações tendem a aumentar de valor porque o talento pode se ajustar a condições diferentes e as relações são valiosas intrinsecamente.

11 Em uma tarde há alguns anos, fiz uma palestra para a Atlantic Electric por US$ 7.500 e exatamente a mesma palestra naquela noite, de graça, para colaborar com a Rhode Island Personnel Association. Os executivos da empresa de eletricidade acharam que foi a melhor coisa que já haviam ouvido; o pessoal da associação ficou sentado ali sem reação. Vai entender... Estou mais convencido do que nunca de que não apenas as pessoas recebem aquilo pelo que pagam, mas que *percebem* que recebem aquilo pelo que pagaram.

Interlúdio

1   Não se trata do detestado e sempre idiota "papo de elevador". Se você morar em Nova York e começar a falar com pessoas em elevadores, é provável que acabe sendo jogado em um andar que não pretendia visitar.

2   O melhor sujeito no país para isso é Chad Barr, acesse: chadbarrgroup.com.

3   Importante erro de *marketing* : sugerir que as pessoas telefonem para você ou que você vai ligar em algum momento incerto no futuro.

4   Algumas coisas que não funcionam: homens com cabelo tingido de castanho – fique grisalho ou calvo; mulheres com sapatos de plástico – compre couro de qualidade e use lingerie; uma caneta barata para fazer anotações – use uma Cartier ou Mont Blanc; carregar bagagens – faça anotações durante uma reunião, não se mude com seu próprio equipamento de escritório.

11. Onipresença

1 Veja a seção final deste capítulo, sobre trabalho voluntário.

2 Essa é uma forma ideal de obter testemunhos de seus clientes a serem usados nas sobrecapas de seus livros; também é uma oportunidade de mencionar sua ajuda nos agradecimentos.

3 Publicar é padrão ouro. Mas uma indicação direta de comprador a comprador é padrão platina.

4 Recomendo o livro de Jeff Herman, chamado *The Insider's Guide to Book Editors and Literary Agents*, 2009 (www.jeffherman.com/guide), que é publicado todos os anos. Aviso: Jeff é meu agente, mas eu não tenho interesses financeiros em seu trabalho.

5 Veja "Consultoria do contra" no Capítulo 12.

6 Esta é a oportunidade para envolver seus clientes, como sugerido na seção que abre este capítulo.

7 O livro de Herman e *Writer's Market*, ambos citados anteriormente, são excelentes fontes.

8 Com o qual a pessoa pode responder sem custos.

9 Para uma visão da profissão de palestrante semelhante à análise deste livro sobre a profissão de consultor, veja meu livro *Money Talks* New York: (McGraw-Hill, 1998).

10 Todas as citações feitas nesta seção sobre associações são de *National Trade and Professional Associations of the United States* (Washington, D.C.: Columbia Books, annual). Você também pode acessar na internet.

11 Em todos os casos, envie apenas a uma pessoa específica por nome, com uma carta personalizada; por exemplo, "soube que o senhor está organizando a conferência de Miami com uma ênfase em produtividade..." Embora dê algum trabalho encontrar nomes e itens de referência específicos, esse investimento compensa muito porque as chances de o destinatário ler o material aumentam muito. Correspondências gerais nunca valem o esforço porque os planejadores de eventos e os executivos de associações são inundados com elas.

12 Veja "Do Good and Good Will Follow", páginas 183-196, de meu livro mencionado anteriormente, *Best Laid Plans: Turning Strategy into Action Throughout Your Organization* (New York: Harper & Row, 1990; East Greenwich, RI: Las Brisas Research Press, 1995). Os consultores podem aprender muito em estruturas e operações sem fins lucrativos e podem transmitir esse conhecimento a clientes convencionais do setor privado.

13 Um empreendimento conjunto entre a Providence Chamber of Commerce e o Council of the Art, que visava a garantir consultoria em gestão para instituições relacionadas às artes, é meu desperdício favorito. Depois de anunciar para que executivos de negócios fossem consultores – a quem "treinariam" em técnicas de consultoria – eles recusaram minha oferta de ajuda porque eu não queria participar do tedioso processo de "treinamento" rudimentar. Em outras palavras, eu não seria consultor até que eles me dissessem que eu era! A burocracia, claro, é o triunfo dos meios sobre os fins.

14 EST quer dizer Earhard Seminar Training, um dos primeiros e, em minha opiniões, mais duvidosos movimentos de autoconsciência na forma de escolas de gurus. Era um empreendimento ético questionável, no mesmo nível de escrúpulos, em minha opinião, do atual "*marketing* multinível."

15 Isso se ajusta às táticas de comunicação em "eventos especiais" discutidas anteriormente.

12. Como ganhar muito dinheiro em épocas de baixa

1 Mesmo se os clientes usarem os descontos para pagamento e assinatura, eu ainda assim vou alocando os fluxos de receita segundo as datas de implementação. Dessa forma, sei que um trabalho de US$ 125 mil deve ser implementado em três meses, não importando se o cliente já pagou a fatura.

2 Veja, no Capítulo 18, a obtenção de clientes internacionais. Veja também meu livro (com Omar Kahn) *The Global Consultant* (Hoboken, N.J.: Wiley, 2008).

3 Periodicamente, Estados como a Flórida e a Califórnia tentaram aprovar impostos sobre vendas para empresas de serviços, o que tornaria os serviços de consultoria mais caros para o cliente (ou reduziria a margem do consultor se fossem absorvidos). Essas responsabilidades fiscais representam uma ameaça importante ao crescimento.

4 Ela ainda é usada em abordagens terapêuticas, como deve ser e sempre foi seu objetivo.

5 Isso é coerente com a estratégia explicada no Capítulo 4, de relações de serviços e diferenciadas que vão além. As posições do contra são ótimas ferramentas para implementar essa estratégia.

6 Esta é a prática de visitar dois ou mais clientes em uma única viagem, mas cobrar a despesa total de cada um deles em vez de uma proporção. Não apenas é antiético, como também é burro.

13. A tecnologia é um instrumento, não um sacramento

1 Ouvi Warren Bennis, conhecida autoridade no campo da liderança, declarar que, em algum momento no futuro próximo, uma fábrica terá apenas dois operários, um homem e um cachorro. O cachorro estará lá para garantir que o homem não toque em nada, e o homem, para alimentar o cachorro.

2 Mas tenha cuidado. Considero as plataformas como LinkedIn quase totalmente inúteis. Elas afirmam "conectá-lo" a centenas de milhares de pessoas, mas 99,9% da comunicação são vazios ("Estou trabalhando até mais tarde hoje") e geralmente relacionados a encontrar emprego ou conectar com velhos amigos (ou velhos empregos). Esse tipo de coisa pode absorver horas de seu tempo se você deixar; com muito pouco retorno.

3 E, é claro, meu iPhone permite usar correio eletrônico, fotos, uma câmera, navegação na internet, GPS, música e muito mais. Ele substituiu pelo menos quatro outros aparelhos.

4 Sou totalmente favorável à economia de tempo, mas não à custa da individualidade. A maior parte do material que vem como modelo, sejam propostas, confirmações ou outros documentos, parece exatamente isso: bobagens genéricas. Sempre é uma boa ideia customizar qualquer coisa que se ponha no papel.

5   Veja meus dois livros: *The Great Big Book of Process Visuals, or Give Me a Double Axis Chart and I Can Rule the World* e *Son of Process Visuals*. Ambos de Brisas Research Press, 2005 e 2007, cada um com um CD para transferência de imagens para o seu próprio trabalho.

14. Os sócios de ouro

1   Se você também precisar de uma linha de crédito pessoal, não há problema. Você pode dividir a garantia que o banco lhe permite usar com sua casa entre as duas. Por exemplo, se a avaliação do banco lhe dá US$ 200 mil em crédito, você pode alocar US$ 150 mil para propósitos pessoais e US$ 50 mil para os negócios, ou vice-versa. Porém, não as considere como intercambiáveis porque o crédito empresarial usado para propósitos pessoais deve ser alocado como alguma forma de compensação ou empréstimo, ambos os quais vão aumentar muito seus impostos.

2   As empresas de consultoria não são entendidas prontamente por alguém especializado em consultórios médicos ou pequenos escritórios de advocacia, por exemplo. Você precisa de alguém que entenda a natureza empreendedora de seu negócio. Muitos consultores estão recebendo mau assessoramento de advogados e contadores que são membros da família ou que não entendem este negócio.

3   Se, por alguma razão, você não conhecer a estabilidade dos bancos locais, use um serviço de classificação bancária para uma análise profunda de seus pontos fortes. O custo é baixo – menos de US$ 100 na maioria dos casos – e, em uma era de bancos fechados e fundos congelados, você vai dormir muito melhor à noite. Observe que, no momento em que escrevo isto, todas as contas bancárias em uma instituição garantida pela FDIC estão seguradas até US$ 250 mil. (Isso se refere a cada conta com um número diferente de seguridade social ou número de identificação federal, de modo que Alan Weiss, Marie Weiss e Summit Consulting Group são todas seguradas separadamente).

4   Uma pequena digressão: não lhe interessa fazer todas as suas operações no mesmo banco por razões econômicas de caráter pragmático. Tenha outra conta empresarial pequena em outro banco e divida também suas contas pessoais. Seu consultor financeiro deve ajudá-lo a diversificar seus fundos de forma inteligente em nível local. Atualmente, eu uso três bancos, um local, um regional e um nacional, e sou cliente especial em todos.

5   Meu maior desafio foi uma conta de US$ 50 por *abstracts* enviados a um departamento da Rutgers University. Depois de seis meses, escrevi diretamente ao presidente e recebi meu dinheiro. O departamento de compras não tinha se dado conta de que sou ex-aluno e de que ainda tinha algumas conexões.

6   Mesmo que a quantia integral não seja depositada durante todo o período, sua presença lhe impede de ter que usar outros fundos – ou pior, linhas de crédito – que fariam que você deixasse de ganhar com aplicações e ainda pagasse juros.

7   Eu exijo pagamento integral na aceitação para garantir uma data para palestras. Ponto final.

8   Se você receber uma cobrança tardia, o que é ilegal, telefone para o atendimento ao cliente do cartão de crédito. Geralmente, eles desconsideram uma primeira transgressão ou mesmo circunstâncias atenuantes (você estava em uma viagem de três semanas à Europa).

Notas **413**

9   Alguns cartões de crédito, como Amex Platinum ou Black (somente por convite), dão acesso a clubes de companhias áreas, tornando desnecessária a filiação separada e lhe economizando, às vezes, milhares de dólares.

10 Enquanto eu velejava no Mediterrâneo, de Nápoles a Capri, recebi uma mensagem de que minha filha tinha dado à luz prematuramente. Dei um telefonema do hotel em Capri para o serviço de viagens Amex Centaurian Black Card. Em 20 minutos, o restante de nossas férias tinha sido cancelado e tínhamos três limusines, um *ferry*, dois aviões e uma suíte de hotel em Nova York, onde chegamos na noite seguinte para ver nossos novos netos de manhã, ambos muito bem de saúde. Esse tipo de serviço e paz de espírito não têm preço.

11 Como prática geral, encontre uma fonte de alta qualidade para alugar equipamentos de escritório em caso de defeitos. O momento para fazer essa busca é quando você *não estiver* tendo os defeitos. Sua impressora também vai falhar, geralmente quando seu relatório mais importante tiver que ser entregue. Você deve poder acessar sua agenda de contatos e ligar para o serviço de aluguel imediatamente e não desperdiçar tempo descobrindo se existe esse tipo de serviço. (Eu também uso serviços de conserto locais da Apple em vez de mandar os computadores para a empresa, o que leva quatro vezes mais tempo.)

12 Sei calcular carros alugados, hotéis e extras, além da tarifa aérea, com razoável precisão. Se me faltam uns US$ 100, ainda vale a pena receber um pagamento antecipado. Se me sobram uns US$ 100, devolvo ao cliente com uma nota de explicação. Isso gera muita boa vontade. Os consultores de ouro não se preocupam com algumas centenas de dólares a mais ou a menos nas despesas.

15. Crescimento ordeiro

1   Na verdade, pela primeira vez, consegui reunir um Million Dollar Club, e a terceira reunião anual acontecerá próximo à data de lançamento deste livro. Somos uma dúzia e estamos crescendo. Quando eu falei de fazer isso há 10 anos, ofereci para fazer a reunião em minha Ferrari – um carro de dois lugares!

2   Concluí que, em 9 de cada 10 vezes, pessoas a quem acabo de ser apresentado e me dizem que ouviram falar do Summit Consulting Group, Inc. estão nos confundindo com outros ou acham que deveriam ter ouvido falar e não querem admitir que não ouviram.

3   Discutirei expansão internacional no Capítulo 18, mas quero dizer aqui que os diplomas avançados – e, principalmente, os doutorados – não são fundamentais para conseguir trabalho nos Estados Unidos. No entanto, ajudam muito no Extremo Oriente, em algumas partes da Europa e em outros lugares. Eu busquei uma linha de trabalho não tradicional, que incluía três clientes da lista *Fortune 500* em minha pesquisa, um ano em um telefone de auxílio a suicidas, participação no conselho de um abrigo para mulheres agredidas, palestras à American Psychological Association, etc. Depois de tudo isso, minha tese foi rejeitada, tive que reapresentá-la e entrei em uma discussão em minha defesa oral. Minha mulher me disse que parasse de reclamar e terminasse logo.

4   Participei de um banquete de premiações por serviços excepcionais no setor de tratamento de água, e o principal homenageado da noite, depois de agradecer um aplauso prolongado,

começou seu discurso de aceitação com uma expressão sem graça: "É verdade, o esgoto é minha vida."

5   Ou faça você mesmo, usando uma fonte como *Radio and TV Interview Reporter* (RITR).

6   O *Wall Street Journal* está sempre publicando itens em sua capa que começam com "Uma pesquisa da Acme Consultants relata que..."

7   Quando eu fui palestrante principal para a American Newspaper Classified Advertising Managers Association, por exemplo, as gravações de minha palestra estavam disponíveis para compra no saguão 30 minutos depois de eu dizer "muito obrigado" ao público.

8   Se usar a música de alguém, você precisará de permissão e deve pagar taxas ao ECAD.

9   Muitos palestrantes profissionais gravam suas próprias palestras usando um microfone de lapela sem fio e um gravador de alta qualidade que opera automaticamente. O equipamento está disponível com nomes comerciais como Freedom Mike, e a gravação completa custa cerca de R$ 500 a US$ 800.

10 Uma foi no que então era o Golden Nugget Casino, um cliente em Atlantic City que agora se chama Bally's Grand. Numa ocasião dessas, falei à administração do cassino de cima do palco, e vários dias depois Frank Sinatra cantou, a quem podia pagar muito, do mesmo lugar. Disseram-me que evitasse as telas de vídeo instaladas no chão do palco, que não poderiam ser vistas do público. Elas estavam instaladas de maneira que as letras das canções podiam ser roladas enquanto Sinatra cantava, possibilitando-lhe dar uma olhada para se achar, se precisasse. Tudo o que eu consegui foi tropeçar em uma delas enquanto contava uma história.

16. As relações baseadas em gravidade de mercado

1   Em minha experiência, é muito difícil garantir trabalhos de consultoria por honorários fixos que demandem compromissos com o cliente por mais de dois anos fiscais. Muitas organizações têm políticas contrárias a esse tipo de compromisso por vários anos, principalmente porque foram introduzidas regras mais rígidas para relatórios financeiros na onda da Lei Sarbanes-Oxley.

2   Quando falo em *relações de longo prazo*, quero dizer um contato continuado com um cliente ao longo dos anos, o que geralmente envolve vários projetos remunerados durante aquele período. Com *contrato de longo prazo*, quero dizer um projeto remunerado que dura mais de um ano.

3   O custo estimado está entre cerca de US$ 15 mil para não celebridades a mais de US$ 25 mil para celebridades, mas você pode conseguir um político local ou professor universitário por pouco dinheiro ou uma contribuição.

4   Os consultores que simplesmente entram nas organizações-clientes com abordagens enlatadas e intervenções prontas não fazem isso e nunca serão tão potencialmente úteis e poderosos como verdadeiros consultores que formulam intervenções baseadas em necessidades e condições únicas dos clientes. Ninguém ganha 1 milhão fazendo oficinas sobre gestão de tempo, mas você pode ganhar 10 milhões mostrando às organizações como economizar tempo e aumentar a produtividade mudando seus sistemas e

procedimentos. Quando você se deparar com um consultor "vendendo" instrumentos de testagem prontos para qualquer ocasião, livre-se dele.

5   Ainda há uma escola de pensamento que requer que as informações sejam coletadas antes da venda e antes de o dinheiro mudar de mãos. Sejamos perfeitamente objetivos: essa escola tira nota baixa.

17. Acelerando a repetição de trabalhos e a indicação

1   Algumas pessoas que não têm nomes para indicar aceitam sem problemas servir de referência, o que também é bom. Não abuse disso e só forneça nomes a compradores potenciais sérios, nunca a guardiões.

18. Para além do sucesso

1   Francamente, se você está cobrando por dia, eu acho que jamais precisará dos conselhos deste capítulo, e me pergunto por que leu até aqui.

2   Certa vez, eu tive dois clientes cujos burocratas de contas a pagar exigiam ambos o único recibo original da passagem aérea. Como só havia um original (que eu gosto de guardar em meus registros), eu dei a cada um uma opção: eu mandaria o original ao que estivesse disposto a pagar toda a passagem e uma cópia a quem pagasse 50% da tarifa. Ambos rapidamente aceitaram as cópias e eu pude mostrar ao meu comprador um exemplo de políticas que, quando aplicadas de forma cega, geram desperdício.

3   Tenho uma lista breve de consultores que eu nunca usaria como subcontratados porque já vi evidências de terem roubado trabalho de ex-empregadores ou outros consultores. Falo sobre eles livremente a parceiros e colegas. Estão marcados.

4   Se for uma área de seu interesse, um livro inteiro que discute o assunto é *The Global Consultant* (do autor, com Omar Kahn) (Hoboken, N. J.: Wiley, 2008)

5   Na República da China, todas as ideias de gestão são consideradas propriedade da humanidade, pertencendo a todos. Na Indonésia e nas Filipinas, o plágio de trabalhos publicados, mesmo de grandes autores e editoras, é difundido e tolerado, e as leis de direitos autorais praticamente não são aplicadas. Tenho encontrado livros inteiros disponíveis pela internet por meio de "clubes" dos quais se pode participar e que são dirigidos por pessoas do mundo todo.

6   Um conselho antigo e valioso, citado em *Emory Business Magazine*, Emory University, Atlanta, GA 30322, e em *Boardroom Reports* 20(16) (August 15, 1991), p. 2.

7   Quando outro editor manifestou interesse neste livro, a editora de aquisições me disse que eu tinha uma "boa prateleira". Depois de um momento de pasmo, eu entendi que ela estava se referindo às vendas consistentes de meus outros livros. Eu não sabia se ficava decepcionado ou aliviado. Tentarei não ser tão obscuro aqui.

Índice

Números de página em *itálico* se referem a ilustrações.

A

Abordagem aos honorários baseada em demanda de mercado, 189-95
Abordagem baseada em tempo e momento certo
  cobrando recebíveis, 309-15, 322-3
  momento certo como componente de proposta, 227-8
  posicionamento para crescimento, 41-9, 99-101
  relações de gravidade de mercado, 44-8
  velocidade do processo de vendas, 163-4
Abordagem baseada em uma pessoa/uma situação *versus* Abordagem baseada no momento certo, 42-3
Abordagem do envelope aos serviços bancários, 321-2
Abordagem do funil e épocas de baixa, 259-78
  declínio do negócio e sinais de alerta, 259-64
  consultoria do contra, 268-72
  cortar despesas como mito, 271-8
  investir em tempos difíceis, 275-8
  regras a seguir em "épocas de alta", 263-9, 278
  riscos do funil potencial, 261-2
  sinais de alerta, 262-4
Aceitação como componente da proposta, 229-30
Aconselhamento, 74-5
Acordo conceitual, 14-7, 376-7
Adquirir clientes, 10-6, 128-9 (*Ver também tópicos específicos*)
Agência de palestrantes, 159-60, 251-2, 256-7
Agentes de viagem, 103-4, 317-9
Agentes profissionais, 130-2
Ajuda em meio-expediente, 146-8
Alianças, 47-8, 149-51, 155-6, 389-91
Apadrinhar serviços, como segredo de crescimento, 99-100
Aprendizagem, 29-32, 51-4
Apresentações em conferências, 327-8
Aquisição de vendas, preços por colaboração, 159-63
Armadilha do fracasso, 277-8
Armadilha do sucesso
  e crescimento lateral, 51-6
  transição da, 91-112 (*Ver também Crescimento estratégico*)
Arte e ciência da consultoria, 3-11
Artigos de posicionamento, 45-7
Assinatura em *e-mail*, 284, 287-8
Associações setoriais, 45-7, 130-1, 182-3
Atividades para tempos de baixa, 265-8
Áudio como produto, 129-30, 336-40
Autoestima, 398-400
Autopublicação, 241-2, 246-8, 257-8

B

Balança de postagem, 60-1
Bens como garantia, 107-9
Biblioteca de referência, 103-4, 119-20
Bicos de colarinho branco, 20-1
Blogs, 45-7, 286-90
Boca a boca, 45-7
Boletins eletrônicos, 45-7

Boletins, 283-4
Brindes, 322-3

C

Caixas autolimitadoras, 61-7
Calendários/termos de pagamento, 309-15, 322-3
Cartões de crédito, 314-7
Cartões de visita, 121-2, 137-8
Cibermarketing, 281-4
Ciência e arte da consultoria, 3-11
Clientes de vanguarda na adoção de inovações, 101-2
Clientes do crescimento, 100-1
Clientes e potenciais clientes
 avaliando a aceitabilidade de, 267-9
 facilitação de publicidade, 83-5
 mercado/potenciais clientes não tradicionais, 169-84
 oportunidades de compra, 354-60, 369-70
 pesquisa de, 283-4
 potencial de novos clientes, 377-8
 tecnologia, 289-92 (*Ver também tópicos específicos*)
Coaching empreendedor, 179-81
Coaching versus consultoria, 8-9, 178-81
Cobrando recebíveis, 310-7
Colaboração entre pares, 10-2, 23-4, 83-4, 120-2, 129-30
Começos na metade da vida, 211-9
Comissão de intermediação, 83-4, 157-60
Comissão por indicações, 382
Comissões, 83-4
Compartilhamento de receitas, 159-63, 167
Competência, como caminho do sucesso, 9-10
Complicar a si mesmo, 33-4
Comunicação, 123-4, 235-40
Concorrência, 189-95, 272-6, 388-9
Condições econômicas, 42-3
Conduta pessoal, 138-9
Conferências de clientes, 354-8
Confiança, 135-6, 375-7 (*Ver também* Relações que vão além)

Conhecimento, como competência de valor agregado, 7-8
Construção de marca (*branding*), 55-62
 crescimento ordeiro, 339-42
 crescimento, transição da armadilha do sucesso, 96-8
 logomarca, 56-8, 60-1
 necessidades de escritório e equipamentos, 58-62, 102-3
 nome, 56-7
 número de marcas, 143-4
 pessoa jurídica, 57-8
 pessoal *versus* empresarial, 71
 produzindo, para não ser esquecido, 340-2
 tecnologia, 286-90
 visibilidade, 58-9
Construção de marcas de produtos, 47-8, 76-82, 135-8, 335-40
Consulta em processo, 7-8
Consultores
 definição, 4-6
 panorama, 3-25
Consultores financeiros, 304-5
Consultores internos, 120-1
Consultoria do contra, 268-72
Consultoria global, 391-5
Consultoria interna, 391-5
Contabilistas, 103-4, 303-6
Conteúdo *versus* processo, 6-8
Contratos (intervenções), 8-9, 16-9
Contratos de curto prazo, 260-1
Contratos de longo prazo em sistema de plantão, 352-4, 369-70
Contratos de longo prazo, 260-1, 349-55
Contratos de serviços, 319-20
Contratos em sistema de plantão
 de longo prazo, 352-4, 369-70
 honorários baseados em valor, 207-9
 planejamento de recursos financeiros, 313-5, 322-3
Contratos iminentes, 260-1
Copiadoras e impressoras, 59-60
Corpo de trabalho, construir, 397-8
Corporações C, 57-8
Corporações do subcapítulo S, 57-8, 306
Correções a meio caminho, 76-82

Correio eletrônico
  assinatura no, 284, 287-8
  endereço, 12-3, 333-4
  filtros de *spam*, 297-8
  marketing, 282
  relações com clientes por, 289-91
  um recurso essencial, 103-4, 280-1
Crescimento (*Ver* Crescimento empresarial)
Crescimento do negócio
  afastamento a meio caminho, 51-71
  financeiro, e relações de alta qualidade, 85-9
  mudanças de paradigma a meio caminho, 73-90
  ordeiro, 325-48
  posicionamento precoce para, 27-49
  segredos de, 97-103
  transição da armadilha do sucesso, 91-112
Crescimento estratégico
  afastamento a meio caminho, 51-68
  mudança de paradigma a meio caminho, 73-90
  posicionamento precoce para, 27-49
  segredos de, 97-103
  transição da armadilha do sucesso, 91-112
Crescimento estável, 54-6

D

Demitir clientes
  aumentando a receita/reduzindo os gastos gerais, 37-8
  complicar a si mesmo, 33-4
  colaborando, 35-7, 93-7
  esforço *versus* compensação, 34-5
  identificando clientes, 36-8
  margens, 203-4
  posicionamento para crescimento, 32-9, 49, 101-3
  quantidade *versus* qualidade de trabalho, 33-5
  reavaliando e abandonando 15%, 34-5
  tempo como riqueza, 28-9, 33-4, 152-4, 365-9, 398-9
Descontos por pagamentos adiantados, 116-8, 173-4, 309
Desmembrar os serviços, 18-9
Despesas
  corte de, como mito, 271-8
  dupla cobrança, 386-7
  orçamentação/gestão de, 314-23
Despesas gerais, 37-8
Diagnóstico da situação como componente de proposta, 224-6
Dinheiro de curto prazo, 262-3
Dinheiro postergado no final do ano, 323
Diretorias, aproximar-se de, 183-4
Diversificação dos negócios, 265-7
Diversificação geográfica, 265-7

E

Educando os clientes, 29-31, 49
Empregos interferindo com carreiras, 27-33
Empresas (*Ver* Organizações)
Empresas familiares, 170-5
Empresas iniciantes, 179-80, 183-4
Empresas profissionais, 179-80
Encontrando pessoas excelentes, 153-7
Endosso de terceiros, 47-8
Ênfase em materiais *versus* ênfase nos resultados, 15-20, 23-4
Ênfase nos resultados *versus* ênfase nos materiais, 15-20, 23-4, 28-9
Ensino, 47-8
Entrevistas de rádio, 45-7, 328-9
Entrevistas/boletins impressos, 47-8
Épocas de baixa (*Ver* Abordagem do funil e épocas de baixa)
Equações de capital de giro, 105-6
Equilíbrio na vida, 365-70
Erros, evitar, 374-8
Escolha de consultores, 10-6, 23-4, 45-7, 127-8
Escritório em casa, 58-62
Esforço *versus* compensação, demitindo clientes, 34-5
Estabilidade e armadilha do sucesso, 51-6
Estoque, como garantia, 107-8
Estratégia
  definição, 110-1
  versus tática, 109-10

Estrutura de preços para implementação e colaboração, 159-62
Estudos de caso, criação de, 101-2
Eventos para comunicação aos clientes, 237-8
Exemplificação, 293-4
Experiência, 61-7, 140-3
Experiência no setor, falta de, 140-1
Expertclick.com, 128-9, 284, 329-30
Expertise jurídica, 102-4
Exposições em feiras comerciais, 125-7

F

Faixa de intervenções pragmáticas, 18-20
Falar em público (*Ver* Falar)
Falar/palestras
  apresentações em conferências, 327-8
  honorários de, 93-5, 115-9, 249-50
  presença, 45-7, 124-6, 249-53
  séries de áudio/vídeo, 129-30, 336-40
Faturas e termos de pagamento, 309-15, 322-3
Fechando vendas, 231-3, 372-4
Feedback, 97-102, 135-6
Ferir os sentimentos das pessoas erradas, 374-6
Filosofia pessoal de negócios, 112
Financiamento de dívidas, 105-7
Flexibilidade na aposentadoria, 20-1
Fluxo de caixa, 106-8, 308-9
Força motriz, posicionamento para o crescimento, 38-42
Fornecedores locais, pagar, 316-7
Fracasso, necessidade de, 51-6, 144
Franquias, 180-1
Funcionários, 145-8, 166-7
Funcionários, falta de, 141-3

G

Gravidade de *marketing*, 10-2
Grupos consultivos formados por clientes, 357-60
Grupos de troca de informações, 283-4

H

Honorários
  abaixo do normal, 185
  abordagem de demanda de mercado, 189-95
  aumentando receita, 98-9, 104-5, 110-1
  base para estrutura de honorários, 209
  baseados em valor, 185-209
  comissão de intermediação, 83-4, 157-60
  compartilhamento de receita, 159-63, 167
  de contingência, 195-6, 208-9, 312-3
  definição de, 196-8
  desafios éticos, 385-7
  descontos para pagamentos adiantados, 116-8, 173-4, 310
  distância de valor, 198-203 (*Ver também* Plantões)
  faixas para várias atividades, 190-1
  fórmula para, 194-9
  para palestras, 93-5, 115-9, 249-50
  para subcontratados, 151-2, 156-7
  por desempenho, 208-9, 312-3
  por dia, método formulista para, 186-90
  razões para aumentar os honorários, 202-8
  reduzidos, trabalhar por, 88-9
  tomadores de decisões, lidando com, 132-3
Hora da ruptura conceitual (HRC), 28-9

I

Ideias sobre a vida, 216-8
Ideias, tomar emprestadas de outras pessoas, 386-7, 389-90
Idiomas, considerações globais, 391-2
Imagem (logomarca de empresa), 56-8, 60-1
Impostos e trabalho voluntário, 256-7
Impresso para comunicação com clientes, 236-7
Inclusão em publicações setoriais, 127-9
Indicações (*Ver* Trabalhos repetidos e por indicação)
Informação, conhecimento e sabedoria, 362-6, 387
Informações confidenciais, 387
Informações sobre possíveis clientes e obtenção de contratos, 12-4, 128-9
Informações valiosas, fornecer, 81-3

Internet e páginas
propaganda, 45-7
branding, 58-9
como recurso essencial, 103-4
comunicação com clientes, 237-8
construção de marca, 137-8
consultoria global, 394-5
endereços eletrônicos, 12-3
fortalecimento da presença, 333-4
para *marketing*, 282-4
publicação, 125-6
seleção organizacional, 11-2
Intervenções (contratos), 8-9, 16-9
Inventários de personalidade, 62-4
Investir durante tempos difíceis, 275-8

K

Kit de imprensa, 213-4, 245-6, 250-2, 267-8

L

Lidando com as objeções, 132-6
Limited liability company (LLC), 57-8, 306
Linhas de crédito, 277-8, 301-8
Listagens passivas, 45-7
Listas, inclusão em, 127-9
Livros e periódicos
artigos publicados, 123-6, 241-4
autopublicação, 241-2, 246-8, 257-8
biblioteca de referência, 103-4, 119-20
(*branding*), 47-8, 76-82, 135-8, 335-40
entrevistas em periódicos, 126-8
explorar livro publicado, 245-7
números ISBN, 257-8
produtos para construção de marca
publicação comercial, 11-2, 23-4, 45-7, 127-8, 239-47
"Lembretes", 117-9
Logomarca, 56-8, 60-1

M

Malas diretas periódicas, 123-4
Máquina de *fax*, 59-60
Marcapáginas, 282

Marketing
começos na metade da vida, 214-7
competências de valor agregado, 4-10
(*Ver também* Publicidade e promoção)
corpo de trabalho e desempenho visíveis, 11-2, 23-4
entre pares, 10-2, 23-4
exemplo dos objetivos estratégicos, 93
falta de certificações ou barreiras à entrada, 3-4
pela internet e em páginas, 282-4
publicando comercialmente, 11-2, 23-4, 45-7, 127-8, 239-47
Marketing passivo, 10-1
Materiais impressos, 47-8, 59-60, 102-3
Medidas de sucesso como componente da proposta, 225-6
Melhoria de habilidades, 4
Mercados *business-to-business*, B2B, 177-9, 183-4
Mercados/potenciais clientes não tradicionais, 169-70
associações de classe/grupos profissionais, 45-7, 130-1, 182-3
business-to-business, B2B, 177-9, 183-4
casualidade, 182-3
coaching empreendedor, 179-81
critérios para potenciais clientes não tradicionais, 169-71
empresas iniciantes, 179-80, 183-4
empresas familiares, 170-5
empresas profissionais, 179-80
franquias, 180-1
organizações sem fins lucrativos, 174-8, 184
terceirização local, 181-2
Método formulista para cobrança por dia, 186-90
Metodologia e opções como componente da proposta, 226-8
Mídias sociais, 47-9, 284-7
Moldando seu próprio futuro, 394-9
Mudanças, ajuste dos clientes a, 98-9, 110-1
Mudanças de paradigma a meio caminho, 73-90

N

Necessidades de mercado, identificando, 9-10

Necessidades do cliente, 16-9, 21-4, 134
necessidades dos clientes, 16-9, 21-4
Nome, construção de marca pelo, 56-7
Notas à imprensa, 331-3
Nova oferta de serviços, 369-70
Número de consultores/organizações de consultorias, 9-10
Número de telefone gratuito, 58-9, 129-30

O

Objetivos, 38-42, 92-3, 109-12
Objetivos como componente de proposta, 225-6
Oficinas *De seis dígitos a sete*, 91-2
Oficinas sobre como obter tração, 91-2
Onipresença (*Ver* Presença)
Oportunidades de "sim", 32-3, 142-3, 372-4
Oportunidades de compra, 354-60, 369-70
Orçamento de despesas, 317-8
Organizações
Organizações sem fins lucrativos, 174-8, 184

P

Pagamento de contas duas vezes por mês, 318-20
Pagamento por dia, método formulista para, 186-90
Pagar contas adiantadas, 320-2
Páginas amarelas, 128-30
Páginas na internet (*Ver* Internet de páginas)
Paixão, 9-10
Parceiros, tratando clientes como, 85-6
Parcerias, 147-50, 155-6
Participações na empresa, 105-8
Pedir o melhor negócio, 320-1
Percepções de honorários mais altos, 202-4
Perguntas difíceis, preparar-se para, 139-44
Periódicos (*Ver* Livros e periódicos)
Perspectiva de relações de longo prazo, 377-80, 382
Pesquisa acadêmica, 327-8
Pesquisas, 52-3, 68-70, 332-4, 388-90
Pessoas erradas, reunir-se com, 374-6
Pessoa jurídica, 57-9
Pessoas jurídicas, 57-8
Planejamento de recursos financeiros, 104-9
Plantões mensais, 353-4
Política monetária, considerações globais, 391-2
Ponto forte, 42-3
Potenciais clientes (*Ver* Clientes atuais e potenciais clientes)
Premiações e homenagens, 330-2
Preparação do comprador para proposta, 221-5
Presença, 235-58
 autopublicação, 241-2, 246-8, 257-8
 crescimento ordeiro, 325-35
 fazer palestras, 45-7, 124-6, 249-53
 gravidade de mercado, 256-8
 métodos de comunicação constante, 235-40
 publicar comercialmente, 11-2, 23-4, 45-7, 127-8, 239-47
 trabalho voluntário, 44-5, 100-2, 119-20, 252-7
Previsões financeiras, 306
Primeiras impressões, 138-9
"princípio de valor agregado baseado em nunca perder clientes" (PVABNPC), 359-66
Princípios e dicas da consultoria de ouro, 108-11, 398-402
Processo de apresentação de propostas, 52-4
Processo *versus* conteúdo, 6-8
Produtividade pessoal, aumentando, 266-8
Profissionais de seguros, 103-4
"Prometer menos e fazer mais", 67-8
Promoção de *chats*, 282
Propaganda, 45-7, 128-9, 330-1
Propostas, 221-33
 acordo conceitual, 376-7
 começar com "aperto de mão telefônico", 232-3
 componentes de proposta de duas páginas e meia, 224-30
 dar seguimento e fechar venda, 231-3
 preparação de compradores, 221-5
 ruins, apresentar, 377-8

Prosperar, 397-8
Publicação comercial, 11-2, 23-4, 45-7, 127-8
Publicações setoriais, listagens em, 127-9
Publicidade e promoção, 115-44
  atividades, 118-20
  honorários de palestrante, 93-5, 115-9, 249-50
  "lembretes", 117-9
  lidando com objeções, 132-6
  métodos de, 122-32
  preparando respostas para perguntas difíceis, 139-44
  produtos, 47-8, 76-82, 135-8, 335-40
  questões éticas, 137-40
  trabalho em rede, 47-8, 118-22, 130-1
Publicistas profissionais, 130-2

Q

Quantidade *versus* Qualidade dos clientes, 32-5
Questões cruciais, levantando, 82-4
Questões éticas, 137-40, 383-91
  questões nas, 400-2
  15 segredos para crescimento sólido, 97-103

R

Recebíveis, 107-8, 310-7
Receita, 104-5 (*Ver também* Honorários)
Recomendando outros recursos, 83-4
Recurso de fonte única, 53-4
Recursos
  essenciais, 102-4
  financeiros, 104-9
  recursos humanos, 145-67
Recursos financeiros e planejamento, 104-9, 301-23
  cobrando recebíveis, 310-7
  equações de capital de giro, 105-6
  falta de, como objeção, 132-3
  financiamento de dívidas, 105-7
  fluxo de caixa 106-8, 308-9
  gestão de despesas, 314-23
  linhas de crédito, 301-8
  participações na empresa, 105-8
  planejamento de, 104-9
  software e documentação financeira, 304-6

Recursos humanos, 145-67
  ajuda em meio expediente, 146-8
  alavancagem do crescimento, 162-7
  alianças, 47-8, 149-51, 155-6, 389-91
  benefícios e oportunidades de uma equipe, 164-6
  colaboração e compartilhamento de recursos, 159-62, 167
  comissão de intermediação, 83-4, 157-60
  encontrando pessoas excelentes, 153-7
  funcionários, 145-7, 166-7
  parcerias, 147-50, 155-6
  subcontratação, 150-3, 155-6
Recursos visuais de processo, 292-7
Redução da intensidade de mão de obra, 28-9, 152-4
Referências e a questão da credibilidade, 142-4
Referências para crédito, construção de, 302-3
Reinvenção contínua, 34-5
Rejeição, aprender com, 51-4
Rejeição controlável, 51-2
Rejeição incontrolável, 51-2
Relações (*Ver* Relações que vão além)
Relações bancárias, 277-8, 306-8
Relações comprometidas com o preço, 87-9
Relações de gravidade de mercado, 349-70
  começos na metade da vida, 214-6
  contratos de longo prazo, 260-1, 349-55
  equilíbrio na vida, 365-70
  ofertas de novos serviços, 369-70
  oportunidades de compra, 296-8, 354-60, 369-70
  plantões, 352-4, 369-70
  presença, 256-8
  "princípio de valor agregado baseado em nunca perder clientes" (PVABNPC), 359-66
Relações que vão além, 75-84
  contratos de longo prazo, 260-1, 349-55
  desenvolver, 81-6
  e crescimento dinâmico, 75-82
  facilitar a publicidade de clientes, 83-5
  relações de alto nível, 363-6
  tratar clientes como parceiros, 85-6
Renda passiva, 335-40

Requisitos de equipamento, 58-62, 102-3, 319-20

Requisitos de escritório, 58-62

Reservas e caixa, 302-3

Responsabilidade como componente da proposta, 227-9

Responsabilidades conjuntas como componente de propostas, 227-9

Resultados, valor dos, 195-6

Reuniões de grupos de usuários, 356-7

Reuniões ilimitadas, 197-8

Revistas (*Ver* Livros e periódicos)

Riqueza e tempo, 28-9, 33-4, 152-4, 365-9, 398-9

Risco e recompensa, 66-71

Risco prudente, 69-71

S

Sabedoria convencional, 29-31, 67-8, 73-4

Seguimento (*follow-up*), 49, 52-3, 231-3

Ser voluntário, 44-5, 100-2, 119-20, 252-7

Serviços, como interação com clientes, 76-82

Serviços de entrevistas, 283-4

Serviços de folha de pagamento, 303-6

Serviços de impressão/cópias, 59-60, 103-4

Serviços de viagem da Amex, 318-9

Serviços financeiros profissionais, 102-4

Sinais de alerta ao declínio do negócio, 259-64

Sofisticação, considerações globais, 391-2

Software e documentação financeira, 304-6

Subcontratação, 120-2, 150-3, 155-6, 321-2

Subida permanente, 52-3

Subordinados, ajudar, 84-5

Substituir parceiro de aliança, 389-91

T

Talento, cobrar por, 380-2

Tapa-olhos do pensamento, 74-5

Tarefas repetitivas, valor de, 195-6

Táticas *versus* estratégias, 109-10 (*Ver também* Táticas específicas)

Taxa mínimia/máxima, 373-4

Tecnologia, 279-98
blogs e construção de marca, 286-90
cibermarketing, 281-4
dinâmica de compra, 296-8
melhora das relações com clientes, 289-92
mídias sociais, 284-7
poder e importância de, 279-81
preços por colaboração, 159-63
produtos para construção de marca, 335-40
questões a serem consideradas, 285-7
recursos visuais de processo, 292-7

Tédio, evitar, 218-9

Telefone
"aperto de mão telefônico" para começar um trabalho, 232-3
comunicação com clientes, 236-9
fornecer números de telefone essenciais, 82-3
no escritório, 58-60
telefones celulares, 119-20, 286-7, 297-8

Televisão e programas de entrevistas, 328-9

Tempo de perambulação, 360-2

Teoria da curva S, 54-5

Teoria SIGN, 292-7

Terceirização local, 181-2

Termos e condições como componentes de proposta, 228-30

Tomadores de decisões, lidando com, 132-3

Trabalhar com mais inteligência e não com mais esforço, 28-31

Trabalho conjunto
compartilhamento de receitas, 159-63, 167
entre pares, 10-2, 23-4, 83-4, 120-2, 129-30
funcionários, falta de, como questão complicada, 141-3
relações com clientes, 69-71
relações que vão além, 79-82

Trabalho em rede, 47-8, 118-22, 130-1

Trabalho não atrativo e honorários mais elevados, 203-4

Trabalho voluntário, 44-5, 100-2, 119-20, 252-7

Trabalhos da faixa inferior, abandonando clientes, 35-6

Trabalhos em série, abandonar clientes, 35-6

Trabalhos repetidos e por indicação, 371-82
    alianças, 47-8, 149-51, 155-6, 389-91
    comissões, 166-7
    da faixa inferior, 35-6, 93-7
    diretrizes para solicitação de indicações, 100-1, 126-7, 379-81
    evitando erros, 374-8
    fator velocidade, 371-5
    perspectiva de relações de longo prazo, 377-80, 382
    recursos humanos para, 163-5
    talento, cobrar por, 380-2
    triagem, 93-8
Traços/qualidades da personalidade, 211-3
Transferência de habilidades ao cliente, 35-7

U

Urgência, falta de, 132-4

V

Valor agregado, 4-10, 100-1 (*Ver também tópicos específicos*)
Valor para a organização como componente de proposta, 226-7
Veículos de investimento, 322-3
Velocidade, 91-5, 163-5, 371-5
Viagem de cônjuges, 388
Viajar de primeira classe, 386-7
Vida e viver, filosofia de, 394-9
Vídeos, 129-30, 336-40, 341-8
Visibilidade, 58-9
Visitas ao cliente, 238-9

W

Webinários, 297-8

IMPRESSÃO:

Pallotti
GRÁFICA EDITORA
IMAGEM DE QUALIDADE

Santa Maria - RS - Fone/Fax: (55) 3220.4500
www.pallotti.com.br